泗州大聖與松雪道人

宋元社會菁英的佛教信仰與佛教文化

黃啓江　著

臺灣學生書局印行

代　序

　　本書的書名「泗州大聖」與「松雪道人」是兩個歷史人物的稱號，也代表佛教史上的兩個概念。泗州大聖又稱僧伽大師，是個佛教史上的神異僧，是傳奇、神話性的人物，代表佛教信仰的對象；松雪道人趙孟頫則是名文學家及書法家，是重要的佛教居士，是佛教信仰者及宣揚者之一種典型。前者是三寶的象徵，為佛教信徒所皈依及供養；後者是三寶之弟子，為佛教教法所規繩及保祐。兩者相因而相成，相離而不存，關係至深，忽一而不可。本書副題為「佛教信仰與佛教文化」，即是表示各有其象徵意義的泗州大聖與松雪道人，為佛教信仰之一體兩面，而這種不可分割的關係，實是佛教文化形成的主要因素。所以本書先討論第一個象徵意義，以泗州大聖之傳奇為討論的起點，作為第一章；再討論第二個象徵意義，而以松雪道人為其後各章的綜合及轉折點，作為第五章。

　　2006 年元月二十九日，本書之初稿即將完成之前，筆者心中忽生感觸，寫了以下二十韻，題為〈新書稿將完先題〉，把全書之內容大致作了一個回顧，詩曰：

　　　嵩岳少室五乳峰，一葦渡江來達摩。

　　　九年壁觀遂單傳，隻屨西歸過蔥峨。

大悲菩薩聞苦難，化做僧伽救沈疴。

泗州大聖彰靈異，❶揚州市上見頭陀。❷

釋典頻描應化蹟，虛實法眼能判科。❸

宋元士流耽禪悅，官宦妻女信佛多。

寫經薦福積功德，施食供養利羯磨。❹

翰墨蘇黃稱巨匠，❺同書貝葉贊摩訶。❻

樗寮異軍揮健筆，❼耄老謄錄字無訛。

吳鉤勁絕金主愛，厚幣蒐購大擘窠。❽

康王泥馬南渡後，❾臨安舞榭競開鑼。

朝賢分書四二章，❿欲折海勢存六和。⓫

敝衣僧俗斬荊棘，五山十剎新銅駝。

禪師令名震遐邇，扶桑衲侶渡鯨波。

會得曹山臨濟意，歸傳祖燈返大和。⓬

---

❶　傳泗州大聖為觀音化身，見第一章。

❷　禪宗公案有泗州大聖為何出現揚州之語，見第一章。

❸　以上第一章。

❹　「羯磨」，梵文 karma，此處指造白業也。

❺　蘇、黃指蘇東坡，黃山谷也。

❻　「摩訶」，Mahayana 的簡稱，指大乘佛法也。

❼　「樗寮」為張即之號。張為南宋最奇書法家，號稱南宋書第一也，見第三章。

❽　張即之擘窠大字，金人最愛也，見第三章。

❾　康王趙構，南宋高宗，自稱泥馬渡江避金人追逐也。

❿　指《四十二章經》也，見第三章。

⓫　南宋僧建杭州六和塔以折海勢，朝賢寫經贊助也，見第二、三章。

⓬　以上見談南宋禪師創立五山十剎，吸引日本僧侶入宋求法，見第六章。

松雪道人慕三寶，❸幻住隨心離娑婆。❹

恭寫般若豈為茶，竊師右軍換群鵝。

萬古未磨唯佛法，儒冠獨誤趙鷗波。❺

曠代異才傷病苦，塵緣難去困心魔。❻

讀罷斯卷當覆瓿，養足慧思賦長歌！

　　這首詩，大致按本書各章的順序而寫，可以看出各章之間的綿密關聯。不料詩寫完之後，因各種不同公務與私事之牽絆，不得不把書稿擱置一旁，以致一拖再拖，延至今日。要不是適逢今年春季班休假，真不知什麼時候才有時間，進行繁瑣的刪訂及校改，將此書定稿付梓。

　　本書之源起，可以說是我人生歷程中的一個偶然，也可以說是我教學及學術生涯上的一個必然結果。原因是，從本世紀開始，我任教的學校，開始進行各個教室的「多媒體化」，鼓勵同仁在多媒體環境下的「智能教室」（smart classrooms）嘗試利用網路教學工具授課。2001 年秋季，學校成立了亞洲語言文化系，把我的辦公室搬到新建的大樓，並正式提供一間由我系同仁專用的「亞洲語言文化教室」。這種安排，對我所授的語言及文化課程，相當有益，促使我不斷思考教學技巧及方法的求新求變。雖然我長年研究佛教

---

❸　趙孟頫號松雪道人也，見第五章。

❹　趙孟頫師中峰明本禪師，自稱弟子，稱中峰所住庵為「幻住庵」，見第五章。

❺　趙孟頫又號鷗波也。

❻　以上談趙孟頫之句，見第五章。

史，但所授的課都是廣義的傳統「文化」，所以在處理佛教史的問題時，就傾向以文化史的角度去觀察佛教史的一些現象，希望能夠發掘新的研究領域，有效地運用浩瀚的文化史典籍及文獻，去理解歷史與人文情境的演變，闡釋佛教信仰的不同表現。本書所處理的僧伽傳奇、婦女信佛、士人寫經、求法日僧，都是圍繞在社會菁英與其佛教信仰的種種表現，是運用文化史典籍及文獻所得的部份結果。我根據這些教程蒐集、製作所得的圖片及影像，也成了改變教學法後所增用的授課素材。這些素材豐富了我課程的內容，也引起學生高度的興趣並獲得他們良好的反應。

　　而本書各章都曾以獨立、單篇論文的形式發表。章節的順序，大致依題旨與內容的歷史脈絡來安排。但就單篇論文撰寫的時間言，則以〈論趙孟頫之寫經及其佛教因緣——從仇英的《趙孟頫寫經換茶圖》說起〉一文為最早。這篇文章的撰寫，實是因為有感於「寫經」雖是我所授唐宋文化一課程的小論題，但卻是書法史及佛教文化史上的重要一環，可惜一直未見有深入的研究。由於我正巧在翻閱中峰明本的《中峰和尚廣錄》，了解他與趙孟頫有不解之緣，又在蒐集教學用的唐宋佛畫時，發現明代仇英的《趙孟頫寫經換茶圖》，於是就興起了研究他「寫經」的因緣。經過一段為時不短的旁搜博覽，終於寫完論文一篇，刊登於 2004 年冬季號的《九州學林》，成了本書的第五章。

　　其他文章的撰寫時間，大致也在同時，但完成及發表的時間則有先後：〈泗州大聖傳奇新論——宋代佛教居士與僧伽崇拜〉，刊登於 2004 年夏季的《臺大佛學研究中心學報》，為本書之第一章；〈參訪名師：南宋求法日僧與江浙叢林〉，發表於 2005 年秋

季號的《臺大佛學研究中心學報》，為本書之第六章；〈論宋代士人的手寫佛經〉分上下兩篇，分別刊於 2006 年冬季及 2007 年春季號的《九州學林》，即是本書的第四章。《兩宋社會菁英家庭婦女佛教信仰之再思考》，經三番兩次的修訂，分上、下兩篇刊登於《法鼓佛學學報》的第二、三期，作為本書的第二、三兩章。此文是為加強我所授之唐宋文化一課程有關婦女部份的討論而寫。雖然是為配合學校重視「性別」問題所做之授課要求，但也是我閱讀若干討論宋、明及清代婦女的西文著作的「反饋」（feedback），是在三、四年之間，點點滴滴地蒐集與整理資料所得的成果。大致來說，這幾章的議題，涉及佛教文化的形成，在佛教史的研究上，一直未受應有注意，本書詳細的討論，希望喚起佛教史家對類似問題之重視。

2004 年元月二十五日，我在寫完〈趙孟頫〉一文的初稿前，因有兩、三種資料遲遲未能獲見，難以續完，擲筆三歎，試寫了以下七律二首，題曰：〈憶趙子昂〉：

其一

趙氏王孫志未酬，家亡國滅任飄流。
新皇召賜集賢士，故老嫌譏袞冕羞。
誤入中朝存恐懼，忙辭翰苑避冤仇。
歸持筆墨葊松雪，❶寄傲江湖友驚鷗。

---

❶ 趙之書齋名「松雪齋」。

其二

踏遍吳中萬頃丘，難銷腹裡百般愁。

棲心幻住尋般若，⑱問道中峰正法修。⑲

作字習禪崇大士，⑳書經畫馬贈同儔；

千年不滅唯佛法，㉑勘破生離與死憂？

　　這兩詩各句的意思，大多可見於第五章。最後一句，則是疑趙孟頫雖學佛於中峰，深得佛法三昧，有「千年不磨唯佛法」之體認，但他何曾勘破生死？這是否與他命運的蹇澀有關？在回顧他的遭際時，再看本書第二、三章的多位宋代信佛婦女的悟知苦空、委然順化，不禁為這位有志難申，蒙冤受誣的曠代高才，深深惋惜。今日摹寫趙孟頫流傳後世之經文字蹟者，恐怕很少人會想到他心中的鬱悶與學佛參悟生死的因緣吧。不管如何，他的寫經，與宋代士人的寫經，居士的宣揚僧伽大師的神蹟，宋代婦女修行佛教的種種表現，及求法日僧的訪五山禪師習禪，都是構成宋元佛教文化的要素，為佛教史之研究者不可不知。

　　本書是我最近幾年在港、臺、日、美來回訪書研究的部份成果。各章原文撰寫及增訂期間，獲得黃啟方、黃泓、關向光、何冠環、伍伯常、廖肇亨、藍弘岳、衣若芬、林義正、葉言都、嚴雅

---

⑱　「幻住庵」為元代大禪師中峰明本之道場，因非常住且隨遊隨築，故曰「幻住庵」。

⑲　趙孟頫拜中峰明本為師，常向中峰問道。

⑳　觀音大士也。趙氏夫婦善畫觀音大士。

㉑　改自趙詩「千古不磨唯佛法，百年多病只儒冠」一詩句。

美、廖振旺、張振軍、周景顥、陳明德、陶德民、金文京、維習安、山崎岳、岩井茂樹、前田直美等親友及我的鄰居黃秀治與 Karl Siebert 夫婦各種不同方式的幫忙；或協助買書、借書、代查書的頁數，或查抄書中的段落，或代為影印、郵寄資料，或以電郵、傳真傳送文獻，或提供網路相關資訊等，即令是一字一句或一數字之微，都有極大的裨益，謹在此表示深深的謝意。內人天雲以一貫的寬容和理解，在我奔波海外或埋首案前之時，照料內外家務，替我分勞解憂，是我能夠專心寫作的最大支柱，我心中的感激是難以言宣的。小女黃萱、黃薔常常提醒我按時吃飯、休息、注意身體，幫助我保持輕鬆、愉悅的心情工作，尤值得欣慰。學生書局慷慨應允處理本書出版事宜，也容在此衷心致謝。

本書定稿之前，我把各章的原文作了一些增訂，難以增訂處則在章末附有增訂後記。全書也詳細校對了幾回，但亥豕魯魚之誤，卦一漏萬之疏，恐不能免。尚祈海外方家，不吝賜教。

2008 年二月十日寫於
美國紐約上州日內瓦市蘋果園區困知樓

泗州大聖與松雪道人
——宋元社會菁英的佛教信仰與佛教文化

目　次

緒　論

　　本書所指的宋元社會「菁英」（elite），狹義地說，是宋元兩朝的官僚及士大夫。廣義地說，則是出身於中、上層社會家庭的士人及其受教育之家庭成員。這些社會菁英，有別於為數眾多而未受教育的農民，也有別於世代相傳的工商階級，可以說是宋元時期的知識分子，佔宋元人口的少數。

　　雖然菁英只佔人口中的少數，但是他們往往是社會上的發聲者，能夠形成社會輿論，主導宗教信仰，帶動「庶民」（commoners），在社會上扮演相當重要的的角色。雖然如此，宋元的「菁英」與「庶民」並不是可用楚河漢界對立而分的兩個各自獨立的社會群體，也不會各有絕對鮮明互異的宗教信仰。相反的，菁英與庶民之間並不缺觀念與意向的溝通，其宗教信仰往往有兼容並攝之處，不會產生兩者間完全迥異或分離的所謂「菁英 vs 庶民」的對峙性宗教。也就是說，沒有絕對排斥「菁英」而專屬草根階級的「庶民宗教」或「民間宗教」，或專屬菁英而與庶民無涉的「菁英宗教」。在佛教史上，這種信仰的相容性，更加明顯。事實上，許多宋元菁英的虔誠佛教信仰與修行，使他們成為一群支持、擁護佛教及促進其發展的居士或信士。他們以不同方式宣揚佛教，助使佛教普及民間，導致宋元佛教文化的形成。

　　以這種認知來理解宋元佛教信仰的情況，我認為可以解釋歷史上許多社會菁英與庶民同共同崇信的佛教神祇與共同獻身的修行路徑。以唐代以來即流行民間的泗州大聖信仰為例，它究竟是否僅是「庶民信仰」，值得佛教史家重新檢驗及評估。

　　泗州大聖僧伽大師是宋元民間佛教信徒崇拜的主要神祇之一，在佛教信仰中佔著相當重要的地位。這個信仰的由來及演變，過去海峽兩岸學者鮮少注意。日本著名佛教史學者牧田諦亮曾經有相當仔細之研究，而其研究成果為西方學界認識泗州僧伽之基礎。最近于君方教授之英文著作《觀音》，其中有一節討論及僧伽與觀音之關係，即是依賴牧田之研究成果。牧田所持的觀點，就是把僧伽崇拜視為中國史上之「庶民信仰」。由於牧田似從未明確地界定「庶民」之意義，而以約定俗成之說法來決定其意含，暗示「庶民」與「菁英」為兩種壁壘分明而不相涉的信仰團體，而僧伽信仰純粹是庶民信仰而非菁英信仰。這也許非牧田本意，但需要我們釐清。尤其 2003 年 11 月在江蘇江陰有所謂僧伽大師的「真身舍利」出土之後，泗州大聖之研究，再度引起了學界之興趣，牧田所謂「庶民信仰」一說法的有效性（validity），就更值得我們去質疑。

　　本書的第一章「泗州大聖傳奇新論」，對牧田之說法提出了若干質疑，指出以下歷史事實：宋代社會菁英中，佛教居士甚多，其中不乏熱心於僧伽之信仰及崇奉者。此輩居士，如蔣之奇、李綱和李祥等，多為地方或中央官吏，他們不但是虔誠的信奉者，而且是此信仰的宣揚者，直接參與泗州僧伽故事之傳述與僧伽傳奇之撰寫。在崇重僧伽信仰的宋代皇帝統治下，他們形成了士大夫中為數不小的僧伽崇拜者，是把僧伽信仰變成庶民與菁英共同信仰之媒介

者。在這庶民與菁英共有的信仰中，我們看不出民間信仰與菁英理念之間的任何緊張與衝突，只見到僧伽接二連三地受皇帝賜號而如同一般地方信仰之「標準化」（standardization）或「標名化」（superscription）而變成全國性信仰，持續擴散傳播。僧伽信仰雖以地方信仰之姿態崛起，但因不少社會菁英中的佛教居士對僧伽傳奇之記載與宣揚，卻迅速流傳，由小邦蔚為大國，而變成傳之久遠的全國性信仰。

僧伽信仰與崇拜流傳甚久，並未如同某些學者所說，在宋末因禪宗之興盛而告式微，或因理學家之批判而浸衰。雖然僧伽的「真身舍利」下落不明，但不影響僧伽崇拜的延續。至於 2003 年出土舍利是否為僧伽「真身舍利」，考古學家之判定，疑義頗多。因為根據唐宋以來泗州僧伽塔建造之相關記錄來看，僧伽死後，其遺體從未焚化，故其真身是完整的，不至分散各處。雖然宋太宗曾詔命建造十三級僧伽浮圖，並下旨奉安「釋迦舍利」於其下，但自金人焚毀泗州寺，並**囊**括寺內寶物及僧伽真身北渡之後，並無任何記載確指僧伽塔之下落，也無有關僧伽「真身舍利」外流之記錄，其出現於江陰之說，恐站不住腳。不管如何，僧伽信仰綰合了菁英與庶民，與觀音信仰一樣，是不受階級貴賤所拘束的全國性信仰。

僧伽信仰與崇拜，只是宋元菁英佛教信仰與修行的表現形式之一，是眾多佛教信仰中的一種，當然不能說是佛教文化的唯一構成因素。何況，菁英層級含男女兩性，而女性菁英的佛教信仰與修行表現，對佛教文化的形成，其重要性不亞於男性所為。但長期以來，中國婦女佛教信仰一課題一直未受注意，近十餘年來，學者開始撰文討論，雖頗能凸顯其重要性，但是仍缺乏比較有系統及深入

的研究。本書第二、三章「兩宋社會菁英家庭婦女佛教信仰之再思考(I)(II)」，即是此一課題較有系統的討論；是從佛教史的觀點而進行的深入探討。第二章先討論美國學者伊沛霞（Patricia Ebrey）在其暢銷書《深閨之內：宋代婦女的婚姻與生活》（*The Inner Quarters: Marriage and the Lives of Chinese Women in the Sung Period*）中的「虔信之妻」（pious wives）一節，希望澄清及修正伊沛霞之某些觀點。

由於伊沛霞書中的〈虔信之妻〉一節，可代表討論宋代婦女佛教信仰生活的先驅之作，其觀點雖然簡略，但已塑造了宋代菁英家庭婦女及其修行佛教之形象。在檢驗伊沛霞之觀點後，我發現她的立論過程有不少因誤讀原文及史料運用上不平衡所造成之缺失，所以先討論她隨意列舉之 20 位宋代婦女之「佛教生活」，指出其例證不足之處，並詳述她們修行佛教之緣由及方式。接著於伊沛霞所舉之 14 位北宋婦女信佛事例外，增補了 109 位婦女信佛事例以補充其不足，說明北宋中、上層社會婦女，在不同家庭婚姻之背景下，所表現之不同及多樣之佛教修行。此外，又檢視婦女母家及夫家之宗教性向，並以之為脈絡，查考其佛教修行取向。此皆為號稱討論婦女婚姻及宗教生活之「虔信之妻」一節所忽略，應予注意。在討論伊沛霞之觀點後，本章並以大乘菩薩理想之「六度」或「六波羅蜜」中之「五波羅蜜」為析論架構，詳述婦女虔信程度之高下及修行之多樣性。分析之結果，除「忍辱」一項因同為儒家及道教信仰者共修之德行而不論外，123 位北宋婦女在其他波羅蜜之修行情況，大致可得以下百分比：布施 12%、持戒 18%、精進 84%、禪定 6%、智慧 22%。雖然此數據未必可精確地表示多樣多彩的北宋婦女佛教生活，但仍可顯示其修行層次深淺高低之不同。此外，

本章豐富之例證，可進一步確證北宋婦女在盡心操持繁重家務之情況下，享有相當程度之宗教自主權之事實。

當然，北宋菁英婦女之佛教信仰與修行，未必能代表南宋婦女之作為，兩者有同有異，不能不深查之，此是本書第三章的目標。伊沛霞書中的「虔信之妻」一節，只討論 6 位南北宋之際及南宋菁英家庭婦女的信仰生活，此章增論 68 位婦女，以求比例之平衡。經對 74 位菁英家庭婦女之佛教信仰活動加以析論，本章進一步確證婦女佛教修行方式多樣性的觀點。同時，除顯示兩段時期婦女修行佛教之類似性與持續性之外，本章並說明因政治、經濟環境之變遷所造成修行上之不同與改變，證明某些修行活動之普及化與佛教中心之南移同步發生。這些修行上之改變，亦用第二章所根據之五波羅蜜的分析架構來證明。根據分析 74 位婦女不同修行活動所得的結果，大致可得以下比例：布施 16%，持戒 22%，精進 90%，禪定 13%，智慧 20%。雖然這種比例或也未必能完全代表實際情況，但可以進一步證明菁英階層婦女的佛教信仰與修行，在虔誠的層次及程度上，確有差別。而且也可以證明，不論婦女生長在儒家家庭或「佛教家庭」，她們在修行佛教上的多重選擇，是因她們在扮演女兒及妻子應盡之角色同時，也享有相當程度之宗教自主權之故。也就是說，他們的父母、配偶或子女通常尊重他們的宗教信仰與生活，不會強加干涉。

南、北宋菁英家庭婦女佛教信仰的幾個顯著不同之一，即是南宋婦女修行「精進」與「禪定」波羅蜜者，明顯增加。禪定波羅蜜涉及觀想坐念、看話參禪，南宋婦女好此道者增加，當與南宋禪宗及淨土信仰更加普及有關。精進波羅蜜表現於讀誦佛經及抄寫佛

經，以祈福求功德。北宋婦女似少親手抄寫佛經者，但南宋婦女則不乏其人。其中客觀的因素之一，應是宋代士人參與手寫佛經對她們的感染與啟發。

抄寫佛經，本是士人精練書法藝術的功課之一，唐代即已流行，至宋代更加普及，未因印刷術之發展而式微。這可能是因為寫經已由單純的摹寫習字行為變成了佛教信仰與修行的表現方式。宋代士人的寫經，孕育了新興的佛教精神與物質文化，對佛教經典的保存與其價值的提升，具有很深之意義。本書第四章題為「宋代士人之手寫佛經」，目標在深入查考士人抄寫佛經之活動，並分析在不同社會氛圍及文化脈絡下，佛教寫經產生之過程，說明宋代知識分子之寫經活動，不僅表現他們對佛教的信仰或支持，也表現了他們在為個人求福田、作功德之外，藉寫經以終孝與追福之意願。他們的寫經活動，造成不少優質寫經及優質書法藝術作品的產生，對信奉佛經或仰慕書法藝術之當代及後世學者、藏書家及鑑賞家，都有很大的吸引力。這些珍貴之寫經，既美化了流傳之經書，也成了書畫收藏家獵取之藝術品。其藝術價值及流傳之歷程，進入了藝術論說之領域，也豐富了中國書法藝術及佛教的物質文化。

宋代士人之寫經，實是承繼唐代名書家及經生寫經之傳統而出現。唐代名書家如歐陽詢（557-641）、虞世南（558-638）、褚遂良（596-659?）、徐浩（703-782）、顏真卿（709-785）、柳公權（778-865）等，都分別寫過不同佛經，而其所寫佛經，都深受宋代及後世士人之重視。唐代又有不少專業寫經生，他們的寫經作品，往往質量甚高，為後世珍藏之對象。由於其寫經價值高，宋代寺院甚至有取唐經生之寫經，而謊稱為宋名家之作品者。除了書法家及經生之寫

經，佛教居士如白居易（772-846）、翟奉達（883-?）之寫經亦為後人所稱道。

　　宋代印刷術發達，印刷事業日趨蓬勃，公、私雕印之佛經與日俱增，但士人之寫經，卻有增而無減。尤其不少知識分子，積極參與寫經活動，除了個人熱衷於寫經之外，兼亦參與集體寫經。高階士人參加寫經者甚多，而士人之為佛教居士者，更為熱心。楊億（964-1020）、章得象（978-1048）、富弼（1004-1083）、王安石（1021-1086）、蘇軾（1037-1101）、蘇轍（1039-1100）、黃庭堅（1045-1105）、陳瓘（1057-1122）、李綱（1083-1140）、張浚（1097-1164）、李光（1078-1159）、周必大（1126-1204）、樓鑰（1137-1213）、葛勝仲（1072-1144）、袁說友（1140-1204）和張即之（1186-1266）等等，不過其中什一。他們所抄寫之佛經，含《心經》、《金剛經》、《法華經》、《佛遺教經》及《華嚴經》等等，不一而足，而寫經之目的雖以終孝及追薦先人為主，但也不乏餽贈酬謝、勸人悟道及宣揚佛理之意其中。可以確證在印經流行之情況下，他們不但持續保留並加強唐人手寫佛經、甚至刺血書經之傳統，而且還提升了佛經之價值，使不少佛經，經過他們書寫之後，成為更受尊重之聖典。許多手寫佛經，也進入了當時及後世收藏家及鑑賞家之書齋，成了收藏、鑑賞、題跋讚譽之對象。元明之後的寫經者，多深識這些作品之啟發性，也都認為其創作者是值得師法學習的。

　　本章討論宋代士人之寫經，視之為佛教信仰與修行之具體行為，是精進波羅蜜的一種表現方式，但無意誇張所有的寫經活動必然與佛教信仰有關。雖然如此，宋代士人多親佛法，對寫經祈福之作用咸能認同，對帝王寫經，亦能接受。北宋神宗之子趙佾（後改

名趙煦），被宣仁太后立為皇太子，而終能繼承皇位，竟因得利於為父寫經盡孝之舉。南宋高宗、吳皇后及孝宗，都曾寫經。大臣寫經更為常見，在在都顯示寫經已為士人修行佛法之重要步驟。總之，宋代士人手寫佛經，風氣頗盛，其成就亦高，使佛典藝術化，使佛經之地位與價值更加攀升，豐富了佛教之精神與物質文化，為元明及以後寫經之盛，奠下基礎。本書第五章「論趙孟頫寫經及其學佛因緣——從仇英的《趙孟頫寫經換茶圖卷〉〉說起》之所論，可以為證。

元代文人趙孟頫（1254-1322）是宋以後中國文人中，少數才華橫溢的天才之一。他在中國書法、繪畫、詩文史上，是個公認的慧星，在藝術及詩文上的成就，一直是學者深感興趣及經常研究的課題。歷來有關趙孟頫研究的豐碩成果，使學者對這位多才多藝的文人認識更深，也更加仰慕。遺憾的是，我們對這位身為三寶弟子的松雪道人，身為一個虔誠居士的佛法修行者，並未有全面的了解。這主要是因為他學術生涯上的某些領域，並未受到留意之故。本章就是為彌補這種空缺而作，目標是要討論趙孟頫學習佛法之歷程，將他的寫經與他跟佛教之間的因緣，放在歷史文化脈絡裡來查考說明。

趙孟頫是宋皇室後裔，蒙古入主中原之後，他應召仕元為官，後世學者目為失節而詬之。❶他長於書畫，學兼儒道佛三家，雖以

---

❶ 清代書家王澍（1668-1773）曾論趙孟頫「失身事元」，說他雖書《尚書‧洪範》，意欲以箕子自況，但無箕子之抱負，而「蒙面易心，托言權變，竟欲以箕子自比，是失身之中，又增一文過之罪矣！」又說：「後世以其楷法之精而不忍斥去節取耳。節取何所不可？李斯之篆法至今重之，得謂以此而宥

松雪道人為號，但可說是亦儒亦道亦佛，所交遊者亦為三家之徒，而所作法書亦多三家之經文。不過，他與其夫人管道昇女士尊杭州天目山的中峰明本（1263-1323）為師，以弟子之禮事之，「因圖其像，攜以自隨，到處供養。」❷他以書寫佛經經文為佛事，作品屢為佛門僧侶索求之物，為歷代鑑賞家所珍視之寶物。他的「寫經換茶」，為王羲之「寫經換鵝」之翻版，在藝術史上，最為膾炙人口。明代畫家仇英（1494-1552），追憶其事，作〈趙孟頫寫經換茶圖卷〉，為他的「今我為君書般若，一包茶葉未為多」之故事，留下名家懷想前輩的歷史見證。時至今日，西方藝術史家仍樂談此事，但都於其背景含意不甚了了。我在此章探討與這幅畫相關的三個問題：其一，確證趙孟頫寫《心經》換茶為一歷史事實，與「逸少書換鵝，東坡書易肉」，被藝術家認為是「千載奇談」；❸並說明他寫《心經》多次，意在「經」而不在「茶」；其二，趙孟頫不僅多次寫《心經》，而且也多次書寫其他主要佛經，虔誠的佛教信仰，充分表現於生活實踐上；其三，趙孟頫之寫經實與其佛教信仰息息相關，尤其他在尊奉中峰明本為師之後，互通書信，往復問道，信佛更力，寫經更勤。本章並藉探討以上諸問題，申論趙孟頫

其七秦之罪乎？子昂書法自佳，身自失節，當分別觀之，不可牽此蓋彼也。」見清・陸時化，《吳越所見書畫錄》（在盧輔聖主編，《中國書畫全書》第 8 冊），頁 995。

❷　此明・董其昌語，見清・陸心源，《穰梨館過眼續錄》（在徐娟編，《中國歷代書畫藝術論著叢編》第 39 冊），原書頁 19a。

❸　見明・文彭題其父文徵明補寫於趙孟頫〈戲恭上人〉詩後之《心經》。錄於清・繆日藻，《寓意錄》（在盧輔聖主編，《中國書畫全書》第 8 冊），頁 933。

寫經及其佛教信仰、研究在他學術、藝術生涯中所扮演之重要角色，指出他的寫經及畫佛，繼宋士人寫經之後，再次裨益佛經之藝術化，並豐富了宋以後江浙佛教文化的內涵。

　　江浙地區佛教文化的形成，肇因於宋以來叢林之發展，尤其宋都城南遷杭州之後，南禪的臨濟、曹洞二宗，人才輩出，活躍於江浙及南方城鄉，吸引許多士人之注意。這些禪宗的新銳，納交於王侯士人，獲其揄揚延譽，往往能名動公卿，聲聞天子，受命住持五山十剎，十方叢林為之馬首是瞻。即令伏於巖穴，志在窮鄉，也有高蹈之士相濡以沫，相交於江湖。南宋禪僧，多有文學之長，號為詩僧或詩禪，熱衷於談禪論詩文，士人常引之為師友，與之互相親慕，於寫經換茶之外，更以詩偈相酬唱，進一步激發佛教文化的活力與成長。這個問題，我在未來的論文中，會有更詳細的探討。而本書第六章的「參訪名師：南宋求法日僧與江浙叢林」，勾勒了這個佛教文化發展之歷史背景。

　　南宋禪宗之陸續發展，使南方的江浙地區形成了東亞佛教的中心，造就了不少名聞遐邇的禪師。這些禪師，披荊斬棘，創建新剎，整修廢寺，戮力傳法，使南宋叢林日漸擴大，成了所謂的「五山十剎」，為日、韓僧侶渡海入宋求法之重要地點。以日僧為例，他們一旦入宋，多奔江浙地區求法，參學於所謂的「五山」禪師，人數與日俱增，經過一段時間的調適與涵化，融入江浙叢林，與南宋叢林的禪師、法友形成了一法友聯誼網絡（monastic fellowship network）。此網絡促使江浙地區產生了具有活力而獨特的地域性佛教文化。求法日僧不僅身受此文化之惠，且有參與強化之功，在宋以後江浙佛教文化及日本鎌倉後期五山文化之發展，扮演著很重要

的角色。

　　當然，日僧之來華求法，不始於南宋。自隋唐以來，日僧或隨遣隋史、遣唐使入華，或私下結伴、或單獨乘商船來華，時有所見。本章先對這段時期日僧來華求法之舉，作一回顧。其次說明唐以後日僧來華求法之中輟，與他們在北宋時期之恢復渡海，尋訪名師。接著討論南宋前期零星幾位日僧入宋參靈隱、天童、徑山禪師之求法情況，主張榮西（1141-1215）、覺阿（1143-1182）、及能忍之兩位弟子等人之入宋，雖為參訪名師名剎，建立師傳宗派，但也相對地促使這些禪師、禪剎，地位日漸陞高，口碑傳之愈遠。本章之第三節列出三十位左右南宋求法日僧，並討論代表人物永平道元（1200-1253）、神子榮尊（?-1272）、圓爾辯圓（2102-1280）、悟空敬念（生卒年不詳）、無關普門（1212-1291）、無象靜照（1234-1306）、南浦紹明（1235-1308）等進入五山參學之情況，說明他們意識到五山禪僧地位之特殊，而選定五山為參學之地。他們因集中在五山禪僧處參學，彼此之間逐漸與江浙禪友形成一師友聯誼網絡。在「五山」及「五山禪師」如癡絕道沖（1169-1250）、石田法薰（1171-1254）、無準師範（1171-1278）、虛堂智愚（1186-1270）及偃溪廣聞（1189-1263）的培養下，逐漸學成歸國。而五山禪師，亦多歷經參學磨練之過程，由蕞爾小寺入主育王、天童、淨慈、靈隱和徑山等大禪剎，有如文士官吏，逐步拾階而上，位至卿相，深受聖眷，背後都有地方及中央重臣卿相為其後盾。他們歷主五山禪剎之時，亦即日僧來參之日。如此因緣際會，造就成不少學有所成的求法日僧。他們在求法過程中，雖因不諳華語，而難獲參悟，但透過使用漢字、書寫偈頌，參扣不倦，終獲開悟，而於學成返鄉之後，佔地

開山,成為日本鎌倉、五山文化的先驅。

　　入宋求法日僧,加入南宋叢林四眾,藉偈頌之表意形式,表達其證悟之經驗。他們與文士相交,與禪友互通聲氣,於江浙地區叢林之詩文偈頌文化,有推波助瀾之效,不但有助於他們融入江浙叢林之師友聯誼網絡,亦有助於南方佛教文化之發展。其發展之進一步情況,容在本書的姊妹篇《南宋的文學僧與禪文化》詳細討論及說明。

第一章
泗州大聖僧伽傳奇新論
——宋代佛教居士與僧伽崇拜

一、引言

2003 年 11 月，在中國的江蘇江陰市青陽鎮悟空村的一個寺塔基處挖掘出一個千年地宮，據說是華藏塔地宮。地宮內出土一石函，其中藏有舍利若干，據說白色圓潤，晶瑩發亮。經考古學者的初步考證，是泗州大聖僧伽大師（617-710）的真身舍利。這個挖掘與發現，被認為是與陝西鳳翔法門寺出土的地宮佛指舍利具同等重要性。也因為這個發現，有關泗州大聖信仰的傳說與歷史，再度成為佛教界談論的對象，也成了佛教史家研究的課題。

泗州大聖僧伽的崇拜，自唐初流行後，歷經宋、元、明各朝，未嘗淩衰，是中國佛教史上一個很值得注意的現象。可惜歷來研究佛教史及佛教文化之中國學者，鮮少論及。倒是日本學者，曾加以

注意。如牧田諦亮在其《中國佛教史》一書之上下兩冊，❶就闢有專節討論唐宋的僧伽信仰，常為學者所引述。❷于君方教授在她最近出版的英文著作《觀音》一書，就大量引用其書，討論僧伽崇拜與觀音信仰之關係。❸牧田諦亮的研究，根據了不少寶貴的資料，相當值得參考，但他認為僧伽信仰與寶誌、萬迴等代表中國的「庶民信仰」或「庶民的佛教信仰」，筆者認為頗有商榷的餘地。最主要的問題在「庶民」一詞之意義太廣泛而模糊。如果是《大漢和辭典》所泛指的「百姓」或一般辭典所說的「沒有特別地位、財產，世間一般的人」，或「一般之市民，與貴族、武士相對之一般人」，❹那麼僧伽崇拜恐不是這種單純的「庶民信仰」足以概括的。

　　筆者認為以「庶民信仰」一詞來談某些中國宗教現象，似有暗示它是與「菁英信仰」相對的意思。也就是說，若一宗教現象被界定為「庶民信仰」，則貴族、富民、士大夫、或知識分子就不在這

---

❶　見牧田諦亮，《中國佛教史》（東京：大東出版社，1981-1984），上冊，頁321-329；下冊，頁28-84。

❷　譬如美國學者 Bernard Faure 在其名著 *The Rhetoric of Immediacy: A Cultural Critique of Chan/Zen Buddhism* (Princeton: Princeton University Press, 1991)，論及僧伽之為神異僧等問題，就完全依賴牧田之著作。

❸　見 Chün-fang Yü., *Kuan-yin: The Chinese Transformation of Avalokiteśvara* (New York: Columbia University Press, 2002), pp. 210-222。于教授也表示有關僧伽的深入研究太缺，只好借重牧田的研究成果。

❹　見諸橋轍次，《大漢和辭典》（東京：大修館書店刊，1984，修訂版），頁3982；山口明穗等，《岩波漢語辭典》（東京：岩波書店，1987），頁354。

個信仰圈之內，而屬於另一個「菁英信仰」（the elite's cult）之範疇。如果以這種思維來界定僧伽信仰是一種「庶民信仰」的話，那麼對中國佛教史的認識與解釋，可能會產生偏差。尤其中國自宋元以來，許多高級知識分子和社會菁英都是佛教居士。他們不但參與了所謂的「庶民信仰」，而且常直接或間接對某些「庶民信仰」之形成、演變、及流傳產生關鍵性的作用。若用「庶民」一詞將他們切割、分離而劃歸為另一社會階級或範疇之宗教活動者，就會產生片面、失真的歷史敘述。❺當然，牧田使用「庶民信仰」一詞，可能根據約定俗成而較為廣義的用法，有強調信仰極為普及之義。但吾人今日為考量及不同社會階級在宗教信仰上所扮演的角色，就有必要思考「菁英信仰」是否存在的可能，或社會菁英在面對、處理或推動宗教上的思考及作為。就僧伽信仰與崇拜的歷史演變來看，筆者認為用「庶民信仰」一言以蔽之時，應該同時考慮並說明菁英群的士大夫或知識分子所扮演的角色，使宗教信仰之普及與接受程度更正確的呈現出來。本章即是想藉探討社會菁英對僧伽信仰的鼓吹與宣揚，來說明佛教居士也是構成僧伽信仰與崇拜的主要成員。他們以書寫文字之力，傳揚僧伽神蹟所造成的影響是不容忽視的。

---

❺　這可以說明為何西方學者目前對 "popular religion" 或 "popular cult" 一詞的解釋，都趨向強調信仰之「普及性」，而不特別執意去區分信仰者之階級與身分，也無意去凸顯「民間」及「菁英」之對立性或互排性。換句話說，他們認為菁英份子或佛教居士之參與某些所謂的「民間」或「庶民」宗教信仰是相當正常的。當然，他們參與之程度可能要視信仰之被接受度而定。參看 Peter Gregory et al. eds., *Religion and Society in T'ang and Sung China* (Honolulu: University of Hawaii press, 1993), p.8.

本章討論這個歷史面相之際，同時也對新發現的所謂僧伽大師「真身舍利」，做一點釐清真相與歷史還原的工作。

二、僧伽大師「真身舍利」的關鍵人物 ──善聰

根據報導，江陰華藏塔地宮出土的物件含唐代的「開元通寶」與所謂「宋元通寶」兩種古錢，證明宋、元之時，地宮還有活動。最重要的發現，應是出土石函蓋上所刻的文字：

> 常州太平興國寺僧善聰，伏睹江陰郡、江陰縣悟空院僧應雲，同行者尤惟素，募緣四眾，建造泗州大聖寶塔，以善聰收得眾舍利，特製石函，銀瓶盛貯，安藏於塔下，永充供養。大宋景德三年歲次丙午正月日記。

這些文字似說明常州太平興國寺僧善聰是所謂的僧伽「真身舍利」之擁有者，而江陰悟空院僧應雲及行者尤惟素則負責募緣造塔及製造石函以貯存舍利。

筆者所見的有關報導，對這條史料的關鍵人物──善聰，都沒有什麼說明。這大概是參加江陰地宮發掘的考古學者也不知他是誰之故。據筆者所知，佛教文獻所見之宋僧名善聰者，只有一位，即是宋神宗（r.1068-1085）、哲宗（r.1086-1100）之際曾與來華高麗僧義天（1055-1101）晤面的姑蘇僧善聰。此位善聰或許即是石函所說的善聰。不過，這個假設是否能成立，決定於他的壽限幾何。也就是

說，他必須享壽百歲上下，才有可能是石函所說的善聰。這是因為自石函的年代——真宗景德三年（1006）——至宋哲宗（1086-1100）在位初期，有八十年之久。假設善聰當時二十歲，則義天來華之年，即神宗八年（1085），他正好 100 歲。而哲宗元祐元年（1086）義天歸國後，他則是 101 歲。若是他確實壽至百歲，就很可能是石函的太平興國寺僧。這也未必不可能，但為審慎起見，暫時假設石函之善聰即是義天所遇之善聰的早年，將其生平略述如下，以聊備一說。

高麗王子僧統義天入宋求法之事，筆者已於其他文章介紹甚詳，此處不再多贅。❻義天歸國後，曾與善聰互通音問。兩人來往書函，大致都收於義天的詩文集中。❼從善聰致義天書函的內容看，善聰是江蘇地區著名的華嚴學者。其中一函，他對自己有這樣的回顧：

　　善聰八歲出家，十九試經，落髮纔受具品，便擇師從學，幾

---

❻　可參考筆者 "Ŭich'on's Pilgrimage and the Rising Prominence of the Korean Monastery in Hang-chou during the Sung and Yüan Periods," in Robert Buswell Jr. ed., in *Currents and Countercurrents: Korea's Influences on the East Asian Buddhist Traditions* (University of Hawai'i Press, 2005), chapter 7，及鮑志成，《高麗寺與高麗王子》（杭州：杭州大學出版社，1998）。

❼　此即韓國海印寺雕印本之義天，《大覺國師文集、外集》（漢城：建國大學，1974）。書信見於《文集》，卷 11；《外集》，卷 6。此詩文集後經韓國東國大學校訂後出版鉛印本（1979），併入《韓國佛教全書》（漢城：東國大學，1979-1989），第四冊。筆者同時用此兩種版本，故兩本頁數並舉，分別稱海印寺本及《全書》本頁數。

二十年。末後傳大經，觀道於姑蘇法王門下，諱元智也，始
覺有歸也。自漸諷諸子，粗知源流，尚恨古德章門，未窺一
半。伏望大垂法施，猶散珍寶於貧人，廣啟慈門，似決泉流
於涸地。所有賢首、清涼及古德章句，或有便郵，願施封
寄，使寡聞者具足多聞，令有滯者觸事無滯。或因斯大盛於
華嚴，則由師有助於皇化也。❽

　　善聰是義天入宋求法所遇之五十幾位善知識之一，他與當時的
華嚴學者一樣，對義天從高麗齎來送贈晉水淨源（1011-1088）之華
嚴經論甚感興趣，所以義天歸國之後，也希望義天能夠慷慨贈與。
而義天也惠然肯施，託高麗使臣，送他「教乘文字、唯識單科
等，」包括自己所作的《華嚴新疏十卷》，及《華嚴論貫十五卷》
十四冊、《起信論演奧鈔十卷一科》、《龍樹釋論十卷》、《三寶
章十卷》、《指規章十卷》。❾善聰自己治華嚴學有得，也有華嚴
著述數種流傳，其見於記載者如《身土說一卷》、《賢首宗百門
決疑解一卷》、《辨三義折賓問一卷》、《答頂山十二問一卷》
和《入法界品禮讚一卷》等等，❿雖然不多，但義天聞其有「新出
義門」，自也求他贈書賜教，而有「存善誘之情，早望示及」之

---

❽　見義天，《大覺國師外集》，海印寺本卷 6，〈大宋沙門善聰書七首〉之
　　二，頁 3b-4a；《全書》本，頁 4:576c。
❾　《大覺國師外集》，海印寺本卷 6，〈大宋沙門善聰書七首〉之七，頁 7a；
　　《全書》本，頁 4:577c。
❿　見義天，《新編諸宗教藏總錄》（臺北：新文豐出版社，影印《大正藏》冊
　　85），頁 1167。

請。**⓫**

　　善聰雖與義天互通音問，並常相互勉勵，但善聰與義天之師晉水淨源（1011-1088）並非友好，所以淨源化寂（1088）之後，他曾致信義天，略謂：

> 慧因講主源法師已順圓寂，不勝傷感傷感。雖生前有所不和，一聞坐逝，六情併傷。法海枯於一方，道觀隳於一柱，同宗之者，豈自安乎？**⓬**

　　他對當時的禪、講之爭，態度相當堅持。對不讀教乘而自認可以參禪悟道之徒，雖不以為然，但也能循循善誘。所以當他的學徒慧清因故逃至廬山參禪，而「不看讀教乘」，又因其師遷化而歸江蘇，他「遂寫長詩勉伊重新傳教」。結果慧清迴心學教有成，而被州官請住承天寺寶幢教院，為光大華嚴而獻力。善聰對此似甚得意，所以把他寫給慧清的「背禪和教之詩」，抄寫一份，寄給義天，表示他已對當時「天下數十家禪，邪多正少。弘通大教，實難其人」的情況，責無旁貸地盡他所能了。**⓭**

⓫　《大覺國師文集》，海印寺本卷 11，〈與大宋善聰法師狀三首〉之二，頁 6b；《全書》本，頁 4:546a。

⓬　《大覺國師外集》，海印寺本卷 6，〈大宋沙門善聰書七首〉之三，頁 4b；《全書》本，頁 4:546b。按：第二個「傷感」似為衍文。又「同宗之者」一語，似有缺文。

⓭　同前書，卷 6，〈大宋沙門善聰書七首〉之六，頁 6b-7a；《全書》本，頁 4:577b。

善聰跟有名的佛教居士楊傑關係不錯。楊傑館伴義天入杭州求法，途經姑蘇，義天遂有機會與善聰討論教觀，而結為法友。❶而楊傑也因此與善聰相熟，而「每常相會」了。後來楊傑任兩浙提刑，善聰說他「甚是外護賢首教門」，認為是義天「發明引導之功」。❶善聰對義天表達楊傑的外護賢首教門，自是實情，而楊傑的「外護」，除了對佛教教義的宣揚外，❶是否也及於佛教「聖物」的護持，因文獻無徵，不敢擅自推斷。令人疑惑的是，善聰若擁有僧伽之「真身舍利」，為何義天、楊傑和善聰自己，都未曾談及其事？而如果他確有僧伽之「真身舍利」，究竟如何得來也是個謎。如果此善聰非彼善聰，則兩人都在江蘇，似乎也太巧合了，因北宋僧侶幾無法名相同者，而同住一地又法名相同者，機會更微乎其微。

三、僧伽傳記的編著者——蔣之奇

僧伽信仰與崇拜，始於唐代，至宋更加普及，當然與他在世時的種種神異傳說有關。宋僧贊寧（919-1001）在其《宋高僧傳》為他

---

❶　《大覺國師文集》，海印寺本卷 11，〈與大宋善聰法師狀三首〉之一，頁 5b；《全書》本，頁 4:546a。義天於信中謂：「嚮者遠遊京輦，旋屆姑蘇，豈圖邊壤之屛姿，忽際圓宗之大士。」

❶　《大覺國師外集》，海印寺本卷 6，〈大宋沙門善聰書七首〉之三，頁 4b-5a；《全書》本，頁 4:576c-577a。

❶　關於楊傑之崇尚佛教，見筆者〈北宋佛教居士楊傑——兼補宋史楊傑本傳之失〉，原發表於《漢學研究》21:1（2003），現收於筆者《因果、淨土與往生——透視中國佛教史上的幾個面相》（臺北：臺灣學生書局，2004）。

立傳，把他列入〈感通篇〉，就是一個最好的說明。贊寧說他在唐高宗龍朔初年（661）隸名於楚州龍興寺，「自此始露神異」。❶而其神異也就與日俱增，可以留衣殿樑，使廢寺重興；可藉盜之財施，而使免於刑獄；可以「澡罐水」噀駙馬都尉武攸暨而使其病痊癒。而以柳枝治癒病人，令人洗石獅子而令疾病全瘳，或擲水瓶，或令人謝過等，靈驗之例，不一而足。❶至於死後復現於市井，以各種面相現形於塔中、宮中內殿、塔頂等等，並於各處施法為人解災救難，奇蹟迭出，令人讚歎。❶因為種種神蹟，所以被視為觀音化身，被尊為證聖大師、大聖僧伽和尚、普照王。❶贊寧描寫其生平事蹟，說他自稱泗州寺僧，常現形於泗州塔頂，保全其城。但並未說明該塔是僧伽之塔，也未說明僧伽塔何時所建。只是暗示在唐中宗（r.705-711）時建，而在穆宗（821-824）時「寺塔皆焚」，而唐懿宗（r.860-873）時似又出現，前後矛盾，相當混淆不清。僧伽信仰與僧伽塔息息相關，而贊寧傳述其事，語焉不詳，未免有誤後人之欲知僧伽者。不過他敘述至宋太宗於太平興國七年（982），遣高品白承睿重蓋其塔，並遣使別送舍利寶貨同葬於下基時，❶才較明確地說明有僧伽浮圖之興建，並很明顯地指出宋太宗的公開崇敬僧伽，暗示太宗是造成宋代僧伽崇拜與信仰普及的重要因素。事實上，由於太宗之公開崇敬，宋史官對僧伽塔之情況就特別留意，凡

---

❶　見贊寧，《宋高僧傳》（北京：中華書局點校本，1987），頁448。
❶　同前書，頁449-450。
❶　同前書，頁450-451。
❶　同前註。普照王之稱，後因避武則天諱而改為普光王。
❶　同前註。

有變異，都有記錄。故《宋史》就錄有淳化三年（992）七月，泗州大風雨震僧伽塔柱之事，又有至道元年（995）七月，雷震泗州僧伽塔壞其鐘樓事。❷泗州塔下也成了北宋諸帝行謝祜享禮、謝晴祭典之重要道場。歐陽修（1007-1072）、王安石（1021-1086）等任翰林學士知制誥時，都曾為此類祭典寫申禮齋文。❷

雖然如此，宋代佛教居士對僧伽信仰的廣為流傳，其推波助瀾之功也是很重要的關鍵。居士楊傑對僧伽的崇拜，或許無直接之功，但是不少佛教居士，則是竭力鼓吹，公開宣揚其信仰。宋仁宗時期的蔣之奇（1031-1104）就是一個例子。

蔣之奇，字穎叔，是宋仁宗嘉祐二年（1057）進士，歷任顯官，以治辦稱，在北宋官吏中算是個人才。但他因誣陷歐陽修，為清議所薄。❷史傳雖然未說他好佛，是個居士，而他自己也未以居士自稱，但卻是一個十足的佛教居士，常與當時名僧談論佛法。❷釋曉瑩（生卒年不詳）說他與圓通法秀（1027-1090）為方外交，「平日

---

❷ 見《宋史》卷62，〈五行志一下〉，頁1350。

❷ 見歐陽修，《歐陽修全集》（臺北：河洛圖書出版社本，1975）冊2，《內制集》卷4，〈泗州塔下并峨嵋山開啟謝祜享禮畢道場齋文〉，頁27；王安石，《臨川文集》（臺北：臺灣商務印書館，影印文淵閣《四庫全書》本，1983-1988），卷46，〈泗州塔謝晴齋文〉，頁13b。

❷ 見《宋史》（臺北：鼎文書局，影印北京中華書局點校本），頁10915-10917。

❷ 例如，元符中（1098-1100）他常至杭州孤山拜訪法師宗敏，謁問楞嚴大旨，並談心要之妙。見《佛祖統紀》（臺北：新文豐出版社，《大正藏》冊49），頁223b。又詣靈芝圓照處聽講戒律大意。見《芝苑遺編》（臺北：新文豐出版社，《卍續藏經》冊105），頁557。

雖究心宗，亦泥於教乘」。他曾在三日之內，成《華嚴經解》三十篇，頗以此自豪。❷

　　蔣之奇與佛教間之關聯，一般所知者即是他對觀音信仰的影響。也就是他曾刊訂觀音傳記，將妙善公主傳說與觀音信仰結合之傳奇加以潤飾，使觀音成道之傳說，普遍流傳。英國學者 Glen Dubridge 及賴瑞和教授先後撰文探討蔣之奇編寫的〈大悲菩薩傳〉。後者更親赴蔣之奇的貶所汝州香山（今河南省）找到該傳原碑文，而將〈大悲菩薩傳〉大致重建還原。于君方教授在其《觀音》一書中，又根據二人之研究成果，詳敘蔣之奇編寫〈大悲菩薩傳〉的背景及流傳過程，充分說明蔣之奇在觀音傳奇之演變過程中所扮演之角色。❷本章無意重複前人所說，只想藉蔣之奇為觀音及僧伽編寫傳記的事實，提出宋代居士宣揚僧伽信仰的一個範例。

　　根據現存的三篇〈大悲菩薩傳〉刊本後的贊語，❷及宋人朱弁（fl.1101-1130）的《曲洧舊聞》，我們知道蔣之奇是在宋哲宗元符二

---

❷　曉瑩，《羅湖野錄》（臺北：新文豐出版社，《卍續藏經》冊 142），頁999a。

❷　見 Susan Mann and Yu-yin Cheng eds., *Under Confucian Eyes : Writings on Gender in Chinese History* (Berkeley: University of California Press, 2001), pp. 31-44，及前引 Yü (2002), pp. 296-301. 于教授曾先將蔣之奇之碑文譯出，收於前者，後併入其書中。按：蔣之奇此文之寫作時間，如下文所說，應是元符 2 年而非 3 年。

❷　此三個〈大悲菩薩傳〉見於阮元，《兩浙金石志》（臺北：新文豐出版社，《影印石刻史料叢刊》），頁 10344-10345；陸增祥，《八瓊室金石補正》（北京：文物出版社，1985），頁 770-771；杜春生，《越中金石志》。參看 Glen Dubridge, "Miao-shan on Stone: Two Early Inscriptions," *Harvard Journal of Asiatic Studies*, 42:2, (Dec., 1982), 589-614.

年（1099），69 歲時編寫大〈大悲菩薩傳〉的。當時他出守汝州，
境內的香山寺住持沙門懷晝持所得〈香山大悲成道傳〉請他潤飾。
這篇文字，原是唐沙門道宣之弟子義常（生卒年不詳）所寫，蔣之奇
讀後，覺得：

> 本末甚詳，但其語或俚俗，豈〔義〕常者少文，而失天神本
> 語耶？然至菩薩之言，皆卓然奇特入理之極談。予以菩薩之
> 顯化香山若此，而未有傳，比予至汝，其書適出，豈大悲付
> 囑，欲予譔著下缺？遂為論次，刊滅俚辭，采菩薩實語著於
> 篇。㉙

此段文字顯示蔣之奇對義常之原作，只不滿其文字之俚俗，對
於其所描述觀音菩薩之語，則以為卓然入理，故樂於為之改作。㉚
也就是因為他對大悲成道、菩薩顯化香山之事深信不疑，故朱弁就
批評他的故事與《楞嚴》、《大悲》、《觀音》等經，「頗相函
失」。並且還說：「考古德翻經所傳者，絕不相合。浮屠氏喜誇大

㉙ 同前註。「義」字原缺，為筆者所加。「少文」一詞，《兩浙金石志》作
「少久」，此處依《八瓊室金石補正》。

㉚ 按：郭祐孟之〈大悲觀音信仰在中國〉謂「蔣之奇雖不無懷疑，但仍不掩實
現歷史預言的熱忱，親自做贊鐫碑」，疑為未見此文之「想當然耳」之詞。
其實蔣之奇對大悲成道之故事欣然接受，絲毫不疑。且他作贊固然屬實，書
寫者實為蔡京，而刻石立碑者另有其人。崇寧三年（1104），杭州上天竺寺
僧道育曾經重立此碑，顯然蔣之奇改寫傳文之後，即已於上天竺寺立過碑。
郭文見，《覺風季刊》（2000），30 期，頁 11-19、29。其文中所用資料並
未註明出處，故不知他的說法是何所據而云然。

自神，蓋不足怪，而穎叔為粉飾之，欲以傳信後世，豈未之思耶！」❸不知蔣之奇正是一個喜好佛門傳奇故事，而樂為潤色粉飾以「傳信後世」的佛教居士。

　　朱弁雖知蔣之奇編寫大悲傳之事，❷但似不知蔣之奇還編寫了泗州大聖僧伽大師之傳。否則，他豈不是又要仿〈蔣穎叔大悲傳〉一篇，另寫〈蔣穎叔僧伽傳〉一篇，再對蔣之奇之未能慎思表示遺憾呢？

　　蔣之奇編寫〈泗州大聖普照國師傳〉之時，他的官銜是「江浙荊淮等路制置發運副使，朝奉大夫」，應是宋哲宗元祐元年（1086）之前，❸這時他大概 55 歲上下，距離他寫〈大悲菩薩傳〉的時間約 13 年左右。根據他的〈泗州大聖普照國師傳〉序，他編寫此傳的動機如下：

　　　　余讀李白詩云：「真僧法號曰僧伽，有時與我論三車。」余
　　　　是知所謂僧伽者，李白蓋嘗見之矣。又讀韓愈詩云：「僧伽
　　　　晚出淮泗上，勢到眾佛尤魁奇。」又韓愈闢佛，至老不變，

---

❸　朱弁，《曲洧舊聞》（北京：中華書局校點本，2002），頁 169-170。

❷　他也曾敘述另一佛教居士張商英道經香山寺謁大悲像而題詩事。同前書，頁207。

❸　李昌憲，《宋代安撫使考》（濟南：齊魯書社，1997），引《續資治通鑑長編》謂蔣之奇在哲宗元年以江浙荊淮等路制置發運使之職調知廣州，見頁379。前引《羅湖野錄》說他「元豐間（1078-1085）漕淮上」，當是元豐末。本文所用之《泗州大聖明覺普照國師傳》是明萬曆 19 年（1591）李元嗣刊本。書中除蔣之奇所撰之傳外，還有其他相關文字。以下簡稱蔣之奇所撰為〈泗州大聖傳〉，而全書則稱《普照國師傳》。

若僧伽之神異，雖愈亦不敢誣也！故常欲為作傳，而未暇遑。比余之楚之秦，而得僧伽事益詳，於是遂纂輯而為之傳。❸❹

這篇序文先述他因讀李白詩而知僧伽其人，❸❺再述韓愈雖闢佛之志甚堅，而於僧伽之「神異」卻不敢或誣，於是自覺有為僧伽作傳之必要。後因遊秦、楚之地，而多聞僧伽之故事，遂決定編寫成書。顯然，他對僧伽的「神異」深信不疑，故有意為之宣揚。

蔣之奇曾先任陝西副使，後又擢升江、淮、荊、浙發運副使，故說「之楚之秦」。❸❻他說因為在此二地而「得僧伽事益詳」，一方面固是因為他去瞻拜過僧伽塔，另一方面是否意味著這兩地僧伽信仰之普遍？❸❼李元嗣在其〈新刊明覺大師實錄序〉中曾說蔣之奇

---

❸❹ 見〈泗州大聖傳〉，頁 827。

❸❺ 蔣之奇所說之李白詩，指的是李白的〈僧伽歌〉，見李白，《李太白全集》（臺北：河洛圖書出版社，1975 影印本），頁 198-199。宋人董逌（字彥遠，活躍於南北宋之際）在其《廣川書跋》說此詩「鄙近，知非太白所作。」並說太白年紀太輕，不會認識僧伽。所以他批評蔣之奇說：「僧伽傳，蔣潁叔作。其謂李太白嘗以詩與師論三車者，誤也。」見《廣川書跋》（臺北：臺灣商務印書館，影印文淵閣《四庫全書》本，1983-1988），卷10，頁 11a-12b。關於此詩是否為李太白所作，眾說紛紜，但蔣之奇並不懷疑，反而深信之。于君方教授在其《觀音》一書中說蔣之奇懷疑此詩為太白所作，又引董逌之語為證，張冠李戴，恐是未親睹〈泗州大聖傳〉而致誤。見 Yü (2002), p.528, note 4。

❸❻ 關於其遷調，見《宋史》，卷 343，頁 10916。唯其任陝西副使的時間不詳。

❸❼ 根據張舜民的〈郴行錄〉，張曾與蔣之奇、劉士彥與王純中齊遊泗州僧伽塔。依張舜民描述他見僧伽示現之情況如此：「大聖見塔上，始見香烟如

所著〈泗州大聖傳一卷〉，「其源雖出高僧傳，然多掠其大凡，而未盡委□□□。」❸李元嗣因此而「博（？）採傳記，更互讎（？）對，訂其是非，會諸異說，務歸周（？）致。」❸這些描述，雖有缺文及不明處，但明顯地表示他對蔣之奇所作之僧伽傳不甚滿意，認為它基本上是根據僧傳而編成。果真如此，則蔣之奇在秦、楚等地，也就是在陝西、淮南等地之所見所聞若不是沒有新意，就是相當有限。如果僧伽崇拜確如眾所周知地盛於宋代，那麼蔣之奇之泗州大聖傳應不致於如李元嗣所形容的那麼粗略吧。❹

　　有關僧伽之記載，早見於唐李邕（673-742）的〈泗州臨淮縣普光王寺碑〉。❹但在唐宋的僧傳裏，只有贊寧（919-1001）的《宋高僧傳》有僧伽之記錄。不過，贊寧之僧伽傳相當長，字數約有蔣之

霧，籠閉四周。少頃，有物如拳許，在相輪上或坐或作，往來周旋不止。每至東南角，少竚立，至暮不滅。又自塔下烟霧如甑氣上騰，少間雨作。」〈郴行錄〉應該是張舜民被謫至郴州（宋時屬湖廣）時所寫，時間應該在蔣之奇任江、淮、荊、浙發運副使時，因他稱呼蔣為發運副使。按：張舜民字芸叟，自號浮休居士，治平二年（1065）進士。其〈郴行錄〉收於其殘存之《畫墁集》（臺北：臺灣商務印書館，影印文淵閣《四庫全書》本，1983-1988）。此處所引部份，見卷7，頁2b-3a。

❸　見《普照國師傳》，頁 824。此文多處已破損，□為缺字，但按文義看似為「委曲周詳」或類似之語。

❸　同前註。按原文破損或不明處，以問號指出。

❹　關於僧伽崇拜盛於宋代之證據，可見於宋代僧伽造像及殿堂之日趨普及。參考日學者牧田諦亮之，《中國佛教史研究》（東京：大東出版社，1981-1984）。徐萍芳對牧田所收集之資料曾加以補充。見徐著，〈僧伽造像的發現和僧伽崇拜〉，《文物》，1996 年第 5 期（5月號），頁50-58。

❹　見李邕，《李北海集》（臺北：臺灣商務印書館，影印文淵閣《四庫全書》本，1983-1988），卷3，頁 11a-14a。

奇僧伽傳的五倍之多，故蔣之奇之作自不可能是抄贊寧之傳而成。因為蔣文篇幅不長，將其迻錄如下：

普照明覺大師僧伽者，蓋西域人，莫知其國土與姓氏也。年三十，自西域來。唐高宗龍朔中，至長安、洛陽懸化，遂南遊江淮，手執楊柳枝，攜瓶水，混稠眾中。或問師何姓，答曰：「姓何。」又問師何國人，答曰：「何國人。」然人莫測其為何等語也。武后稱周帝，號武氏周。萬歲通天中，有制：「番僧樂住者，聽！」遂隸楚州龍興寺。後欲於泗上建寺，遂至臨淮，宿山陽令賀跋玄濟家，謂曰：「吾欲於此建立伽藍。」即現十二〔一？〕面觀音相。玄濟驚異，請捨所居為寺。師曰：「此地舊佛宇也。」令掘地，得古碑，乃齊香積寺銘，李龍建所創。並獲金像一軀，眾以為然鐙〔燃燈？〕佛。師曰：「普照王佛也！」視之，有石刻焉，果普照王佛。景龍二年，中宗遣使迎僧伽入內，號稱國師，帝及百官執弟子禮與！〔敕〕度慧岸、慧儼、木叉三人，以嗣傳鐙〔燈？〕，並賜臨淮寺額，師請以佛號牓之。帝以照字觸天后諱，改號普光王寺，為親書寺額。景龍四年，師寢疾，出住大薦福寺。二月三日，端坐而化，春秋八十有三，在西土三十年，入中國五十三年。帝命即薦福漆身建塔，忽臭氣滿城，巫祝送師歸臨淮。言訖，異香騰馥，遂送真身。以是年五月五日建塔，安大師真身於塔內。敕百官送至都門，士庶至灞水，僧尼至驪山。帝問萬迴：「僧伽大師是何人？」對曰：「觀音化身也。〈普門品〉云：『應以比丘身得度

者，及皆親之，而為說法，斯之謂也。』」❷

　　比較此傳文與贊寧的僧伽傳文，我們可以發現蔣文有以下新增或敘述較詳之處：(1)以僧伽之口吻說僧伽欲建寺；(2)詳述唐中宗於景龍二年（708）迎僧伽入殿內，賜國師號，而僧伽自求以佛號牓其臨淮寺額；(3)鋪陳真身、建塔事，而謂中宗使漆身建塔，送入臨淮寺安其真身。

　　蔣文雖然有這三處較清楚的敘述，但是省略了贊寧許多有關僧伽神異變化的描述。而且贊寧所述僧伽神蹟，遠超僧伽滅後之年月而至宋太宗朝，而蔣之奇僅述及唐中宗朝僧伽滅度為止。換句話說，蔣之奇不但於中宗以後至宋太宗時之僧伽故事，沒有記錄，且對宋太宗以來的僧伽傳說，也全未採集增補，簡略之甚，無怪李元嗣深以為不足。此外，以上三處較詳之敘述，除了第一處外，其實都可見於《太平廣記》裏的〈僧伽大師〉條。《太平廣記》於宋太宗朝所編，距離蔣之奇寫傳的時間約有九十年，而蔣傳中竟無一語述及這段時間的僧伽傳說，寧不奇怪？❸

　　雖然如此，蔣之奇因身分特殊，其所撰之〈泗州大聖傳〉刪略神異傳說，而確認僧伽大師寺、泗州塔、及僧伽真身之由來始末，

----

❷　見〈泗州大聖傳〉，頁 827-829。按：「帝及百官執弟子禮與」之「與」似應讀「歟」而不應作連詞。「敕」字係參考《宋高僧傳》僧伽傳文所加。

❸　見《太平廣記五百卷》（臺北：新興書局，1958）冊二，卷 96，頁 649-650。

又強調唐僧萬迴以來所傳的僧伽是「觀音化身」之說，❹等於是把僧伽傳說用較接近史傳的形式重新呈現在士大夫的讀者面前，吸引高級知識分子之閱讀，以宣揚僧伽之信仰。換句話說，他的讀者應是士大夫。譬如，他的侄子蔣璨（1085-1159）即是其中之一。蔣璨不但重書〈泗州大聖傳〉，並且在其後題字說「□感應化，固其餘事」，而「唯萬迴以〔師〕為觀音化身，信哉！」❺而南宋孝宗時大臣李祥（fl.1128-1201），著文敘述僧伽大師滅度後應化靈異事，亦說曾得「樞密蔣公所作僧伽傳」，而「見其敘引，靈矣。且有觀音大士應身之說，與予父兄所說略同。」❻

　　值得注意的是，自唐李邕述僧伽傳以來，至蔣之奇所作之〈泗州大聖傳〉，雖有言及僧伽真身葬於臨淮寺（即普光王寺）之事，但都沒有提到僧伽「真身舍利」分散到別處之事。只有《宋高僧傳》提到宋太宗於太平興國七年（982）敕高品白承睿重蓋泗州塔，又於次年（983）「遣使別送舍利寶貨，同葬於下基焉。」❼這些舍利，是不是常州僧善聰所收得的「眾舍利」？若果如此，今人視其為僧

---

❹ 《宋高僧傳》，卷 18，〈僧伽傳〉謂中宗問萬迴師曰：「彼僧伽者何人也？」而萬迴答曰：「觀音菩薩化身也。」見該書頁 449。同卷〈萬迴傳〉亦有類似問答，見頁 455。

❺ 見〈泗州大聖傳〉，〈題僧伽傳後〉，頁 829。按：蔣璨為蔣之奇從子，其所任官職與蔣之奇類似，題蔣之奇所著之傳時，任右中大夫直龍圖閣，江南西路轉運副使。

❻ 同前書，頁 835。關於李祥，詳見下文。按：蔣之奇於徽宗時復為翰林學士，拜同知樞密院。次年，又知院事。故稱「蔣公樞密」。見《宋史》蔣之奇本傳，頁 10917。

❼ 見《宋高僧傳》，卷 18，〈僧伽傳〉，頁 451。

伽之「真身舍利」，實有問題。若非善聰之「眾舍利」，則考古學者之「真身舍利」說，不知何所據而云然？又假設善聰所說之「眾舍利」確為僧伽之「真身舍利」，豈不是說僧伽滅後，曾經焚化而留下舍利子若干？但並無任何記錄有此一說。如若真有舍利子，也應在泗州塔底，怎會出現在江陰的華藏塔基呢？這些問題未有圓滿答案之前，我們對僧伽「真身舍利」出現於江陰之說，是有充分理由懷疑的。

四、僧伽崇拜的居士代表——李綱

蔣之奇的〈泗州大聖傳〉雖似有意無意地諱言僧伽的神異之蹟，但是僧伽之神蹟與傳說仍持續地在增加，❹而僧伽信仰之流傳也一直在擴展，這可從泗州以外僧伽塔寺的興建及僧伽像的鑄造看出端倪。至少在北宋結束以前，在各個地區有僧伽塔、寺、堂、像等，略如下表：❹

---

❹　部份神蹟，李祥曾於其〈大士滅度後應化靈異十八種〉（以下簡稱〈大士靈異事蹟下篇〉）詳述，見下文討論。

❹　此表所列大致依時間先後排列。部份資料根據前引徐萍芳文，和 Denis Patry Leidy, "The Portrait of the Monk Sengqie in The Metropolitan Museum of Art," in *Oriental Art*, no. 49 (2003)。部份則為筆者所蒐集，皆註明來源。顯然，凡稱泗州院者當有僧伽像，亦可能是雕像，唯尚待進一步查證。

寺院名稱	地點	時間	備考
廣教寺大聖殿⑩	江蘇狼山	太平興國年間(976-983)	僧伽坐像
泗州院⑪	福建長樂	雍熙元年(984)	
福聖禪院(南禪寺)⑫	無錫	雍熙中(984-987)	僧伽像、七級浮圖
景德寺泗州院⑬	上饒	景德中(1004-1007)	
瑞光寺	蘇州	大中祥符6年至天禧元年(1013-1017)	木雕描金僧伽坐像
下天竺寺⑭	杭州	天禧3-4年(1019-1020)	僧伽像
大安塔⑮	汴京	明道2年(1033)	僧伽像
泗州尼院	河南偃師	天聖6年(1028)	僧伽雕塑
仙岩寺塔(慧光塔)	浙江瑞安	慶曆3年(1043)	木雕塗金僧伽坐像
僧伽浮圖	祥符縣樊村	治平中(1064-67)	
南臺僧伽塔⑯	建昌	治平中(1064-67)	
華嚴院⑰	臨汝	治平3年(1066)	僧伽像

⑩ 按：狼山在江蘇南通市南郊，廣教寺據說為僧伽於唐總章2年（669）創建。宋僧智幻法師於太平興國年間住持此寺時建大聖殿，塑僧伽像供奉。

⑪ 或謂太平興國9年，但太平興國無9年，應為雍熙元年。

⑫ 《無錫志》（臺北：臺灣商務印書館，影印文淵閣《四庫全書》本，1983-1988），卷3下，頁28a。

⑬ 《古今圖書集成》，〈神異典〉，110卷，頁37。

⑭ 契嵩，《鐔津集》（臺北：臺灣商務印書館，影印文淵閣《四庫全書》本，1983-1988），卷15，〈杭州武林天竺寺故大法師慈雲式公行業曲記〉，頁9ab。

⑮ 夏竦，《文莊集》（臺北：臺灣商務印書館，影印文淵閣《四庫全書》本，1983-1988），卷27，〈大安塔碑〉，頁4a。

⑯ 見《古今圖書集成》，〈職方典〉，883卷，頁9。

⑰ 惠洪，《石門文字禪》（臺北：新文豐出版社，影印常州天寧寺刊本，1973），卷22，〈華嚴院記〉，頁16a。

泗州大聖庵❸	永州	熙寧間(1068-1177)	僧伽像
興教寺	松江	熙寧元祐間(1068-1093)	銅造僧伽坐像
竹林寺泗州院	福建長樂	元祐間(1086-1093)	
泗州院	福建漳浦	元祐間(1086-1093)	
泗州堂❸	仙井	元祐元符間(1086-1100)	
不詳	洛陽	元祐7年(1092)	石雕坐像
承天禪院僧伽浮圖❸	江陵	崇寧元年(1102)	
天封塔	寧波	政和4年(1114)	塗金石雕坐像
白象塔	溫州	政和5年(1115)	塗金磚雕僧伽坐像
僧伽院❸	南康	宣和年間(1119-1225)	
天寧寺僧伽塔❸	儀真	靖康初(1126)	
泗州大聖龕❸	四川大足	靖康元年(1126)	石雕坐像

事實上，北宋僧伽塔寺之多，必不只以上之數。文學家黃庭堅
（1045-1105）就曾說：「僧伽本起於盱眙，於今寶祠徧天下，其道

---

❸　《至元嘉禾志》（臺北：臺灣商務印書館，影印文淵閣《四庫全書》本，
　　1983-1988），卷11，〈泗州大聖庵〉，頁8ab。

❸　見李新，《跨鰲集》（臺北：臺灣商務印書館，影印文淵閣《四庫全書》
　　本，1983-1988），卷16，〈泗州堂記〉，頁13b-15a。

❸　見黃庭堅，《山谷別集》（臺北：臺灣商務印書館，影印文淵閣《四庫全
　　書》本，1983-1988），卷4，〈江陵府承天禪院塔記〉，頁1a-3a。

❸　見《古今圖書集成》，〈職方典〉，871卷，頁11。

❸　孫覿，《鴻慶居士集》，卷32，〈徑山妙空佛海大師塔銘〉，頁16b-20a。

❸　參看重慶大足石刻藝術博物館及重慶市社會科學院大足石刻藝術研究所合編
　　之《大足石刻銘文錄》（重慶：重慶出版社，1999），頁27。按：此泗州大
　　聖龕在北山佛灣，有北宋伏元俊題名。

化乃溢於異域，何哉？豈釋氏所謂願力普及者乎？」❹所謂「寶祠徧天下」或是文學的誇張用語，但是山谷居士如此誇張，當未嘗不是根據他的見聞而發。他於元豐七年過僧伽塔時，還曾作發願文，誓戒淫欲、飲酒、食肉，狀至誠懇。❺蘇軾（1036-1101）、蘇轍（1039-1112）兄弟等，雖然未必相信僧伽之神異，但都曾親赴泗州瞻禮僧伽塔，而且都有詩文記其事。元祐七年（1092）三月，蘇軾知揚州軍州事充淮南東路兵馬鈐轄時，因為淮東西「連歲不稔」，又「浙右大荒，無所仰食」，時雨不至，民窮為盜，還寫了〈僧伽塔祈雨祝文〉，以「香燭茶果之供」，祈請「大聖普照王，以解脫力，行平等慈。噫欠風雷，咳唾雨澤，救焚拯溺，不待崇朝。」❻雖然祈雨救災，為地方官之例行公事，但是僧伽塔變成了祈雨的對象，亦可見其在官府眼中之地位了。蘇軾自己或許並不反對僧伽信

---

❹ 見黃庭堅，《山谷別集》，卷四，〈江陵府承天禪院塔記〉，頁 1a-3a。按：盱眙即是泗州古名。

❺ 按：據云元豐七年（1084）三月，黃庭堅別蔣之奇，移監德平鎮過泗州僧伽塔時曾作發願文，「痛戒酒色，但朝粥午飯而已。」宋濂曾說：「初翁三十餘，嘗過泗洲僧伽塔，即造發願文戒酒色與肉食，曾未幾何，輒皆犯之。」雖然如此，但是他作發願文時，信誓旦旦，是有幾分誠心的。見《嘉泰普燈錄》（臺北：新文豐出版社，《卍續藏經》冊 127），頁 316b；宋濂，《文憲集》（臺北：臺灣商務印書館，影印文淵閣《四庫全書》本，1983-1988），卷 63，〈題黃山谷手帖〉，頁 24a-25a。

❻ 見《蘇軾文集》（北京：中華書局點校本，1986），頁 1296。按：當時東坡初知揚州軍州事，任揚州通判的晁補之（1053-1110）曾寄詩給東坡祝賀，詩中謂：「參如節髮稻立錐，使君憂民如己飢；似聞維舟禱靈塔，如絲氣上淮西雎。」所說「禱靈塔」即是此事。關於晁補之詩，參看黃啟方，《東坡的心靈世界》（臺北：臺灣學生書局，2002），頁 98。

仰，但也不十分贊同向僧伽或任何佛像祈禱求助。事實上，在他入泗州之前，曾於治平三年（1066）護老蘇公之喪舟行還蜀，由汴入淮而至杭州，因遇逆風而不能進，繫舟於汴河岸，舟人就勸他「禱靈塔」。他後來追憶此事，寫了〈僧伽塔〉詩，中有「至人無私何厚薄？我自懷私欣所便。耕田欲雨刈欲晴，去得順風來者怨。若使人人禱輒遂，造物應須日千變。」言下深疑祈禱、求雨之功。⑥紹聖元年（1094），他為人寫泗州大聖像讚，還說「泗州大士誰不見，而有熟視不見者。彼豈無眼業障故，以知見者皆希有。若能便作希有見，從此成佛如翻掌。」⑥頗有借流行甚廣的僧伽崇拜來勸世人敬佛必須知佛之意。不管如何，各地僧伽塔、院之修築及僧伽像的增加，甚至僧伽像縮小而傾向家庭小龕像之塑造，正是說明僧伽信仰普及的最可靠證據。⑥

　　到了南宋，泗州僧伽塔雖焚毀，但其他各地僧伽塔數仍不斷增加，雖未必「寶祠徧天下」，但合北宋所建造之僧伽塔像一併統計，大概各大州縣都可見僧伽塔寺。南宋的僧伽塔寺益多，更顯示僧伽崇拜之普及。信士及遊客慕名而至其處瞻禮者，固多有詩記其事，其信佛更篤的居士，就往往很熱心地撰文為僧伽做宣傳了。

　　南宋名臣李綱（1083-1140）就是熱心於僧伽崇拜的一個最佳例子。李綱以致力保衛宋室而聞名於世。他先於靖康之際，留守汴都

---

⑥　見《蘇軾詩集》（臺北：學海出版社，1983），頁 289-291。

⑥　見《雲臥紀談》（臺北：新文豐出版社，《卍續藏經》冊 148），頁 31ab。據說是為潮州麻田吳子野而作。

⑥　此可從上表相關文獻及出土的北宋僧伽像看出端倪。前引 Denis Patry Leidy 之文所收集之僧伽像有尺寸甚小者，本章末所附圖版可見其大概。

· 35 ·

抗拒金兵，又於宋室播遷之後，出任宰相，臨危受命，力挽狂瀾，意圖恢復。前後主持中樞七十五日，因讒言而去職，仍忠心耿耿，不忘國家，實為古代大臣之典範。此種氣節凜然之人物，於孔孟之書外，亦留心內典，深達釋氏之教，並且篤信佛教，歸心三寶，為虔誠之佛教居士，實不免出人意外。歷來學者，研究李綱，多因視其為政治家而只關心他的事功與政績，少注意到他在學術思想上的表現。近來林義正教授有專文析論李綱會合易與華嚴思想的貢獻，❼相信必有助於讀者對李綱進一步的認識。筆者不久亦有專文全面討論李綱的佛教信仰，此處僅就其僧伽崇拜之表現稍加說明。

李綱對僧伽信仰至誠，固然與他的讀經學佛有關，也是因為他與許多宋代信佛之士一樣，深信僧伽即是觀音化身之說。宣和二年（1120），他 38 歲，第一次被貶至福建沙陽，就在貶所寫了〈書僧伽事〉一文，大談僧伽神蹟。這篇文字，約蔣之奇〈泗州大聖傳〉之兩倍長，對僧伽之「神變示現之跡」，敘之不殫煩，遠比蔣之奇之文更能吸引信士。其文開宗明義就認許僧伽為觀音化身之說，點明欲以親身經歷，證實傳說之不謬：

> 世傳僧伽為觀音大士化身，其神變示現之跡載於傳說、著於耳目，不可勝紀。予獨書其近年親所見聞者三事。❼

---

❼　林義正，〈李綱《易》說研究——兼涉其「易」與「華嚴」合轍論〉，《臺大文史哲學報》，第 57 期（臺北：臺灣大學文學院，2002），頁 67-97。

❼　見李綱，《梁溪集》（臺北：臺灣商務印書館，影印文淵閣《四庫全書》本，1983-1988），〈書僧伽事〉，卷 160，頁 4a-6b。按：本章亦參考清道光

李綱所謂之「親所見聞者三事」與宋以前的僧伽傳說都很類似，雖然令人難以想像，但其言深刻而誠懇，令人不忍懷疑。其第一件事，發生於政和五年（1115）他自考功員外郎告假，迎親於吳興時。當年秋天，他回經泗上，順道去謁僧伽塔，預備在塔下擇日脩供致敬。當日天尚未明，普照寺長老朏齊突遣人報信說：「塔有光相，宜速至瞻禮。」李綱與雙親家人隨即出寺觀看，時正值日出，只見：

> 有青色光自相輪頂如倒浮屠上屬霄漢，觀者如堵，固以歎異得未曾有。及辰巳間，天無纖雲，秋日愈明，而塔之西北隅第四級銅鐸中，現大寶珠，色如爛銀、如水晶，旋轉不停，光彩炫耀，鑠人目精，凡一餉時，若有掣之者。珠自鐸口中入，而第五級鐸復吐一珠，與前珠等。須臾，入者復吐，吐者復入。塔之三隅，自第四級至第十三級，眾鐸皆然，惟東南一隅正與日對，珠隱不現，其楹桷間小鐸中，亦各有珠，垂布周匝，璀璨相射，如白月晝燃百千燈，照滿一塔。空中寶光飛騰往來，大者如星，小者如舍利，熠燿繽紛，若可承攬，至午未間，方漸隱去。如是者，凡三日而後已。時部使者張根、劉熹、奉使徐稙、郡守吳公懋與其僚屬畢會，士庶瞻仰，以為自昔顯示神變，未有若此之盛者。其後朏齊具圖

間刊本《梁溪先生全集》（臺北：漢華文化事業有限公司影印），此本之附錄部份，為《四庫全書》本所無，相當珍貴。此處「載於傳說」，道光本作「載於傳記」，似較正確。

以聞，有旨賜號摩尼寶光之塔。此一事予得於所見者。⓻

　　這個在僧伽塔上所發生的奇蹟，究竟如何解釋，有待進一步的研究。重要的是，李綱及他的隨從和其他一起瞻仰的士庶，都認為「自昔顯示神變未有若此之盛者」。顯然，他們已知若干與僧伽相關之神蹟，不過都沒這次神奇罷了。

　　李綱所述的第二件事，發生於政和八年，也就是重和元年（1118）。這年東南大水，泗州水患尤甚，淮瀆泛溢，淹及城牆，情況相當嚴重。⓽據說：

> 城門不固，水夜自門以入，所漂蕩者凡千餘家，人情惶駭，莫知所為。方擾攘中，有僧持鉢以乞，或以餅餌施之，且告之言：「此何時而乃求化耶？」僧笑不答，袒去上服，徑趨入水，其去如風。俄而，城樓自摧，正堙水道，於是人力可施，水患遂弭。詰旦，官吏按視城樓之摧，斬斬然無尺椽片瓦之遺，積於壞門，如累疊然，始知是夜乞食者乃僧伽也。郡官相率禮謝，塔不開扃，則所施餅餌尚留鉢中，此一事予得於所聞者。⓾

⓻　同前註。按：「如白月晝然」，道光本作「如白日晝然」。

⓽　按：《宋史》，卷 21，〈徽宗本紀 3〉有謂：「是歲，江、淮、荊、浙、梓州水，出宮女百七十八人。」卷 14，〈五行志〉亦說：「重和元年夏，江、淮、荊、浙諸路大水，民流移，溺者眾。」分別見頁 401、1329。

⓾　同前註。「塔不開扃」一語道光本作「塔下開扃」。疑皆誤，應作「塔下開扃」，表示開了泗州塔下之門後，發現所施之餅餌還在僧伽之鉢中。

　　李綱此時正在京師，所以他並未親見水災之事，更未目睹僧伽之出現，所以只能說是「得於所聞者」。雖然如此，僧伽以其神力解除水災之故事，早已形成其神異傳說主題之一，李綱對僧伽此回救災，自然深信不疑。

　　李綱所述之第三件事，發生於宣和元年（1119）夏天。時京師積水暴集，都城之外，水勢高漲，浩如江湖，據說僧伽連續出見輦轂之下三次：

> 初見於感慈塔，若揮扇然。又見於天清塔，又見於相國之東塔，皆從二侍者，為行道相。都人瞻禮，闐隘衢巷。已而水退，都邑抵寧。有詔進封普慈巨濟大士，秩視伯爵。誥命之辭有曰：「其儀屢見，萬目具瞻；歸然靈光，祐我昌祚。蓋此謂也！」予時自左史謫下去京師。此一事兼得於見聞者。❼❺

　　此次京城水患甚大，諸史書都敘述甚詳。譬如，《宋史》·〈五行志〉就說：「宣和元年五月，大雨，水驟高十餘丈，犯都城。……至是，詔都水使者決西城索河堤殺其勢，城南居民塚墓具被侵，遂壞籍田親耕之稼。水至益猛，直冒安上、南薰門，城守半月。已而入汴，汴渠將溢，於是募人決下流，由城北入五丈河，下

---

❼❺　同前註。「闐隘衢巷」一語道光本作「闐溢衢巷」，應從道光本，蓋「闐溢」，充滿之謂。「都邑抵寧」道光本作「都邑底寧」，亦應從之，如「底定」之意也。

通梁山濼，乃平。」**⑯**

　　因為水患太大，造成嚴重損害，李綱不過是個起居郎，卻兩次上疏論列，以「變異不虛發，必有感召之因；災害未易禳，必有消復之策。」**⑰**要求面奏徽宗。結果因暗示「陰氣太盛，當以盜賊外患為憂」，**⑱**及罷花綱石運等「不急之務」，為朝廷所惡，貶謫至南建州沙縣稅務。雖然如此，李綱深知其奏疏必得罪執政，故亦「上章待罪」，而為朝廷所貶。值得注意的是，水患發生之時，李綱適在京師，而他的奏疏也顯示對朝廷救災之策的理解，但他還是接受僧伽化現靈祐的說法，可見他對僧伽信仰之誠。由於這種虔誠的信仰，對於他所見聞之僧伽神異傳奇，就理所當然地用歷來所說的「觀音化身」來解釋了：

　　　　惟普慈巨濟大士滅度至今五百餘年，而乃以光景、形相、威
　　　　神、神力與人相濟，拯危弭患，靈跡顯然，如常住世。蓋其

---

⑯　見《宋史》，卷 14，頁 1329。又同書卷 94，〈河渠志 4〉亦謂：「宣和元年五月，都城無故大水，浸城外官寺、民居，遂破汴堤，汴渠將溢，諸門皆城守。」

⑰　見《梁溪集》，卷 40，〈論水災事祈奏對狀〉，頁 3a-4b，及李綱〈行狀〉。按：李綱當時官職為起居郎差兼國史編修、同知貢舉。起居郎為六品官，掌天子言動。龔延明，《宋史職官志補正》（杭州：浙江古籍出版社，1991），引《通考》謂：起居郎「禦正殿則侍於門外，便殿則侍立。」可見職甚卑，故李綱之奏狀說：「伏望聖慈降旨閤門，許臣來日因侍立次直前奏事」。

⑱　《宋史》，卷 358，〈李綱傳〉，頁 11241。按：李綱〈論水便宜六事奏狀〉等疏，並無「陰氣太盛」等語，但暗示徽宗不能籌謀禦災，不能恤民，耗費國財，自然不為皇帝所喜，故責他「所論不當，」而降職謫官。

誓願宏深，神化自在，具大慈悲，與此土眾生有大因緣，故能示現，昭昭若此，世謂：「觀音化身」；而《維摩詰所說經》亦云：「菩薩住不可思議解脫門，能以神變作諸佛事，攝受眾生，」寧不信與！❼⁹

不僅如此，李綱在撰寫〈書僧伽事〉的五年之後，也就是宣和七年（1125）之時，又到泗州舊地重遊，並瞻禮僧伽塔。還寫了〈泗上瞻禮僧伽塔〉五言古詩一首如下：

湯湯淮泗濱，實為至人居。至人骨已冷，靈響初不渝。
巍然窣堵波，金碧耀雲衢。突兀三百尺，勢欲凌霄虛。
乃知天人師，宜有神明扶。憶昔歲乙未，奉親由此途。
開關瞻晬容，端相不可誣。清秋日當午，為現摩尼珠。
蟬聯寶鐸間，懸綴如流蘇。萬目共瞻覩，稚耋驪驚呼。
重來念舊事，感歎涕潸如。再拜禮雙足，如師真丈夫。❽⁰

所謂「清秋日當午，為現摩尼珠。蟬聯寶鐸間，懸綴如流蘇。萬目共瞻覩，稚耋驪驚呼。」正是〈書僧伽事〉一文中他親眼目睹神蹟的回顧，而以韻文的方式來追懷舊事，更充分表達了他對僧伽的虔敬之誠。也無怪四年之後，也就是高宗建炎三年（1129），他

---

❼⁹　見《梁溪集》，卷 160，〈書僧伽事〉，頁 4a-6b。此段引文之「與」，道光本皆作「歟」。

❽⁰　見《梁溪集》，卷 16，〈泗上瞻禮僧伽塔〉，頁 27ab。

聞知普照王寺及僧伽塔遭火災而焚毀殆盡，難過之餘，竟於夢中遊
觀重建之僧伽塔。醒後賦詩記其夢，而有以下諸句：

> 誰知興廢相綢繆，鐵馬馳突橫戈矛。
> 四方羣盜起如蝟，付以一炬成荒丘。
> 慈航濟物眾所庥，捨我去矣真可憂。
> 昨宵夢到淮上洲，窣堵再造工方鳩。
> 千章巨木回萬牛，此豈有意重來不？
> 塔成大士還舊遊，更扶休運三千秋。❽

　　歷來塔寺遭回祿之災本即尋常，在宋代也實為司空見慣之事。
雖亦有火燒至佛寺竟戛然而止之記錄，但絕非是佛或菩薩保祐之結
果。靖康至建炎之際，政局不穩，群盜如蝟，金人入侵，淮泗烽煙
四起，普照僧伽寺塔被焚，實無需諱言。李綱「四方羣盜起如蝟，
付以一炬成荒丘」之句，不僅是敘述事實，而且也表達了朝廷不用
他平盜之策的遺憾。❽不過他雖然對僧伽塔寺付之一炬表示憂心，

---

❽　見《梁溪集》，卷 21，〈夜寢，夢遊泗上觀重建僧伽塔，纔兩層。塔以今春
　　同普照王寺焚蕩殆盡，豈大士有意再來此土乎？覺而賦詩以紀之。〉頁 7a-
　　8b。

❽　按：李綱於建炎元年（1127）罷相。罷相之前，曾奏議捍禦金人及收服群盜
　　之法，但既罷之後，「招撫經制司皆廢，車駕遂東巡，兩河郡縣皆陷於敵。
　　金人以次年春擾京東、西，深入關輔，殘破尤甚。凡募兵、買馬、團結、訓
　　練、車戰、水軍之類，一切廢罷，中原盜賊蠭起，跨州連邑，莫能制禦，率
　　如公之所料。」見《梁溪集》附〈李綱年譜〉，並參看趙效宣，《李綱年譜
　　長編》（香港：新亞研究所，1968），頁 81-118。

而有「捨我去矣真可憂」之語，但已因讒言而罷相，無力再治盜賊，對抗金兵，只有期待泗上窣堵之重建，僧伽之再來，幫助淮泗地區恢復安定了。

　　李綱讚頌僧伽之文字，是否對僧伽信仰的進一步流傳發生任何作用，因為無直接證據，難以評估。不過，他雖然只任七十五天的宰相，畢竟聲望甚隆。以他的地位與身分來說僧伽傳奇故事，其影響必然是可觀的。南宋僧伽崇拜更加興盛，他的推崇應是可以記上一筆的。另外值得注意的是，李綱是否讀過《宋高僧傳》所錄太宗時埋在塔基下的舍利呢？如果他確曾閱過，那麼他是否在暗示泗州塔上懸綴寶鐸間，萬目共睹的「摩尼珠」，即是這些舍利的化現呢？

五、僧伽神蹟的宣揚者——李祥

　　上文提到的南宋大臣李祥，是李綱之外大力宣揚僧伽信仰之佛教居士。他是無錫人，與李綱的原籍無錫梁溪相同。他的時間較李綱稍晚，在孝宗隆興初（1163）登進士第，然後由太學博士遷國子祭酒。寧宗慶元朝（1195-1200），韓侂冑用事，逐趙如愚與朱熹，李祥上疏抗爭，由是被罷。後侂冑敗，朝廷以祥為忠，除直龍圖閣、湖南轉運副使，但為言者所劾又罷。[83]李祥的身分是國子監祭

---

[83]　《宋史》，卷 400，〈李祥本傳〉，頁 12151-12152。又見《無錫縣志》（臺北：臺灣商務印書館，影印文淵閣《四庫全書》本，1983-1988），卷 3 上，頁 24b。關於李祥為救趙如愚，上疏抗言因而得罪事，《宋史》及《兩朝綱目》等書都有記載。李祥有《李祭酒奏議集一卷》，陳振孫《直齋書錄解

酒，「掌國子、太學、武學、律學、小學之政令」，是元豐官制改革以後而設，❽官居四品，地位甚尊，頗受太學生擁護，故他為言者所劾時，太學諸生楊宏中、周端朝等「六君子」上書議留李祥，併皆得罪。❽

李祥雖為國子祭酒，但卻信佛甚篤。他信仰僧伽，與家庭之信奉關係很深。據他說，高宗建炎三年（1129），他的家鄉錫山遭金虜之禍，其父奉祖母以下家人奔走逃難，途中妻離母散而不相知聞，而其父又於亂中被擊而落水，幾至悶絕。正當危急之時，其父「忽念一門主祀將誰託，俄見一塔，火光星迸，有僧伽立焉，忽變觀音像，手持線三寸，命吞之。始驚覺，自水中奮身而起。」❽李父因此而生，且於次日復與妻兒母親團聚，闔家不失一人。

李祥因為自幼常聽其父兄述及此事，對僧伽之忽現及其變成觀音之印象極深，故寧宗慶元之間（1195-1200），他致仕在家，守墳僧智忠出示蔣之奇所作之僧伽傳，閱讀之後，見僧伽為「觀音應身」之說獲得佐證，遂著文傳述「大士滅度後靈異事蹟」，計故事

題》說是「國子祭酒錫山李祥元德撰，慶元初論救趙忠定得罪者。」見《直齋書錄解題》（上海：上海古籍出版社，1987），頁 640。趙忠定即是趙汝愚。

❽ 見《宋史》，卷 165，〈職官志 5〉，頁 3910。

❽ 葉適，《水心集》，卷 24，〈國子祭酒贈寶謨閣待制李公墓誌銘〉，頁 5a-9a。又參看宋・葉紹翁，《四朝見聞錄》（北京：中華書局點校本，1989），甲集，〈慶元六君子〉條，頁 7-8。

❽ 見李祥，〈大士靈異事蹟下篇〉，第 18 則。於《普照國師傳》，頁 835。按：李祥之父李揚，贈中大夫。若李祥於二十歲中進士第，則建炎三年發生此事時，他尚未出生。故說：「自幼聞於父兄久矣。」

十八則，為僧伽之神異作宣傳。❽這十八則僧伽應化神蹟，自然也含宣和元年京城大水僧伽示現之事。不過，李祥之敘述，跟李綱之說稍異，多了僧伽「密語降龍」而致水退之主題，更加神化了僧伽超凡之能。根據他的描述，宣和元年夏五月京師大雨如注，歷七日而止，而雨水止退之經過如下：

> 京師城外水高十餘丈，黿鼉出於院舍。帝懼甚，遣林靈素厭勝，方步虛城上，役夫爭舉梃擊之。上聞之，不樂。俄而，泗州大聖現於大內，凝立空中，旁侍慧岸、木叉。上焚香拜禱，大聖振錫登城，頌密語。頃之，一白衣裏巾跪於前，若受戒諭者，萬眾咸睹，疑龍神之化人也。繼而水退，詔加僧伽大聖六字師號。❽

---

❽　同前註。按：此處的守墳僧應是其私人「功德墳寺」的守墳僧。南宋功德墳寺、墳院大增，似多設有守墳僧負責守墳。是否確如黃敏枝教授所說當時所謂的「墳客」可能專司守墳，值得進一步研究。參看黃敏枝，《宋代佛教社會經濟史論叢》，第七章。李祥此篇後有寧宗慶元五年（1199）作之語，疑為後人所加。慶元初，泗州寺僧無餘□如作〈大士生存應化靈異事十八種〉（以下簡稱〈大士靈異事蹟上篇〉），後合兩篇靈異事蹟為「三十六化」，並於慶元六年（1200）作〈三十六化後序〉，遂使「僧伽三十六化」合成一體，完整地流傳於世。

❽　見〈大士靈異事蹟下篇〉，第 16 則。在《普照國師傳》，頁 834-835。徽宗詔命所加師號，李祥未說明，疑即是李綱所說的「普慈巨濟大士」。按：有關林靈素厭勝而步虛城上事，亦見《宋史》卷 462，〈林靈素傳〉，頁 13529。唯《宋史》並未言及僧伽化現退水而受賜號事，當然是以事涉神異之故。又李祥此記載可能根據口語相傳，在李詳之前，蔡京的兒子百衲居士蔡條（1126 卒）就曾錄此事於他的《鐵圍山叢談》（北京：中華書局點校本，

這則故事，顯然還有道、釋較勁的含意在內。其中代表道教而深受徽宗寵信的林靈素，不僅不受民眾之歡迎，被役夫梃擊，倉皇而走，而且其厭勝、步虛之法失靈，徹底為僧伽之靈異所掩蓋而黯淡無光，十足地凸顯了佛教神異僧之威力。這對當時正遭林靈素打擊的佛教僧團及信仰者來說，無疑是個很大的鼓舞。❸而史書雖僅說徽宗因林靈素作法無效，開始厭惡之，❹但民間似都認為他實際上是被泗州大聖之神靈所擊敗的。不管如何，僧伽在京城顯聖的傳說，經李祥的再次渲染，已成了眾所皆知的「事實」。元人曾流傳此說：

> 京城大水，上累遣靈素禳之，不驗。又全臺上言：「〔林靈〕素妖惑聖聽，改除釋教，毀謗大臣。」遂遭排斥。歸溫

1983），其用語雖殊，但內容大致相同：「宣和歲己亥夏，都邑大水，幾冒入城隅，高至五七丈，久之方退（或云：方得解）。時泗州僧伽大士忽見於大內明堂頂雲龍之上，凝立空中，風飄飄然吹衣為動，旁侍惠岸、木叉皆在焉。又有白衣巾裹跪於僧伽前者，若受誡諭狀，莫識何人也。萬眾咸睹，迨夕而沒。白衣者，疑若龍神之徒，為僧伽所降伏之意爾，上意甚不樂。」見該書頁92。70年後，志磐在寫《佛祖統紀》宣和元年大水事，就幾乎把李祥之文照抄，只把「帝懼甚」改成「宗廟危甚」，另外還把五月發生之事說成三月。見《佛祖統紀》（臺北：新文豐出版社，《大正藏》本，冊49），頁421。志磐似不知蔡絛亦曾記錄此事。

❸ 按：宣和元年徽宗用林靈素之議，毀壞佛法，引起佛教徒之抗議，對林靈素之失勢，自然深感慶幸。有關林靈素之毀法，詳見下文。牧田諦亮也認為這故事可反映佛、道衝突之事實。見牧田諦亮（1984），頁51。

❹ 陳邦瞻等，《宋史記事本末》（臺北：鼎文書局，影印北京中華書局點校本），頁516。按：宣和二年，徽宗罷道學，放林靈素歸故里。

州，後以血疾死。❾❶

　　此種說法，大概是釋氏之徒藉宣和水災及林靈素被罷事，來讚揚僧伽靈異的結果。而李祥則是當初應化神蹟的主要編著者。

　　事實上，李祥所編寫之故事十八則，既然說是「大士滅度後」的靈異事蹟，自然包括唐中宗以來之故事。十八則中，其前十一則大致與贊寧在《宋高僧傳》之所述相類，且有時文字大同小異，似全採贊寧之文。自第十二則開始，所述神蹟共七則，或較贊寧之文為詳，或為贊寧之傳所無，當是因為增加了太宗以後的神異傳聞之故。這些記錄，後來的佛教史書，如志磐的《佛祖統紀》，或有記載，但仍有語焉不詳之處。李祥之記錄，可補其不足，可以說是李祥在宣揚僧伽傳奇上，「貢獻」最大之處。

　　這七則故事，宣和大水事與其父落水獲救事已於上文介紹，其餘五則，可條析如下：❾❷

　　　⑴十二：宋太宗太平興國七年壬午（982），詔重修泗州大聖寺。八年癸未，泗州奏僧伽塔白晝放光，士民燃頂臂香供養

---

❾❶　見元無名氏，《湖海新聞夷堅續志》（北京：中華書局點校本，1986），後集卷1，〈林靈素〉條，頁169。林靈素為溫州人，故《宋史記事本末》說放歸故里。有關林靈素之失寵，筆記小說之記載大致皆類似。其較詳者為耿延禧所作的〈靈素傳〉，錄於宋趙與時，《賓退錄》（上海：上海古籍出版社點校本，1983），頁4-5。耿延禧亦謂宣和元年京城大水，而林靈素登城治水無效，遂上表乞骸骨。後全臺上言：「靈素妄議遷都，妖惑聖聰，改除釋教，毀謗大臣。」林靈素因而「攜衣被行出宮。」

❾❷　以下各則故事，皆見〈大士靈異事蹟下篇〉，頁834-835。

者，日千餘人。敕內侍奉釋迦舍利藏之塔內。雍熙二年乙酉
（985），塔成，高十三級，以雍熙年號名之。遣內侍衛欽奉
安僧伽於塔下，且置萬菩薩焉，仍賜金銀字經。

按：宋太宗崇重泗州大聖已見於前引《宋高僧傳》之〈僧伽
傳〉。該傳文雖說有僧懷德「預搆材樓，自持蠟炬，焚身供養。」
但並未說有僧伽塔白晝放光而每日千餘士民燃頂臂香供養之事。此
外，它雖也說太宗命高品白承睿重蓋其塔，「務從高敞，加其累
層。」但並未說高至十三級。而「遣使送舍利寶貨」，也未說是被
遣之使是誰，而所送舍利為「釋迦舍利」。❾❸不過，贊寧在同書之
〈大宋臨淮普照王寺懷德傳〉中指明送舍利的內侍高品為李神福，
雖未提及千餘士民燃頂臂香之事，但對懷德「焚身供養」的描寫，
繪影繪聲，令人驚心動魄。他先介紹懷德，說他「髫年離俗，謹願
飾身，誦通《法華經》得度。自爾雖登講肆，終以誦持為務。」❾❹
基本上是個誦經僧。但自從到了泗州，就不同了：

> 晚遊泗上，禮僧伽塔像。屬今上遣高品李神福齎旛花上供，
> 并感應舍利至，葬於新塔下基深窟中。德遂誓焚軀供養，先
> 罄捨衣囊供身之物，齋僧一中。然後自衣紙服，身纏油蠟，
> 禮辭僧眾。手持雙燭，登柴積中，發火誦經。觀者莫不揮
> 涕。德至，火熾熛高，其身聊側，猶微聞誦經之聲。一城之

---

❾❸ 《宋高僧傳》，卷18，頁451。
❾❹ 《宋高僧傳》，卷23，頁602-603。

人無不悲悼者，淘汰舍利甚多。**⑤**

　　贊寧這段令人動容的描述，大概可以反映宋初僧伽崇拜的狂熱
程度。如果李祥所說的每日有千餘士民燃頂臂香供養，則其盛況簡
直不亞於唐代鳳翔、長安居民對法門寺佛骨舍利的崇拜。**⑥**這都是
因為有皇室在支持、崇重之故。

　　後來的《佛祖統紀》對於僧伽塔修建始末之描述，在時間上與
李祥之敘述略有出入。作者志磐先敘述太宗於太平興國五年（980）
遣內侍衛欽往修泗州塔凡十三層，並改寺名普照王為太平興國。然
後再述太平興國八年（981）泗州奏僧伽塔放光事、每日千餘人燃頂
臂香供養事、及內侍奉釋迦舍利藏之塔下事。**⑦**前二事與《太宗實
錄》若合符節。但《太宗實錄》雖也指出「民燃頂及焚指斷臂者數
千人，吏不能禁。」但並未提及奉釋迦舍利藏塔下事。**⑧**所以志磐
與李祥之記載，雖然時間上不同，但二者都較贊寧更明白地指出內
侍奉「釋迦舍利藏之塔內」。雖然這些釋迦舍利的來源不明，且究
竟是否為「釋迦舍利」，亦有疑義，但非僧伽之真身舍利是可以肯
定的。太平興國八年（983）十一月，日僧奝然入宋，先到泗州普照

---

⑤　《宋高僧傳》，卷 23，頁 603。

⑥　關於法門寺佛指舍利，見筆者 "Consecrating the Buddha: Legend, Lore, and History of the Imperial Relic-Veneration Ritual in the T'ang Dynasty." *Journal of Chung-hwa Institute of Buddhist Studies.* No. 11 (July 1998), pp.483-533.

⑦　《佛祖統紀》，卷 43，頁 398a，399a。

⑧　見《太宗實錄》（臺北：鼎文書局，影印北京中華書局點校本《宋史》附，1978），卷 27，頁 34。

寺去瞻禮僧伽，然後才入汴京。可惜他對所見之僧伽塔沒有特殊記載，無法知道他的印象。不過約九十年後入宋的 62 歲日僧成尋，在他的《參天台五台山記》，對泗州塔就有相當詳細的描寫：「（九月二十一日乙丑晴）參普照王寺，先拜僧伽大師真身塔。西南額名雍熙之塔。八角十三重，高十五、六丈許。」⑨成尋之記錄雖給僧伽塔的存在與高度增加了一個旁證，但他並未提及僧伽真身舍利或「釋迦舍利」之事，似乎真身舍利藏塔內已無疑問，而「釋迦舍利」反而非瞻禮者所關切。

> (2)十三：宋真宗大中祥符九年丙辰（1016）九月，不雨。詔泗州龜山寺沙門智悟至京，止開寶寺求雨。悟先在泗州祈雨有感，曾斷一臂。至是又曰：「若七日得雨，更捨一臂。」五日大雨，乃截一臂，無血，眾異之。上遣使賜藥。泗守與郡人皆夢僧伽謂之曰：「悟是五百羅漢之一，來此救世。」又哲宗元符二年（1099），袁州四月不雨，守臣禱於仰山塔所。見泗州大聖、維摩、羅漢列居左右，已而大雨。

此條記載，實有故事兩則。前者與《佛祖統紀》之文幾乎一致，但缺志磐於「上遣使賜藥」後所加的「悟曰：『無害』」一語。不過僧伽在此故事中，僅出現於郡守與郡人夢中當報訊者，作

---

⑨ 見牧田諦亮，《中國佛教史研究》第二，頁 36-37，引成尋，《參天台五台山記》。又參看平林文雄，《參天台五台山記：校本并に研究》（東京：風間書房，1978），頁 100。

用不明。至於後者，嫌文字太省，反而不如志磐對禱雨事說明清楚。因為志磐之敘述，頗有值得注意之處，特摘引如下：

> 袁州守臣王古往禱於木平山聖塔，巖中放光，見白衣大士身金瓔珞，獲舍利，五色大如棗，中有臺觀之狀。復往仰山塔所，見泗州大聖、維摩、羅漢列居左右，已而大雨霑足。郡聞於朝，詔賜木平塔曰「會慶」，仰山塔曰「瑞慶」。[100]

　　志磐這段記載對袁州守的禱雨情況寫得相當詳細，不但明說州守王古之名，而且也指出他在平木山大聖塔禱雨之後，又去仰山塔禱雨。這位州守王古，字敏仲，是北宋有名的佛教居士。他官至戶部侍郎，與另一位佛教居士楊傑為好友。曾編著《新修往生傳三卷》，以續飛山戒珠（生卒年不詳）之《淨土往生傳》，宣揚淨土往生之說。還著有《直指淨土決疑集》，楊傑為之作序，序中指出此書目的在鼓吹淨土往生之同時，開釋疑情，使有意信奉淨土，棲心安養者，可以放心信嚮，而徑超信地。[101]王古於哲宗紹聖四年（1097）至元符三年（1100）知袁州（在今江西省），[102]志磐說元符二年袁州守是他，絲毫無誤。王古是虔誠的佛教居士，對於禱雨求助僧伽，不餘遺力。所以他往復於相距十里之遙的平木山與仰山禱

---

[100]　同前書，卷46，頁 418c。

[101]　關於王古，筆者在其他文中論述已多，不再多贅。請參看前引筆者《因果、淨土與往生──透視中國佛教史上的幾個面相》一書，第 2、3 章。

[102]　見李之亮，《宋兩江郡守易替考》（成都：巴蜀書社，2001），頁 444-445。

雨，⑩一旦事成，立即稟報朝廷將二塔重新命名，以示僧伽之靈應。

⑶十四：徽宗崇寧三年（1104），揚州奏泗州大聖屢見於普
　　慧塔。是歲發運胡師文因開直河，祈求感應，表奏朝廷加
　　號，賜泗州大聖等慈普照明覺國師菩薩。

此則故事亦見於《佛祖統紀》，但志磐只說僧伽屢見於普慧塔
事，而不及其他。其實僧伽化現於各處佛塔之上，贊寧的〈僧伽
傳〉敘之再三，至此似已成僧伽化現的一種模式。除此之外，他也
早已被尊為能治水旱之災的神僧，成為水行、漕運受阻者祈導的對
象。發運使「掌經度山澤財貨之源，漕淮、浙、江、湖六路儲廩以
輸中都，」⑩責任重大，欲開河求水而祈靈於神祇，當然會想到僧
伽。胡師文之生平事迹，史無詳載。李元嗣說他是「蔡京姻家，以
羨餘媚上，入為戶部侍郎，然非端人，」⑩果真如此，則此人地位
甚高，他表奏朝廷加號，賜僧伽菩薩之稱，對僧伽之崇高地位，益
加肯定，有助於僧伽崇拜之擴大發展。

⑷十五：宣和元年己亥（1119），泗州僧伽像將加以冠，忽
　　風雨晦冥，裂其冠，墮門外。太守聞之大驚，遽詣像前謝
　　曰：「僧伽有靈，安敢再瀆。」

---

⑩　按：仰山在今江西，在宋袁州府南，高聳萬仞。平木山在其南十里，挺秀高
　　勝，與仰山相垺。見顧祖禹，《讀史方輿紀要》（臺北：樂天出版社，
　　1973）冊四，卷87，頁3679。
⑩　見《宋史》，卷167，〈職官志7〉，頁3963。
⑩　〈大士靈異事蹟下篇〉，頁834。

此則故事文字，幾與《佛祖統紀》之文完全相同，而志磐之文係得自曾敏行（1118-1175）所著的《獨醒雜志》。該書流傳時間在李祥撰寫其文之前，有可能也是李祥故事之所本。⑩⑥值得注意的是，宣和元年元月開始，徽宗用林靈素之議，迫害佛教。當時林靈素「欲盡廢釋氏以逞前憾，請於帝，改佛號為大覺金仙，餘為仙人、大士。僧為德士，易服飾，稱姓氏。寺為宮，院為觀。……」⑩⑦林靈素欲僧侶需蓄髮還俗，並衣道士之冠服。此故事中之太守，恐怕只是奉命行事，以道士之冠加於僧伽像上。⑩⑧不過，此故事有可能是佛教人士深受林靈素之辱，誇張州守「將加以冠」，及其前倨後恭之故事，以強調僧伽之神威。曾敏行、李祥先後予以渲染，更增加了僧伽之靈應，使其更顯可敬。

(5)十七：建炎三年（1129），大金侵宋，攻破泗州。寺宇皆焚，唯寶塔被大風黑霧攝起。人見大聖以錫杖挑塔，肩擔上天，西北而去，唯基址存焉。後四大王到寺，伸禱於煨燼之

---

⑩⑥　按：曾敏行（1118-1175），字達臣，自號浮雲居士、獨醒道人及歸愚老人。其《獨醒雜志》10 卷，約刊行於淳熙二年（1175）。其所述僧伽事之原文曰：「泗州浮屠下有僧伽像，徽宗時改僧為德士，僧皆頂冠。泗州太守亦令以冠加於像上，忽天地晦冥，風雨驟至，冠裂為兩，飛墜於門外，舉城驚怖，莫知所為。守遽詣拜曰：『僧伽有神，吾不敢強。』遂止。」見《獨醒雜志》（臺北：新文豐出版社，《叢書集成新編》冊 84），卷9，頁 395。

⑩⑦　見前引《宋史記事本末》，頁 515。

⑩⑧　按：依李之亮，《宋兩淮大郡守臣易替考》（成都：巴蜀書社，2001），頁 179，宣和元年泗州太守為莫礦。莫礦字彥輔，歸安人，據說「善治家教子，子孫多直立，有名於時。」似非諂媚之官。

中，得大聖及侍從普化處士真身，迎請歸京，以表攻泗之
驗。後奉敕安置於大慶壽寺矣。

此則故事，稱女真為大金而不似下則故事稱之為金虜，不似李
祥之語。又說金人得「大聖及侍從普化處士真身，迎請歸京，以表
攻泗之驗」，似有頌揚敵人之意，也非李祥所當說。且僧伽「以錫
杖挑塔，肩擔上天」之形容，除顯示其超凡神力足以保全其塔之
外，用意不明，恐也非李祥所措意。不過，可以確定的是，建炎三
年金人確實入泗州。當年元月。金將粘罕先敗韓世忠於揚州，然後
常驅直入淮陽、淮東而入泗州。⑩依照僧伽傳說的慣例，逢金人焚
燒擄掠之際，正是僧伽化現救難之時。但是這則故事卻違反這敘事
原則，而描寫他肩挑寶塔而去，而其「真身」卻被金人找到，這難
道是僧伽神格的應有表現？且金人既然找到其真身，怎未發現太宗
時埋藏於塔下的「釋迦舍利」？這種種疑問，都可說明此則故事的
浮誇虛誕之處。或也可以解釋為何《佛祖統紀》及其他佛教史書都
沒有同樣的記載，而李元嗣在校刊僧伽傳時，也註明係泗州寺僧無
餘□如所加的。⑩

雖然如此，大聖以錫杖挑塔昇天北去之故事，併入李祥之作，
當更能加重其宣傳效果。讀李祥之故事者，大概都不會懷疑他是故
事的首位傳述人了。

---

⑩　見《宋史記事本末》，卷 63，頁 645。《宋史》，〈高宗本紀〉卷 25，頁
　　460。

⑩　見《普照國師傳》，頁 835。

六、僧伽寺、塔及真身故事之餘響

　　金人焚毀泗州寺宇，僧伽塔寺勢必不能倖免。因為它地位特殊，所以在當時相當轟動。種種傳說都可能發生，這些傳聞，一經記錄下來，就顯得特別神奇，和其他故事大致都可以等量齊觀，而且都有相當程度的宣傳效果。另一方面，焚燬後的塔寺，一片荒煙廢墟，引起不少人慨歎。鄞縣世家的攻媿主人樓鑰（1137-1213），與禪宗叢林耆宿時相過從，是個相當熱心的佛教居士，其祖父樓异（元豐八年進士）「年四十而守家，傳其顯應事甚眾」。故他自己也是個僧伽的信仰者。孝宗乾道間（1165-1173），他路過泗州，見大聖塔已夷為平地，直謂「但有火燒水轉掃地空之嘆而已。」⑪攻媿主人當然不知他拜訪泗州塔後的七十年間，仍是瘡痍滿目呢。七十年後，亦即理宗朝淳祐三年（1243），頗具文才武略的沿海制置使

---

⑪　見《攻媿集》，卷 17，〈魏塘大聖塔記〉，頁 18a-20a。此句實出自韓愈〈送澄觀〉一詩。其詩之上下句為：「欄柱傾扶半天赤，火燒水轉掃地空。突兀便高三百尺，影沈潭底龍驚遁。」見錢仲聯，《韓昌黎詩繫年集釋》（臺北：河洛圖書出版社影印本，1975），頁 63。按：依下文所引陸游〈入蜀記〉，宋在隆興中（1163-1164）曾「復泗州」，但詳細情況陸游並未說明。不過，據李之亮，《宋兩淮大郡守臣易替考》，引《續資治通鑑》，知泗州在紹興十二年（1142）宋金議和後割遺金人，紹興三十一年（1161）收復，隆興二年（1164）又割遺金人，見該書頁 182-183。以此看來，陸游所謂「復泗州」之說，應是紹興時事，而樓鑰於乾道中過泗州，可能又逢泗州再次收復後，唯時間已不可考。又，竹坡居士周紫芝（紹興十二年進士）自謂於丁酉冬，西游大梁，取道泗濱，曾「禮僧伽大士塔而行」，若「丁酉冬」為孝宗淳熙四年（1177）冬，則僧伽塔在樓鑰過泗州後似又出現，難道曾經重建過？

李曾伯（生卒年不詳），撰寫〈泗州普照寺重修大聖殿記〉一篇，其中就說：

〔普照王寺〕國朝嚴奉尤盛，中墮夷落，遄歸職方邊城。蹂躪之餘，齊人破碎，寺亦堙圮，僅存一宇以覆像設，壁拆屋漏，風搖雨漂，通梁空中，岌將壓墜，萬眾無所瞻仰。前刺史窘於捍敵，束於治財，緩而不省者，數正矣。⑫

可見在僧伽塔約有一百多年的時間，一直殘破不堪，至於斷垣殘壁，「萬眾無所瞻仰」。直到高密人鮑義（生卒年不詳）在淳祐二年（1242）出任州守之次年，適逢「五穀穰熟，邊境用寧。」為了感激僧伽大士之陰助，才輸財修建其大聖殿。李曾伯描繪修建的情況說：「凡為正殿五間，東西翼屋二間，殿後為三間，以奉白衣普陀像。殿前又益一間，又為僧俗膜拜梵唄之所。」⑬這個僧伽殿修完的結果，就造成其寺有院無塔的情況。所以抗金名將岳飛（1103-1141）的孫子岳珂（1183-?）來此地瞻禮的時候，不但親見「無塔有院」之實，而且還見證了「無塔有影」之事：

余至泗，親至僧伽塔下。中為大殿，兩旁皆皆荊榛瓦礫之區，塔院在東廡。無塔而有院，後以土石甃洞作兩門，中為

---

⑫　李曾伯，《可齋續稿》（臺北：臺灣商務印書館，影印文淵閣《四庫全書》本，1983-1988），卷5，〈泗州普照寺重修大聖殿記〉，頁8b-10b。

⑬　同前註。李曾伯說鮑義於淳祐二年知泗州。參看李之亮，《宋兩淮大郡守臣易替考》，頁83-184。

巖穴，設五百應真像，大小不等，或塑、或刻，皆左其社。⑪⑭

　　岳珂因為其先母「素敬釋氏」，便「奉其一於笈中以歸。」他
到泗州的次日，又聽聞雖然無塔，但卻有塔影之說，且塔影正出現
於城中民家，遂「亟往觀焉」，而謂「信然！泗固無塔，而影儼然
在地，殊不可曉。」⑪⑮岳珂此說之外，後來又增加了塔影出現於湖
中之說。故清乾隆時葉蘭等纂修《泗州志》時就說泗州塔影湖「相
傳舊城中大聖寺塔見影於此」。⑪⑯

　　值得注意的是，李曾伯只說金人蹂躪泗州，並未提到傳說中的
神異現象。如果說他全無所聞，似不可能。可能他根本不信佛，以
為無稽，有意不提。反而元代名臣及天才橫溢的書畫家趙孟頫
（1254-1322），在其奉旨所寫的〈重修大聖寺靈瑞塔碑記〉，述及
金人焚塔之事時，曾說：「建炎間，金兵破泗州，焚其寺，大風忽
起，玄霧四合，咸見是塔若於空中飛去，自是無復建者。」⑪⑰趙孟

---

⑪⑭　見岳珂，《桯史》（北京：中華書局點校本，1981），〈泗州塔院〉，頁
　　164-165。
⑪⑮　同前註。
⑪⑯　見清·葉蘭等纂修，《泗州志》（臺北：成文出版有限公司，影印乾隆五十
　　三年（1788）鈔本），頁62。
⑪⑰　見李元嗣在其《普照國師傳》刊本所錄之趙孟頫此碑，名曰〈大元敕建泗州
　　普照禪寺靈瑞塔碑〉。清·莫之翰等纂修，《泗州志》（臺北：成文出版有
　　限公司，影印康熙二十七年（1688）刊本），頁 287，及清·葉蘭等纂修，
　　《泗州志》，頁 756，亦有此碑記，稱〈重建大聖寺靈瑞塔碑記〉。此兩本
　　之碑記，基本上沒有不同，乾隆本抄自康熙本。而康熙本之前尚有明·汪應
　　軫刻本《泗州志》，筆者尚未能得見。不過，李元嗣所錄之文，字數稍多，
　　而「大風忽起，玄霧四合」一語，康熙及乾隆本都作「大風忽起，雲霧四

頻此文寫於元仁宗延祐五年（1318），任翰林學士承旨之時。因為他是個虔誠的佛教居士，博通內典外學，文章辭翰為一時之冠，所以常奉旨寫碑銘塔記。⑱此碑記所說，自然也是根據傳聞，但趙孟頫似有意避免用僧伽「以錫杖挑塔，肩擔上天」之語，只很技巧地說「咸見是塔若於空中飛去」，表明僧伽寺雖已被焚，而塔卻完好無損而飛上天，給人予莫測高深之想像空間。雖然如此，後人似並不查其用心而有所隱諱，仍繼續流傳李祥「挑塔昇天」之故事。故莫之翰等纂修的《泗州志》雖錄有趙孟頫的靈瑞塔記，揭示趙的說法，同時肯定塔已被焚，明說：「建炎三年，金兵入泗，塔燒于兵。」但同時也指出：「傳云：『風霧中見大聖以錫杖挑塔西北去』」，並不諱言李祥以來的傳說。⑲

　　無論如何，依趙孟頫之說，十三級的泗州僧伽浮圖自人間「蒸發」後，約 190 年之時間，都未重建。一直要到延祐二年（1315）夏六月，元仁宗下詔「重建普照寺寶塔」後，才於延祐四年（1317）修建畢工。⑳以僧伽神蹟之膾炙人口與僧伽寶塔之廣受瞻拜，南宋之朝廷與民間竟坐視其荒廢而都無重建之構想，似乎是個很難想像的問題。如果說僧伽之信仰已漸形式微，似很難說得通，因為其他城市仍不斷地在興建僧伽塔寺。譬如，樓鑰的友人陳大光（子充）隨其父僑居嘉興魏塘，就花了二十幾年的時間，「歲捐百斛」，興建了一座七級僧伽浮圖。自他的祖父陳瓘（1057-1122）以

合」，當是避康熙名諱（玄曄）而改「玄」為「雲」。
⑱　關於趙孟頫與佛教之關係，見本書第六章。
⑲　見前引康熙本《泗州志》，頁 184-185。
⑳　見前引康熙本《泗州志》，頁 286；乾隆本，頁 755。

下，和祖母、雙親等都曾親見僧伽瑞像靈異，故早有建塔崇事之想。⑫其他南宋興建的僧伽塔、寺、院和塑造的僧伽像必多，可考者約有以下表列數處：⑫

寺院名稱	地點	時間	備考
普照王寺(含塔院)⑬	江蘇鎮江	紹興中(1131-1162)	僧伽像
廣孝寺⑭	常州	紹興中(1131-1162)	僧伽塔、像
繩金寶塔院⑮	南昌	紹興中(1131-1162)	僧伽塔
五里塔⑯	建康(?)	紹興 7 年(1137)	僧伽像
大聖教寺⑰	松江	隆興 2 年(1164)	僧伽像
廣善寺⑱	海寧	隆興 2 年(1164)	僧伽銅像

---

⑫　見前引樓鑰，〈魏塘大聖塔記〉。按：陳瓘為北宋名臣，與李綱之父李夔為好友，都是虔誠的佛教居士。陳瓘之從孫陳淵（幾叟，?-1145），曾作僧伽畫像，陳瓘為之贊曰：「所謂一月在天，影分萬水者也。」

⑫　此表部份資料根據前引徐萍芳文，部份根據筆者所蒐集，皆註明來源。

⑬　見《古今圖書集成》，〈職方典〉，734 卷，頁 9-10。

⑭　見翟汝文（1076-1141），《忠惠集》，〈附錄・孫覿重刊翟氏公巽埋銘〉，頁 1a-22b。

⑮　《江西通志》（臺北：臺灣商務印書館，影印《四庫全書》本），卷 121，〈重建繩金寶塔院碑〉，頁 7b-10b。按：此碑為明・宋濂所撰，見《宋濂全集》（杭州：浙江古籍出版社，1999），頁 835。宋濂說，塔院建於唐天祐中，北宋治平 2 年（1065）程公某重修，紹興 20 年（1150）尚書張公某再加修葺。所說程公，應是程師孟，張公則為張澄。

⑯　見《古今圖書集成》，〈職方典〉，803 卷，頁 22-23。

⑰　見《古今圖書集成》，〈職方典〉，698 卷，頁 34。

⑱　《浙江通志》（臺北：臺灣商務印書館，影印《四庫全書》本），卷 255，頁 27b。按：此僧伽像似為僅見之銅像，不知可靠否？

壽丘普照寺⑫	鎮江	隆興中(1163-1164)	僧伽道場、僧伽像
昆山塔院	江蘇	乾道元年(1165)	
天封塔⑬	寧波	紹興 14 年(1144)	僧伽石造坐像
華嚴閣⑬	成都	淳熙中 1-4 年(1174-1177)	小壁畫
東塔廣福教院⑬	嘉興	淳熙中(1174-1189)	
廣教寺泗州院	寧波	嘉定年間(1208-1224)	
普照教寺僧伽院	平湖	嘉定年間(1208-1224)	
泗州戒壇院	杭州	端平 3 年(1236)	
報恩寺泗州院	蘇州	景定年間(1260-1264)	

　　這些塔寺和雕像，只是隨手查找所得，自不能反映實際盛況。從僧伽塔寺的普遍，及元人仍崇事僧伽的事實來看，實不能因「十

---

⑫　見陸游，《陸放翁全集》，卷 43，〈入蜀記〉，頁 268。按：壽丘普照寺原為宋太祖（一說高宗）故宅，本名延慶寺，因隆興中有泗州普照寺僧奉僧伽像來歸，因賜名普照寺。其道場規模甚大，陸游有此描述：「僑置僧伽道場，東望京山，連亙抱合，勢如繚牆，官寺樓觀如畫，西闢大江，氣象極雄偉也。」

⑬　《寶慶四明志》（臺北：臺灣商務印書館，影印《四庫全書》本），卷 11，頁 15a。按：此僧伽塔建於五代時，建炎時毀於兵。紹興 14 年太守莫將重建，嘉定 13 年（1220）又毀於火。

⑬　范成大，〈成都古寺名筆記〉，見《全蜀藝文志》（臺北：臺灣商務印書館，影印《四庫全書》本），卷 42，頁 3b。按：范成大（1126-1193）於淳熙元年（1174）至 4 年（1177）任四川制置使、四川安撫制置使，知成都府事，其〈成都古寺名筆記〉當寫於此時，然壁畫何時所作則不詳。范成大守成都時間見李之亮，《宋川陝大郡守臣易替考》（成都：巴蜀書社，2001）。

⑬　《浙江通志》（臺北：臺灣商務印書館，影印《四庫全書》本），卷 228，頁 6ab。

二世紀後無出土的僧伽像」而遽論僧伽信仰在南宋已衰，甚至因禪宗之盛而衰。❸事實上，無出土的僧伽像並不表示沒有僧伽像之塑造，而禪宗之盛也不至於對僧伽信仰產生你消我長的作用。相反地，僧伽信仰早已為不少宋代禪僧援引為參禪對機的公案題目，甚至被借用為敘述禪師傳奇的佐助了。譬如，有名的北宋僧洞山曉聰（?-1030），在洪州南康軍的雲居山參禪時，因回答禪者「既是泗州僧伽，因什麼揚州出現」一問，答語出眾，蓮華峰之祥庵主立即認定他是雲門兒孫，遂知名叢林。❸他在洞山傳法時，比部郎中許式（咸平三年進士）出任洪州太守，❸過蓮花峰，祥庵主建議他尋訪曉聰，說他是「人天眼目」。許式訪之，遂從遊其門，而「得正法眼」。一日許式與泐潭懷澄禪師（生卒年不詳）對話，懷澄便拿他上洞山時聞洞山「家風」所題之詩句：「夜坐連雲石，春栽帶雨松」是「答洞山甚麼話？」許式雖說：「今日放衙早」，而懷澄則謂：「聞答泗州大聖揚州出現語是否？」懷澄之語顯示「泗州大聖在揚

---

❸　此是前引 Denis Patry Leidy 論文的觀點之一，見該文頁 62。此觀點頗值得商榷。

❸　見惠洪，《禪林僧寶傳》（臺北：新文豐出版社，《卍續藏經》冊 127），頁 486a。按：祥庵主之法名不詳，僅知其為金陵奉先道琛融照禪師法嗣，住廬山蓮華峰。曉聰之答語為：「君子愛財，取之有道，」為眾禪者所笑，獨祥庵主以為不凡。

❸　按：許式任洪州太守時間為宋仁宗明道間（1032-1033），見李之亮，《宋兩江郡守易替考》，頁 298。又見《禪林僧寶傳》，卷 11，頁 486b-487a；《林間錄》（臺北：新文豐出版社，《卍續藏經》本），卷 6，頁 639。

州出現」一問，已是當時流傳的禪宗公案。⑬此外，自謂「公事之餘喜坐禪」的不動居士馮楫（?-1153）曾與禪僧烏龍長老有此一段對話：

> 烏龍長老訪公說話，〔公謂〕：「次公問昔有官人問泗州大聖曰師何姓，大聖曰姓何，曰住何國？大聖曰住何國。此意如何？」烏龍曰：「大聖本不姓何，亦不是何國人，乃隨緣化度耳。」公笑曰：「大聖決定姓何，住何國。」如是往返數次後，致書於大慧乞斷此公案。大慧曰：「有六十棒，將三十棒打大聖，不合道姓何。三十棒打濟川，不合道大聖決定姓何。若是烏龍長老，教自領出去。其論遂定。⑬

可見泗州大聖之名及僧伽從「何國」來之說法，都成了禪宗公案。此外，惠洪在寫大覺懷璉（1009-1090）傳時，就說他因為「母

---

⑬ 見《嘉泰普燈錄》，卷 22，頁 308b-309a。許式原詩謂：「語言渾不滯，高躡祖師蹤，夜坐連雲石，春栽帶兩松。鏡分金殿燭，山答月樓鐘。有問西來意，虛堂對遠峰。」應是對曉聰住山「家風」的特寫。「夜坐連雲石，春栽帶兩松」一句指的應是曉聰手植萬松於其山東嶺，而誦《金剛經般若經》於嶺上，而其嶺遂稱「金剛嶺」。按：惠洪在《禪林僧寶傳》說是種松於「東嶺」，而在《林間錄》則說洞山「北嶺」為「金剛嶺」，不知何故？

⑬ 見《先覺宗乘》（臺北：新文豐出版社，《卍續藏經》本，冊 148），頁 483b-484a。按：馮楫，字濟川，為重和元年（1118）進士，在北宋叢林頗具盛名。嘗自詠：「公事之餘喜坐禪，少曾將脅到床眠，雖然出現宰官相，長老之名四海傳。」原文句讀疑誤，「次公」指的是楊傑，不應分讀。「若是烏龍長老」，也不應讀為「決定姓何若是，烏龍長老……」云云。

禱於泗州僧伽像求得之，故其小字泗州。」**⑱**懷璉的出生，被禪者歸因於對僧伽祈子所得之報償，不管是否為事實，都可見禪僧歸併僧伽於其傳法之情況。**⑲**此外，禪僧駐錫泗州僧伽寺者亦頗不乏人，如以創「默照禪」知名的曹洞宗龍象宏智正覺（1091-1157），就曾被推薦入主泗州普照寺。宣和六年（1124），薌林居士向子諲（1085-1152 or 1086-1153）負責江淮漕運，力薦正覺住持普照寺。他因生於泗州，又「從官往來廿餘年，憫禪席猥冗，因欲以振起之。」又逢該寺住持涉訟而坐獄，遂邀請宏智正覺來任住持。正覺出主普照王寺，正逢兩淮飢荒，但在他的領導之下，遠近歸向，檀施匯聚，短期內就恢復普照寺的往昔盛況。據說徽宗宣和七年十二月（1126）內禪後，於次年巡幸江淮，道經泗州普照寺，正覺率領寺眾夾道歡迎，只見「寺僧千餘，填擁道左，方袍整肅，威儀可觀。」徽宗見之，大為歎異，「有旨詔之，面受聖語，還其故寺之半。」**⑳**所謂「還其故寺之半」，是因林靈素毀佛時曾將普照寺改為神霄玉清宮，後雖還其半，但仍有一半直至此時才還。宋人胡舜申（紹興時人）在其《乙巳泗州錄》也說：

---

⑱　《禪林僧寶傳》，頁 514a。

⑲　Bernard Faure 甚至認為禪宗也歸併（co-opt）僧伽的「肉身」或「真身」（mummification）於其傳法中。見前引 Bernard Faure (1991), p.153。

⑳　見王伯庠（1106-1173），〈敕諡宏智禪師行業記〉，在《宏智禪師廣錄》（臺北：新文豐出版社，影印《大正藏》冊 48），頁 120a。又宏智住泗州普照王寺，亦見周葵，〈宋故宏智禪師妙光塔銘并序〉，收於陸增祥，《八瓊室金石補正》（北京：文物出版社，1985），頁 805a。筆者《北宋佛教史論稿》（臺北：臺灣商務印書館，1997），頁 280-281，亦稍談及正覺住泗州寺事。

上皇駕還，皆親至塔下燒香。每入寺，寺中人皆驅出，施僧
伽缽盂、袈裟，至親與著於身。先是，以普照寺大半為神霄
玉清宮。至是，御筆圖畫，以半還寺。寺僧送駕出城，得御
筆，歡喜。上皇初至寺時，寺之緊要屋宇還之益多。始所
還，道流盡拆去門窗。及再還，即并所拆門窗得之。道流褫
氣矣！ ⓑ

這段文字把道教徒寫得很不堪，但同時反映禪師住持普照王寺
之事實。證明正覺以禪師之身分住持普照寺，不但恢復僧伽寺之舊
觀，而且更加重了其地位。這種結果，可以說薌林居士向子諲亦有
功焉。向子諲頗受時議所重，當時反佛態度極強硬的湖湘派學者胡
寅（1098-1156）曾說：「薌林居士向公伯共[恭]識達才高，輔以文
雅，嘗總六路大計，過僭臣偽命，遮障江、淮，人心不搖。」ⓒ他
蔽障江淮，固然是防偽楚與金兵之來犯，當也包括調度財賦，運補
米糧，使漕計不乏，而民力寬足，得以輸財供養僧伽塔寺，成就了

ⓑ 　王明清，《玉照新志》（上海：上海古籍出版社點校本，1991），頁 51。
　　按：此段文所謂「皆親至塔下燒香」，指的是高俅，其弟高伸，及童貫等人
　　與徽宗齊入寺燒香。此數人先駐於南山，因正覺請齋於南山，遂知徽宗避金
　　寇「巡幸」之事。王明清認為胡舜申之作，「文雖不工，頗得其實」，遂摘
　　錄之。

ⓒ 　胡寅，《斐然集》（北京：中華書局點校本，1993），〈企疏堂記〉，頁
　　432。按：所謂「僭臣偽命」，指的是偽楚張邦昌遣使以書慰勞宋臣以為褒用
　　之事。參看胡銓，〈徽猷閣直學士向公墓表〉，收於《南宋文範》（臺北：
　　鼎文書局，1975），卷 69，頁 725a；胡宏，《胡宏集》（北京：中華書局點
　　校本，1987），〈向侍郎行狀〉，頁 165-181。

宏智正覺恢復普照王寺之大事，因而普照寺也成了普照禪寺，合僧伽崇拜與禪宗傳法於一爐而冶了。⑭

　　或疑理學家之批判僧伽信仰也許會造成僧伽崇拜之式微，這恐怕也難有說服力。雖然理學家反對佛道，或不為僧伽信仰所動，實也很難動搖崇奉者的虔誠之心。譬如，程頤就對僧伽的靈驗甚為懷疑，而有如下一說：

> 某常至泗州，恰值大聖見。及問人曰：「如何形狀？」一人曰如此，一人曰如彼，只此可驗其妄，興妖之人皆若此也。昔有朱定，亦嘗來問學，但非信道篤者。曾在泗州守官，值城中火，定遂使兵士舁僧伽避火。某後語定曰：「何不舁僧伽在火中？若為火所焚，即是無靈驗，遂可解天下之惑；若火遂滅，因使天下人尊敬可也。」⑭

　　程頤對僧伽之疑問是基於他對祈雨於「土木人」的質疑。他所謂的「土木人」就是佛道之塑像和雕像，而他故事中被救走的正是僧伽像。其實，程頤的說法是很理性的，但是對堅信僧伽靈異的人卻發生不了什麼作用。因為僧伽能致雨或退水之神異傳說，經不少士大夫或任過地方官之佛教居士的支持和宣揚，已經深入人心，所

---

⑭　前引周葵之妙光塔銘就稱此寺為普照禪寺。宋禪僧雪堂道行（1089-1151）就曾於大觀三年（1107）禮泗州普照覺印英禪師得度，授僧伽梨，可見在北宋時已為禪寺。道行事見《嘉泰普燈錄》，頁245a。

⑭　朱熹，《二程遺書》（臺北：臺灣商務印書館，影印文淵閣《四庫全書》本，1983-1988），卷22上，〈伊川語錄〉，頁16ab。

以僧伽信仰是不會因為程頤或其他理學家之反對而衰的！

當然也有許多士大夫雖然注意到僧伽的神蹟及僧伽崇拜的普遍，並無意為僧伽的靈異作宣傳，而只是自以為很忠實地把所見所聞記錄下來。這種記錄雖事涉神怪，卻相當程度地反映南宋僧伽神蹟及僧伽崇拜的盛況。譬如，陸游就錄有以下故事一則：

> 宣和末，有巨商捨三萬緡裝飾泗州普照塔，煥然一新。建炎中，商歸湖南，至池州江中。一日晨興，忽見一塔十三級浮水上南來，金碧照耀而隨波傾颭，若欲倒者。商舉家及舟師人人見之，皆驚怖誦佛。及漸近，有僧出塔下，舉手揖曰：「元是裝塔施主船，淮上方火災，大師將塔往海東行化去。」語未竟，忽大風作，塔去如飛，遂不見。未幾乃聞塔廢於火。舒州僧廣勤與商船同行，親見之。⑭

此故事說泗州普照塔浮於水上，而僧伽「將塔飛去」，雖與李祥所說之「挑塔升天」前後呼應，時間上也大致相符，但並未諱言「塔廢於火」之實情，至少保留了部份歷史的真實。尤其，巨商捨財裝飾僧伽塔之說，應為常事，無須以此記載事涉神異而否定其存在。南宋時，各種僧伽神蹟之傳說更多，南宋學者洪邁（1123-1202）蒐集了數則，載於其《夷堅志》中，可藉以見僧伽信仰與崇拜之一斑，而且也可知這時的僧伽，除了能致雨和退水外，還有驅逐鬼怪之能了。

---

⑭　見《老學庵筆記》（北京：中華書局點校本，1979），卷8，頁105。

　　其一，孝宗淳熙（1174-1189）年間，臨安步軍司錢糧官公廨因為崇孽所擾，遂廢為馬院，而其第二將下田俊常宿其間。一日，田俊之同僚盡出而己獨留，當其將解衣就寢時，忽為一鬼挾至西湖畔方家谷龍母池大木下，掬泥塞其口將啖食之。時有一白袍方帽之老者來救，與鬼對打，相持不下。接著又有一長僧出現，相貌古怪，頭頂僧伽帽，守持錫杖擊鬼，鬼懼而逃。田俊因此得救。次日田俊同僚在池水邊發現他，扶歸官廨，病了十日而癒。於是眾人於步軍寨建立僧伽塔像而奉事之。⓯

　　其二，麗水商人王七六於衢州、婺州之間販賣布帛為生，每日奉事僧伽大聖甚謹，雖出行亦以畫像自隨，早晚都以香火瞻拜奉事。光宗紹熙四年（1193），王七六赴衢州趙十三家索債。因忿趙借詞拖延不還，時時怒罵，而為趙及其妻酒醉後扼殺。趙納其屍於竹箱內，欲等半夜投諸深淵。不料每將出戶，皆有僧數人繼踵而來，如此五、六回而不停。趙不耐其煩，眼見天將明，遂不暇顧而擬徑舁王屍至江濱。鄰居屠者姜六一見其行跡可疑，欲執趙手開箱。趙無法隱瞞，遂以十楮券賂姜，不使報官。姜之妻獲知其事，以事關人命而厲聲叫呼，逼姜報官。官府於水中尋獲王屍，只見其身上有像卷，其旁題字曰：「處州麗水縣奉佛弟子王集捨錢畫」。趙十三夫婦因殺人事經查驗得實而伏誅，而諸僧示現皆僧伽靈變之驗。⓰

⓯　見洪邁，《夷堅志》（北京：中華書局，1981），〈馬將軍田俊〉，頁 801-802。

⓰　同前書，〈王七六僧伽〉，頁 1032。按：「楮券」即紙鈔、紙幣。

　　其三，揚州人胡十，家道頗贍，於宅中置泗州僧伽小像而事奉之。紹興之末有五士人來見，自稱非世間人，而為所謂之「五顯公」。胡十待之如上賓，每日饋以酒食、館以賓舍、贈以金帛，使晨夕相從越五月。某日，適逢其生辰，五人為其設宴祝壽，而所置酒器下皆鐫有「揚州公用」字。五人飲酒歌謔過三更乃散，而次日器皿、幕簾皆空，一物不存。而五人竟欲逼胡十讓出其宅第，予其作廟，「庶幾人神不相淆」，而又欲胡十於附近別築宅第。胡十以其宅為三世所居，不可輕棄，擬擇山岡好處，為五人營一祠且任香火之責。其人奮言不可，出語益兇，且開始造祟作怪。胡十不堪其擾，欲請道士作法驅之，為五人所阻，並謂雖漢張天師來亦無所懼。他日胡十入市，遇道人行乞，道人謂其面有憂色，必遭鬼物所惱，可祈請即將迎面而來之一小僧救之。胡十行至田間，果遇小僧，即懇求救助，小僧亦答應暇日自當往助。後數日，胡正與五人語，僧從外來，五人狼狽而竄。僧追叱之曰：「這五箇畜生敢在此作過，可捉押去。」並云：「五人是皆凶賊，原在淮河造惡，各已正國法極刑梟斬，而彊魂尚爾縱暴。今既囚執屏除，君家安矣。猶恨走却一鬼，徐徐復出，然不能害也。」胡於是喚妻子列拜，且致厚謝。然僧不受一錢而別。⑭⑧這故事中的「小僧」，自然是僧伽的化現。

　　其四，洛陽人張濤次山，宣和甲辰為宿州戶曹，喪其妻妾。是歲冬，入京參選。休暇之日，游相國寺，於稠人廣眾中與亡妾迎兒相遇。迎兒謂正服事其妻於城西門外五里間一空宅，請張濤明日飯

---

⑭⑧　同前書，〈胡十承務〉，頁 1098-1100。

後來彼處相尋。張如其言,果見其妻。其妻泣訴地獄折磨之苦,欲張請泗州大聖寺持戒僧看誦《金剛經》,以免除其苦業。後張調官東下,至泗州設齋誦經回向畢,再詣京師城西,而茫無所見。其夕夢妾迎兒云其妻謝經文資薦,已投生為士人家為男子。**⑭⑨**

其五,樂平醫士潘璋,家居於市中。一日,忽有商客詣見,謂早上遇一僧買其紫羅兩疋,議好價錢,遂置諸袖間,請相隨取錢。到居宅後,徑入許久而未見出。潘璋語客曰其家欲縑帛,何必仗僧為市,請客速去。客不肯去,力言有此一僧,且述其形貌及敝衣之狀。潘璋聞其形容之語,方悟往年所事僧伽像。即往所居泗州菩薩堂驗視,但見兩塊縑帛,正在像之左側。蓋因以往崇奉僧伽甚敬,被以真服,祈禱獲應。然多歷年所,積為塵坌鼠齧,而未暇更新。今見縑帛於像上,為之瞿然。遂盡室焚香謝過,取錢償還商客,並喚衣匠為僧伽像治衣。**⑮⓪**

這五則故事之原始來源,或為民間口傳,或為敘事者虛構,已無法查究,但都可視為來自僧伽崇拜者對僧伽神力與神蹟的宣傳。**⑮①**由於敘事者的知識水平不一,情節當然有高下之分,也有可資質疑之處。洪邁雖記錄這些故事,偶而也會稍加詰難。譬如,王七六既事僧伽如此誠敬,僧伽何以不救其命?而僧伽被尊為普照王佛與菩薩,又何至於在乎其僧衣之敝壞呢?這些當然不是敘事者所關切的問題,他們只要把僧伽的神異傳諸人口,就算達成其宣揚僧伽之

---

⑭⑨　同前書,〈張次山妻〉,頁 981。

⑮⓪　同前書,〈潘璋家僧〉,頁 850-851。

⑮①　只有〈張次山妻〉一故事據說得自張濤之甥名安勸者,但安勸之身分也不明。

目的了。若果真都是事實，那麼僧伽顯然具有打擊妖孽、代伸冤情、救助亡魂、懲處偽神，及為信仰者消災解厄之能了。這應是很可以理解的，畢竟他一直都被視是「觀音化身」啊。

　　總而言之，僧伽塔何以無法重建，僧伽崇拜是否式微，當不能僅歸因於禪宗之取代或理學家之排斥。應當從南宋期間金人入侵、宋金戰事、盜匪猖獗、地域經濟蕭條、社會動盪不安、統治者不熱心等因素來觀察。公元 1279 年，南宋滅亡，蒙元入主中國。為了安撫宋人，元帝國對宗教採取較寬鬆之政策，致元仁宗數度詔天目山的禪僧中峰明本（1263-1323）入朝，中峰都以疾辭，仁宗亦無可奈何，只有「褒寵旌異之」。⓲仁宗敬信佛法，故在位時積極崇建佛寺佛塔，他曾下旨命「各路裏各修一座損壞了的舊寺，又交修理三十九處有舍利的塔兒，并泗州張菩薩蓋來的塔兒。」⓳由於這個詔命，促成泗州塔之重建。雖然規模較雍熙十三級浮圖為小，但「峨峨浮圖，起於淮壖」，亦足以供信士禮敬，萬民瞻仰了。⓴值得我們再次注意的是，仁宗之詔旨並未把泗州塔列入「有舍利的塔

⓲　中峰明本，《天目中峰和尚廣錄》（臺北：新文豐出版社，《正藏經》冊60），〈元故天目山佛慈圓照廣慧禪師中峰和尚行錄〉，頁 355a。

⓳　《普照國師傳》，頁 843。此「張菩薩」理論上應是當時僧伽寺的住持。不過當時奉旨提調，將趙孟頫所撰塔碑立石之人，有住持大普照禪寺湛然禪師福清。「張菩薩」是否即是此禪師之俗稱？

⓴　按：據元至正 4 年（1344），淮安路泗州儒學正賀福祖所撰的〈驟括禮讚文〉，新建的泗州靈瑞塔只有 15 丈高，只有貞元、長慶三十丈塔之半，而比雍熙塔更低。故李元嗣在其〈普光興廢記〉說：「仁宗踐祚，敬信佛法，百事修復。鑒興廢之數，酌奢儉之中，表法西制，用貞元之半度，裁雍熙以小省，靈瑞重建，又一興焉。」《普照國師傳》，頁 839、848、850。

兒」。而洪邁所錄的故事，也無關僧伽塔之舍利。再看李元嗣在其〈普光興廢記〉中對蔣之奇大聖傳及趙孟頫靈瑞塔碑記表示遺憾時，也說：「然恨之奇、孟頫皆儒生，獨遺貞元燼廢，澄觀經營，及大士真身北渡，釋迦舍利終泯，不一及之，為可慨也。」⑮顯然，李元嗣也認為僧伽塔下的是釋迦舍利，而金完顏兀朮焚僧伽塔時席捲北渡的固是「大士真身」，但那是藏在燕都（今北京）慶壽寺，而不會流至別處。⑯

七、結語

以上析論僧伽信仰在宋代的廣泛流傳，並舉蔣之奇、李綱、李祥等居士的信佛及其人有關僧伽之著作，說明宋代佛教居士與僧伽崇拜的密切關係。證明了：(1)僧伽之為神異僧，固由於僧侶如萬迴等人的推動，實亦由唐、宋以來佛教居士如李邕、蔣之奇、李綱和李祥等人之公開認可與著文宣揚；(2)僧伽崇拜因有身為高官大臣的佛教居士參與並為之宣揚，就不是單純的地域性庶民信仰，而且也是一般士庶、朝廷官吏、甚至皇室成員的跨階級信仰；(3)僧伽信仰不至輕易為禪宗所取代而告式微，反而禪僧需歸併僧伽信仰於其教學與傳法中；(4)泗州僧伽塔建立後，歷經唐、宋統治者之支持，屢經焚燼而一再重建。至宋太宗時立十三級浮圖，奉安「釋迦舍利」於其真身塔下，對僧伽更加崇重，也更強化了僧伽信仰之深度與廣

---

⑮　《普照國師傳》，頁839。
⑯　當時民間稱完顏兀朮為「偽四太子」。

度。**⑤**但僧伽塔寺，至南宋時因金人之入侵而焚燬，遂連僧伽之真身都為金人囊括而北渡，其間從未聞有真身舍利外流之事。江陰出土之舍利，考古學者有意斷為僧伽之真身舍利，豈其然哉？

僧伽崇拜，自其開始，即與皇室之崇敬息息相關。它與許多中國的民間信仰有相同之處，但也有相異之處。雖然它是由地域性信仰變成全國性信仰，但這段普及化之過程相當迅速，且頗得利於皇室、地方官、高階官僚、與佛教居士之支持。本文所討論的宋代佛教居士都具有地方官及高階官僚的身分，對僧伽信仰的流傳，有其關鍵性的作用。他們所寫的僧伽傳記和僧伽傳奇，促使僧伽崇拜在短期內迅速流行全國，而避開了一般民間信仰所須經歷之「合理化」或「合法化」過程。僧伽在生時，即享有皇帝之賜號，為唐中宗尊為「國師」和「普光王」。及其滅度後，所獲賜號仍陸續增加。唐懿宗賜號「證聖大師」。周世宗命天下「造精廬必立僧伽真相」，而賜名「大聖僧伽和尚」。宋太宗時，又恢復其「普照王」之號。宋真宗復加號「普照明覺大師」，而令「公私不得指斥其名」。而宋徽宗又加號賜「大聖等慈普照明覺國師菩薩」。**⑤**這些賜號或可視為史家所謂的「標準化」（standardization）或「標名化」（superscription），但是基本上是無條件的，並未暗示僧伽信仰係經由管制而合法化的考量後而被認可的。換句話說，不管有無「標準化」或「標名化」，僧伽信仰與崇拜，除了偶因道教的壓抑外，從

---

⑤ 宋太宗立僧伽浮圖，自然與其崇佛有關。其對佛教之崇重，參看筆者《北宋佛教史論稿》，第一章，〈宋太宗與佛教〉，頁 31-67。

⑤ 見《宋高僧傳》，頁 448-452。《普照國師傳》，頁 834-835、837。唐中宗時即賜號「普照王」，但因犯武后諱而改為「普光王」。

未導致任何政、教間或百姓與社會菁英間的緊張與衝突。⑮從這個層面來觀察，僧伽信仰實在是個跨階層的士庶信仰，而不僅僅是「庶民的信仰」而已。

增訂後記：

本章原文寫完之後，本打算寫作續篇討論元以後僧伽信仰的情況，後因有其他研究計劃，續篇之作遂擱置一旁。2004 年夏天，原文於期刊刊登之後，有關泗州大聖僧伽的研究論文，陸續出現。去年（2007）一年間，更有兩篇碩士論文，專門討論僧伽信仰。⑯短篇文章方面，林斌的〈泗州大聖信仰對中國文化的影響兼對舟山博物館藏岑港出土石像的考證〉有以下兩點值得注意。⑯其一，他

---

⑮　關於中國史上地方信仰（local cult）之「標準化」，及地方信仰與國家（state）之間的關係，是近二十年來西方學者相當重視之問題。從 1980 年代 James Watson, "Standardizing the Gods: The Promotion of T'ien Hou ("Empress of Heaven"), in David Johnson et al. ed., *Popular Culture in Late Imperial China* (Berkeley: University of California Press, 1985), pp. 293-324, 到 Prasenjit Duara., "Superscribing Symbols: The Myth of Guandi, Chinese God of War" in *Journal of Asian Studies* 47 (4): 778-95, 到 Patricia Ebrey, "The Response of the Sung State to Popular Funeral Practices," in Peter Gregory et al. ed., *Religion and society in T'ang and Sung China*, pp. 209-239, 到最近 Edward Davis., *Society and the Supernatural in Song China* (Honolulu: University of Hawaii Press, 2001) 都陸續在討論這個問題。筆者以為信仰之不同，「標準化」或「標名化」產生之程序亦有差異。也就是說，國家對不同的地方信仰接受度未必一樣，不能毫無分辨地應用這類觀念。

⑯　此兩篇分別為劉曉燕的〈僧伽信仰背後的社會風情畫〉（蘭州大學，2007 年 8 月），及林曉君的〈泗州佛信仰研究〉（福建師範大學，2007 年 11 月）。

⑯　見《舟山社會科學》第 3 期（2005）。

列舉了八個現存的泗州大聖塔或遺址,除了本章所說的江陰華藏塔之外,還有:

　　⑴江西信豐大聖寺塔,宋治平六年(1064)建;

　　⑵湖南邵陽武岡市泗州塔,宋元豐元年(1078)建;

　　⑶河南唐河縣泗州塔,又稱泗水塔,宋紹聖二年(1095)建,
　　　明洪武十年(1377)重修;

　　⑷安徽廣德天壽寺大聖寶塔,宋太平興國四年(979)建,明太
　　　組時重修;

　　⑸江蘇鎮江僧伽塔,在壽邱山巔。南朝時建,名慈和寺,北宋
　　　稱延慶寺,南宋紹興中改名普照寺,明萬曆間移僧伽塔至寶
　　　塔山。

以上五座塔寺皆建於宋朝,或在宋時變為僧伽塔寺。鎮江僧伽塔當是本章表列南宋所建塔之一,而「紹興」應為「隆興」之誤。其他僧伽塔,可增補本章之不足。林文還列有惠州西湖西山泗州大聖塔,江蘇句容大聖塔,及徽州岩寺文峰塔等。前者建於唐末,明代毀後又於萬曆四十六年(1618)重建。又後二者,據林文說,「也曾參考過泗州塔的圖形」,但其意不詳。另外,林文還言及 1949年以後,若干古塔仍可見到木雕或石雕僧伽像如下:

　　⑴瑞安仙岩寺塔地宮供奉之塗金木雕僧伽像,座上有「泗州大
　　　聖普照明覺大師」字樣;

　　⑵蘇州瑞光寺塔、金華萬佛塔、上海興教寺塔、溫州白象、寧
　　　波天封塔等,都有「帶僧貌、瞑目端坐的僧伽像」。

這些僧伽雕像,本章亦提到其中幾種,除金華萬佛塔及寧波天封塔所藏者,都可見於本章末之圖版。

　　林文又指出以下諸寺或供奉泗州大聖像，或因泗州大聖之名而見，顯然與僧伽信仰有關：

　　(1)廈門聖果寺原名泗州堂；

　　(2)廈門南普陀寺初名泗州寺，後改普照寺；

　　(3)湖北雲夢縣城外泗州寺，現為省級重點保護對象；

　　(4)湖北新泗州禪寺；

　　(5)江蘇宜興太華山石門界村口泗州庵；

　　(6)寧波江北區慈城鎮前洋大聖寺；

　　(7)吳江縣葫蘆墟鎮泗州寺；

　　(8)〔浙江〕新昌嵊縣鄉間的泗州堂；

　　(9)浙江寧海松門嶺下泗州堂；

　　(10)松江古泗州塔院；

　　(11)江西宜春市東門泗州寺；

　　(12)蘇州城內泗州寺；

還有泉州開元古泗州院，加上《八閩通志》所載泗州院、堂、庵等23 座，可惜這些堂、寺的興建年代，林文都未詳細說明，難以就其時代的脈絡，論其重要性。

　　林文第二點值得注意之處是他對當今泗州大聖信仰的討論。據他說，泗州大聖信仰目前流行於福建、臺灣、廣東、江蘇、浙江等地，而最盛者首推福建。福建地區泗州大聖信仰產生轉化，乃有「泗州佛」之稱。此可能是林曉君論文的討論重點。浙江民間，則多「泗州堂」或「泗州亭」，為行人避雨、歇腳、乘涼之處。此種亭堂之建，自然是受宋以來居士所寫之僧伽救水旱災之靈異事迹及「水漫泗州」的傳說所影響。由於他的說明甚為簡略，我覺得仍有

值得探討的空間。至於泗州大聖信仰在臺灣、廣東、江蘇各地區的
地域性發展與演變，也有待關心大聖信仰的學者進一步去研究。

　我在撰寫本章原文時，有若干文獻未能經眼，其中含：

⑴敦煌寫經中的《僧伽實錄》一卷；

⑵《唐僧伽大師史料概要》；

⑶《泗虹合志》十九卷；

⑷《狼山志》一卷；

⑸敦煌遺書中的《僧伽欲入涅槃說六度經》一卷。

這幾種文獻中，《僧伽實錄》為宋人作品，見於敦煌遺書目錄中，
但似無其書，恐已失傳。《唐僧伽大師史料概要》之所藏地點，我
迄今毫無線索。《泗虹合志》，有臺北成文 1985 年本，是影印臺
灣中研院傅斯年圖書館所藏的清光緒十四年（1888）刊本，內容如
何，有多少值得參考使用的資料，仍待查考。《狼山志》有僧伽相
關的編年記錄，但能補充本章之處甚為有限。《僧伽欲入涅槃說六
度經》頗值得注意。孫曉崗在〈僧伽和尚像及遺書《僧伽欲入涅槃
說六度經》有關問題考〉已有說明，❿可惜此通稱《僧伽和尚經》
的出現年代及作者皆不詳，無法查考其流傳之過程。不管如何，泗
州大聖的傳奇及歷史仍值得學者繼續研究，相信假以時日，國人的
研究成果會超過日本學者的。

---

❿　見《西北民族研究》，第 2 期（1998），頁 261-269。

圖版一：紐約大都會博物館僧伽石雕正面與背面（11-12 世紀）

圖版二：北宋哲宗元祐七年（1092）石雕

圖版三：北宋彩色紙畫坐像，法國國家圖書館，伯希和 4070

圖版四：北宋仁宗慶曆三年(1043)
浙江瑞安慧光寺木雕

圖版五：北宋徽宗政和五年
浙江溫州白象寺泥塑

圖版六：北宋蘇州瑞光寺木雕坐像
（約真宗大中祥符六年(1013)
至天禧元年(1017)）

圖版七：上海興盛橋寺青銅坐像
北宋神宗熙寧元年(1068)
至哲宗元祐八年(1093)

第二章
兩宋社會菁英家庭
婦女佛教信仰之再思考(上篇)

一、引言

　　近十餘年來，中國婦女之宗教信仰，漸受西方「中國研究」學者所注意。各大學之「婦女研究」或「性別／兩性研究」課程，往往設有「中國婦女」或類似科目，而中國婦女的宗教信仰也常為此類科目之一重要主題。自從 1993 年西雅圖華盛頓大學的伊沛霞（Patricia Ebrey）教授出版其《閨門之內》（*The Inner Quarters*）一書，專闢一節談宋代婦女的宗教信仰後，❶同一研究領域的學者也隨後

---

❶　Patricia Ebrey., *The Inner Quarters: Marriage and the Lives of Chinese Women in the Sung Period* (Berkeley and London: University of California)。伊沛霞是西方研究明清以前中國婦女史較早的幾位學者之一，而研究明清婦女史的學者以傅樂詩（Charlotte Furth）及曼素恩（Susan Mann）為較早。前者研究婦女與醫藥，後者研究婦女、家庭與兩性關係。《閨門之內》獲 1996 年美國亞洲學會的 Joseph Levenson 獎，而作者伊沛霞被認為是傑出的中國社會、文化及家

跟進，出版類似著作，兼談婦女之宗教信仰。譬如，哥倫比亞大學巴納學院高彥頤（Dorothy Ko）教授在 1994 年出版《閨門之師》（*Teachers of the Inner Chambers*）一書；❷加州大學戴維斯分校曼素恩（Susan Mann）教授在 1997 出版的《閨門寶錄》（*Precious Records*）一書，皆是其例。❸兩書除就性別問題探討中國明清、社會及文化史外，並大量探討婦女在歷史上扮演的所謂「經紀人」（agent）之角色、所遇之束縛與機會、及婦女之宗教信仰與生活。❹這種對人生

庭史之史學家。其書相當暢銷，有不少美國大學的中國歷史或婦女課都用為教材，最近更被譯成中文，流傳於兩岸三地學府。目前中譯本以「內闈」為名，筆者認為不妥。蓋「闈」通常為「宮中之門」，故有「宮闈」之稱，如唐代宮中之「東、西掖門」；或指宮內后妃所住之內殿，與一般婦女之閨房不同。又「內闈」一詞，古人甚少使用，偶一用之，亦有貶意。譬如，宋仁宗時，監察御史裏行孫沔曾在其〈上仁宗乞每旦親政振舉綱目〉一奏書說：「伏惟陛下，纂紹寶圖，務敦淵靜，韜晦英謀，竭伸孝愛。而內闈輔政，朝制弗經，宦寺弄權，海宇側目，女謁交馳，大道不行。」其所謂「內闈輔政」，即指章獻劉太后之「垂簾決事」及保慶楊太后之「與皇帝同議軍國事」。孫沔奏見《宋名臣奏議》（臺北：臺灣商務印書館，影印文淵閣《四庫全書》本，1983-1988），卷 20，頁 5a-9b。

❷ Dorothy Ko., *Teachers of the Inner Chambers Women and Culture in Seventeenth-Century China* (Stanford: Stanford University Press, 1994)。最近她更出版了 *Cinderella's Sisters: A Revisionist History of Footbinding* (University of California Press, 2005)，可譯為《灰姑娘之姊妹》。其書對婦女纏足之歷史提出「修正」的看法。

❸ Susan Mann., *Precious Records: Women in China's Long Eighteenth Century* (Stanford: Stanford University Press, 1997).

❹ Dorothy Ko 之著作就有透過了解婦女之經驗及兩性關係對歷史重新思考的欲圖，而其觀點也似在中國歷史研究中不斷發酵。見 Jinhua Emma Teng, "The Construction of the 'Traditional Chinese Women' in the Western Academy: A

信仰與生活之注意及討論，擺脫歷史研究的侷限性，提醒史家從人性（humanity）的基本層面去了解過去社會被忽略之若干現象，有助於我們對歷史有更深一層之認識。1999 年出版的《宋代佛教》一文集，含兩篇涉及宋代女禪師的文章，未嘗不是這種新研究趨勢的具體表現。❺

　　雖然《閨門之內》的「虔信之妻」（Pious Wives）一節是為討論宋代婦女的宗教信仰而寫，但其所涉及者，多為婦女的佛教信仰，從宋代佛教史的角度來看，有不少問題值得商榷，所以我覺得本文在討論兩宋社會菁英家庭婦女之佛教信仰前，有先析論其內容及觀點的必要。❻

Critical Review," in *Signs*, vol 22, no.1(autumn, 1996), pp. 115-151，尤其是其最後一節對未來中國婦女研究方向之思考，頁 141-145。

❺　見"Images of Women in Ch'an Buddhist Literature of the Sung Period"及"Miao-tao and Her Teacher Ta-hui," in Peter Gregory et. al., *Buddhism in the Sung* (Honolulu: University of Hawai'i Press, 1999), pp. 148-187, 188-219.

❻　伊沛霞以「婦女為經紀人」（woman-as-agent）一觀點為討論婦女地位之基礎，導致不少難以自圓其說之論點，恐非值得效法之徑路。高彥頤就不甚同意用此觀點，而提出婦女所遇之「束縛與機會範圍」（range of constraints and opportunities）之討論，但過份仰賴西方性別理論及婦女主義理論之歷史解釋，也引起「以今視昔」的「時代錯置」（anachronistic）的質疑。見上引 Susan Mann 之文（頁 174）。關於伊沛霞書中所論的婦女與宗教問題，我所見過的較長篇之書評，幾乎都未置一詞。譬如，Robert Hymes（韓明士）在 *Harvard Journal of Asiatic Studies*, Vol. 57, No, 1. (June 1997), pp.229-261 的長文，評論全書相當仔細，但對宗教一節，則無片言隻語，Susan Mann 及 Ann Waltner 之"Recent Scholarship on Chinese Women," in *Sign* (Winter 1996), pp. 410-428 亦然。後者評數本有關女性之著作，而對伊沛霞之書則質疑她既認為「母子關係」為宋代家庭最重要之事，為何其書不專談婦女為人母角色，而

　　基本上，伊沛霞根據其對宋代婦女之一貫認識，先在「虔信之妻」之前各節討論宋代菁英家庭婦女的教育背景，說明其識字、讀書能力的提高，及其所讀之各類書籍。她強調這些婦女除了《女戒》、《蒙求》、《女孝經》、《詩經》、《書經》、《論語》及《孟子》等書外，還涉獵內典，誦讀佛書，對宗教表現了強烈之興趣，對佛教信仰尤其熱誠。她又認為，部份宋代婦女為佛教所吸引，也以佛教教義助其完成儒家思想裏賢妻良母相夫教子之任務。而佛教所宣揚之教理，吸引這些婦女，也是因為她們對今生之事不滿，而欲專心求來生之故。

　　由於伊沛霞所列舉之例證有限，而討論菁英家庭婦女時，並未詳述其身分與所處之時間，雖然能指出若干事實，但總令人覺得有流於表面而未能深入之缺憾。❼這當然是因為其書內容太廣，無法兼顧許多細節之故，另一方面也是由於她無此類專題研究可作依傍，而須自己作一聚沙成塔之考查之故。就此點而言其研究成果，可以說她還是有開創之功的。不過，宋代婦女之佛教信仰，若不從佛教史之角度來觀察，必會失之片面；尤其例證若有不足，結論更易失之誇大，有證據與結論不相稱之缺點。為了說明這種可能，筆者擬先討論伊沛霞的看法，先將她的觀點列成標題，說明其資料來

仍環繞男性談婦女之婚姻問題，有自亂章法之嫌。

❼ 高彥頤在前引書中（頁 7）說任何婦女與性別的歷史研究都應該顧及階層、地域和年歲等細節，個人覺得這是起碼條件，其他方面，如家庭環境、身分背景、婚姻對象等，都應考慮。伊沛霞之書的證據不足之處，是前引 Robert Hymes 長文中屢屢評議的。Susan Mann 則雖較含蓄地指證據不足為不尋常、偶犯之失（頁 167），但對某些觀點也直說很少證據（頁 174）。

源與運用，並視其論述之當否予以質疑、討論與修正。由於伊沛霞
所使用之資料，基本上是兩宋社會菁英家庭或中、上層家庭士人對
其同階層婦女行為之代言，而這種選擇實是因下層社會婦女之資料
不易掌握之故，故本章之討論亦以菁英家庭婦女之佛教信仰為焦
點。此外，由於無法獲睹伊沛霞所用各種史籍之同一版本，只能根
據個人所能得見之版本立論。幸不同版本間之字義相差甚微，對本
章之議題不致產生太大的影響。至於對史料解讀之不同，在所難
免，凡遇此情況，本章將盡量做較周延之闡釋。

二、「虔信之妻」一節評析

　　兩宋代婦女受教育者較前朝為多，雖然無可靠數據為證，但以
她們在家庭、社會的表現來看，因識字率大為增高，而能讀佛書，
應該是不爭的事實。如本章提出之例證顯示，許多官家婦女，不但
熟習儒家詩書，而且涉獵佛老經典，故能引用孔孟、老莊或佛經之
語。雖然如此，多半婦女只是能讀佛書，未必都有深悟。畢竟佛典
語言與儒書不同，非假以時日，難知其義蘊。此外，有些佛典深
奧，有些淺顯。有些卷帙浩繁，有些篇幅甚短，即使有能力閱讀佛
典，她們所讀究竟是何經典？理解多少？又如何應用她們之所學於
修行及任事？都是問題。再者，婦女之信佛，雖與個人之興趣有
關，但也脫離不了與家庭環境、佛教普及與信佛風氣的影響。尤其
宋代禪宗及淨土信仰最為流行，必也對婦女信佛之方式發生相當作
用。她們是否依禪宗之教法學習禪定或淨土之教法修行淨業？不可
不查。尤其，士大夫家庭固不乏信佛之婦女，但伊沛霞所舉之例

證，因其論題之所限，難以凸顯信佛婦女的相當數量。另一方面，信佛之風氣雖影響及婦女趨向信佛，但不為「流俗」所動，深信儒學而抨擊佛教信仰之婦女，亦所在多有。且堅決不信者，人數可能更多，與伊沛霞之論點形成反證（antithesis）。更有進者，伊沛霞之書只重個別婦女信佛的事實或外在面相，並未注意到她們實踐其信仰背後的文化氛圍之內在脈絡或邏輯關聯。使我們在閱讀她對若干史料的譯釋時，覺得有不少疑義，而她的某些觀點也就需予澄清或進一步說明。

　　大致上，伊沛霞研究婦女之所得可以歸納成以下十點：

　　㈠賴佛法之助「相夫教子」。

　　㈡自由進出佛寺會聚讀經。

　　㈢自稱創教者以召募信徒。

　　㈣篤信佛教而轉趨內向。

　　㈤處大家庭者尤易信佛。

　　㈥信佛強化賢內助角色。

　　㈦夫婦偶或同時崇佛。

　　㈧夫戒妻勿再信佛。

　　㈨中、晚年悉心嚮佛。

　　㈩隨僧尼與女眷學佛。

　　這十點中，真正與佛教直接相關者有八，㈡與㈢兩項涉及其他宗教或民間信仰，但因與佛教不無關係，故一併討論。

㈠賴佛法之助「相夫教子」

　　「虔信之妻」一節討論婦女與宗教，先指出宋代婦女不乏睿智

之賢內助兼良師，她們以佛教教義來助其盡儒家相夫教子之義務。伊沛霞用李綱之岳母黃氏（1063-1121）為例，來說明此事，略謂黃氏嘗於其夫落職於地方時，勸其夫當藉此機會將其所學付諸行事。由於其夫個性剛直，黃氏勸他當知柔軟變通，而且引用佛教「善巧方便」之說為解云云。伊沛霞所根據的資料是南宋李綱（1083-1140）的《梁溪先生文集》裏〈宋故龍圖張公夫人黃氏墓誌銘〉中的這段文字：

> 龍圖公性剛直，遇事無所顧避，夫人每戒之曰：「釋氏六波羅蜜以般若為宗，貴夫以方便善巧濟一切也。今公欲有為於當世，而不知此，其可乎？」龍圖公深感其言，為之委蛇曲折以行其道，十餘年間，兩路之民受賜多矣。其後以言得罪，夫人泰然無憂色，笑謂龍圖公曰：「公雖知所謂『般若』矣，獨於『能忍』抑猶有未盡乎？」❽

　　伊沛霞所述有關黃氏與其夫之對話，大致是此段文字之迻譯。黃氏信佛而能用佛說來勸導其夫，確為黃氏對佛教有相當理解而能「學以致用」的一個明證。伊沛霞指出她以釋氏六波羅蜜的理解來勸其夫，是其應用所學的表現，可謂言之成理。

　　不過，細讀李綱原文之後，我們發現伊沛霞並未把黃氏所說「公雖知所謂『般若』矣，獨於『能忍』抑猶有未盡乎」一語解釋

---

❽　見李綱，《梁溪集》（臺北：臺灣商務印書館，影印文淵閣《四庫全書》本，1983-1988），卷170，頁9b-15a。

清楚。而以為「容忍」（tolerance）是般若智慧的一個較高的層次。
不知所謂「六波羅蜜」（six *pāramitās*）或「六度」中含「忍辱」
（*kṣānti*）及智慧（*prajñā*）。黃氏之意實是：「您雖然知道六波羅蜜
裏的智慧一項，怎能獨對「忍抑」一項，了解得還不徹底呢？」黃
氏既知釋氏六波羅蜜之義，當然是信仰大乘的菩薩理想。不過，她
所處的時代是北宋末期，當時江浙地區禪宗及淨土信仰相當流行，
黃氏顯然也受到了影響，所以李綱為她所寫的墓誌銘才說：

> 中年篤好釋氏，世味益薄，獨掃一室，燕坐終日，以禪悅自
> 娛。自龍圖公以罪去，益有厭世意。嘗夢金人長丈餘，以手
> 授之，夫人驚喜而悟，頓若有得，召諸子告戒甚悉。一日晨
> 興，徧詣諸娣姒，若敍別然，且曰：「吾終當夢中逝，不復
> 以疾病煩人也。」夜分，命兒婦具粥食，既而就枕。詰旦，
> 猶顧左右具龍圖公藥餌如常時。少頃，諸子興居，已奄然逝
> 矣，側臥西鄉〔嚮〕，手結印，固不可解。❾

　　所謂「燕坐終日，以禪悅自娛」即是參禪打坐之作法，而夢金
人及「當於夢中逝」之說，則是佛書中所說信仰彌陀西方淨土之
報。可見黃氏浸淫佛法甚久，頗識其中三昧。她能以佛教之說來勸
導其夫，絕非偶然。不過，這種例子其實並不多，不能說具有代表
性。

---

❾　同前註。

㈡自由進出佛寺會聚讀經

　　伊沛霞述及佛教對婦女具有吸引力時，特別舉例說明婦女因為信仰佛教，常施財供獻寺院，或獻金造佛像及菩薩像，並請人畫其本人之像置於佛及菩薩像之下。寺院之供養活動，給予婦女理由離家外出，或讓陌生人進出其家，且各階層之婦女都能出入寺廟，有時甚至是成群進出。她還說寺院為婦女集會之所，成為她們讀佛經之處。

　　關於婦女進出寺院，宋人筆記、平話不乏其故事，當可反映當時現象。伊沛霞之說是根據兩種資料來源。其一為南宋洪邁所寫的《夷堅志》裏〈仇邦俊家〉及〈苦竹郎君〉兩則故事。前一則故事略謂：紹熙五年（1194）六月二十二日，鄱陽城隍王誕辰，「仕女多集廟下奠獻。」後一則故事則說：潭州善化縣苦竹村所事神為「苦竹郎君」，里中余生妻唐氏於乾道二年（1166）邀鄰婦郊行，至小溪茅店飲酒，店旁即是「苦竹郎君」之廟。「酒罷，眾婦人皆入觀。」❿此二故事所云之「仕女多集廟下奠獻」與城隍誕辰有關，而「眾婦人皆入觀」所瞻拜的「苦竹郎君」，可能是地方神。眾婦女外出之意原在「郊行」，在茅店飲酒後入苦竹郎君觀，或只是順道參觀，未必與信仰有直接關係。伊沛霞雖然證明他們確能出入寺廟，但未能證明其出入寺廟之行為確為其虔誠之宗教信仰之表現。

　　另一資料來源為南宋《都城紀勝》一書中的〈社會〉一節，其

---

❿　見《夷堅志》（北京：中華書局校點本，1981），頁 1034、1627。

中有謂：「城中太平興國傳法寺淨業會，每月十七日則集男士，十八日則集女人，入寺諷經聽法。歲終則建藥師會七晝夜。」⓫伊沛霞根據此段文字認為婦女不但成群進出寺廟，而且不少婦女還集會結社，入寺廟讀佛經。此種解釋，易誤導讀者。因「淨業會」與彌陀淨土信仰有關，是南宋以後流行淨社活動的一種。此淨業會由佛寺舉辦，男女信徒分開預會，誦淨土經並聽寺僧演說彌陀教法，與其他諸寺的經會，性質類似，並非如伊沛霞所暗示，為婦女主動性結社而按月讀一次佛經之活動。此外，南宋都城之類似經會不少，有些經會也確為富家豪族之善男信女鼓吹贊助而成。譬如，《夢粱錄》就說當時府室宅舍、內司府第之娘子、夫人等，建「庚申會」，誦《圓覺經》。這些富家婦女赴會之時，都帶著「珠翠、珍寶、首飾」，儼然赴喜慶盛宴，似乎誦經之初意已質變為炫耀珠寶衣飾以爭奇鬥豔，故時人呼之為「鬥寶會」，實意存譏諷。⓬雖然如此，此會仍是由寺院主持，而誦《圓覺經》亦為一必要過程。還有所謂「西歸會」，是諸寺庵舍於每月庚申日或八日，集善男信女誦經設齋。或疑選擇庚申之日誦經，與道教三尸之說有關，顯示結社、經會等活動，不是伊沛霞所述那麼單純。⓭不管如何，富家婦女能自由出入寺院而建會誦經，主要是因為他們都是寺院之大檀越，為寺院主要財源所在。此種集會，固意在誦經聽法，實也是主

⓫　見耐得翁，《都城紀勝》（臺北：大立出版社，《東京夢華錄外四種》），〈社會〉，頁98。

⓬　見吳自牧，《夢粱錄》（臺北：大立出版社，《東京夢華錄外四種》），卷19，〈社會〉，頁301-02。

⓭　《兩浙金石志》，卷9，〈宋建庚申勝會記〉，頁1a-2a。

要社交活動之一，被譏為「鬥寶會」，原因不難理解。

㈢自稱創教者以召募信徒

伊沛霞說偶有婦女因成名而為一教派之首，如十一世紀的婦女蔡氏，因拒絕成婚，各地婦女遂信奉之並視之為神仙。此一說法是出自晁補之（1053-1110）《雞肋集》的〈安康郡君龐氏墓誌銘〉。墓誌銘中說：「蔡女子于，不嫁，稱師聚徒，傳一世以為僊，自大人顯族爭奔向之。」按原文之意，實說蔡州（今河南汝陽）女子名于者，不嫁而自稱師，並聚集徒眾相傳，號稱神仙，許多大人物及顯貴家族之人，都競相信嚮。伊沛霞誤讀原文，把「蔡女子于」逕讀成「姓蔡的婦女」，而不理會下文的「後于敗」一句。⓮又晁補之在「自大人顯族爭奔向之」一語後，說「夫人獨不然，曰道貴清靜，反此，禍也。」其意在說在穎州的墓主龐氏，深知「道貴清靜」之理，而不為聚徒稱師自號神仙的人所惑，雖蔡女或「世以為僊」，但畢竟因過於招搖而遇禍，如龐氏之所料。伊沛霞強調蔡女因號稱神仙之故，而信徒雲集，但她未能注意到這種自號神仙而擁有信眾之人，往往被地方官府視為左道異端而打壓，難成氣候。蔡于因號稱神仙而招禍，即是被視為左道而打壓的結果。換句話說，婦女因自稱神仙而欲創教立派，易犯官方禁忌而被視為妖道，如同地方神祠之被視為淫祠而遭官府之禁阻，其信仰也是短暫的。至於此不為所惑的墓主龐氏，則是陳琪（1017-1076）之妻，亦

⓮　見晁補之，《雞肋集》（臺北：臺灣商務印書館，影印文淵閣《四庫全書》本，1983-1988），卷64，頁19a-20b。

即下文所述後山居士陳師道（1053-1101）之母龐夫人（1019-1095）。
她崇奉釋氏，修行淨業，對自稱神仙、擁眾招搖之人，自無意苟
同。

㈣篤信佛教而轉趨內向

伊沛霞說宋代婦女傳記充分顯示她們不只是藉宗教活動逃避家
庭，而是信佛之後，更趨內向。她引用了以下數條北宋及南宋的資
料為證：

1. 宋祁（998-1061）之〈隴西郡君李氏墓志銘〉（《景文集》）
2. 張吉甫〈宋故安平縣君崔氏夫人〔墓誌〕銘〉（《八瓊室金石補正》）
3. 蘇軾（1037-1101）之〈劉夫人墓志銘〉（《蘇軾文集》）
4. 陸佃（1042-1102）之〈邊夫人行狀〉（《陶山集》）

此四篇墓誌銘都出於北宋作者之手。〈隴西郡君李氏墓志銘〉
說：李氏（976-1031）深信佛教，「少悟佛諦，多薰袚誦經，率一月
常十齋。」❶❺〈宋故安平縣君崔氏夫人〔墓誌〕銘〉說：崔氏（999-
1067）「平居好佛書，後得《圓覺經》觀之，歎曰：『使我早研悟
此理，當終老於家，孰能有行，重結緣蔡。』自是思略世事，減徹
饌具，戒殺生。」❶❻〈劉夫人墓志銘〉說：劉氏（1005-1085）「好誦

---

❶❺ 見宋祁，《景文集》（臺北：新文豐出版社，《叢書集成新編》），卷 60，
頁 813。

❶❻ 收於陸增祥，《八瓊室金石補正》（北京：文物出版社，1985），卷 103，
頁 727-28。

佛書，受五戒。」❼〈邊夫人行狀〉說：邊夫人（1025-1093）「日常焚香誦經，持念諸佛名號，數珠為屢絕。」❽

另兩條資料，一見於南宋文集，一見於出土器物：

1. 張守（1084-1145）之〈宋故孺人邵氏墓誌銘〉（《毘陵集》）
2. 1983 年《考古》季刊的〈浙江衢州市南宋墓出土器物〉一文

〈宋故孺人邵氏墓誌銘〉形容邵氏（?-1121）謂：「〔夫人〕誦佛書日不輟，夜諷祕咒，施餓鬼食，風雨疾病不渝也。自書〈觀音偈〉『心念不空過』五字於經行坐臥之地。」❾〈浙江衢州市南宋墓出土器物〉一文說：某楊氏（?-1271）「為一儒家士大夫之妻，死後以觀音瓷像陪葬於其墓中。」伊沛霞用此例來證明觀音對宋代婦女之特殊吸引力。

根據這些資料說婦女潛心誦經念佛，當不為過，但用這它們來概括宋代婦女因信佛而轉趨內向，則嫌簡略而片面。信佛而避世事之紛擾或轉內向似為自然之事，但並非必然之結果。宋人文集所含類似資料甚多，伊沛霞雖無意詳論，也須有足夠的取樣來作證。此外，伊沛霞使用這些資料時，似乎並未閱讀資料全文，辨明這些婦女身分，考查其信佛崇佛之脈絡，是以往往有顧此失彼之病。譬

---

❼　《蘇軾文集》（北京：中華書局點校本，1986），〈劉夫人墓志銘〉，頁470-72。

❽　陸佃，《陶山集》（臺北：臺灣商務印書館，影印文淵閣《四庫全書》本，1983-1988），卷16，頁17a。

❾　張守，《毘陵集》（臺北：臺灣商務印書館，影印文淵閣《四庫全書》本，1983-1988），卷13，頁17a-18b。

如，〈隴西郡君李氏墓誌銘〉中之李氏，是仁宗朝官拜翰林學士兼龍圖閣學士王拱辰（1012-1085）之母，她嫁給王拱辰之父為繼室，處於一個「姻婭數十姓」的大家庭。墓誌說她「少悟佛諦」，可見自少即誦習佛經，相當虔誠，非是為人妻子之後才念佛。此外，她雖念佛，但善於持家，「愛恤饋餉，歲時無虛，夫人以恩意接之，親疏咸有節適。」其夫「晚節官不進，貲產益空」，而她「謹視用度，均一甘苦」，是一位能兼顧家庭及信仰之婦女，並未因信佛而逃避家庭或轉趨內向。又如，〈宋故安平縣君崔氏夫人〔墓誌〕銘〉之崔氏，為仁宗朝以尚書祠部郎中集賢校裏致仕的趙宗道（999-1071）之妻，與韓琦（1008-1075）之妻為姊妹，因其妹關係而受封。她閱讀《圓覺經》，實為親友所知。據說因誦此經，死時「無一語及後事，凝神順化，目瞑不亂。」這種結果，親友皆認為是她「於圓覺之旨，得之心者多矣」之故。《圓覺經》自唐、宋以來，為天台、賢首及禪宗之徒所習，宋真宗時翰林學士及名儒晁迥（948-1031），更力倡《圓覺經》之旨，曾說：「吾志在《圓覺經》，得普眼上根之觀門；行在《楞嚴經》，得觀音入流之法要。姑務相濟，積習勝緣。」仁宗時參政趙槩（996-1083）曾為之作註釋，並延淨行僧十人至其府上薰被道場、講誦此經。蘇軾、蘇轍（1039-1112）和黃庭堅（1045-1105）都讀過此經。蘇軾〈念奴嬌〉一詞之「灰飛煙滅」一句，即出《圓覺經》之經文。❷此經雖然只有

---

❷　《大方廣圓覺多羅了義經》（臺北：新文豐出版社，《大正藏》冊 17），頁
　　914a，有云：「善男子，一切菩薩及末世眾生，應當遠離一切幻化、虛妄境
　　界。由堅執持遠離心故，心如幻者，亦復遠離。遠離為幻，亦復遠離，離遠
　　離幻，亦復遠離。得無所離，即除諸幻。譬如鑽火，兩木相因，火出木盡，

一卷，但其中說無明、幻身、離幻、真性圓覺等道理、「無取無
證，於實相中實無菩薩及與眾生」、「修多羅教如標月指」、奢摩
他、三摩鉢提、禪那三种禪法、二十五種清淨定輪，乃至遠離
「作、止、任、滅四種禪病」之旨，都適用於禪門修學，深合修禪
士大夫及禪宗學徒脾胃，故自「圭峰（宗密）發明此經，造疏教
〔數〕萬言，反約於廣博浩繁之中，畧為別本，由唐至今，廣畧並
行，西南學徒，家有其書。」❷不唯西南如此，江淮吳越之間，經
天台學者之及鼓吹及義解，形成二家之言，迭有論辯，頗吸引學
者。❷崔氏浸淫於此經中，當是學禪之故，其能知圓覺了義，臨死
不亂，實為禪定工夫之效。伊沛霞所云之「轉趨內向」，不外說明
她們內心之傾向寧靜、自覺，然各人工夫深淺不一，其結果亦異。

灰飛煙滅。」關於晁迥、趙槩等人之讀此經，見晁迥，《法藏碎金錄》（臺
北：臺灣商務印書館，影印文淵閣《四庫全書》本，1983-1988），卷 8，頁
10a；張方平，《樂全集》（臺北：臺灣商務印書館，影印文淵閣《四庫全
書》本，1983-1988），卷 34，〈宮師趙公圓覺經會贊并序〉，頁 21b-22a；
蘇轍，《欒城後集》（上海：上海古籍出版社，1987），卷 21，〈書白樂天
集後二首〉，頁 1407-08。黃庭堅，《山谷別集》（臺北：臺灣商務印書館，
影印文淵閣《四庫全書》本，1983-1988），卷 13，〈與胡逸老書九〉，頁
9a。

❷ 宋·居簡，《北磵集》（臺北：臺灣商務印書館，影印文淵閣《四庫全書》
本，1983-1988），卷 5，〈集注圓覺經序〉，頁 8b-10b。

❷ 同前書。居簡所說之「西南學徒」，應為四川地區之禪學者，蓋居簡為潼川
人（今四川三臺縣），而造《圓覺經》疏及以「華嚴禪」知名之唐圭峰宗密
（780-841），也出身四川，加上四川大足《圓覺經變》石刻雕像之豐富，似
可證明《圓覺經》最盛於四川。參看向世山，〈以「圓覺經變」石刻造像論
宋代四川民間佛教的信仰特徵〉，《中華文化論壇》，1995 年第一期，頁
87-92。

就崔氏而言，她對《圓覺經》之了悟，表現於其修行真定、減去妄想之毅力。

又如，〈劉夫人墓誌銘〉之劉氏，是以草書獨步一時的才翁蘇舜元（1006-1054）之妻，因念佛書，而受五戒，自然過著相當嚴謹之佛徒生活。她病時能「預為送終具甚備，至疾革，怡然不亂」，似於佛教死生空滅之理有所會悟。〈邊夫人行狀〉之邊夫人，是陸佃的母親，她持數珠誦經念佛名號，當為彌陀淨土信仰者。此種信仰，以唸誦為主，以往生淨土為目標，雖未必深識佛理，但釋氏認為其信佛之效與劉夫人類似。〈宋故孺人邵氏墓誌銘〉之邵氏，為奉議郎致仕詹成老（生卒年不詳）之妻，她的念佛也為其親友所周知。但她「夜諷祕咒，施餓鬼食」，行唐代開元期間盛行一時之密教教法，與下文所述婦女行密教法之事例相印證，可見密教滲入宋代各階層社會之情況。邵氏後來獲疾，把婢女支開，謂欲稍事憩息，「遂枕臂側臥而逝」。時當盛夏，而她肌膚如生，且異香襲人，人皆以為好善奉佛之證。❷❸這些伊沛霞未注意到的婦女行為，都可以看出宋代婦女奉佛之多樣性，「逃避家庭，轉趨內向」云云，固為信佛之可能傾向，但既非必然，而程度及結果亦因人而異，不可不查。至於〈浙江衢州市南宋墓出土器物〉一文所述，伊沛霞並未說明清楚。蓋其文所說之南宋墓為 1977 年挖掘的一座南宋雙穴磚室墓。墓主是魏了翁（1178-1237）門下史繩祖（1191-1274）及其繼配楊氏（生卒年不詳）。墓中所藏器物確有「瓷塑觀音坐像」一件，形制如下：「束髮冠帶，額有白毫相，著寬袖交領衣，交手

---

❷❸　《毘陵集》，卷 13，頁 17a-18b。

於前，腳踩蓮花，型態豐滿寧靜。」❷不過，此觀音女身像，雖可用來證明宋代觀音像多為女身，但置一小觀音瓷像於墓中，未必因觀音之「吸引力」，也可能是因瓷器本身精巧之故。蓋據說其造型「與上海博物館藏宋景德鎮影青瓷像相似」。何況此瓷像置於合葬墓中，未嘗也不是男墓主的藝術蒐藏品。論文作者所說「〔史繩祖墓中〕同出的瓷觀音像、八卦紋銀杯等，表明他同時也是佛教與道教的信徒」，❷也言之成理。總之，觀音瓷像見於墓中之原因，未必全與墓主之信仰有關。此外，該論文所錄的〈史繩祖墓誌〉及〈楊氏壙志〉都未提及二人信佛之事。〈楊氏壙志〉為史繩祖所親寫，若其妻信佛或信觀音，當不至於不置一詞。所以用此條資料說明楊氏之信觀音也略嫌勉強。其實，如下文及本書第三章顯示，婦女信觀音之資料甚多，何必依賴此模稜兩可之資料為立論之根據？

㈤處大家庭者尤易信佛

　　伊沛霞認為在大而複雜之家庭裏的婦女，尤其容易信佛。她使用下列三種資料作證：

　　　1. 葛勝仲（1072-1144）之〈妻碩人張氏墓誌銘〉（《丹陽集》）
　　　2. 范浚（1102-1151）之〈安人胡氏墓誌銘〉（《香溪集》）
　　　3. 葉適（1150-1223）之〈孟夫人墓誌銘〉（《葉適集》）

　　此三種墓誌銘之作者，葛勝仲與范浚之仕途生涯跨南北宋，而

---

❷　見衢州市文管會，〈浙江衢州市南宋墓出土器物〉。《考古》（1983），頁
　　1004-1011、1013。

❷　同前註。

葉適則純粹為南宋學者。伊沛霞用此三條資料來證明其說，實在不足。

　　根據〈妻碩人張氏墓誌銘〉，張氏處在「闔門數百指共室同爨」的大家庭裏。她「喜浮屠學，日誦其語。食不擊鮮，奉觀世音尤力，課所謂《大悲咒》者數以萬億計。嘗得寒疾濱死，觀世音現白衣瓔珞像，升臥榻以楊枝荊芥祓其體，尋汗浹，頓愈。」伊沛霞對張氏之敘述，實為此段文字之迻譯。考此張氏為葛勝仲之妻張濩（1074-1122）。葛勝仲二兄因在京為官，而妻子俱逝，子女成群，都由張氏照顧，是以有「闔門數百指共室同爨」的情況。而葛勝仲任官之後，「數以戇直賈禍，流離落漠，而碩人能以義命相譬曉。」可見張氏相夫教子之功甚大。依墓誌銘看，張氏住在汝州臨汝郡（在今河南省）時，因為信佛非常虔誠，疾病中，仍勉力上中嶽嵩山朝拜。歸後，「一夕神識去體」，家人環泣，都「剔股、燼臂、灼頂以禱觀世音像復現。」不久「光相滿室」，而張氏亦於黎明甦醒，於安度四十一日之後不幸去世。去世時「轉識不亂」，論者都認為是累善之報。❷❻葛勝仲自己也信佛，他嘗手抄《華嚴經》，友人參知政事陳與義（1090-1138）曾賦詩贊之。❷❼可見信佛、拜觀音為葛勝仲家族之事，不僅張氏一人而已，這些都是值得注意

---

❷❻　葛勝仲，《丹陽集》（臺北：臺灣商務印書館，影印文淵閣《四庫全書》本，1983-1988），卷 14，頁 22b。

❷❼　陳與義，《簡齋集》（臺北：臺灣商務印書館，影印文淵閣《四庫全書》本，1983-1988），卷 7，〈聞葛工部寫華嚴經成隨喜賦詩〉，頁 4ab；胡穉，《增廣箋註簡齋詩集》（上海：商務印書館，《四部叢刊初編》本），卷 7，〈聞葛工部寫華嚴經成隨喜賦詩〉，頁 1a。關於葛勝仲之信佛，詳見下文。

而為伊沛霞所忽略之現象。

　　根據〈安人胡氏墓誌銘〉，胡氏（1077-1149）為徽宗朝大觀年間湖州參軍江惇禔（1079-1138）之妻，與江惇禔有堂兄妹關係。墓誌原文所說「時婺之蘭溪，言令姓者，推江、范，而胡亦嚴名宗，三家族屬各千指」，是指婺州蘭溪所住胡氏與江、范二姓都為大族，都有千人以上，伊沛霞謂胡氏所居家庭較張氏更大，為有「千指之數」的家庭，實為誤解原文。又胡氏雖信仰佛教，「且旦取天竺書誦諷沉研，不忍翦生物」，但她「間却葷血，為伊蒲塞食。」❷❸「為伊蒲塞食」一語，依宋人對「伊蒲塞」一詞之理解，當作「為清信男之食。」❷❾故「間却葷血，為伊蒲塞食」，應是行某種戒齋之法，時而去葷茹素，並未完全斷絕食葷，伊沛霞說她不吃葷，也是誤解。至於胡氏信佛是否因處於大家庭之中，似應多尋同族婦女信佛之例為證，論點方能成立。宋代大家世族甚多，族中有一、二婦女信佛，亦無足怪。但若有數位婦女信佛，而且見於幾個世家大族，則伊沛霞之說就有說服力，可惜她未能顧及於此。

　　〈孟夫人墓誌銘〉之墓主為仲靈湛（1133-1184）。伊沛霞根據墓誌說她「為一儒家學者及官吏之妻，年輕時曾習儒書，兼讀貞婦烈女之故事，但後來漸為禪所吸引。」這描述當是出自墓誌中所說

---

❷❸　范浚，《香溪集》（臺北：臺灣商務印書館，影印文淵閣《四庫全書》本，1983-1988），卷 22，頁 4b-7b。

❷❾　按：宋人謂「清信男」、「施主」、「檀越」為「伊蒲塞」或「優婆塞」。但志磐曾說：「世人末學相傳，指伊蒲便為供食，其謬誤不知義若此！」可見「伊蒲塞」一語常被誤用為供食。志磐語見《佛祖統紀》（臺北：新文豐出版社，《大正藏》冊 49），頁 330a。

「自詩書古文,其錄賢婦烈女,莫不備閨閫之義、嚴死生之際,其後世教微闕,雖賢公卿大夫皆寄性命於禪佛」一句。不過此句之原意,實在說當時佛教勢盛,影響所及,公卿大夫都去習禪學佛,何況婦女。並非專描述仲靈湛之詞。事實上,其下文所說「及力不能守其說,則荒憒戀結,禪佛者亦笑之,況婦人女子而能堅勇精進,絕欲輕死,宜其以為奇異希有、高世不倫之行矣」,實上承另一句純粹描寫仲靈湛之詞:

> 嘗見佛者宗杲,重其明悟,使從其徒曰無着道人妙總,總亦以其所知許之。未三十,即齋居蔬食,除割世欲,晝課經梵,夜習禪觀。指月出之光,自喻其性,以為亘古今不能虧也。將死,子婦等前問細碎,盡酬答申衍契入,照了幻妄,嬉笑如常日,亦異於人矣。❸⓿

　　這段文字,也是伊沛霞說明她曾見大慧宗杲(1089-1163),而宗杲安排她入其弟子之門的根據。❸① 唯伊沛霞似不知此段與下段前後相承,故把墓誌作者葉適評論當世風氣的話,當作描寫墓主學問興趣的轉移。身為永嘉事功學派的理學家葉適,對禪佛之說自無好感,故對墓主的學佛習禪不能不表遺憾,但對她能夠專一事佛而不墮其志,也不能不另眼相看。所以他也說「使其負如此之性質,出於非禪佛之世,而以夫專潔從一之操,與詩書古文之稱絫,其賢行

---

❸⓿　葉適,《葉適集》(臺北:河洛出版社,1974),頁233-34。
❸①　關於無着道人妙總,見下文討論。

豈有高下之差乎！」意謂像仲靈湛那麼能「堅勇精進，絕欲輕死」的婦女，出身在無佛無禪之世，而讀詩書古文，亦必能出類拔萃，不輸那些追求禪佛時尚的公卿大夫。唯伊沛霞舉此仲靈湛之例，並未能支持大家庭婦女更易嚮佛之說法，於其觀點，並無所助。其實，仲靈湛之夫是皇親孟嵩（1134-1177），紹興中以朝奉郎直祕閣浙西安撫司參議官。孟嵩之父少師信安郡王孟忠厚（?-1157），為哲宗孟皇后之兄子，故孟嵩為孟皇后之姪孫。❸❷其母王氏（1096-1149）也出身世家，為元豐年間宰相王珪（1019-1085）之孫女。王氏「自少喜誦佛書，晨香夜燈，不避寒暑，晚益精練。」據說她因信佛而做各種奇夢，至有「感通佛祖，至神交於寢寐之間」之說。此外，她熱心供施佛僧，而至「捐棄金繒，殆無虛月。」並且「持律嚴甚，未嘗殺生物供饌。」❸❸信佛之誠，與其媳婦仲靈湛不相上下。伊沛霞若欲支持其觀點，應進一步查考王氏與仲靈湛姑、媳一同信佛之情況。

㈥信佛強化賢內助角色

　　伊沛霞根據以下兩種北宋資料，證明信佛之婦女往往變為更賢淑之妻：

　　1.沈遘（1028-1067）之〈長壽縣太君魏氏墓誌銘〉（《西溪集》）

　　2.韋驤（1033-1105）之〈德清縣君胡氏墓志銘〉（《錢塘集》）

---

❸❷　關於孟皇后，見《宋史》，卷 243，頁 8632-38；《建炎以來朝野雜記》（北京：中華書局，2000），頁 33-34。

❸❸　孫覿，《鴻慶居士集》（臺北：臺灣商務印書館，影印文淵閣《四庫全書》本，1983-1988），卷 40，〈宋故秦國夫人王氏墓誌銘〉，頁 1a-4b。

　　伊沛霞認為〈長壽縣太君魏氏墓誌銘〉說魏氏（992-1064）因為信佛而更能體諒其夫張沔（983-1060）。由於張沔平生不注意生業，故每回家與母同住，則家用常不足。魏氏能節衣縮食，使張沔不覺家用短缺，此可能是魏氏熟讀佛書之結果。伊沛霞此看法是來自墓誌這段文字：「張公平生廉，不治生業，及以孝歸居於吳，而資養或不足，夫人薄衣約食，不以其不足累於張公，蓋夫人學浮屠通其書之說，故其於窮達之際，能泊然安於命，而不以外物動其心，此士君子有所不及，而夫人能之，賢矣。」❸此段文義實在強調魏氏「學浮屠通其書之說，故其於窮達之際，能泊然安於命，而不以外物動其心。」因為張沔仕途不甚順利，曾經「中廢下遷，流落者十餘年。」魏氏出身顯貴，而能處之如平日，當然不易。她學佛之效，當在能夠知命安貧，而節衣縮食實為這種生活態度的表現之一面，而非全部。又張沔少與楊億（974-1020）遊學，其父張仲仁為楊億之丈人，而其姊為楊億之夫人，與楊億有通家之好。張沔少孤，與魏氏婚後，魏氏頗能事其姑以婦禮，至於「孝愛恭惠，未嘗有懈。」故楊億賢之，常說「魏氏有女，張氏有婦」，對她稱譽有加。如此賢婦，於窮達之際，當知如何自處，不待學釋氏而能。沈遘將其歸諸學浮屠之效，未嘗無借以諷諭當世「士君子」之意。伊沛霞執其一端而說她成為更賢淑之妻，是由於念佛之故，不免有偏。

　　在〈德清縣君胡氏墓志銘〉中，伊沛霞擇譯了「奉議公罹

---

❸　沈遘，《西溪集》（臺北：臺灣商務印書館，影印文淵閣《四庫全書》本，1983-1988），卷 3，頁 54b-55a。

疾……奉議公疾未愈……〔夫人〕閒則讀佛書，灰心釋慮，不以不幸見於辭色，以傷夫之心」一段，說胡氏（?-1093）因其夫多病而須照料，一有機會則讀佛書以解憂，不欲傷其夫之心，而其臉上未曾露出不樂之色。考胡氏為吏部郎中胡承師（生卒年不詳）之曾孫女、兵部侍郎胡則（963-1039）之孫女、光祿侍卿胡楷（生卒年不詳）之女，也是出身世家。胡氏嫁予左奉議郎致仕石秀之（1017-1093），其翁石待旦為真宗天禧三年（1019）進士，但抱道不仕，隱於越州，在所居十餘里外山水佳勝之石溪一地，創義塾而教育學者。范仲淹治越州時禮聘為稽山書院山長，培養了許多聞人，世稱石城先生而不名。❸⑤石秀之弱冠舉進士，授信州貴溪縣主簿。神宗時，他屢授高職而官至奉議郎，後以光祿寺丞致仕。不過他壯歲罹疾，與胡氏婚後六年，即不離湯藥。胡夫人見其夫久病未癒，遂「斥鉛華，薄滋味，朝夕以調護為意，匕藥盃羹，必躬親以進。聞有良醫，則不遠千里，必極力以致之，不效而後已。」所以她多半時間都在調護其夫，為他延醫治療，使其夫終能病癒而取功名（景祐五年乙科）。她長期為其夫療病，雖然只是「閒而讀佛書」，但五十年來，以此度日，始終如一，實有藉讀佛書為其夫祈禳求福之意，信佛之至誠表現無遺。石秀之在胡氏細心照料之下，竟享長壽，且在胡氏死後五月而逝。章驟為其二女婿，故樂於頌揚其德，認為非常人所能及。了解此一背景，便可知胡氏本即賢慧，不必因「閒則

---

❸⑤　關於石待旦之後石氏之興盛，參看陶晉生教授，〈教育與興盛——新昌石氏〉，收於氏著《北宋士族家族、婚姻、生活》（臺北：中央研究院歷史語言研究所，2001），第 11 章，頁 293-319。

讀佛書」，而變成更賢慧之妻。❸

㈦夫婦偶或同時崇佛

　　伊沛霞指出有夫婦同時崇佛之現象，確實不錯。上述葛勝仲夫婦都崇佛，即是其例，但她並未留意及之。事實上，她所舉之例，僅是北宋四種資料而已，實嫌不足。這四種資料如下：

　　1. 劉摯（1030-1097）之〈陳仲明墓誌銘〉（《忠肅集》）

　　2. 劉摯之〈壽安許夫人人墓誌銘〉（《忠肅集》）

　　3. 劉跂（元豐二年進士）之〈夫人龐氏墓誌銘〉（《學易集》）

　　4. 余靖（1000-1064）之〈宋故殿中丞黃公墓表〉（《武溪集》）

　　〈陳仲明墓誌銘〉之墓主陳仲明即是陳孝嘗（1015-1082），墓誌上說他是劉摯之舅舅，「少時讀書作文辭，尤刻苦為詩，旁治醫藥、陰陽之學。」後以「風痺臥家」，可能因此而「尤喜佛書，通性宗，蓋有自悟者。」陳仲明深富禪學，「雖禪學老師往往為屈，故恬夷安分，無慕乎外。」❸伊沛霞說他好讀佛書，而能與禪師談佛性當本於此。劉摯此銘雖未說陳妻龐氏（1028-1102）信佛，但其子劉跂曾為龐氏寫墓誌，誌中謂龐氏為陳之繼室，陳沒後，她「哀疚感屬，益以節自持，撫視諸子孫，曲有恩意。廉靖不喜游適，屏

---

❸　按：此文不見於《四庫全書》本，但見《武林往哲遺著》本。本章用《全宋文》（成都：巴蜀書社，1989）第 41 冊所收，見頁 127-29。關於石秀之，見同書〈石奉議墓誌銘〉，頁 126-27。

❸　劉摯，《忠肅集》（北京：中華書局點校本，2002），頁 297-98。孝嘗或作孝常。

居寡言笑，雖近親稀見其面。誦佛書，雖有故，未嘗釋卷。」❸雖然是夫婦都信佛，但龐氏專意佛書，實在其夫逝去之後。

〈宋故殿中丞黃公墓表〉之墓主黃珙（988-1062），相信「儒術以飾躬，佛法以理性。」他誦《金剛經》至四萬遍，相當虔誠。而劉摯〈壽安許夫人人墓誌銘〉之墓主許氏（987-1074）為其妻，亦平生誦佛書十八萬卷。伊沛霞介紹黃珙，只敘他談儒術、佛法及誦《金剛經》部份，未說內典亦為其家學。蓋江夏黃珙任諫議大夫，其父黃徘（生卒年不詳）「樂道奉佛，中年戒殺，遂絕葷血，鄉曲稱為居士。」而黃珙亦「以清素自勵，兼通內外典，而留意篇詠。」故余靖說他「重奉西教，逾於先君。」黃珙好行陰德，每以善行誨人，常自吟曰：「但將貧作富，秪以道為懷。有欲休持戒，無欺便是齋」，君子謂之知言。其三子黃師旦（生卒年不詳）「深於佛性，棲心事外，有高士之風」，顯然也繼承家學。❸劉摯說許氏「性慈仁，尤喜佛事，誦其書凡十八萬卷有奇。平生少疾，將終，神明如常時，言語不亂」，❹似於佛理深有所得。值得注意的是，余靖所謂誦《金剛經》「四萬卷」之說，當指四萬遍。《金剛經》約5,000 字，讀誦四萬遍當不難。但一日讀四遍也要二十七年，若一日一遍則歷時更久。至於劉摯所說許氏誦佛書「十八萬卷」之數，當含重複讀誦同樣佛書卷數之總合。蓋宋太宗時期完成雕印的《開

---

❸　劉跂，《學易集》（臺北：臺灣商務印書館，影印文淵閣《四庫全書》本，1983-1988），卷 8，頁 17b-18b。

❸　余靖，《武溪集》（臺北：臺灣商務印書館，影印文淵閣《四庫全書》本，1983-1988），卷 19，頁 27a-29b；《忠肅集》，頁 301-02。

❹　《忠肅集》，頁 301-02。

寶藏》，亦不過 480 帙，5048 卷。❹許氏似不可能讀完所有藏
經，應是選擇性誦讀。但誦讀十八萬卷之數，談何容易？非窮以歲
月，豈能竟其工？幸許氏甚長壽，或能積窮年累月之力誦讀，而使
功德圓滿？

　　伊沛霞使用這些資料時，並未能明示夫妻同時崇佛之論點，反
而指出他們之同時信佛或許只是巧合，這豈不是自亂陣腳？其實夫
妻同時崇佛之例不少，不過其原因不一，有因家庭環境，有因相互
影響，有妻隨夫志，或夫從妻意，不能說僅是巧合。何況黃珙家世
崇佛，其妻、子都做佛事，應是可以理解的。其他夫妻崇佛之例尚
多，譬如景祐時拜參知政事韓億（972-1044）之四子、北宋尚書職方
員外郎韓繹（生卒年不詳），「晚而為浮屠老子之學，精志勤力，將
以悟道而致永年。」而其妻范氏（1036-1067）「聞而閱之，相與一
意，戒警不怠。」此是妻受夫影響之例。❷韓億之孫、韓綜（1009-
1053）之子戶部侍郎韓宗道（1027-1097），其夫人聶氏（生卒年不詳）
嘗因大病而癒，之後「盡去金珠服玩，斥不復用。更為道士服，而
誦浮屠書。」而韓宗道之學，「喜論無生，而貴知命」，與妻嗜好
相同，故見其妻能知命而以為賢。❸

　　當然夫妻各有所好之例，也偶見之。譬如陸佃祖父、尚書吏部
郎中贈諫議大夫陸軫（大中祥符五年進士）之妻吳氏（1006-1091），

---

❹　參看童瑋，《北宋開寶大藏經雕印考釋及目錄還原》（北京：書目文獻出版
　　社，1991），頁2。

❷　《彭城集》（臺北：新文豐出版社，《叢書集成新編》），卷 39，〈金華縣
　　君范氏墓誌銘〉，頁 511。

❸　同前書，卷39，〈聶夫人墓誌銘〉，頁518。

「學佛，雞初鳴，起誦經，至日旰乃已，蓋更數十寒暑，精進如一也。」❹❹而陸軫自己則務為清修，篤信仙道，煉丹辟穀幾二十年。晚年專意爐鼎，更煉丹成癖。據說有一日，丹將煉成，吳氏因事而怒，擊碎其丹，不意竟「化為雙鶴飛去。」❹❺「化為雙鶴」之說，當為好事者所鋪陳，但怒擊丹藥，則未嘗不無可能。果真如此，則吳氏之心，是否有「海山不是汝歸處，歸即應歸兜率天」的規勸意味？看來陸氏夫婦之一佛、一道固可和睦相融，但偶而因故齟齬，也算人之常情吧。❹❻雖然如此，陸軫並非與佛教毫無關係，他在景德初與數位鄉士習業於浙江牛頭山臨江寺。❹❼後入集賢為校理，於仁宗景祐年間（1034-1037），他以兵部員外郎出任福建轉運使時，與福州西禪寺之真行大師交遊，有詩唱和，其中〈贈真行大師〉一詩云：「語錄傳來久，所明機妙深。霜天七寶月，禪夕一真心。祇有道為證，更無塵可侵。前溪漚出沒，誰自感浮沈？」❹❽似藉贈禪僧之吟詠，寄託其懷抱。慶曆年間（1041-1048），他出守四明，曾

---

❹❹　《陶山集》，卷 15，〈仁壽縣太君吳氏墓誌銘〉，頁 13a-14b。

❹❺　見陸游，《家世舊聞》（北京：中華書局點校本，1993），頁 175-76；陳鵠，《西塘集耆舊續聞》（上海：上海古籍出版社點校本，1993），頁 6。

❹❻　按：白居易曾留意金丹，燒煉無成，晚年結彌勒上生業，於其〈答客說〉一詩謂：「吾學空門非學仙，恐君此說是虛傳。海山不是吾歸處，歸即應歸兜率天。」《白氏長慶集》（臺北：臺灣商務印書館，影印文淵閣《四庫全書》本，1983-1988），卷 36，頁 30ab。改「吾歸處」為「汝歸處。」姚寬語見《西溪叢語》（北京：中華書局點校本，1993），頁 99-100。

❹❼　臨江寺見《浙江通志》（北京：中華書局標點本，2001）冊 12，卷 231，頁 6427。

❹❽　《家世舊聞》，頁 180-81。真行大師生平事迹無可考。

與明覺禪師雪竇重顯（980-1052）來往，亦有詩唱和。雪竇之贈詩，
以「因思窮萬化，千古更無能」之語形容他所製的《圓明鑑圖》。
❹可見他也未嘗因習丹道而斥禪佛，只是較專注於辟穀成仙之道罷
了。其同僚對其襟抱都有目共睹，故宋祁於他以集賢校理出守鄉郡
時，所贈詩中有「亭餘內史流觴水，路入仙人取箭山」之句，可說
是其人之寫照。❺由於陸軫夫妻與佛道關係至深，故其子孫或習
道、或學佛，實皆家傳。❺

(八)夫戒妻勿再信佛

歷代皆有儒家衛道者，宋代雖佛教盛行，但忠於儒家而反對佛
者仍多。故夫勸妻勿信佛之例當不在少。伊沛霞所舉之兩例，都是
根據南宋文集而得：

　　1.劉宰（1166-1239）之〈繼室安人梁氏墓誌〉（《漫塘文集》）
　　2.葉適之〈張令人墓誌銘〉（《葉適集》）

伊沛霞根據〈繼室安人梁氏墓誌〉說劉宰之繼室梁氏（1170-
1247）來自信佛之家，婚後常私自拜佛唸誦，年年如此。後劉宰告
以佛老之害道，她才放棄信佛。此係根據墓誌之文如下：「梁氏故

---

❹　見《明覺禪師語錄》（臺北：新文豐出版社，《大正藏》冊 47），卷 6，
　　〈和陸軫學士夏日見寄〉，頁 710c。《圓明鑑圖》或為道書，恐已不存。

❺　《家世舊聞》，頁 177。按：《四庫全書》本《景文集》作「亭餘內史浮觴
　　水」，見卷 14，〈送越州陸學士〉，頁 4b。《兩宋名賢小集》（臺北：臺灣
　　商務印書館，影印文淵閣《四庫全書》本，1983-1988）亦同，見卷 24，〈送
　　越州陸學士〉，頁 13a。其他宋人詩選皆然。

❺　此點陶晉生教授亦略有所論，見氏著《北宋士族家族、婚姻、生活》，第十
　　章，〈書香世家——山陰陸氏〉，頁 267-292。

奉佛，君之來，猶私以像設自隨，時若有所諷誦。余既與論釋老之
害道，及鬼神之實理，恍然若有悟，自是遂絕。」此段說明梁氏常
常唸誦佛經，而非如伊沛霞所說，有什麼年度誦拜之安排。此外，
梁氏出身富家，但嫁給劉宰之後，所有嫁妝都因協助劉宰親人而用
罄。後劉宰辭官隱居，梁氏告以「今君當賣劍買牛，吾當力蠶繰紡
績爾。」此後遂「絕肉食，去華飾，有饋者及餕，餘惟以飫兒
女」，過著相當淡泊之生活。梁氏臨病終之前，曾對劉宰說：「君
嘗與我論鬼神之禮，以為世俗之說皆大謬，吾有味其言，乃今不幸
久疾，濱死數矣，無幾微有爽於聞君言，其信吾死其天乎！」言訖
而沒。可見他與劉宰同甘共苦，患難相持，對劉宰之勸說，深信不
疑，故斷絕信佛，毫無悔意。㊵這對出身富室又信佛家庭之婦女可
謂相當不易。梁氏之父侍郎梁季珌（1143-1208）「蚤悟恬靜養生之
理」，而且「薄滋味且戒殺」，而其夫人吳靜貞（1146-1220）「亦
奉佛持齋」，㊶顯然是一對崇佛之夫妻，故劉宰說「梁氏故奉
佛」，實指即其岳家之佛教信仰。伊沛霞既知梁氏來自信佛之家，
若能注意及梁氏父母同時信佛之情況，當了解梁氏放棄信佛之不
易，也可以為其夫妻同時信佛之說增加一例證。

　　葉適〈張令人墓誌銘〉之墓主是陳傅良（1137-1203）之妻張幼
昭（1146-1195）。她生於儒門之家，「自幼陶染詩禮間事，絕異於
他女。」陳傅良與葉適一樣，都是浙東永嘉事功學派的學者，不信

㊵　劉宰，《漫塘文集》（臺北：臺灣商務印書館，影印文淵閣《四庫全書》
　　本，1983-1988），卷32，頁15b-19b。
㊶　同前書，卷34，〈吳夫人行狀〉，頁7b-10b。

佛道鬼神，而其妻從之，「不信方術，不崇釋老，不畏巫鬼，凡其夫所欲向意，行不曲折，倣古不循俗，夫人一切順承，曰：『不如是，是吾不能從其夫』。」可見張氏之不信佛是志趣使然，是夫唱婦隨的表現，沒有因夫之規勸而改宗的事實，與劉宰改變妻子信佛之例不同。葉適之銘說張氏「同其夫之志意兮」，贊她夫妻琴瑟相偕，即是此意。**❸**伊沛霞拿梁氏與張幼昭之例相提並論，甚不合適。

㈨中、晚年悉心嚮佛

伊沛霞根據其所見資料，相信為人妻者多在三十五歲以後開始深信佛教。這方面的資料她蒐集的較多，有下列數種。其中北宋資料有三，南宋有二。

  1.范祖禹（1041-1098）之〈長樂郡君尹氏墓誌銘〉（《范太史集》）

  2.汪藻（1026-1105）之〈夫人陳氏行狀〉（《浮溪集》）

  3.李綱之〈宋故龍圖張公夫人黃氏墓誌銘〉（《梁溪集》）

  4.朱熹（1130-1200）之〈夫人虞氏墓誌銘〉（《晦菴集》）

  5.袁燮（1144-1224）之〈太夫人戴氏壙志〉（《絜齋集》）

伊沛霞解釋此數條資料，往往只見其表面而未能深查其底蘊，使其觀點之說服力大為減弱。譬如，〈長樂郡君尹氏墓誌銘〉說：尹氏（1026-1087）「晚而好禪學，不以事物累其心，宴坐終日，無

---

❸ 《葉適集》，卷14，頁263-64。

所思營。及屬纊，不戚不亂，順受而待。」❺伊沛霞根據這段文字，提出婦女晚年信佛之證據。不過，考尹氏家世，可見尹氏不僅「晚而好禪學」，實際上，她的「好禪學」與家庭背景頗有關係。蓋尹氏出於一信佛之家庭，其父尹洙（1001-1047）名重當世，「以文學行義重於一世，天下之士稱尹師魯。」他與歐陽修為兄弟交，在歐陽修眼中是位「為文章簡而有法，博聞強記，通古知今，長於春秋」的學者，也是北宋中期提倡古文運動的健將。他「當天下無事時，獨喜論兵」，❺不但頗有文韜武略，而且深負經世之才。韓琦對尹洙之文章，更讚不絕口，曾說：「使我宋之文章將踰漢唐而躪三代者，公之功為最多。」❺不過，尹洙雖為古文名家，但亦深於佛學，曾學佛於汝州法昭禪師（生卒年不詳），自謂臨死不亂實賴學禪。❺韓琦說他「臨福禍生死曾不少變」，❺而范仲淹（969-1052）也說「人皆有死，子死特異，神不惑亂，言皆名理」，並讚他「死生不亂其心」，可以說是富有深意。❻尹洙之長女即是此墓

---

❺　范祖禹，《范太史集》（臺北：臺灣商務印書館，影印文淵閣《四庫全書》本，1983-1988），卷 39，頁 4a-5a。

❺　《歐陽修全集》（臺北：河洛出版社，）之《居士集》，卷 2，頁 33。

❺　韓琦，《安陽集》（臺北：臺灣商務印書館，影印文淵閣《四庫全書》本，1983-1988），卷 47，〈故崇信軍節度副使檢校尚書工部員外郎尹公墓表〉，頁 1a-7b。

❺　見契嵩，《夾註輔教編要義》，在《冠註輔教編》（京都：洛陽書堂，1696），卷 3，頁 38a-39b。汝州法昭禪師見《建中靖國續燈錄》（臺北：新文豐出版社，《卍續藏經》冊 136），卷 4，頁 82a-83b。

❺　同註❺。

❻　見《范文正公集》（臺北：行政院文建會編《范仲淹研究資料彙編》，1988），〈祭尹師魯舍人文〉，頁 276-277；〈尹師魯河南集序〉，頁 200-202。

誌銘之墓主；她嫁給出身開封名族的集賢殿修撰張景憲（1004-1080）。張景憲之祖父張去華（938-1006）累官工部侍郎，其父張師德（生卒年不詳）官至左諫議大夫，其母李夫人為文靖公李沆（947-1004）之女。李沆在真宗時任宰相，時稱「聖相」，也是個虔誠的佛教徒。故其女及外孫張景憲都有信佛之傾向。尹氏治家有法度，事其姑至孝，待其夫如賓。其夫卒後，「不出閨庭，而士大夫皆稱其嚴整有法，入其門肅如也。」她常戒諸女謂：「事夫如事父，敬而有別，乃可以久。」並告訴她們：「此吾得於汝外祖之言也」，可見她身體力行尹洙之所教。❻❶她從尹洙處所學，當不止於此，所以「晚而好禪學」未必為實錄。很可能年輕時耳濡目染，即好此道，婚後與其姑志趣相投，自然更加深信。

伊沛霞譯述汪藻〈夫人陳氏行狀〉原文，略說陳氏（1039-1115）少即信佛，而中年之後更加精進。她「晨起齋祓坐誦，雖事顛沛于前不輟。」❻❷陳氏早晨誦佛經，而午後則置酒戲諸孫為笑樂，日以為常，雖年歲高而強健如往，是個樂觀堅韌的女性。她一生崇佛，非中、晚年才開始。事實上，陳氏信佛與其家庭亦有關係。她是汪藻之母、汪穀之妻。汪穀為仁宗皇祐時進士，與范仲淹、韓絳（1012-1088）、王安石雅相知。汪藻為其父作行狀，說他以直道孤立不得意於仕途，棄官之後，歸故鄉龍溪（在今福建）治田、抄經：

---

❻❶　《范太史集》，卷39，頁4a-5a。

❻❷　汪藻，《浮溪集》（臺北：臺灣商務印書館，影印文淵閣《四庫全書》本，1983-1988），卷24，頁26b-29a。

老于故居龍溪之上，治田桑、保墳墓。客至則釃酒擊鮮，劇
談竟日，為溫厚長者，無纖介隱衷。然于親疏，曲有禮意，
各得其歡心，雖面刺人過，而受者更以為喜。與人說理道成
敗，反覆曰：「後當如是。」初若闊疏，事驗皆信服。間則
繙詩書鉛槧不釋手，凡經抄錄者，無不精審。**⑥③**

此外，汪穀為人：

尤善攝生，至老精神容貌不少衰。時與壯者角膂力，起步為
笑樂，往往多不及。常誦佛書，願脫疾苦。方與親串命酒如
平時，神識不謬，俄側身而逝，眾以為獲報。**⑥④**

可見汪穀信佛至深。其妻為尚書屯田郎中陳諮（生卒年不詳）之
女，自少即喜佛書，顯然是家庭影響。「母病疾，灼香于臂無完
膚。中年尤精確」，與汪穀可謂志同道合，屬夫妻都信佛之例。伊
沛霞未查，不知汪穀仕途不順，與陳氏歸臥林壑，兩人以誦佛書為
樂，為鄉里所知。

〈宋故龍圖張公夫人黃氏墓誌銘〉之墓主黃氏即是李綱的岳
母，已於上文介紹。伊沛霞又用同一資料，引述文中所說「中年篤
好釋氏，世味益薄，獨掃一室，燕坐終日，以禪悅自娛」一語，來
作為婦人中年之後信佛之證。可惜伊沛霞未注意到李綱也說她：

---

⑥③　以上見《浮溪集》，卷24，〈奉議公行狀〉，頁22a-26b。

⑥④　同前註。

> 方幼，穎悟絕人，誦書日數萬言，輒了其義。凡女工之事，
> 不學而能。及長，懿淑端莊，動必依禮，所以事父母者，曲
> 盡其意，識趣高邁，尤深於老莊之書。（見❽）

李綱之說證明黃氏是個興趣廣泛，好學深思之人。其夫長年休官閒居，而她能「安於岑寂，無半語及榮利事」，未嘗也不是有助她接近釋氏之書的原因。至於她「獨掃一室，燕坐終日，以禪悅自娛」，顯然是個禪宗之信徒與實踐者。

伊沛霞譯述〈夫人虞氏墓誌銘〉說：墓主虞道永（1103-1182），晚年篤信佛教，「一天早上，決定丟棄珠寶放棄食肉，布衣蔬食，終其一生」云云。這是根據原文「晚學浮圖法，一旦脫然若有會於心者，即屏簪珥、卻酒肉，布衣蔬食，以終其身」之語譯成。考虞道永是建陽左宣教郎江琦（1085-1142）之妻。虞氏因與朱熹為鄰，而其二子江明、江嗣少與朱熹遊，故朱熹為她撰墓誌銘。據朱熹說，虞氏「少長聰明識義理，不樂為世俗華靡事。」她婚後侍奉翁姑，頗盡其心，而居家事夫教子，皆有法度，閨門之內，「肅然以莊，雍然以和。」江琦早歿，而其諸子皆幼，虞氏年方四十，頗知遵奉禮法，持守門戶。她還教督諸子，親授經訓，歲時薦享，不論大小，必親自主持，是個典型的傳統節婦。江琦歿後，其姊既老且貧，虞氏還迎之以歸，厚其養給，禮敬備至達十五、六年而不少懈，其為人之慷慨敦厚，可見一斑。朱熹說她「聞人之善，如出諸已。見人疾病困窮，閔惻調護，惟恐不及。」此外，

> 性喜觀書，讀易、論語得其大意，下至練養、醫藥、卜筮、

數術，無不通曉。平居處事，詳練縝密，與人言必依于孝弟
忠信，詞甚簡而理無不足，族姻內外咸高其行、服其言，有
疑必就咨焉。⑥

　　依朱熹之贊詞看，虞道永應是個樂善好施，學問駁雜，而見識
超邁的女中豪傑。所謂「資稟高明，器宇恢廓，凜然有烈丈夫之
操」者也。果真如是，她興趣廣泛而喜觀各類書籍，那麼閱讀佛書
而信佛，似乎就無足怪了。朱子頗攻禪佛之說，也不喜門弟子談
禪，但對虞道永則無微詞。他說「世或以佛學稱之，亦淺乎其為言
矣。」直認為虞道永之學浮圖法，不過其學問之一端而已。

　　伊沛霞譯述〈太夫人戴氏壙志〉說：戴氏（1121-1192）年輕時
即與兄弟同受儒書，而晚年好讀佛書云云。此是根據原文「〔外祖
父〕授以諸經，肄業如二兄」及「晚而好佛，讀其書甚悉，委諸子
家事，澹然無營。」⑥考戴氏為鄞人戴冕（生卒年不詳）之女、〈壙
志〉作者袁燮之母。袁燮說她自幼即與外祖父學諸經，肄業如二
兄，而不喜遊觀、博奕、聲歌等浮靡之習。她十八歲嫁予袁燮之
父，頗能相輔相成，如良師益友。袁之祖父去世，袁父不理家務，
都靠其母攻苦食淡，買賣田宅，勤於生理，而得以維持。其母又代
父教子教孫，頗盡心力。袁燮對其幼年教育有此描述：

---

⑥　朱熹，《晦菴集》（臺北：臺灣商務印書館，影印文淵閣《四庫全書》本，
　　1983-1988）卷 92，頁 19b-23a。

⑥　袁燮，《絜齋集》（臺北：臺灣商務印書館，影印文淵閣《四庫全書》本，
　　1983-1988），卷 21，頁 10b-12a。

先君教子甚切，太夫人助之。始學則教之書，手寫口授，句讀音訓必審。長則期以遠業，朝夕誨勵。每自抄錄，自古人言行、前輩典型，與夫當今事宜，班位崇卑，人物高下，及民間利病休戚，大抵皆能道之。諸子從容侍旁，議論往復，亹亹不厭。教孫如教子，童幼既多，羣嬉成市，夫人頹然堂上，且喜且戒，課以讀書作字，無敢不謹。**⑥⑦**

這真是個典型相夫教子之寫照。她的為人是「處事必度于義，待物寧過于厚，寬而明、愛而公，其德美未易于悉數。」（同**⑥⑦**）不但善於待人接物，而且又是個多才多藝的人，「其多能餘事，至於尺牘之工，屬辭措意，為人傳玩。」（同**⑥⑦**）雖然袁燮描述其母，必傾全力鋪陳其善，但她與多數不幸寡居之賢妻良母一樣，辛勞大半生，晚年委諸子家事，獻身於佛書，修身靜養，當不難理解。唯戴氏學養本即豐富，又能以所學教育子孫，其讀佛書必求其義，態度相當認真，不僅因寡居無聊，寄情佛書而已。

㈩隨僧尼與女眷學佛

伊沛霞認為雖有婦女跟禪師學習佛戒，但不過少數幾位。有些婦女則從受邀至其府上傳戒之比丘尼處學得。而多半則從母親、祖母、姨嬸處先學得其教。她引用袁采《袁氏世範》警告婦女勿讓比丘尼入府傳戒之說，證明部份婦女之學佛，是受邀至其府上說戒之尼姑所教。這是根據袁采所說：「尼姑、道婆、媒婆、牙婆及婦人

---

⑥⑦ 同前註。

以買賣針灸為名者，皆不可令入人家。」❻不過，袁氏亦說「凡脫漏婦女財物，及引誘婦女為不美之事，皆此曹也。」袁采強調的是三姑六婆的不良影響，而所謂「不良影響」也含尼姑入人家傳戒或作佛事之舉。宋之比丘尼受請誦經傳戒，當已形成風氣，為嚴厲之儒家學者所深忌，伊沛霞之推論當可接受。不過，尼姑藉佛事之需，穿針引線，為人作嫁之事，筆記小說中也經常反映，譬如《夷堅志》中之〈西湖庵尼〉之故事即是一例。❻至於從母親、祖母或姨嬸處學習佛戒，伊沛霞係根據韓琦《安陽集》的〈太夫人胡氏墓誌銘〉說：胡氏讀遍佛藏且默記十餘種佛經，因此，她以所學傳授其他婦女於閨門之內。據考胡氏（968-1030）為韓琦生母，為其父韓國華（957-1011）之側室。韓琦幼孤，未及見其父之容顏，而賴其母獨力撫養成人。他親寫母親墓誌，自然是鉅細靡遺，竭力鋪陳。據他說，胡氏「生而淑明，柔德備，善書札，尤精女工，凡點酥、剪綵、擬狀生物，隨手萬態，如出造化」，儼然一多才多能之手工藝家。此外，她「性慈忍，歸信釋氏，歷觀藏典，深達義趣，口能誦者十數經。閨門之內，傳授教誘，人人嚮善。」❼可見她不但自己

---

❻　《袁氏世範》（臺北：臺灣商務印書館，影印文淵閣《四庫全書》本，1983-1988），卷下，頁 16b。

❻　見《夷堅志》，902-03。按：此故事說有一少年慕臨安某官人之妻，因見西湖庵尼從其家出，遂以修建殿宇為名，頻施錢帛於庵，而實為求尼之助俾親近官人之妻。尼遂假「殿宇鼎新，宜有勝會」之由，請官人妻入庵，設酒飲之，使醉臥曲室。少年先伏於室中，乃得遂其願。唯興奮過度，暴斃於床。官人妻醒後，見一男子臥其旁，乃知為悅己之少年。

❼　《安陽集》，卷 46，〈太夫人胡氏墓誌銘〉，頁 11b。按：韓琦（972-1044）之生母為韓父之妾，伊沛霞未說明其身分。

信仰佛教，而且還以此教人。而伊沛霞也以此段文字為證據，說明
多數婦女初學佛法或佛戒於其他女居士處，這是很自然的。不過，
韓琦所述其母「歷觀藏典，深達義趣」之語，應是較誇張之寫法，
只能解為胡氏「閱讀了許多佛典」，不必視為「讀遍藏經」。因韓
琦時代的所謂「藏經」即是上文所說的《開寶藏》，有 480 帙，
5048 卷之多，而且刊行之數目有限，流傳並不普遍。除非重要佛
寺，無法收藏。胡氏或許因韓琦居相位之方便，看了不少佛典，但
要如伊沛霞譯成「翻閱了整部佛藏」，衡諸當時情況，實不可能。

　　以上對伊沛霞在其書中「虔信之妻」一節各觀點之澄清與修
正，應有助於了解兩宋菁英家庭婦女佛教信仰之具體情況。筆者認
為，若依伊沛霞簡單、片面及印象式的觀點來理解婦女佛教信仰之
課題，結論必流於膚淺。伊沛霞所討論的婦女，除少數幾位之外，
固然都信奉佛教，但她們信仰的原因與修行的方式未必盡同，常與
個人家庭背景、環境、性向、嗜好及婚姻等因素有關。最重要的
是，她們只佔兩宋社會菁英家庭信佛婦女的一小部份，不能以她們
之例來通論將兩宋婦女信佛之表現。

　　為了進一步說明她們信佛之志向雖同，但修行之方式互異，筆
者將以上述及之婦女信仰及修行之具體表現列於本章末之附表 1。
除了從夫不信佛道的陳傅良之妻張幼昭（1146-1195）之外，凡有姓
名者，列其姓名，名字不顯者，以姓氏稱之，並大致依時間先後，
分北宋、兩宋之際及南宋三段時期排列。凡生卒年跨越北宋跟南宋
之婦女，列入「兩宋之際」之範圍，其姓氏或姓名為粗體者，皆為
筆者所加，不見於伊沛霞書中。

　　由附表 1 可以很清楚地看出伊沛霞所蒐集的資料中，含 20 位

婦女之墓誌或行狀，而她根據這些資料所見婦女信佛之大略，歸納出上述十點，並藉以闡明這些婦女「急於救濟其家人，同時也尋求其個人心裏之寧靜與洞識」之說，筆者覺得未嘗不能作如是觀。而她認為儒家之作者願讚賞她們，是因為「她們之宗教虔誠似能使她們成為更賢慧之妻子與媳婦」，確也反映了若干墓誌作者之意思。不過，詳細閱讀這些傳記資料，我們發現許多婦女之為賢妻或孝媳都在信佛之前，或與信佛無必然關聯。她們的出身、家庭、教育、學養，及丈夫仕途的順逆、家庭的榮枯，及個人的健康等等，都影響她們對人生、信仰的選擇。伊沛霞在解讀她的資料時，只注意婦女信佛與她們所扮演的「經紀人」之角色，忽略了她們信仰的內在因素及文化背景與脈絡之關聯。她急於認定她們信佛之事實與效益之表象，而對於她們為何信佛或念佛誦經之背景、動機與實踐方法則不甚關切，結果往往只見秋毫而不見輿薪。

　　「虔信之妻」一節，或為兼顧一般讀者之興趣，故雖引用近30 條資料，述及 20 位信佛婦女，但其論點及印象式之分析與歸納，是根據其隨意抽樣選擇之北宋婦女 14 例，兩宋之際 3 例，南宋 3 例而成。以之而通論整個宋代，固然不足之甚，在研究方法上亦是一大瑕疵。**⓱**此外，由於其主題是為人妻子信教之誠，而其思考中心又是婦女之「經紀人」地位，故也無法深入佛教信仰所牽涉之背景、動機、實踐等問題，對了解宋代婦女信佛的情況，雖能概

⓱　伊沛霞之書，據她說是為一般讀者而寫，但其實頗具專業性，蓋書中涉及之問題及使用之資料都相當專業，Robert Hymes 之書評也是有鑑於其專業性而為之，見前引氏著，頁 229。

括性的提出一些動人（sensational）的觀點，反而對了解實際清況有
礙。筆者之補充，相信足以更具體地說明伊沛霞所論之「虔信之
妻」在佛教上所表現的各種形式與特質。以下擬徵引更多實例，以
對北宋菁英家庭婦女之修行佛教，作一全盤性的討論。

三、北宋婦女佛教信仰與修行

　　兩宋社會、環境持續發生變遷，南方佛教僧團之影響力大為擴
張，影響所及，佛教居士的結構和信佛行為與方式也隨之改變，造
成南北宋之間某種程度的差異。這種佛教本身所產生的變化與居士
信佛行為及方式的不一致性，應該是佛教史研究者所應注意之問
題。

　　從社會階層來看，一般平民婦女信佛，雖有關個案記錄甚缺，
估計應相當普遍。但中、上層社會婦女的信佛，比例雖相對地減
少，但人數及事迹，遠較伊沛霞之所述為多且複雜。多數資料顯
示，中、上層婦女之喜佛或出於天性，或出於學問之欲求，或因家
庭環境之影響，或因父母翁姑之薰染，或因婚後寡居，原因不一而
足。由於原因不同，信佛之方式也異。出家或在家、布施或持戒、
誦經或習禪，全憑個人對佛教之認識、理解及信奉之深淺而異，並
無全然一致之情況。個人覺得，欲討論婦女佛教之信仰，除了注意
其原因及效益之外，亦應了解其信佛之背景與脈絡，還要注意其信
佛方式之多樣性及歧異性，觀察她們如何具體表現信佛之虔誠，及
信佛之後，面對生死所持之態度。換句話說，要從她們的信佛方式
來查考她們佛教的信仰與實踐，了解他們的「佛教生活」。

　　理想的「佛教生活」當然是佛教信仰與修行或實踐合一，也應是依菩薩之道，修六度萬行，亦即潛心嚮佛，圓滿實踐菩薩所修行之六波羅蜜，以慈悲利他之心，助人登渡彼岸。大致上，好誦佛書，潛心佛經者多知「六波羅蜜」，也會篤實踐履。上文所述的李綱岳母黃氏，既能勸其夫在「智慧」之外，亦應知行「忍辱」之道，可見她本身或即為認真修行六波羅蜜者。黃氏之外究竟有多少婦女有此認知與修行，墓誌記錄實在無法看出。不過，六波羅蜜之間，密切相關，在理論之認知上言，力行其一，應亦能兼行其他。但觀察個人的實際修行時，就可見選擇性之修行，或重布施而輕定慧，或僅讀誦而未理解。墓誌及行狀作者，多就個人所知或偏見而記錄，也不免有顧此失彼之情形，未必能提供實錄。故在解釋史料時，自不能拘執於墓誌作者之用語，而須深查其敘述對象所表現之言行。至於六波羅蜜之「忍辱」（kṣānti）一項，亦在儒家德行教育中，常為一般菁英家庭成員所遵守，成為傳統婦女美德之一。尤其許多士人都有遭遇貶謫奪官或其他艱難困阨之經驗，其家中之妻妾婦孺，亦多能表現忍辱負重之情操，不必全然與信佛有關。如上文之葛勝仲妻張濩、張洌之妻魏氏、郝質之妻朱氏都有「忍辱」之表現，但是否因信佛而如此，則不可斷言。故以下為討論方便，只依大乘佛教菩薩「六度」中的「五度」分類，亦即以(1)布施（dāna）、(2)持戒（sila）、(3)精進（vīrya）、(4)禪定（dhyāna）、(5)智慧（prajñā）等，來析論菁英家庭婦女之修行情況，一方面求在宏觀的歷史表象中，指出其個別之差異；另一方面在微觀的個別差異上，呈現其近似之處。這種分類解釋方式，雖或有其侷限，但較即興、印象式的歸類與說明有意義得多。

(一)布施波羅蜜

布施之行有財施、法施及無畏施，舉凡設齋、飯僧、設禪會、建道場等，本文皆視為財施、法施及無畏施之例。北宋上層婦女中，不乏皇室公主信慕佛教，且表現相當虔誠者。若非早年已受薰染，即是婚後崇信。譬如，太宗之第八女荊國大長公主，與其夫婿駙馬都尉李遵勗（988-1038），夫婦兩人都好浮屠法，尤尚禪宗，與楊億、劉筠（970-1030）等為深交之禪友，常延二人及禪師至其宅之「沁園」中，設「禪會」以論宗性。其宅設有法堂，公主每逢生日，李遵勗輒於家中設高座，鳴法鼓於堂中，延叢林名德登座說法，而公主於「沁園」之松欒閣設箔觀之。李遵勗死後，公主居夫喪，至於「衰麻未嘗去身」，而且「日誦佛書，有白鳩來巢。服除，不復御鮮華珍麗。」她嘗燕饗於禁中，仁宗皇帝親自為她簪花，公主辭曰：「自誓不復為此久矣！」**❼**

---

❼ 仁宗時，她進為魏國大長公主，見《續資治通鑑長編》，卷 170，頁 4085-87；王君玉，《國老談苑》（臺北：新興書局，《筆記小說大觀》本），八篇，頁 261；《湘山野錄》，頁 49-50。按：《續資治通鑑長編》先說吳國長公主為皇第八妹，後又說魏國大長公主為太宗第八女，疑前者應作第七妹。韓元吉之《南澗甲乙稿》（卷 22，頁 28a）亦說魏國為太宗第八女。又按：宋隨漢制，皇帝稱其姊妹為長公主，稱其姑為大長公主。魏國為仁宗姑，故稱魏國大長公主。《續資治通鑑長編》又說：「遵勗賜第園池，為都城第一。所與游集皆一時名士。師楊億為文，億卒，為制服。及知許州，葬億之墓于具茨山，慟哭而返。又與劉筠友善，筠卒，周其家。尤通釋氏學，將死，與浮屠楚圓以偈頌相提警，遺戒無置金玉櫬中。」（頁 4085-87）《國老談苑》亦說：「遵勗為駙馬都尉，折節待士，宗楊億為文。於第中築室塑像，晨夕伸函文之禮，刻石為記。」（頁 261）又說：「遵勗、楊億、劉筠

又如仁宗第八女齊國公主，據說「生而明秀，自然溫淨。」她常建道場，聞梵唄鐃磬之音，輒有悅色，因此嘗依浮圖，法號為保慈崇祐大師。❼❸英宗第三女壽康公主，與其夫左將軍駙馬都尉張敦禮（生卒年不詳），也以信慕佛法而名於當時。壽康公主先後封有韓國、魏國、冀國、秦國、越國、楚國大長公主之號，其中冀國或越國大長公主之封號較常見於僧史及燈錄。她和張敦禮於神宗時，議請建法雲寺於京師，先後推薦數位名禪大德住持該寺，大力提倡禪宗，與李遵勗夫婦一樣，都是有名的佛教外護。❼❹

張敦禮夫婦之信佛或與家庭環境有關，蓋張敦禮之母符氏，即是越國大長公主之姑，屯田員外郎、贈給事中張宗雅（生卒年不詳）之妻，也深信佛教。她雖然被描述為典型的儒門婦女，表現了「慈儉莊淑，得之天性，其事人有禮，居家有法，待物有恩」之美德。又能敦親睦族，「內以輔佐君子，始終順睦，無須臾之失；外以親厚淵族，承上遇下，皆得其歡心。」但於父死之後，「屏棄簪珥，終身不事華靡。日課內典，求真如寂滅之趣，尤以殺生為深戒。」

常聚高僧論宗性，遵勗命畫工各繪其像成圖，目曰『禪會』。」（頁 261）可見李遵勗與楊億、劉筠之關係甚深。

❼❸　《樂全集》，卷38，〈皇第八女追封韓國公主石記文〉，頁 26a-27a。

❼❹　越國大長公主與張敦禮推薦進住法雲寺之禪僧先後有法雲法秀、大通善本及佛國惟白等，都是北宋有名的禪僧。見《佛祖歷代通載》（臺北：新文豐出版社，《大正藏》冊 49），卷 19，頁 673c-674a、678c-679a；《釋氏稽古略》（臺北：新文豐出版社，《大正藏》冊 49），卷 4，頁 880b。《建中靖國續燈錄》（臺北：新文豐出版社，《卍續藏經》冊 136），卷 10，頁 155b；《禪林僧寶傳》（臺北：新文豐出版社，《卍續藏經》冊 137），卷 26，頁 544b。

符氏常說：「彼之怖死愛生，其情一也。如之何刲而食之？忍人也。遂不復鮮食。」**⑦**這種對佛教之執著，於張敦禮夫婦當不無影響。

士大夫之妻，修行布施波羅蜜者甚多，以下略依時間論列：

熙寧、元豐之時，漳南右姓施象（生卒年不詳），出身儒學世家，其母林氏（1011-1082），年方三十，即「悟生理不足恃，誦佛書，欲其鄉人為善，語因緣感應事以動之。」林氏以佛書因緣感應事勸人為善，前後凡四十年，可見其修行「法施」之毅力。她死時年七十二歲，而自謂所得多矣，「勢數當往」，遂遺言告其子孫說：「惟為善為能立」，然後沐浴易衣而化。**⑦**

約在同時，朝議大夫黃某之妻許氏（1009-1084），「自奉養甚約，而周施無所顧惜。奉佛尤專。」**⑦**

哲宗朝左班殿直監杭州餘杭縣楊安持（生卒年不詳），夫人張氏（1047-1088）據說「資靜淑，尤謹於事佛，樂善好施，姻族內外貧者必歸焉。」**⑦**楊安持生於江西右族，其祖父以來，貲累鉅萬，而父子不以一毫入其胸次，「飯疏飲水，與遺世絕俗之士遊。卒能坐

---

⑦　陳襄，《古靈集》（臺北：臺灣商務印書館，影印文淵閣《四庫全書》本，1983-1988），卷25，〈崇國太夫人符氏墓誌銘〉，頁16a-20b。

⑦　黃裳，《演山集》（臺北：臺灣商務印書館，影印文淵閣《四庫全書》本，1983-1988），卷34，〈夫人林氏墓志銘〉，頁4b-6a。

⑦　孔武仲，《孔武仲文集》，收於《清江三孔集》（濟南：齊魯書社，2002），〈仁和縣君許氏墓誌銘〉，頁307-308。按：墓誌說朝議大夫黃公，出衡陽黃氏，「立身以道，時列王庭，出守方郡。」筆者迄未查出其名。

⑦　楊時，《龜山集》（臺北：臺灣商務印書館，影印文淵閣《四庫全書》本，1983-1988），卷30，〈張氏墓誌銘〉，頁2b-4a。

亡立逝，無怛於死生之變。」所謂「坐亡立逝」，是宋人傳言信奉淨土往生之效。龜山楊時（1053-1135）所撰的墓誌銘，說安持祖父「有高世之行，得無生忍法於善知識。」「無生忍法」或「無生法忍」者，《大智度論》所謂「於無生滅諸法實相中，信受通達，無礙不退，是名無生忍」也，亦是淨土法門得入往生之果。❼❾楊安持之父為建昌居士，顯然仍承襲家業，與子、媳齊奉佛法。

　　泰州司馬姜仁惠（生卒年不詳）之媳、試將作監主簿姜諤（生卒年不詳）之妻史氏（1022-1077），雖貴為淮甸富室之婦，但御己甚約，而愛人甚周。她常為親族之貧者贍其生，並收其孤而為其安排婚嫁。

> 鄉邑饑則賑以金粟，寒則給以綿袍，不幸則賻以棺歛。至於
> 興建剎廟、橋衢，與夫修崇西方之名山勝地者，不可勝數。❽⓪

　　史氏輕施樂善，修建佛寺無數，顯然是位篤信佛教之居士。她的布施之行，深為所居海陵鄉曲所敬慕。墓誌說她自兒子姜德化（生卒年不詳）成長後，不復問世事，「日誦佛書以自適」，顯然是賡續過去誦佛書之力，更求精進之表現。

　　婦女修行持戒者，亦多兼行布施，墓誌之記錄，往往語焉不詳，只述及一端。譬如，餘杭朱有安（生卒年不詳）之妻周氏（1000-1055），據稱「靜柔淑祥，性酷嚮佛，朝不茹葷，逮瞑弗變，遺命

---

❼❾　《大智度論》（臺北：新文豐出版社，《大正藏》冊 25），卷 50，417c。
❽⓪　胡志忠，〈宋故史夫人墓誌銘〉，見《全宋文》冊 45，頁 781-82。

諸子，鬻匲中所有以飯浮屠。」⑧此種遺命施財飯浮屠之舉，實亦可能是平素施財飯僧之延續。其實，兼行布施與持戒，似成慣例，下文持戒一節可以為證。此處再舉一例：眉山進士、永康司法參軍家定國（1031-1094）之母楊氏（1019-1090），出身眉山著姓。楊母侯氏「尤深浮圖氏之學，諸講師聞其言，皆闇然服，自以弗及。」楊氏躬儉，素衣疏食，敝服破衾，家人請易之而不許。她性好佈施，約己以趨親戚之急，往往欲善待之惟恐不至。然未嘗伐其德，「日誦佛書以祝子孫，雖寢食不廢。」⑧侯氏、楊氏母女都好浮屠氏之書，表現精進之心，而楊氏兼修持戒、布施之行，未嘗也不是秉承其母家訓之表現。

㈡持戒波羅蜜

　　持戒之義，在持守戒律，自反自省，避去惡業，清靜身心。其最具體之表現當是出家為尼。北宋時期，皇室之公主及嬪妃多早年信佛、出家之例。譬如太宗之女，即有兩位生性嚮佛，志願出家。其一為太宗三女邠國大長公主，於「太平興國七年為尼，號員明大師。」⑧其二為太宗之第七女衛國大長公主（真宗時封吳國，後改申國公主），於大中祥符二年（1009）出家為尼，號報慈正覺大師，所居之處曰崇真資聖禪院。估計兩位公主之出家年齡都不大。尤其衛國

---

⑧　強至，《祠部集》（臺北：新文豐出版社，《叢書集成新編》），卷 35，〈汝南周氏夫人墓誌銘〉，頁 533-34。
⑧　《范太史集》（臺北：臺灣商務印書館，影印文淵閣《四庫全書》本，1983-1988），卷 40，〈長壽縣太君楊氏墓誌銘〉，頁 1a-2b。
⑧　《宋史》，頁 8773。

公主，據說平生不茹葷，於端拱初，隨太宗幸延聖寺，即抱對佛而發願捨身為尼。太宗崩後，公主之皇兄真宗即位，她即表示寧願出家事佛。真宗問她為何不效諸妹享受厚賜湯邑，並築外館以尚天姻，而寧願出家。她說是「先帝之願」，而堅乞出家。從端拱初到咸平初約有十年，她至多十餘歲，可說是早年即信嚮佛法。隨她出家者，還有「藩國近戚及掖庭嬪御」凡三十餘人，大概都是太宗嬪妃，因太宗宴駕而出家。❽後來各帝之公主，都尚天姻，並無出家為尼者，顯示太宗之女出家，情況甚為特殊，很可能受太宗崇佛之影響。❽

　　北宋皇帝擁有三至十餘后妃不等，后妃較多之皇帝，一旦宴駕，其嬪妃何以度日？上文已略述太宗死後，嬪妃隨其女出家之情況。太宗有十三后妃，除死於太宗前之皇后，及明德李皇后享年稍長外，其餘於太宗薨後出處不明，似無如後唐李克用（856-908）如夫人陳氏為其落髮持經、出家為尼者。❽不過，雖不出家為尼，但

---

❽　《續資治通鑑長編》（北京：中華書局點校本，1992），卷 72，頁 1631；《宋史》，頁 8774；《宋會要輯稿》（北京：中華書局，1957），頁 7864；文瑩，《湘山野錄》（北京：中華書局點校本，1984），頁 17-18。按：《續資治通鑑長編》說此公主為「皇第八妹」，而文瑩說她為太宗第七女，《宋史》亦列為第七女。疑《續資治通鑑長編》誤，見下文註。

❽　關於太宗之崇佛，見筆者《北宋佛教史論稿》（臺北：臺灣商務印書館，1997），頁 31-67。

❽　《舊五代史》（北京：中華書局，1976），卷 49，〈后妃列傳第一・魏國夫人陳氏傳〉謂李克用大漸之際，陳氏侍奉醫藥，垂泣而言曰：「王萬一不幸，妾將何託？既不能以身為殉，願落髮為尼，為王讀一藏佛經，以報平昔。」後李克用既死，陳氏果落髮持經，法名志願。

誦經念佛以銷永晝者,則間或有之。譬如,宋仁宗有后妃十七,仁宗崩後,周貴妃「日一蔬食,屏處一室,誦佛書,困〔睏〕則假寐,覺則復誦,晝夜不解衣者四十年。」❽她雖未出家為尼,但與獻身佛門實無二致。

北宋初,公卿大臣家之婦女也偶有出家為尼者,如太宗宰相趙普(922-992)死後,其二女皆志願為尼,太宗再三諭之,而不能奪其志,只好賜長女名志願,號智果大師,次女賜名志英,號智圓大師,讓其出家為尼。❽二人為何堅持出家,原因不詳,但獻身佛門,畢竟非常例。亦有如仁宗周貴妃,雖不出家為尼,但終身不嫁,獻身佛書者。譬如,湖州歸安少府章存道之姊,事佛蔬食不嫁,全由章存道之妻葉氏(1045-1069)奉養。❽

持戒之道亦表現於不殺生、不茹葷。宗室家庭婦女(宗婦)持此戒者例子甚多。譬如,宋太祖四世孫,左驍騎大將軍趙世謐(生卒年不詳)之妻安氏(1029-1065),十四歲即嫁與其夫,不久夫死,遂獨力奉養其姑,婦道甚備。其子早亡,安氏亦於三十七歲即死。據張方平說:「〔安氏〕既傷其夫,而哀其姑,又悼其子,於是口不茹葷,手不釋佛書,痛自勉約,如是積年,竟先其姑而亡。」❾

---

❽　《宋史》,頁 8623。關於北宋皇帝后妃人數,見 Priscilla Ching Chung, *Palace Women in the Northern Sung* (Leiden: E.J. Brill, 1981), pp.18-23。太宗與仁宗雖有較多后妃,但非終其一生如此,而是平均某段時期內有四、五位與他們同時生活。

❽　《宋史》卷 256,頁 8939-8940。

❽　《演山集》卷 34,〈夫人葉氏墓誌銘〉,頁 2b-3b。

❾　《樂全集》,卷 38〈左驍衛大將軍世謐夫人仁壽縣君安氏墓誌銘并序〉,頁 23b。

東頭供奉官趙叔驍（生卒年不詳）之妻方氏（1069-1103），「性柔淑，在家勤女工，既嫁事舅姑盡禮，順承其夫，睦若賓友。喜誦佛經，能行其所戒。」❾❶兩人都是持戒及精進波羅蜜之奉行者。

　　將臣之妻、女，亦有持戒甚深者。譬如，仁宗、英宗朝之名將郝質（生卒年不詳）之妻朱氏（1014-1088），深信釋教，敬修梵行，「深心迴嚮，持誦戒律，手不釋卷。」而且「屏葷惡殺，得大清淨、慈悲解脫之果，超然不以世故為累。」其夫在世之日，官位漸顯，榮祿益厚，侍妾日多，朱氏仍燕笑其間，不失其歡。及其夫既死，則所敬益勤，所愛益厚，十年之間，不渝其志，❾❷顯然於持戒之外，兼修忍辱、精進及智慧之德。

　　宋初勳臣秦王王審琦（925-974）曾孫、西頭供奉官成州團練使王堯善（生卒年不詳）之妻張氏（1026-1094），雖貴為宗室魏王之岳母，但平居持齋菲食，「縞衣蔬食，齋戒從浮圖法」，❾❸其修行持戒之道，昭然明白。王審琦之五世孫、贈太師慶國公王克詢（生卒年不詳）之女，為贈少師賈偁（生卒年不詳）之夫人，為徽宗顯恭皇后之妹。王氏（1054-1128）「雖席貴處富，而志謝芬樂，好觀天竺東來空寂之說，祁寒盛暑，不少懈，所得祿賜，隨以施浮屠氏，使修

---

❾❶　慕容彥逢，《摛文堂集》（臺北：臺灣商務印書館，影印文淵閣《四庫全書》本，1983-1988），卷14，〈宗室東頭供奉官墓誌銘〉，頁26b。

❾❷　《八瓊室金石補正》，卷105，〈武安軍節度使郝質妻朱氏墓誌〉，頁742b-743b。

❾❸　按：王堯善有女為神宗弟魏王之妻，封潭國夫人，故為宗室之姻親。見畢仲游，《西臺集》，卷14，〈延安郡太君張氏墓誌銘〉，頁11a-13a。

佛供，及班諸親族之貧者。」❹顯然於持戒之外，兼修布施、精進之行。

士大夫家庭之婦女，修行持戒者更多，以下大略依時間先後舉證：

真宗朝名相王旦（957-1017）之次女王氏（987-1041）為贈工部侍郎蘇耆（987-1035）之妻，亦即名詩人蘇舜欽（1008-1048）之母、神宗朝翰林學士韓維（1017-1098）之岳母。❺王氏少與其父學孝經、白居易詩及詞賦數百篇。其夫蘇耆早逝，王氏「哀怛遇疾，遂不茹葷，日誦浮屠書，委家政於子婦。」❻雖然如此，王氏「嚴重有識，素賢其子」，媳婦都親自挑選。蘇耆之長子、祠部員外郎蘇舜元（1006-1054）之妻劉氏（1005-1085），即是因此而入蘇家。劉氏與其姑一樣「好誦佛書，受五戒，預為送終具甚備。至疾革，怡然不亂。」❼可見劉氏不但嚴持佛戒，而且深悟佛理，其臨死而能「怡然不亂」，亦是修持「智慧」波羅蜜之表現。

真宗朝衛尉寺丞贈虞部郎中穎川陳昌謨（生卒年不詳）早逝，其夫人段氏（988-1049）年方三十二，孀居在家，「奉姑益謹，訓子愈嚴。」而且不御鉛華，廢棄聲樂，「惟麁衣疏食，一志佛事，日誦

---

❹ 胡寅，《斐然集》（北京：中華書局點校本，1993），卷 26，〈吳國太夫人王氏墓誌銘〉，頁 578-79。

❺ 據《歐陽修全集》之《居士集》，卷 1，〈太尉文正公碑銘并序〉，頁 160-163，王旦有四女，「長適太子太傅韓億，次適兵部員外郎直賢集院蘇耆。」按：蘇耆為蘇易簡之子。

❻ 韓維，《南陽集》（臺北：臺灣商務印書館，影印文淵閣《四庫全書》本，1983-1988），卷 30，〈太原縣君墓銘并序〉，頁 1a-3a。

❼ 《蘇軾文集》，〈劉夫人墓誌銘〉，頁 470-71。

竺典，以齋潔自飭」，❾❽同時表現了堅毅持戒之行及誠懇精進之態度。

曾於仁宗朝拜相的晏殊（991-1055）之媳婦、祠部郎中晏成裕之妻張氏（1013-1069），為太祖時工部侍郎張去華（938-1006）之孫女，她「晚喜佛書，不飲酒食肉。」❾❾同朝司法參軍萬延之（生卒年不詳）母朱氏（982-1064），性好浮屠書，終日持誦不懈。或遇有不通之處，則默記在心，以為因此能明白不疑，是宿習之結果。朱氏中年後遂不御葷血，垂三十年，以至於終。❿兩人都堅行持戒與精進波羅蜜。

仁宗朝尚書工部侍郎韓瀆之繼室楊氏（1005-1054）「為人慈和，淵靜不喜聲味。自少及長，家人伺其動靜語默皆有常度，未嘗移也。」她三十九歲喪夫，此後三年食不茹葷，閉閤深居，日誦佛書，不復有自娛樂之意。❿❶尚書吏部郎中喬執中（1033-1095）之母孫氏（1001-1087），自少「崇佛甚謹，雖白首猶躬自滌濯、具香火，然非有所怖而求福也。」❿❷兩人也都是持戒與精進之奉行者。

屯田郎中石君瑜（1011-1062）之妻李氏（生卒年不詳），封南陽縣

---

❾❽　清·萬肇南，《壽州志》（光緒 15 年活字本），卷 32，〈宋段氏墓誌〉，頁 1a-2b。按：段氏守寡三十年後才去世，據此推算其夫陳昌謨之任官時間應在真宗朝。

❾❾　《彭城集》，卷 39，〈永安縣君張氏墓誌銘〉，頁 517。

❿　沈遘，《雲巢編》（上海：商務印書館，《四部叢刊初編》之《沈氏三先生文集》本），卷 9，〈萬府君夫人朱氏墓誌銘〉，頁 1a-3a。

❿❶　司馬光，《傳家集》（臺北：臺灣商務印書館，影印文淵閣《四庫全書》本，1983-1988），卷 78，〈玉城縣君楊氏墓志銘〉，頁 14b-15b。

❿❷　《陶山集》，卷 16，〈孫氏夫人墓誌銘〉，頁 7b-8b。

君。其子石蒼舒（生卒年不詳）以草書名於世。她深達書史，為人婦姑，則「踵步以禮，閨帷矩範，鄉里矜法。」其夫死後，李氏「不復御文繡，日蔬食，誦佛書，治家嚴嗃，訓子孫益不容自放。」[103]

朝散郎李公車之妻王氏（1049-1104），「其事尊嫜尤謹飪，烹飪縫紉，非身為之不以進。其待族屬，雍睦有禮意，童御未嘗見其忿厲之色。喜誦佛書，持殺生戒甚嚴。」她甚至見「服飾有禽魚諸物象」，都會為其感傷而不服戴，甚為少見。[104]

尚書比部郎中張奎（生卒年不詳）之妻王文淑（1025-1080）為王益（993-1038）之女、王安石（1021-1086）之妹、尚書左丞張若谷（生卒年不詳）之媳婦。據說她「工詩善書，強記博聞，明辨敏達，有過人者。循循恭謹，不自高顯。」顯然深受儒家教育薰陶。不過，她「晚好佛書，亦信踐之」，而且表現「衣不求華，食不厭蔬，慈哀所使，不治小過」之美德。[105]她既通儒家詩書，又讀釋典，儒釋兼攝，身體力行，頗為傑出。

以上諸人，或兼行布施、持戒，或戮力持戒、精進，充分表現對佛教信仰之虔誠。最特殊之例，見於仁宗朝潭州寧鄉主簿徐成甫（1035-1075）之繼室蔡氏（1037-1075）之行。蔡氏十四歲即嫁同郡環生，成禮十六日環生即死。蔡氏雖年少，但居喪之時，事奉其舅，

---

[103]　文同，《丹淵集》（臺北：臺灣商務印書館，影印文淵閣《四庫全書》本，1983-1988），卷36，〈屯田郎中石君墓志銘〉，頁 1a-7b。

[104]　《學易集》，卷8，〈朝散郎李公安人王氏墓誌銘〉頁 16a-17b。

[105]　王安石，《臨川文集》（臺北：臺灣商務印書館，影印文淵閣《四庫全書》本，1983-1988），卷 99，〈長安縣太君王氏墓誌〉，頁 7b-8a。按：王安石於文末稱「兄安石為誌如此」，故知此為安石之妹。

孝謹如成人。不久，其舅又卒，蔡氏「為之斬衰、蔬食、誦佛經」，無復更嫁之意。其母與諸兄弟至環生之家奪之，認為她十四適人，十六日而夫死，為夫守喪三年，為舅守孝又三年，已盡為人婦之道，若不再嫁，於理實說不過。且環生父子俱亡，雖欲守節，將誰與居？蔡氏被奪返家後一年，歸高郵首富徐成甫，夫婦相處甚洽，豈料徐君不久又病故，蔡氏萬念俱灰，無意再生，遂購砒霜自服，家人求解藥欲救之，為其所拒，遂於徐君死後兩日去世，卒年三十九。蔡氏原生於大族之家，而所適又皆富贍之族，金繒服玩，取足於身，「餘輒以散親族作佛事，無一毫愛惜。既死，篋中索然。」據蔡氏之女婿秦觀（1049-1100）之說，徐成甫「頗涉傳記。陰陽、醫藥、算術之學，無所不窺。晚節尤厭人事，思與佛侶、處士杖屨相從，蔬食清淡為忘年之計。」而「蔡氏節行益奇，君病殆時，至取毒藥自引，後君二日卒。」顯然夫婦兩人都蔬食誦佛，實踐持戒、精進之行，又好善樂施，志趣相投。**⑩⑥**

㈢精進波羅蜜

　　精進之義在好讀佛書，上進不懈，不屈不撓，以求善法。出家為尼之公主，當亦知精進之道，而未出家者，亦多有好佛求精進者。北宋宗室家庭，不乏好佛之宗婦。譬如，太祖長子德昭（951-979）之第五子、太祖三世孫、永清節度觀察留後趙惟和（978-1013）

---

⑩⑥　秦觀，《淮海集》（臺北：臺灣商務印書館，影印文淵閣《四庫全書》本，1983-1988），卷 36，〈蔡氏夫人行狀〉，頁 12b-14a；同卷，〈徐君主簿行狀〉，頁 10b-12b。按：徐君名不詳，成甫為其字。其家為高郵右族，「金錢邸第甲於一鄉」。

之夫人馮氏（987-1053），喜誦浮屠書。其女五人，三女以疾廢，為比丘尼。⓲太祖四世孫右監門衛將軍趙世智（生卒年不詳）夫人鄭氏（1036-1054），「為人孝謹節儉，喜誦浮圖書。」⓳另一太祖四世孫右監門衛將軍趙世覃（生卒年不詳）夫人郭氏，「聰明孝謹，能讀書史，善書畫，喜浮圖之說。」⓴左龍武衛大將軍信州團練使、延州觀察使安國公趙從古（生卒年不詳）夫人宋道柔（1004-1064），熟習「音律之法，詩書之言」，同時也「喜觀浮圖書」而「奉度儉節，無珠玉纂組之玩。」⓵他的第四女，未及出嫁而於十五歲病卒，據說「天資端秀，異於群兒，性復穎悟，所學輒善，組訓餘力，尤好筆札。日事薰袚，誦金仙書，慕習其教。」⓶

其他宗婦好讀佛書而歸依佛教者亦多。譬如，右武衛大將軍康州團練使趙士兢（生卒年不詳）之妻江氏（生卒年不詳），既深好佛書又悟苦空之理，與其夫志趣相似。她常「緝室異處，外世事、屏紛華，以清靜為樂。」⓷宋宗室右監門衛大將軍趙叔羈（生卒年不詳）

⓲ 《歐陽修全集》之《居士集》，〈雍國夫人馮氏墓志銘〉，頁 95。按：趙德昭因其叔太宗疑其謀反而自刎。

⓳ 《歐陽修全集》之《居士集》，〈右監門衛將軍夫人東陽縣君鄭氏墓志銘〉，頁 98。

⓴ 《歐陽修全集》之《居士集》，〈右監門衛將軍夫人武昌縣君郭氏墓志銘〉，頁 97-98。

⓵ 王珪，《華陽集》（臺北：臺灣商務印書館，影印文淵閣《四庫全書》本，1983-1988），卷 54，〈宗室延州觀察使夫人京兆郡宋氏墓誌銘〉，頁 12a-13b。

⓶ 《樂全集》，卷 38，〈左龍武衛大將軍信州團練使安國公從古第四女道娘石記文〉，頁 35b。按：趙從古為太祖第四子德芳之孫，為德芳第三子趙惟能（979-1008）之長子。

⓷ 同前書，卷 45，〈右武衛大將軍康州團練使妻安平縣君江氏墓誌銘〉，頁

之妻翁氏（生卒年不詳），「柔婉明惠，知好佛書。」⑬其同輩堂兄弟成州防禦使趙叔象（生卒年不詳）之妻胡氏（1049-1103），「晚喜釋氏，持誦不懈。」⑭另一同輩堂兄弟濮州防禦使趙叔干（生卒年不詳）妻彭氏（1046-1103），「喜誦釋氏書，朝夕靡懈。」⑮太祖六世孫右千牛衛趙子繪（生卒年不詳）娶駙馬都尉王詵（1048-1104?）之女為妻。王氏「居務簡儉，專誦釋氏書。」⑯

　　當然許多獻身佛教、端重自持之婦女是因孀居之後歸心釋氏、寄情佛書，但其精進之心，與生性好佛者時有過之而無不及。譬如宋宗室英國公趙惟憲（979-1016）之夫人和氏（992-1047），守寡三十

15b-16b。按：太宗五世孫有「士」字輩者多人，趙士兢當為太宗五世孫，唯其生平事迹不可考。

⑬　王安禮，《王魏公集》（臺北：臺灣商務印書館，影印文淵閣《四庫全書》本，1983-1988），卷7，〈宋宗室右監門率府率叔羈妻翁氏墓誌銘〉，頁5ab。按：宋於東宮置右監門率府，率府率及副率。翁氏之夫為魏王廷美之「叔」字輩玄孫，屬高密郡王房。仁宗時，趙叔韶為率府右領軍衛將軍、文州刺史。《續資治通鑑長編》說：「叔韶嘗獻所著文，召試學士院入優等，特遷之。入謝，命坐賜茶，謂曰：『宗子好學無幾，爾獨以文章得進士第，前此蓋未有也。朕欲天下知屬籍有賢者，宜勿忘所學。』叔韶頓首謝。既退，又出九經賜之。後以圖書賜正剌史已上，叔韶不當得，獨賜及之。叔韶，德恭之曾孫也，會要以叔韶為宗室召試之始。」見《續資治通鑑長編》，卷166，頁4001。趙叔韶是趙廷美長子趙德恭（962-1006）之曾孫，為最傑出宗室之一，能以文章詩賦得進士。趙叔羈與叔韶為同輩，都屬高密郡王德恭房。見《宋史》，卷234，〈宗室世系二十〉，頁7761、7779。

⑭　《摛文堂集》，卷14，〈義和郡君胡氏墓誌銘〉，頁24ab。

⑮　《摛文堂集》，卷14，〈故安縣君彭氏墓誌銘〉，頁21a-22b。

⑯　尹洙，《河南集》（臺北：臺灣商務印書館，影印文淵閣《四庫全書》本，1983-1988），卷48，〈右千牛衛將軍妻仙源縣君王氏墓誌銘〉，頁6b-7a。

餘年，病故時年方五十六歲。據張方平說，其夫捐館之後，和氏「晝哭過哀」。她常好文瀚，通曉音律，但自此之後置之不問。但習稱未亡人，「誦貝葉書，奉金僊之教。」⑰

　　宗室右屯衛大將軍趙仲參（生卒年不詳）之妻楊氏（1041-1090），十六歲即出嫁，與其夫相敬如賓，事舅姑以孝聞。年方二十，其夫即逝。楊氏甫孀居，其母憫其孤兒寡母，欲奪其志而為婚嫁。楊氏泣而不許。此後「屏簪珥、斥鉛華，衣服無文采，晨起掃一室，薰潔誦佛書。柔日必齋素，孀居三十年，終老而不厭」，充分表現持戒與精進之力。更可貴者，楊氏修行佛教，並不忘教其稺兒讀書，而且還為他們晝誦夜講，遇有日課稍怠者，必「嚴顏色而訓之。」⑱

　　士族家庭之婦女，歸心釋氏者較宗室家庭為多。她們不乏也在寡居之後信佛者，但多仍與子女同居，盡其為婦為母之道，鮮有削髮為尼，或逃避家庭之舉。她們寄情佛書，往往通達佛理，即或理解不深，也仍表現精進之態度。

　　太宗朝澧州錄參軍贈太常博士劉延宇（生卒年不詳）夫人、真宗朝直集賢院劉隲（生卒年不詳）母親趙氏（914-1005），於其夫死後，誓志撫養諸孤，雖四壁蕭然，但「躬機杼以給伏臘」，十五年內將子女撫養成人。她雖「家世儒素」，但「雅性奉佛，深通內典。女工之暇，唯誦金言。寡居以來，殆廢膏沐。」⑲可見她不僅虔誠奉

---

⑰　同前書，卷 38，〈徐國太夫人墓誌銘〉，頁 19b。按：趙惟憲為太祖第四子趙德芳（959-981）之次子。

⑱　同前書，卷 51，〈右屯衛大將軍妻吉安縣君楊氏墓誌銘〉，頁 15b-17b。按：趙仲參為太宗玄孫，生平事迹無可考。

⑲　楊億，《武夷新集》（臺北：臺灣商務印書館，影印文淵閣《四庫全書》

佛，而且深通內典。

真宗朝宰相章得象（978-1048）之父無祿早逝，母親張氏（952-1032）「茹未亡之痛，教忠勉學，更繄慈壼」，而「其咨訓圖史，審音徽越，組紃箴緯之細，鮮麟芼滒之法，莫不造詣精極，垂為家範」，是個天資甚高，手藝甚工，烹調藝術亦精之婦女。她也「早探釋部，居常薰祓，高情了識，絕死生之怖」，⓴不僅表現精進之誠，而且充滿佛慧。

仁宗朝司封郎中孫錫（991-1068）之妻莊氏（990-1039），為元豐朝翰林學士之孫洙（1031-1079）之母，她「性好佛書，讀之能通其義。」據說孫洙之兄弟孫泳（生卒年不詳），「嘗病喑不能言，醫治萬方不愈」，而莊氏為他齋祓心擣〔禱？〕，仰天祝而呼之，孫泳遂「應聲能言。」⓳此事雖涉神異，有誇張莊氏信佛效益之嫌，但同時也說明莊氏精進之表現。

仁宗景祐朝刑部郎中直昭文館陳貫（968-1039）之妻李氏（995-1038），出身世家，為丞相李迪之妹。她「通釋氏書，性慈恕，不妄語言。」⓲大理寺丞費文（生卒年不詳）之妻魏氏（995-1074），

本，1983-1988），卷 8，〈劉氏太夫人天水縣太君趙氏墓碣銘〉，頁 23a-26a。按：楊億與劉隲同修起居注，交情不錯，故為其母撰銘。

⓴　《景文集》，卷 60，〈故贈太師章公夫人追封鄧國太夫人張氏墓誌銘〉，頁 20a-25a。

⓳　《彭城集》，卷39，〈孫氏母莊夫人墓碣并銘〉，頁 514-15。

⓲　《河南集》，卷 14，〈故永安縣君李氏墓誌銘并序〉，頁 3a-4b；卷 14，〈故朝散大夫尚書刑部郎中直昭文館上柱國賜紫金魚袋陳公墓誌銘并序〉，頁 10b-14a。

「好佛書，知緣報大略，特加崇信。」⑫

仁宗景祐時，曾知明州、衢州和湖州等地的名詩人鮑當（景德二年進士）之妻陳氏（983-1056），好讀古史，能疾書，每日草書萬餘字，而見者不知其為婦人之筆札。陳氏以節儉自律，衣珥皆守舊法，不因時之好尚而改易。平居常服大疏袍，每日僅食一盂飯，「誦浮圖書，用此終身。」⑫

職方員外郎孫淮（生卒年不詳）之妻許氏（1001-1072），為佛教外護、兵部郎中許式（生卒年不詳）之女。她「雅好事佛，有所祈輒若有物告之。」沈括為她作墓誌銘，說「其行足以有所感，且然歟？」似有讚其事佛甚謹之意。⑫

國子監丞葛寔（嘉祐元年卒）之妻尹氏（1002-1061），雖其夫久試不第，但未嘗戚戚，「觀世之休悴，初不經慮，益喜浮屠書，頗知其指歸。」⑫比部郎中王荀龍（生卒年不詳）之夫人趙氏（1019-1079），「平居寡笑語，御家有法，事至雖煩而徐應之必申理。日誦佛書以為常。性寬而正，故人或可以欺而不能以妄說之也。」⑫

蘇頌（1020-1101）之長妹（1031-1072），先嫁給亳州司法呂昌緒（生卒年不詳），三年後夫死守寡。後又嫁穎州萬壽縣令張斯立，七

⑫　《淨德集》（臺北：新文豐出版社，《叢書集成新編》），卷 27，〈仁壽縣太君魏氏墓誌銘〉，頁 292-93。
⑫　鄭獬，《鄖溪集》（臺北：臺灣商務印書館，影印文淵閣《四庫全書》本，1983-1988），卷 22，〈職方郎中鮑公夫人陳氏墓誌銘〉，頁 8b-9b。
⑫　沈括，《長興集》，卷 27（上海：商務印書館，《四部叢刊初編》之《沈氏三先生集》），卷 27，〈萬年縣君許氏夫人墓誌銘〉，頁 5b-7b。
⑫　《蔡忠惠集》，卷 39，〈尹夫人墓誌銘〉，頁 723-24。
⑫　同前書，卷 14，〈仁壽趙夫人墓誌銘〉，頁 303-05。

年後又寡。乃回歸其母家，除每日侍候家人膳食外，居處皆以其夫之未亡人自處，不復接外事，「惟閉閣冥心誦佛書而已」，即使親戚間，亦少有見其面者，充分表現潛心嚮佛、精進佛法之志。[129]據蘇頌之孫蘇象先說，蘇頌重視釋氏《四十二章經》，又喜禪宗，與達觀曇穎（989-1060）相交尤契，或有可能影響其家人、子孫。下文所說之蘇悌，是蘇象先之兄弟，而其夫人空室道人，為禪林女傑。蘇象先之女即本書第三章無著禪師妙總（1095-1170），為蘇頌之曾孫女，應稱空室道人為叔母或伯母。[129]

越州山陰望族傅璟（生卒年不詳）之父，因其族蕃衍日大而以不足于養為憂，遂買廢田數百頃於童山以種稻，又得浪港廢塘數百畝以養芻葦，由其庶夫人周氏（1006-1070）主之。周氏與其夫謀畫經營，十之三四，都出其意，且不久即告生事就緒，歲有餘入，使其夫無內顧之憂。慶曆與皇祐之間，其夫及嫡夫人相繼去世，周氏仍居山中十餘年，至白首而歸家，其後「謝去生事，而誦浮圖之書以永日。」[130]

---

[129] 蘇頌，《蘇魏公文集》（北京：中華書局校點本，1988），卷62，〈萬壽縣令張君夫人墓志銘〉，頁951-52。

[129] 有關蘇頌喜禪宗之記載，見其孫蘇象先之《魏公譚訓》（附於前引《蘇魏公文集》後），頁1170。又無著禪師妙總為蘇象先之女，當為蘇頌之曾孫女，諸禪史除《佛祖歷代通載》外，皆誤為蘇頌孫女。前引"Images of Women in Ch'an Buddhist Literature"一文亦沿其誤，而視空室道人為妙總之嫂，見該文頁158。

[130] 《陶山集》，卷16，〈周氏夫人行狀〉，頁15a-16a。按：傅璟之父當非傅珏（1016-1096）。有關傅珏，見卷14，〈傅府君墓志銘〉，頁16a-18a。《宋人傳記資料索引》（頁2981）「傅珏」條誤周氏為傅珏之繼母。其實，

殿中丞錢緯（生卒年不詳）之妻高氏（1001-1095），喜讀書，通音律。她不但好卹孤貧，樂施與，而常不問有無餘貲。她深信佛法，「平生誦佛書，不一日輟也。」[131]

長沙李竦（生卒年不詳）之妻杜氏（1019-1098），出身貴家，其父杜杞（1005-1050）於仁宗朝任天章閣待制，號為名臣。李竦雖曾屢使諸部，且於神宗時任職方員外郎權發遣梓州路轉運副使，但因無所附麗，終不能大顯於世。他家貧不治生事，都是靠杜氏「均節其有無以濟。」李竦死後，杜氏寡居不再嫁，「乃歸心於佛，奉其教，讀其書，若有所得焉。」[132]

仁宗朝太常少卿鮑軻（生卒年不詳）之女，尚書屯田郎中侯（？）正臣之妻鮑氏（1024-1092），「晚年自奉益簡儉，視世味甚薄。每晨興，惟誦佛書，雖久弗懈。病且革，合掌焚香，稱諸佛名號乃卒。」[133]

神宗朝永興軍乾祐縣令姚奭（生卒年不詳）妻李氏（1023-1069），以節儉自處，不因資用之不足而有難色。她「晚年篤信事佛，終日齋居，焚香誦其書，頗得清靜之旨。故專意淡泊，益厭浮華紛麗

傅珏有夫人錢氏，亦有繼室周氏，死於其前。而傅璟之父有嫡夫人孫氏，及庶夫人周氏，死於其後。

[131] 王瑜，〈宋故殿中丞錢君夫人壽昌縣君高氏墓誌銘〉，見《全宋文》冊 50，頁 326-27。

[132] 張耒，《張耒集》（北京：中華書局校點本，1999），〈福昌縣君墓誌銘〉，頁 886-87。

[133] 《陶山集》，卷 16，〈鮑氏夫人墓誌銘〉，頁 2b-4a。

也。」❹

汀州寧化縣主簿俞備之妻陳氏（1024-1083），自少奉佛，中年益篤，多不茹葷，而持誦終日，與人無忤。她見善如不及，於親屬之意趣不同者，皆能和會之，得其歡心。終能棄緣而歸，於家人團聚之間，「笑聲既闌，酒杯未乾」，委然順化，長寐不覺。❺

哲宗朝通直郎檀宗益（生卒年不詳）之母樂氏（1020-1093），年二十二歸建德（今杭州建德縣）檀某，事舅姑及夫，恭順勤儉，接內外宗族，敬而有禮。夫死之後，獨力奉養舅姑，撫養諸子甚嚴，而誨勉必於文學，故諸子皆不失為善士。她「平居好誦佛經，於物無所玩，於財無所蓄，有淑行、有令名，母之賢德，久而益著。」❻

仁宗朝觀文殿學士張觀（大中祥符七年狀元）之媳、尚書職方員外郎贈左正議大夫張仲莊（生卒年不詳）之妻王氏（1025-1091），「少好內教，老而彌篤。晨起具服焚香誦佛書，視外物翛然。」雖然如此，她侍奉翁姑，動循法度，深為張觀所讚賞，以為其家「有婦如此，可以無慮矣！」❼

哲宗朝，朝散郎知成州李秔（1035-1093）之妻趙氏（1035-1110），嫠居二十年，「誦佛書精進不倦」。後得疾，告諸媳曰：「火風將息，吾何以逃？」以其嫁時奩篋中物遺子孫，翌日終於正

---

❹　姚煇，〈宋故度支郎中姚府君夫人崇德縣君李氏墓誌銘並序〉，見《全宋文》冊 46，頁 282。

❺　《演山集》，卷 33，〈夫人陳氏墓誌銘〉，頁 11b-13b。

❻　《古今圖書集成》〈閨媛典〉，卷 24，〈檀婦樂氏〉，頁 8-9，引《建德縣志》。

❼　同前書，卷 42，〈壽昌縣太君王氏墓誌銘〉，頁 11a-13a。

寢。⓲約在同時，淮南節度推官知州上饒縣事李介夫（生卒年不詳）之繼室吳（1035-1084），少從其祖母曾氏習詩書，故通文字，「尤喜讀佛書及唐人歌詩。」⓳

朝議大夫郭璪之妻周氏（1040-1113），「日誦佛書常數十百過。」四十餘歲喪夫後，孀居至七十四歲而終。她臨終前，自感壽至古稀之年，且較其夫多活一紀，深覺死無遺憾，「猶誦佛經以歿」。⓴其精進之心，比之寺院僧侶，毫無遜色。

蘇軾的侍妾王朝雲（1063-1096），常從比丘尼義沖學佛法，據說也「粗識大意」。她臨死前，「誦《金剛經》四句偈以絕」。此四句偈即是《金剛經》所說的：「一切有為法，如夢、幻、泡、影，如露亦如電，因作如是觀。」所以蘇軾為她寫墓誌銘，有此數句：「浮屠是瞻，伽藍是依，如汝宿心，惟佛之歸。」點出佛法為是朝雲「宿心」之所寄。㉑

汪穀長孫、汪藻姪兒、知全州汪愷（1071-1142）之母王文（1051-1124），自其夫歿後，即致家政於其媳婦，而「終日晏坐，誦佛

⓲ 李昭玘，《樂靜集》（臺北：臺灣商務印書館，影印文淵閣《四庫全書》本，1983-1988），卷28，〈蓬萊縣君趙氏墓志銘〉，頁13a-15a。

⓳ 孔武仲，《孔武仲文集》，〈吳氏夫人墓誌銘〉，在《清江三孔集》，頁308。

⓴ 程俱，《北山小集》（上海：商務印書館，《四部叢刊續編》）卷31，〈朝議大夫郭公宜人周氏墓誌銘〉，頁11a-13b。

㉑ 《蘇軾文集》（北京：中華書局，1986），卷15，〈朝雲墓誌銘〉，頁473-74。關於朝雲之死及東坡之心情，參看黃啟方，《東坡的心靈世界》（臺北：臺灣學生書局，2002），頁21、51-52。

書，求出世間法，雖寒暑不置。」❷其專意於佛法之態度，為精進波羅蜜之充分表現。

　　紹聖中，丹陽進士吳磐（生卒年不詳）之夫人穆氏（?-1095），婚後七年，其夫即歿，穆氏年方二十八歲，雖夫家或有勸其再嫁者，穆氏拒之，遂「屏媵薰不接」，並「日夜誦佛書，躬箴縷以杜外事。」她於誦佛書之外，獨力教養其子吳敏修（生卒年不詳），凡所得異書典籍，含陰陽術數之類，無不教授其子，故吳敏修遂以好文修潔稱於四方。❸

　　徽宗朝，徽州新安郡處士崔光弼（生卒年不詳）之妻、汪藻之岳母吳氏（1058-1114），自少受其父吳瀚（生卒年不詳）之教，即工詩書又善筆墨、女工，人皆爭聘之。後歸崔光弼，助成家業。其夫仕途不順，而諸子就學困難，亦皆吳氏辛勞維持。她「晚喜釋氏書，薰祓精甚，或日一食，門內之治，絕不經意。間用聲樂自娛，若淡然于世無情者。」她盡心佛法，寡居七年後告終，求仁得仁。❹

　　以上諸位婦女，或在婚嫁之前，或在寡居之後，或在晚年，其親近佛法，雖動機不一，但焚香誦經、專意念佛所表現之虔誠與精進，大致未因不同年齡階段或人生經驗有異，唯所得所悟互有差別，當是相當明顯的。至於其親近佛法時間的長短，往往與家庭之風氣有關。譬如家有長者信佛，則子女親戚自易受濡染而信嚮，而

---

❷　《浮溪集》，卷 28，〈安人王氏墓誌銘〉，頁 16b-18b。

❸　《雞肋集》，卷 65，〈穆氏墓志銘〉，2b-4b。

❹　《浮溪集》，卷 28，〈吳夫人墓誌銘〉，頁 16b-18a。按：宋・祝穆，《方輿勝覽》（北京：中華書局點校本，2003），卷 16，錄有新安郡，屬徽州，見頁 82。

演成一門數位婦女都尚釋氏之書，精進佛法之情況。譬如，韓億
（972-1044）之繼室王氏（984-1027），為宰相文正公王旦之長女。王
旦以奉佛知名，其女「性本閑約，所衣不過綈紵，經歲未嘗有所更
製。」生活甚為節儉，而「晚節尤以清澹自樂，日誦浮屠氏書」，
與其妹、即上文蘇耆之妻相似。❹韓億之第三子參知政事韓絳
（1012-1088）之妻范氏（1015-1067），為范質之曾孫女。韓絳以流言
中傷去官，罷知蔡州，范氏在蔡州得疾，後「乃著道士服，讀釋老
書，盡以服玩施浮圖氏，家事總綱領而已。」❹韓絳之弟刑部郎中
韓縝（1019-1097）之妻程氏（1020-1068），與其姑、嫂一樣，也「喜
誦佛書，一志不怠，凡有血氣之類，未嘗身踐也。」❹韓絳之另一
位弟婦，即上文所說的韓繹妻范氏，和其兄韓綜之媳、韓宗道之妻
聶氏，也都信佛。一門數位婦女，或姑媳、或娣姒，都好讀佛書，
兼行布施之道，似乎聲氣相通，志同道合。

　　這種一門數位女性信佛之例不少，上文所說之陸佃母親邊氏，
「平居自奉儉薄，不服犀玉珠貝之飾。日常焚香誦經，持念諸佛名
號，數珠為屢絕。」❹其祖母吳氏，即是上文所說與其夫陸軫於
道、佛各有所好者。陸軫學道鍊丹辟穀，而吳氏則學佛，每於雞初
鳴，則起誦經，至日旰乃已。陸佃之伯母王文慧，亦即陸琪之妻，

---

❹　《蘇學士集》（臺北：臺灣商務印書館，影印文淵閣《四庫全書》本，1983-
　　1988），卷 15，〈太原郡太君王氏墓誌〉，頁 1a-3b。

❹　《彭城集》，卷 39，〈樂安郡君范氏墓誌銘〉，頁 512-13。

❹　同前書，卷 39，〈韓刑部妻程氏墓誌銘〉，頁 516-17。

❹　《陶山集》，卷 16，〈邊氏夫人行狀〉，頁 16a-18b；卷 15，〈仁壽縣太君
　　吳氏墓志銘〉，頁 13a-14b。

與其姑吳氏感情甚深，其「為家有統紀，執術不煩，薰然孝慈，而眾行從之，故其卒也側臥而蛻，如佛所謂吉祥睡者」，似乎也是學佛之效。⑭陸佃之嫂，朝奉大夫陸佖之繼室吳氏（1038-1101）也學佛，陸佃說她臨死時，「如寓得歸，脫然就駕，蓋學佛之力然。」⑮

　　又有家世信佛之婦女，於佛法特別精進。工部侍郎葛宮（992-1072）之妻孫氏（996-1055），持生簡約，使其夫能專意公事而無後顧之憂，是個賢內助。她「喜誦浮圖書，將終，遺戒薄葬祭之具，神情如平生，無有悲怛。」⑯一九七八年後江陰考古發現的葛氏家族墓群，有孫氏（四娘子）之墓，墓中保存有許多佛經，含木版雕印之《觀音經》一卷及《金光明經》一部四卷。後者每卷卷尾都有墨書「孫氏女弟子經」六字。又有《金剛經》一卷，卷尾有墨書題記曰：「瑞昌縣君孫氏四娘子僅捨淨財權贖此經，永世供養。至和元年十一月。」這都可為孫氏之崇佛提供佐證。⑰其實葛氏家族信佛者不乏其人，譬如葛宮之叔祖葛誘（942-?）年七十二歲時，以將仕郎江陰軍助教之身分發心雕印《觀音經》一藏五千四百卷，以「穰災集福」，並「普勸十方信士，同結殊〔緣〕。」孫氏墓中所

---

⑭　同前書，卷 15，〈王氏夫人墓志銘〉，頁 14b-15b。

⑮　同前書，卷 15，〈會稽縣君吳氏墓誌銘〉，頁 12b-13a。

⑯　蔡襄，《蔡忠惠集》（上海：上海古籍出版社，1996），卷 39，〈瑞昌縣君孫氏墓誌銘〉，頁 707-08。

⑰　參看朱瑞熙，〈一個常盛不衰的官僚家族：宋代江陰葛氏家族初探〉，在《中國近世家族與社會學術研討會論文集》（臺北：中研院史語所，1998），頁 111-137。關於葛宮之生平事迹，亦見該文。

存之《觀音經》，即因此而來。又如，葛宮之姪女、中大夫京西轉運副使徐安道（生卒年不詳）之妻葛氏（1045-1117），也「崇信釋氏，日課其書，且奉其齋戒。」逢其親人之忌日，必「日蔬食閱經以資其福，盡齒不懈。」而死時，「屬纊不亂，呼子與婦，執其手曰：『吾訣矣』，泊然而瞑。」⑮葛宮之姪兒、自號虛遊子的朝奉郎致仕葛書思（1032-1104），平生「篤信釋氏，奉其戒律，晨興香火，持誦不輟。」其父草堂逸老通議大夫致仕葛密（葛宮弟）捐館之後，他「日誦大藏經以追冥福。」⑮葛宮姪孫、葛書思之子太中大夫葛次仲（1063-1121），「晚節尤信內典，日課般若，泊屬纊，神爽不亂。」⑮葛次仲之弟，即上文所說之葛勝仲，「尤喜釋氏書，謂與吾儒同道。究其奧旨，每宴坐，凝然終日，或至夜分不寐。」他嘗為〈觀音讚〉，文行於世。他在元祐五年（1090）十九歲，奉其父至開封任官時，丁內艱而嘗誦萬壽經藏。崇寧三年（1104）又居父喪，「終喪未嘗飲酒茹葷，居苦廬、閱釋氏所謂大藏經者，盡其卷帙。」重和元年（1118），他再閱大藏，為其父母追福。也就是因閱讀藏經，故所著述多闡明佛理。譬如，他有〈誦金剛經滿二藏偶作〉一詩，中有「我誦大智度，非疾無日空」、「凡諸有為法，實如幻泡夢」、「妙理端會心，筌蹄那復用」之句，說明他對般若大智、諸法性空、萬法唯心之理會。〈次韻工部兄除夕見寄三首〉有「麥秋時節搖歸掉〔棹〕，禪榻相從話苦空」，說明他喜禪

---

⑮　《丹陽集》，卷 14，〈徐太令人葛氏墓誌銘〉，頁 19a-20b。按：「同結殊」後有缺字，疑為「緣」。

⑮　同前書，卷 15，〈朝奉郎葛公行狀〉，頁 1a-9a。

⑮　同前書，卷 15，〈太中大夫大司成葛公行狀〉，頁 9a-13b。

悅，好談苦空之理。又有「晚持禪悅惟三白，曉簌春盤又五辛」、「淡飯且安禪悅食，儲錢更買奇礓石」之句，說明他雖奉佛茹素，志於禪修，平日粗茶淡飯，以「三白食」度日，但每逢年節，並不避食五辛。葛勝仲臨終之夕，數聞異香，「索水盥手，合爪掌跏趺，端坐久之，乃北首右脅而臥，薨於正寢。」行狀作者以為「合夫釋典所為如來涅槃相者。」⑯其妻張濩信佛至篤，未嘗不是葛氏家族多人奉佛之影響。

　　又吳越武肅王錢鏐後人及姻親，亦多信佛者。神宗朝寶文閣待制錢暄（1018-1085），為前吳越王錢俶（929-988）之孫、仁宗朝樞密使特贈侍中錢惟演（962-1034）之第三子。其妻胡氏（1015-1090），篤信釋氏，晚年「深究性理，惡殺生，未嘗鮮食。」臨終之日，方畫寢，忽告左右將其扶起，遂「正坐，奄然而化。」⑰神宗朝任德化縣尉清逸居士潘興嗣之妻錢氏（1026-1072）為吳越王之後。年及笄而歸潘興嗣。潘得官不赴，其妻同其志而不慕榮華。事姑教子之餘，「因讀佛書，默然有解。」楊傑說她「生死之際，脫然不疑。」⑱潘興嗣自己曾問道於黃龍慧南（1002-1069），獲其印可。嘗曰：「我清世之逸民」，故自號清逸居士。隱居豫章東湖上，以琴

---

⑯　以上見《丹陽集》，卷 24，〈文康葛公行狀〉，頁 1a-19a；卷 16，〈誦金剛經滿二歲偶作〉，頁 11b；卷 10，〈題佛本行經〉，頁 6a；卷 20，〈次韻工部兄除夕見寄三首〉，頁 11ab；卷 18，〈道祖見和復賦一首〉，頁 26b-27a。按：「三白」係對「五辛」而言。佛家指乳、酪、白米為「三白食。」

⑰　《范太史集》，卷 42，〈安康郡太夫人胡氏墓志銘〉，頁 1a-4b。按：錢暄為仁宗時樞密使錢惟演（962-1034）之子。

⑱　楊傑，《無為集》（臺北：臺灣商務印書館，影印文淵閣《四庫全書》本，1983-1988），卷 14，〈故錢夫人墓誌銘〉，頁 8b-9a。

書自娛，顯然與妻子都崇佛法。又朝散郎張升卿（生卒年不詳）之妻
錢氏（1030-1081），為前吳越王錢倧（錢俶之兄）之子錢易之孫女、錢
彥遠（994-1050）之女，為「相夫教子」之典型。蘇頌描述她婚後之
行事，在持家方面，「其主饋也，內肅閨門，外奉賓祭。」而其夫
起初官資微薄，她則「躬率節儉以周其乏，無少慊者。」在教子方
面，她「手繕經籍而授大義，漸劘誘導，至於成人。」她為人「內
恕而外通，平生未嘗有疾言大色。」其夫因事奪官罷免，親友皆駭
異而不知所措，但錢氏處之泰然，不改常時，間與母親相見，也是
「惟談內典，論性理，相顧怡然。」據說她重病時，母親為她和湯
藥，她內不自安，遂「潔誠精禱於浮屠曰：『蕞爾之軀（軀？），
死不足吝，故念一旦先沒，必貽親累。願稽延歲月以盡太夫人餘
年，則瞑目無憾矣。』」結果病癒。後幾年，得其母疾報，即涕泣
料理家事，整然有序。蘇頌說她「因閱曹溪《壇經》，忽若有省，
悉召家人輩語之曰：『是不堅體，妄幻非實。』家人輩竊怪其語不
類，未幾訃至。」❿錢氏深信佛教，能論性理，又讀《六祖壇經》
有省，知生死之幻妄非實，可謂深入佛理。

　　北宋末學者方淇（1051-1100）與其夫人錢氏（1048-1110）皆好
佛。錢氏為吳越國王錢武肅王六世孫錢育（生卒年不詳）之女。錢氏
既歸其夫，眾皆以為夫婦之關係「雖琴之與瑟，黃鳥之與灌木不足
以喻其和也。」方淇「善佛學，悟性理」。而錢氏則自出己財以施
於所居處之數十梵刹。方淇死後，錢氏哀毀過度，日夜號哭無絕
聲，次年即病故。她臨死之前，語其子所患之疾非藥石所能治，勿

---

❿　《蘇魏公文集》，卷62，〈彭城縣君錢氏墓誌銘〉，頁952-54。

再延醫，「莫若做佛事以資我正念。」⑯

　　另一錢氏（1068-1126）為武肅王之五世孫錢承（生卒年不詳）之女。她十八歲歸吳越同鄉鄭絳（生卒年不詳）。鄭絳後仕至尚書吏部員外郎，因一意公事，二子之就學、教養皆錢氏為之張羅。她治家以勤儉為本，積累為功，而所經畫皆中理，故鄭絳未嘗過問。鄭絳捐館之後，二子亦已出仕，錢氏每以其夫為吏之施設教其二子，對家事則益加整飭，故其家小大肅雝無敢怠慢。她家事之暇，「日誦佛書有常課，已則蕭然危坐。」並時以古詩授諸孫，或閱讀圖史，而略知其大旨。⑯

　　以上韓氏、陸氏、葛氏及錢氏家族成員多人信奉釋氏，可以說是入宋以來逐漸形成的「佛教家庭」之代表。

　　宋以來，西方淨土信仰日盛，念佛者多念阿彌陀佛，或誦觀音名號，修西方淨土。婦女信西方之說者甚多，上文已略有所述，今再舉數例，作為精進波羅蜜之證。

　　仁宗朝樞密副使胡宿（996-1067）之母李氏（969-1043），歸心釋氏，深信淨土。胡宿說她「持禮由于繩墨，用心過於丹青。黎明以興，盛服而坐。習知四諦之苦，歸信一乘之法。神珠百餘，誦觀音名號，持《般若心經》，像前焚香。」據說她臨終時，「神色如常，初不怛化。顧視諸子」，並以手握胡宿之臂良久，然後合掌加額曰：「願汝無忘善性！」諸子以有為之法，乞營佛事，頷而許

---

⑯　清・楊亨泰，《慈溪縣志》（光緒二十五年德潤書院刻本），卷 50，〈方府君并夫人墓誌銘〉，頁 11a-12b。按：原文「佛事」前有缺字，疑為「做」。

⑯　《北山小集》，卷 32，〈宋故尚書吏部貟外郎鄭公安人錢氏墓誌銘〉，頁 2b-4b。

之，言訖而終。⑫李氏既數珠稱觀音名號之，又持《心經》於觀音像前焚香，其堅信淨土之誠，充分表現無遺。或許是李氏之影響，胡宿亦與浮屠遊，而其女及孫女都深信佛教。⑬其女為蔡祥（生卒年不詳）之母（生卒年不詳），「好佛言，棄其生平所樂而學之。」據說因此而「能忘喜慍，視生事泊如，臥而不夢者十有七年以卒。」⑭其孫女即是下文所述李之儀妻胡文柔。

　　興國軍（在江州）錄事參軍李處道（治平四年進士）之繼室龔氏，擅文學，讀書通大義，賦詩、書字皆過人。晚年事佛，誦《蓮經》皆千過。據龔氏姪孫五休居士龔明之（1091-1182）說，她嘗問法於圓照禪師，但龔明之未說明此圓照禪師究係何人。根據張耒（1054-1114）所撰墓誌銘，李處道曾任姑蘇學官，時間當在治平間中進士之後，正逢雲門宗禪師圓照宗本（1020-1099）住蘇州瑞光寺而而聲名正盛之時，故龔氏所參之圓照禪師，可能即是圓照宗本。李處道年高而宦不達，龔氏頗能安之，不愧圓照禪師賜名「守安」之初意。她年幾七十先其夫二年而卒。得疾之時，「即屏藥餌，書《佛頂呪》，焚灰、丸之」，并以「燃燈法」授其子李援（生卒年不詳）曰：「我死，置灰丸懷中，燃燈如法也。」遂起坐，誦大士名號，久之而化。小殮之時，其手指屈結皆成印相，佛徒歎服，以為不可

---

⑫　胡宿，《文恭集》（臺北：臺灣商務印書館，影印文淵閣《四庫全書》本，1983-1988），卷 40，〈李太夫人行狀〉，頁 12a-14a。

⑬　《歐陽修全集》之《居士集》，〈贈太子太傅胡公墓誌〉，頁 77-79。按：胡宿之父凡三娶，李氏為第三任妻子，胡宿為其次子。

⑭　《長興集》，卷 26，〈蔡孝廉母胡氏墓誌銘〉，頁 4a-5a。按：蔡祥生平事迹不詳，只知為沈括友。

及。❻此《佛頂呪》即是《大佛頂陀羅尼楞嚴呪》，根據《首楞嚴經》所說，「有能自誦若教他誦〔此呪〕，當知如是誦持眾生，火不能燒、水不能溺、大毒小毒所不能害，如是乃至龍天鬼神、精祇魔魅，所有惡呪，皆不能著心得正受。一切呪咀、魘蠱、毒藥、金毒、銀毒、草木蟲蛇、萬物毒氣，入此人口成甘露味。」❻龔氏可能讀《首楞嚴經》而信《佛頂呪》之功，但書此呪後焚成灰丸，令死後置於懷中，卻誦觀音大士之名號而坐化，則寓意不明。不管如何，龔氏之盡心佛事，確非常人可及。

　　哲宗朝國子博士、後山居士陳師道之母龐氏，是仁宗朝宰相龐籍之女。龐氏「晚奉釋氏，修淨土行，後獲疾，「自疾至臥，必西向，病不知人，誦彌陀不絕」，顯然深信彌陀。❻陳之摯友晁補之描述其「往生」情況時，說她將逝之際，「西向臥，諷彌陀不絕口。」❻晁補之之母楊氏，也修西方淨土，故陳師道為她寫輓詞有

---

❻　龔明之，《中吳記聞》（臺北：臺灣商務印書館，影印文淵閣《四庫全書》本，1983-1988），卷 4，〈祖姑教子登科〉，頁 13b-14a；《姑蘇志》（臺北：臺灣商務印書館，影印文淵閣《四庫全書》本，1983-1988），卷 57，頁 31a。張耒有〈李參軍墓誌銘〉，敘李處道事迹甚詳，墓誌中說處道先娶林氏，龔氏為其繼室。有三子，李援為其第三子。見《張耒集》（北京：中華書局點校本，1999），卷 60，頁 883-84。按：關於圓照宗本入蘇州時間，見《禪林僧寶傳》，〈慧林圓照本禪師〉，頁 500ab。關於龔明之與其先人之信仰，鄧小南在其〈龔明之與宋代蘇州的龔氏家族〉一文中，稍有述及。該文收於《中國近世家族與社會學術研討會論文集》，頁 81-109，尤其頁 91-92。

❻　《大佛頂首楞嚴經》（臺北：新文豐出版社，《大正藏》冊 19），頁 137a。

❻　陳師道，《後山集》（臺北：臺灣商務印書館，影印文淵閣《四庫全書》本，1983-1988），卷 16，〈先夫人行狀〉，頁 20a-22b。

❻　《雞肋集》，卷 64，〈安康郡君龐氏墓誌銘〉，頁 19a-20b。

「百年積慶鍾連璧，十念收功到淨方」之句。⑩晁補之自己平生於書無所不窺，少即好讀莊老之書，而自以為未至，乃學於佛，求之於其心而有所得。其母（即上文晁端友之妻楊氏）死後，補之為修水陸供於金山，並受《大寶篋陀羅尼經》於真覺長老志添（生卒年不詳），交其妹婿臨江軍錄事參軍陳琦書寫，命工刊印，以為父母俱亡者作為敬奉供養之用。⑩

哲宗之皇叔荊王趙頵（1056-1088）夫人王氏，歸依無量壽佛，潛心西方淨業。隨緣居士黃策（1070-1132）說她不僅嚴事西方，最精恪端潔，不捨晝夜。而且要求給侍奔走之人，皆隨其深信，勿有異念。荊王之妾，懈慢不勤，夫人訓示之曰：「我盡室皆勤，唯爾怠墮，不從人告，幻惑在會，恐失道心，不可在吾左右也。」其妾悚悟悲悔，精進思惟，淨念相繼。久之，謂同事之妾曰：「吾其行矣！」遂無疾而終，而一夕異香遍室。同事之妾遂告夫人言，昨夜夢化去之妾，託致起居云：「夫人訓責我勤修西方，今獲往生感德無量。」後王氏於其生日，秉爐爇香，望觀音閣而立，子孫左右方具獻壽之儀，而王氏則已立化。⑩此種嚴行淨業，歸心彌陀，臨終坐化或立化，常為宋以來淨土信仰者大事宣揚為淨土信仰之果報。

---

⑩ 陳師道，《後山詩註》（上海：商務印書館，《四部叢刊初編》），卷 6，〈楊夫人挽詞〉，頁 13b。

⑩ 《張耒集》（北京：中華書局，1999），卷 61，〈晁無咎墓志銘〉，頁 900-03；《雞肋集》，卷 70，〈題大寶篋經後〉，頁 8b-9b。

⑩ 《樂邦文類》（臺北：新文豐出版社，《大正藏》冊 47），卷 3，〈荊王越國夫人往生記〉，頁 189c-190a；《龍舒淨土文》（臺北：新文豐出版社，《大正藏》冊 47），卷 6，〈宋荊王夫人〉，頁 269ab。

　　最值得注意的是歐陽修第二位繼室薛夫人（1017-1089）之信佛。據葉夢得（1077-1148）說，他在汝陰訪歐陽修三子歐陽棐（1047-1113）時，方入其門，即聞「歌唄鐘磬聲，自堂而發。」隨即見歐陽棐手持數珠，諷佛名而出，並對葉夢得表示歉意，說其府上正逢齋日，與家人共為佛事。並說，歐陽修生時，其夫人薛氏已如此，歐陽修並未禁之。及其死後，薛夫人更率全家，無論尊卑悉行諷誦之事。葉夢得此說，直接得自歐陽棐，應為實錄。可見歐陽修雖視「佛為中國大患」，認為「千年佛老賊中國，禍福依憑羣黨惡」，並抨擊佛教不遺餘力，但對其夫人之持數珠、誦佛名、設齋做佛事，亦不置喙，乃至葉夢得有此一說：「歐陽氏子孫奉釋氏甚眾，往往尤嚴於它士大夫家。」⑫

　　其他誦經念佛之中、上層社會婦女甚多，但其時間、身分不詳，只能依資料來源之時間視為北宋婦女。譬如，全州推官朱袞之母王氏（生卒年不詳），為名孝子朱道誠（生卒年不詳）之妻，日誦十句《觀音心咒》，然年方四十九而疾篤，家人正預備為她治後事，而王氏夢青衣人告以誦《觀音心咒》時，應於咒語之外多誦「天羅神，地羅神，心離難，難離身，一切災殃化為塵」等十九字以延命。王氏因不識字，青衣命其強記之。王夫人醒後，疾遂癒，後年

---

⑫　見《石林避暑錄話》（京都：中文出版社，《宋元人說部叢書》本），卷1，頁 6b-7a。按：歐陽修元配胥氏（1017-1033），年十七即喪。其繼室楊氏（1017-1034），亦早逝，死年方十八。薛氏為歐陽之第二繼室。「千年佛老賊中國」一語，見〈讀張李二生文贈石先生〉（《歐陽修全集》之《居士集》，卷1，頁 10-11）。

至七十九歲而終。⓭《觀音心咒》，應指《千手千眼觀世音菩薩圓滿無礙大悲心陀羅尼經》內之咒語，即宋人俗稱的《大悲咒》，在唐中期以後即相當流行，至宋更受重視。⓮上文的葛勝仲妻張瀅，即念此咒至「萬億遍」。

又有似在中、上層社會，但其夫身分與經歷都不詳者。譬如，海鹽縣蔣念二（生卒年不詳）之夫人，每日誦大乘佛經，斷除嗜欲。忽一日，洗漱、更衣、燒香、念佛、書頌而終。頌曰：「看過蓮經萬四千，平生香火有因緣。西方自是吾歸路，風月同乘般若船。」⓯這位蔣夫人能誦經作頌，當是士人之家出身。從她所書之頌來

⓭ 王鞏，《聞見近錄》（臺北：臺灣商務印書館，影印文淵閣《四庫全書》本，1983-1988），頁 38ab；《宋史翼》（臺北：鼎文出版社，影印北京中華書局《宋史》附編，1978），卷 33，頁 3a-4b。按：朱道誠以孝聞，少失怙而家貧，孝事其母俞氏。然其母多病，「道誠截髮求醫，母卒，廬墓下，旁有冬筍生，有司以狀聞，詔賜絹十疋、米一斛，勅本州以時存問，及卒郡守趙昕表其墓曰朱孝子墓。」見《續資治通鑑長編》，卷120，頁2829；《廣西通志》（臺北：臺灣商務印書館，影印文淵閣《四庫全書》本，1983-1988），卷82，頁 2b-3a。又，朱道誠有二子，長子為朱冕，官至宣教郎。次子為朱袞，履歷不詳。二人皆與王鞏遊，疑王鞏所說之全州推官若非朱冕即是朱袞。

⓮ 按：據近人研究，唐代譯有十三種有關千手千眼觀世音菩薩之密教經典，其中西天竺沙門伽梵達摩（Bhagavadharma）所譯者，名曰《千手千眼觀世音菩薩圓滿無礙大悲心陀羅尼經》（在《大正藏》冊 20），通常簡稱為《大悲心陀羅尼經》，為唐以來最流行之此類佛經。此經內之咒語即俗稱《大悲咒》。參看 Chün-fang Yu, *Kuan-yin: the Chinese Transformation of Avalokiteśvara* (New York: Columbia University Press, 2001), pp.59-69。筆者認為，宋人稱《觀音心咒》者應即是《大悲咒》。

⓯ 明·陶宗儀，《說郛》（臺北：臺灣商務印書館，影印文淵閣《四庫全書》本，1983-1988），卷 116，頁 40ab。

看，可見她常誦《法華經》。若「萬四千」指所閱次數，則一日誦完蓮經全部七卷一遍，要三十八年才能誦完一萬四千遍。若她從十五歲開始誦經，則誦完一萬四千遍時，已五十三歲，此種「因緣」與佛門僧徒又相差幾何？⑯宋仁宗康定間（1039-1040），范仲淹的僧友錢塘善昇入杭州，居天竺山日觀庵，不下山者十餘年，誦蓮經一萬過。⑰蔣念二夫人之「看過蓮經萬四千」，絲毫不讓善昇專美於前。

又如濰州昌樂人張行婆，出身軍人之家，幼即為繼母出售至尚書左丞范公家，為其女之婢，隨范女陪嫁至泗州人三班借職金士則（生卒年不詳）。後於范府遇生父，遂歸家事奉父母，直至其雙亡。之後嫁里人王祐為妻，而王祐早卒，乃獨力撫養諸孤成人，並為其完婚。張氏寡居未再嫁，但愛浮屠之法，欲居里中廢寺。里人敬其節義，捐獻錢財以助其修寺使居之。遂棄家而居其中，並戒其子毋

---

⑯　按：唐以來流傳之《法華經》為一部七卷，故有「蓮經七軸」或「七軸蓮經」之說。見唐・齊己，《白蓮集》（臺北：臺灣商務印書館，影印文淵閣《四庫全書》本，1983-1988），卷10，〈贈持法華經僧〉，頁6b有句云：「蓮經七軸六萬九千字，日日夜夜終復始，乍吟乍諷乍悠揚……。」李之儀，《姑溪居士前集》（臺北：臺灣商務印書館，影印文淵閣《四庫全書》本，1983-1988），卷4，〈送宣上人遊方〉，頁5a。元・尹廷高更說「七卷流傳自李唐」，見氏著《玉井樵唱》（臺北：臺灣商務印書館，影印文淵閣《四庫全書》本，1983-1988），卷上，〈蓮經放光〉，頁18a。又宋人抄寫《法華經》，都是一部七卷，參看筆者，〈論宋代士人的手寫佛經（上）（下）〉（《九州學林》第14期（2006），頁60-102；第15期（2007），頁36-83。又宋初詔每歲試童行，通「蓮經七軸」者，給祠部牒披剃。見《古今圖書集成》494冊，頁42，引《續文獻通考》。

⑰　《范文正公集》（臺北：行政院文建會編《范仲淹研究資料彙編》，1988），卷7，〈天竺山日觀大師塔記〉，頁211-12。

得至寺,謂寺有眾人之財,係用以興佛事,一毫不敢私之。元豐中,張氏以「故時主家」不可忘,自濰州至泗州省金氏夫婦,又徒步千里由泗州到陝西探望金士則之妹。金氏遂於園門之傍置一室讓其獨處,張氏「日一蔬食,讀佛書」。金士則妹為司馬旦(1006-1087)之妻、司馬光之嫂,故司馬光深知張氏之事迹。⑱司馬光不喜佛,常說「不好佛老者正謂其不得中道,可言而不可行故也」。但他「雖不習佛書」,但深知佛教清儉寡慾、慈惠愛物之教理。⑲認為張氏能行佛之教,亦能行儒家之道;「世之服儒衣冠、讀詩書以君子自名者,其忠孝廉讓能如張氏者幾希」,不能以其微賤而忽之。

㈣禪定波羅蜜

修習禪定,在對治亂意,使心神安定。宋世士大夫信佛參禪,蔚然成風,不少婦女亦受影響。蘇軾曾說:「近歲學者各宗其師,務從簡便,得一句一偈,自謂了證,至使婦人孺子抵掌嬉笑,爭談禪悅,高者為名,下者為利,餘波末流,無所不至,而佛法微矣!」⑳蘇軾之語,實在批評當世禪法,如醫師治病之「不由經論,直授方藥」,造成禪法之膚淺。但他說的婦人孺子「爭談禪悅」,雖是誇張之詞,但實為心有所感之故。雖然如此,婦女之好

---

⑱ 見司馬光,《傳家集》,卷 72,頁 8b-10b。司馬光所說的故尚書范左丞,不詳為誰,但筆者查考結果,可至少知非仁宗時的尚書左丞范雍。

⑲ 《傳家集》,卷 63,〈答韓秉國書〉,頁 1a-4b;卷 71,〈秀州真如院法堂記〉,頁 10a-11b。

⑳ 《蘇軾文集》,卷 66,〈書楞伽經後〉,頁 2085。

談禪者，實不乏其人。其有深味禪悅者，臨死不亂，往往為人所稱讚。上文所述陸氏家族之婦女，可見一斑，以下復舉數例，以申其說。

神宗朝宰相呂惠卿（1032-1111）之弟升卿，有妻陳氏（1046-1073）「篤信釋氏，誦其書，遵其教，精進持其所聞。禪宗頓教、見性成佛，思而索之，寢食都廢。一日忽自喜曰，吾得之矣，未幾，被病以故，臨沒不亂。」⑱①

哲宗朝太子中舍張景儒（生卒年不詳）之妻楊氏（1036-1095），在其夫捐館之後，自奉儉薄，盡屏棄珠璣簪珥之飾。平日則閱讀佛書，並以教訓子弟為事。至其晚年，「默悟禪觀，頗達其宗旨。」一心翛然焚香宴坐，不為外務所擾。⑱②

黃庭堅（1045-1105）之繼室謝氏（1055-1080），為詩人謝景初（1020-1084）之女。⑱③她二十歲歸黃庭堅，二十六歲即卒，中間「常脩禪學定，而不廢女工，能為詩，而叔妹不知也。」⑱④庭堅之叔母

---

⑱① 同前書，卷 14，〈故仙源縣君陳氏墓誌銘〉，頁 4a。

⑱② 張崏，〈宋故壽陽縣君楊夫人墓誌銘〉，見《全宋文》冊 39，頁 556-57。

⑱③ 謝景初，字師厚，為詩人謝絳（希深）之長子，詩人梅聖俞妻兄之子。黃庭堅是在其原配孫氏死後再娶謝氏。孫氏封蘭溪縣君，為孫覺（1028-1090）之女。

⑱④ 《山谷內集》，卷 8，〈黃氏二室墓誌銘〉，頁 9b。「叔妹」即是小姑，黃庭堅之妹。按：黃庭堅之母李氏生有四女，長女（1046-1070）嫁洪民師（生卒年不詳），死於庭堅娶謝氏之前，庭堅曾撰〈毀璧詩〉悼念之。故此處所說之「叔妹」，當為其他三妹。其中之一嫁王世弼（生卒年不詳），庭堅在大名期間，常與之唱和。謝氏封介休縣君，其生卒年不甚確定，此處暫依鄭永曉《黃庭堅年譜新編》之考證，見該書頁 46、58、94。又參看黃啟方，〈黃庭堅父黃庶事迹考〉一文，收於《黃庭堅研究論集》（合肥：安徽人民出版社，2005），頁 47-95。

章氏（1037-1098），為洪州分寧縣人處士章積之（生卒年不詳）之女。
章氏三十四歲之時，其夫捐館，二子二女還幼，章氏獨力孝養其夫
之生母，並為二子築室治生。嘗因其弟章楚材（生卒年不詳）之引
導，聞黃龍祖心禪師（1025-1105）死生之說。臨病終時，問其次子
黃回曰：「吾今日百骸欲潰而不得脫，其病安在？」命取《圓覺
經》來誦之，黃回誦至「地、水、火、風四大各離，今者妄身當在
何處？」章氏遂止之，召婦女告以後事，即命掩室而化。⑱黃龍祖
心禪師是江西名禪，為臨濟黃龍系創始人黃龍慧南（1002-1069）的
法嗣，黃庭堅與其師徒都彼此相知，而且還遊於祖心門下，並與祖
心法嗣靈源惟清（?-1117）及死心悟新（1043-1114）尤篤方外之契。他
與惟清之遊，遠在惟清受業於延恩法安（1024-1084）之時，也曾於

---

⑱　同前書，卷 8，〈叔母章夫人墓誌銘〉，頁 18b-20a。按：黃庭堅有叔父數
位，中有兩位叔母姓章，其一為黃序之妻（1016-1082），為處士章慶之
女，庭堅曾為之作〈章夫人墓誌銘〉。此位信佛之章夫人，其父章積之亦為
處士，其夫身分雖不詳，但有可能為黃序之弟。據黃啟方，〈黃庭堅父黃庶
事迹考〉一文查考，黃庭堅之父黃庶（1918-1058）有同父異母弟黃廉，及堂
兄弟黃序、黃廱等，疑黃廱或為此章氏之夫。按：章氏為分寧著姓，
處士章慶之與章積之似為兄弟，各將其女嫁與黃序、黃廱兄弟，亦不無可
能，但黃廱有關資料太缺，無法斷定是否即此章氏之夫。按：《日本藏中
國罕見地方志叢刊》（北京：書目文獻出版社，1990），第九冊《萬曆新修
南昌府志》誤黃廱為黃序之子，而謂黃廱字富善，「好學尚氣節，皇祐元年
進士，為京兆法曹，謁府，不肯參拜庭下，即解冠歸隱於芝臺書院。」而章
氏之夫「平日大率常醉，或使酒嫚侮，夫人承之未嘗不以禮也。」據說章氏
嘗於其夫不甚醉時諫曰：「君終日如是，使諸子皆法象，何以為家？」而庭
堅叔父曰：「吾兄弟之子多賢，克家者自當不法我而法彼也。」此種浪漫不
羈之行徑，是否可視為掛冠求去，退隱書院的黃廱性格之表現？

吉州太和解官時赴武寧訪法安。⑱謝氏之信佛，或多或少與黃庭堅之熱衷佛法有關。蓋黃庭堅於熙寧元年（1068）二十四歲在汝州葉縣任官時，與在洪州南昌的黃龍慧南有書信來往，詩中「十二姻〔因〕緣無妙果，三千世界起秋豪〔毫〕」、「截斷眾流尋一句，不離兔角與龜毛」等句雖有戲謔之意，但「庭前柏樹祖師意，竿上風幡人者心。草木同霑甘露味，人天傾聽海潮音」卻表現了對禪宗正法之認識。⑱他在熙寧七年（1074）三十歲時在河北大名（今北京）與謝氏結婚，而此後六年直至謝氏去世為止，頗閱讀佛書，所作之詩時引用佛語，及禪宗典故，於禪佛之興趣甚深，謝氏耳濡目染數年，自亦有所領會。⑱至於章夫人之聞法於祖心禪師，據庭堅之說法，是其弟章楚材促成。章楚材之生平事迹不詳，但聞法於祖心門下不假，祖心所寫之〈答章楚材二首〉，可以為證：

> 從來有病方與藥，妄起還因說有真。
> 妄病若忘真藥盡，洞然明白舊時人。（其一）

---

⑱　庭堅〈贈鄭交〉有「不達壞衲乞香飯」、「開徑老禪來煮茗」之句，說明他訪靈源惟清及延恩法安師徒，卻只見師父而不遇徒弟。見宋・任淵等集，黃寶華點校本《山谷詩集注》（上海：上海古籍出版社，2003），頁 14-25。

⑱　見黃庭堅〈戲題葆真閣〉、〈戲贈惠南禪師〉及〈寄新茶與南禪師〉等詩，收於《山谷詩集注》，頁 1242-1243。

⑱　譬如，〈題山谷石牛洞〉有「司命無心播物，祖師有記傳衣」之句；〈次韻蓋郎中率郭郎中休官二首〉有「世態已更千變盡，心源不受一塵侵……黃公壚下曾知味，定是逃禪入少林」之句；〈阻風入長蘆寺〉有「福公開百室，不惜鄰國權，法筵森龍象，天樂下管紘，我來雨花地，依舊爇蘆煙」之句（見《山谷詩集注》頁 16、24、657、730）。

若存明白翻成病，萬法融通始是真。

曲直方圓不相到，擬將何法付何人？（其二）⓼

神宗朝天章閣待制馬仲甫（生卒年不詳）之繼室楊夫人（1033-
1081）為其原配亡妻之妹。楊氏博學多能，「居有餘力，則誦經史
諸子，閱醫藥、陰陽、算術之書至數千萬言，皆通其大義。」但她
雖博學，卻不喜為辭章，而「尤深佛學，悟性命之妙。年未三十，
絕人事、屏葷血，晨夕躬治佛事，汲水焚香，誦經禪寂，積二十年
無少懈。」年四十九而終，死前泊然不亂。⓾

姑溪居士李之儀（元豐間進士）之妻胡文柔（1053-1110），出身世
家，其祖為胡宿，父為胡宗質，都位居顯要。根據李之儀的描述，
她智慧超凡，博聞強記，學問淵博，「上自六經、司馬氏史，及諸
纂集，多所綜識。于佛書則終一大藏。作小詩、歌詞、禪頌皆有師
法，而尤精于算數。」誠屬多才多藝，不讓鬚眉。故李之儀說「沈
括存中，余少相師友，間有疑忘，必邀余質于文柔，屢歎曰：『得
為男子，吾益友也！』」沈括（1029-1093）高才博學，於天文、律
曆、醫藥、卜算無所不通。他如此看重胡氏，可見胡氏過人之處。
胡氏自始蔬食，至老而不少輟，雖疾病亦不改。「食無鹽酪，纔麤
糲屬饜爾。隨禪者力行，受圓照宗本師記。」所謂「食無鹽酪」，
「麤糲屬饜」，是指胡氏只求粗食飽腹而已，不講究飲食之豪奢。

⓼　見《黃龍晦堂心和尚語錄》（臺北：新文豐出版社，《卍續藏經》第 120
　　冊），頁 241b。

⓾　桂邦傑等撰，《民國江都縣續志》（上海：上海古籍出版社，1991），卷
　　15，〈楊夫人墓志銘〉，頁 1a-2b。按：馬仲甫為仁宗時工部尚書馬亮之子。

圓照宗本（1005-1087），即是熙寧中為蘇、杭二州競相爭取之禪門大宗匠。據李之儀說，宋「京師新關禪剎，召名師主之，學者至奔走天下，然一方猶未全信。文柔著壞色衣，一飯不粥，隨諸學者參問，而所謂明師者，皆印其可。上自宗室公御家往往化之，倫類中遂為領袖，而名聞京師，天下叢林至今稱之，文柔亦以是為己任。」可見她參禪甚有所得，而知名於叢林之中，為參學禪眾之領袖。李之儀所謂的京師「新關禪剎」，即是神宗元豐中，將大相國寺六十四院關成之八院之二。其中慧林禪院即是由圓照宗本主持。胡文柔為宗本之入室弟子，自當為叢林名禪所印可。李之儀仕宦不偶，胡氏常勸他說：「通塞自有其數，苟不偶于今日，則合眼再開來，必無佳處。要須于向上事精進，當能必致其佳。既到此，尤甚自策。一報緣中，不昧者有幾？」於是「一意佛事，朝暮禮觀音懺不懈」，還邀李之儀共修行之。胡氏病革，「兩手結彌陀印而逝。」李之儀說當時值二月，氣候已溫，而猶停靈七日以待其子。「甫就木，顏色光潤如笑。」就此描述看，胡氏既參禪，又行觀音懺法，修西方淨土之業，奉佛之誠，超越時人。⑲

　　贈朝奉郎晁端友（生卒年不詳）早逝，其妻楊氏（1029-1095），布衣蔬食，教子讀書，皆登進士第。楊氏生性慈儉，篤信佛事，誦《金剛經》二十年。晚年更讀《圓覺經》，至「以幻修幻」處云：「火出木盡，灰飛煙滅，以幻修幻，亦復如是。」又云：「我知木

---

⑲　《姑溪居士前集》，卷 50，〈姑溪居士妻胡氏文柔墓誌銘〉，頁 1a-7b。關於圓照宗本及神宗關大相國寺為二禪院及六律院事，見《禪林僧寶傳》（臺北：新文豐出版社，《卍續藏經》冊 137），〈慧林圓照本禪師〉，頁 500a-501a。

因幻生，火從幻出，幻滅無餘，而不滅者常寂也。」此後每言其義，而信彌篤。臨死之時，猶合掌斂容如諷佛狀。後七日，其子晁補之，詣金山供佛，遇真覺大師志添。志添出做佛事，常人祈請多不往，但卻自求至其母柩側，閉目趺坐，音如金石，忽起而言曰：「汝母無苦，凡吾宣揚無塞滯者，皆無苦也！」似從其母口中出，補之即跪奉金帛，真覺大師不受，人人皆以為此係其母淨信所致。⑫

直龍圖閣范珣（生卒年不詳）之女，幼聰慧，樂于禪寂。初嫁丞相蘇頌之孫蘇悌（生卒年不詳），後厭世相，欲祝髮為尼，但為其父所拒，只能在家清修。後父母雙亡，因從其兄范涓（生卒年不詳）守官豫章之分寧，遂參黃龍死心悟新禪師（1043-1114）於雲巖，既于言下領旨，死心之法門昆仲靈源惟清（?-1117）賜號空室道人，法名智通，於是知名於叢林。⑬政和間范氏隨兄移居金陵，東歸之前，靈源惟清曾致書謂：「久客乍歸，活業零落，卻須決烈打辦精神，

---

⑫ 杜紘，〈宋壽光縣太君楊氏墓誌銘〉，收於《全宋文》冊 42，頁 276-278。原文所說《金剛般若經》即是俗稱之《金剛經》。又所說《大圓覺》，即俗稱《圓覺經》。按：杜紘與晁補之是姻親，故所說真覺大師事，與下文晁補之所說相合。不過「金山」《全宋文》誤為「全山。」

⑬ 按：「空室道人」當為正確名號，前引 "Image of Women in Ch'an Buddhist Literature" 亦述及此人，但誤作「道人空室」。死心曾有〈與空室道人〉偈曰：「空空室室空不空，不空空處微真空；混同塵世非塵世，只在塵中塵不同。」見《死心悟新禪師語錄》（臺北：新文豐出版社，《卍續藏經》120冊），頁 256a。又《嘉泰普燈錄》誤范珣作范峋。（見《嘉泰普燈錄》，《續藏經》冊 137，頁 165b）。

苦切修持，方能作得家主」，對她鼓勵至深。❹到金陵後，圓悟克
勤（1063-1135）及佛眼清遠（1067-1120）禪師都住蔣山，遂與二名禪
遊，因機語相契，二師甚稱賞之。後遂於姑蘇西竺院薙髮為尼，改
法名為惟久。宣和六年（1120）趺坐而終，有《明心錄》一書傳
世，佛果禪師為之序，而靈源、佛眼皆有偈贊之。范氏謂死心之
前，曾因讀《法界觀》有省，連作二偈見意。其一曰：「浩浩塵中
體一如，縱橫交互印毘盧。全波是水波非水，全水成波水自殊。」
另一曰：「物我元無二，森羅鏡像同。明明超主伴，了了徹真空。
一體含多法，交參帝網中。重重無盡意，動靜悉圓通。」❺二偈所
說即是華嚴「波水一而不礙殊，水波殊而不礙一」及「一燈入千
燈，千燈入一燈」之「一入多」與「多入一」的「一多相容」之
道，可見她於華嚴之說有所省悟。她既出於死心禪師門下，又見賞
於當時叢林「三傑」之二的圓悟克勤及佛眼清遠，可謂禪門中之傑

---

❹ 見《靈源和尚筆語》（京都：小川原兵衛刊，據宋淳祐甲辰〔1244 年〕刻本
　　刊印）。按：此書日本現藏和刻本數種，分別在大東急文庫，國會圖書館、
　　成簣堂文庫，龍谷大學，禪文化研究所，及東大總圖書館。筆者所用為禪文
　　化研究所藏本，在此要感謝該所的前田直美小姐借供影印。

❺ 《羅湖野錄》（臺北：新文豐出版社，《卍續藏經》冊 142），頁 962b-
　　963a。按：死心與靈源都是黃龍晦堂祖心（1025-1100）之徒，為師兄弟。死
　　心出世之後，初住雲巖。圓悟克勤於政和末年移住金陵蔣山。范珣，《宋
　　史》無傳，《續資治通鑑長編》有范珣提舉兩浙常平事之記錄，見《續資治
　　通鑑編》，卷 292，頁 7130，其餘事迹不詳。又按：《四庫全書》本《羅
　　湖野錄》作龍圖梅珣（964-1041）之女，但梅珣官職未至龍圖，且有子無
　　女，年壽甚長，不似為此女之父。又，《嘉泰普燈錄》誤惟久為永久。（見
　　《嘉泰普燈錄》，頁 166a）。

出婦女。**⑲**

㈤智慧波羅蜜

　　智慧之表現當在對佛經之義理會甚深，人生之真諦領悟甚明，生死之際，視若常時，無所罣礙。此類婦女甚多，如上文所述張敦禮之母符氏不僅深戒殺生，而且日課內典，求真如寂滅之趣，其智慧固非常人可及。其他著例如下：

　　神宗朝參知政事張方平（1007-1091）之母親嵇氏與其父張嶠（985-1067），「夫婦奉佛」，因為一直未能生子，夫妻相與精禱，而結果「夫人夢天人乘空而降，捧一嬰兒授之」，遂生張方平。當然，祈禱生子之驗未必可信，但念佛祈禱當是張方平父母精進信佛之方式。根據張方平好友趙㲄之印象，其父早就「已得諸根清淨，得大善寂力，住無生法忍，入甚深智慧。」**⑲**其母既與其父同時念佛，自亦深受濡染。張方平因受教於其舅嵇穎（天聖年間進士），大概受其奉佛之影響而學佛。他通《楞伽經》，有相當佛學修養，故夫人馬氏（生卒年不詳），亦通佛理，而時人以為她「婦道順而正，母德慈以均，晚年明性理，其歿也有異。」馬氏為仁宗慶曆朝終太常少卿馬絳（974-1048）之女，頗有學識，蘇轍說她「晚通至道，游心空寂，啟手即化，容如平生，登證妙果，古人是似。」顯然與張

---

⑲　關於叢林「三傑」之說，見《僧寶正續傳》（臺北：新文豐出版社，《卍續藏經》冊 137），頁 596a。

⑲　《樂全集》，卷 40，〈皇考金紫光祿大夫太子少師墓誌銘〉，頁 1a-5b。

方平夫唱婦隨，心嚮釋教。⑱

神宗朝因附王安石而拜相的「筌相」陳升之（1011-1079），母親竇氏（883-1070）「嗜佛書性理之說，猶曉音律。」陳襄（1017-1080）為她作墓誌，說她「居處恭儉，而履尚介潔，不為華靡之費，有餘則分遺諸舊，而繼之散施。」⑲

神宗朝舒之翰之妻李氏（1056-1078），出身大族為將門之後，十九歲歸舒家為冢婦，生子不久後，子即夭死。李氏因而「感生死之變若此其不足恃也。」她常誦佛書，而且也「頗識其理。」⑳

元祐間，前參知政事趙抃（1008-1084）之弟、湖北轉運使秘閣校理趙揚（生卒年不詳）之妻蘇氏（?-1097），凡吐納鍊氣服餌之術，皆通曉之。晚年更探究性相寂滅之理。她將奄棄之時，「疊足屈指若釋氏結印狀，神色凝定」，故家人後七日乃敢殮。㉑蘇氏為仁宗朝廣西轉運使贈禮部侍郎蘇安世（996-1054）之女，少即喜誦詩書黃老之言。既歸趙揚，力輔其夫教養子女，使不得荒怠。而平居喜賑濟周急，故家無餘資。可見她除了打坐參禪深悟性理之外，也慷慨好施，與人為善。

神宗朝由朝請大夫輦運累官至尚書都官郎中之褚珵（生卒年不詳），夫人張氏（1014-1080）「旦輒蔬食，讀西方之書，見其理。」

---

⑱ 同前書，〈附錄〉，王鞏撰〈行狀〉，頁 46b；《欒城集》（上海：上海古籍出版社點校本，1987），卷 26，〈記永嘉郡夫人馬氏文〉，頁 540。

⑲ 《古靈集》，卷 20，〈秦國太夫人竇氏墓志銘〉，頁 20b-23a。

⑳ 張端，〈宋舒氏冢婦李夫人墓誌銘〉，見《全宋文》冊 35，頁 526-27。

㉑ 清·王昶，《金石萃編》（北京：中國書店，1985），卷 141，〈宋仁壽縣君蘇氏墓誌銘并序〉，頁 5b-6a。

死前一日，「筆句偈于金榜之上，以謂佛須心解，而經不必多讀。」臨死時，「嗒然坐逝，無所畏怖。」❷

熙寧時天章閣待制俞充（1033-1081）之母辜氏（1017-1070），晚年「喜讀釋氏書，其於性命之理頗自以為得。若乃世俗之玩，皆非所好。」❸俞充父早死，其母欲使子女毋墮先人之志，日夜教子讀書，終至有成。

光祿寺丞任孜（遵聖）之妻呂氏（1017-1094），為其夫之諍友。當其夫未第之時，以祿養為憂，忽忽感恨，呂氏戒以但求其父之志，慎其所履，勿逐不義之富貴，而獲罪於名教。至於升斗之祿，非其歡戚所繫。任孜逝後，呂氏獨力育子，二十年有成。她「晚歲好佛書，知緣果大略，怡然若有所得。」又熟讀《金剛經》而能背誦，於去世之前日，閉目誦《金剛經》二遍，而竟無一字舛謬。❹

神宗朝潁昌府臨潁縣令劉弇（1048-1102）之母周氏（1024-1088），出身巨室。其夫疏財厚義，但仕宦不偶，周氏時以簪挩質錢維持生計。其夫死時，周氏年方四十餘，既未再婚，亦未問生業，但「收書萬卷以授諸子，使畢力於學」，故諸子皆中進士第。周氏晚年「多讀佛書，讀《金剛般若經》，得如實三昧，日誦十餘返。左右以朱墨積數，至盈巨軸。」病歿之前，還對家人說：「夜夢贊唄、鎧鐻迎我梵天，梵天何足道？此吾壽已夫！」❺

---

❷　《陶山集》，卷15，〈壽安縣君張氏墓誌銘〉，頁17a-18a。

❸　《華陽集》，卷57，〈辜氏墓誌銘〉，頁17b-19a。

❹　呂陶，《淨德集》，卷27，〈夫人呂氏墓誌銘〉，頁6a-8a。

❺　劉弇，《龍雲集》（南昌：江西教育出版社，《豫章叢書》點校本集部3），附錄卷，〈周夫人墓志銘〉，頁375-76。按：按佛家之說，得「如實三

　　神宗朝比部員外郎杜君某之妻崔氏（998-1069），平居好讀經史佛書，又曉其意，必終身行之。杜君因感疾多年，手足不能自舉，飲食盥櫛皆有以賴之。死後崔氏居喪，哀毀動人。她年壽甚長，臨終使家人備斂送之具，遂「瞑目誦佛而逝」。❻

　　哲宗朝婺州觀察推官林師醇（生卒年不詳）之妻程氏（1061-1092），歸林家為婦十年，侍奉其夫及其姑甚勤，使其家內外整肅有序。程氏「間喜讀書，一覽輒成誦。尤篤信內典，渙若有得者。」不幸三十二歲得疾不起，但病中與其夫語，皆超詣名理，死時，「神色不少變」。❼

　　朝請郎致仕陶舜卿之妻林氏（1073-1120），不僅能觀書，也「略能誦說」，並以其所誦說授諸子，勸之力學，故諸子皆為學者，相繼舉進士而任官。林氏資質聰慧，晚年益喜佛學，而深達其要，至能「不以喜怒哀樂累其心」。❽

　　靖康年間拜相的徐處仁（1062-1127）之妻陳氏（1070-1123），「性通悟，于出世間法得其指歸。疾病，精爽如平時，謝毉巫不

昧」可「以三昧力莊嚴其心，即得見佛意之所念。」或「以其三昧嚴心力故，憶念過去阿僧祇阿僧祇劫，如來所修一切功德。」如目連及大迦葉，見《大寶積經》大正藏冊 11，頁 351a、362a。

❻　范純仁，《范忠宣公集》（臺北：臺灣商務印書館，影印文淵閣《四庫全書》本，1983-1988），卷 12，〈比部杜君夫人崔氏墓誌銘〉，頁 14a-16b。

❼　鄒浩，《道鄉集》（臺北：臺灣商務印書館，影印文淵閣《四庫全書》本，1983-1988），卷 37，〈夫人程氏墓誌銘〉，頁 4b-6a。

❽　沈括，《長興集》（上海：商務印書館，《四部叢刊初編》之《沈氏三先生文集》本），卷 30，〈宋故壽安縣君林氏墓誌銘〉，頁 1a-2b。

問。屬纊之夕，猶起坐若有所言，于生死蓋超然者。」❷⁰⁹

其他中、上級官吏及士人之妻，亦多有喜釋氏書而深達性理、能表現智慧者。唯這些官吏及其夫人之生平事迹均不甚詳。譬如，仁宗時贈衛尉卿梁某之夫人李氏，「喜釋氏書，且深探其理，能頹然委順，不惑于生死之際。」❷¹⁰又某楊姓太常少卿之夫人王氏，「達佛理，故死無怛惻。」❷¹¹這類婦女究竟為數多少，仍待學者進一步探討。

四、餘論

以上對北宋菁英家庭婦女修行「五波羅蜜」之詳細情況，可以本章末之附表 2 來補充。因為許多婦女同時兼修二種以上波羅蜜，藉附表示意，較為明白可見。也就是說，附表 2 除簡示個別修行之情況以見其差異外，同時兼示單修一種波羅蜜或兼修多種波羅蜜之情況。根據此示意表來分析上述婦女修行五波羅蜜之情況，可約略觀察各波羅蜜修行婦女之比例：布施 12%，持戒 18%，精進 84%，禪定 6%，智慧 22%。此比例之算法見附表 2 後之附表 3。

附表 3 之比例，雖只能代表大略情況，但足以顯示婦女以誦佛讀經表現精進波羅蜜為其佛教信仰與實踐之主要作法。至於為何傾向或選擇其中之一、二作法，如上文所析，原因複雜，不必偏執其

---

❷⁰⁹ 《浮溪集》，卷 28，〈吳國夫人陳氏墓誌銘〉，頁 23a-25b。

❷¹⁰ 《祠部集》，卷 35，〈贈衛尉卿梁公夫人李氏墓誌銘〉，頁 537-38。

❷¹¹ 同前書，卷 35，〈太常少卿楊公夫人福昌縣君王氏墓誌銘〉，頁 538-39。

一。伊沛霞之〈虔信之妻〉中，有若干婦女是在寡居後信佛或崇道，但她並未特別注意及說明。本章雖舉不少寡居之後信佛之事例，但也證明有不乏早年即信佛者，如張景憲妻尹氏、汪轂妻陳氏、孟忠厚妻王氏及劉宰妻梁氏都是。而寡居之後或晚年始獻身佛教之例甚多，如韓琦生母胡氏、韓瀆繼室楊氏、傅璟之庶母周氏、蘇頌之女蘇氏、蘇耆之妻王氏、李竦之妻杜氏、陳仲明之繼室龐氏、吳磐之妻穆氏、汪愷之妻王文麗、石君瑜之妻李氏等都是寡居後信佛之例。晚年才信佛者，如韓億之妻王氏、葛寀之妻尹氏、晏成裕之母張氏、陳師道之母龐氏、姚爽之妻李氏、劉弇之母周氏、張奎之妻王文淑、崔光弼之妻吳氏、李處道之繼室龔氏及張方平之妻馬氏等等。此外，許多宗婦，多在夫死之後信佛，彷彿成了一種風氣，為南宋所少見。如趙惟憲之妻和氏、趙世謐之妻安氏、趙仲參之妻楊氏等等。另外，北宋公主及宗婦崇佛之現象，為南宋所少見。至少從可見之記錄看，南宋宗婦信佛者，筆者只見一例，見下篇討論。

到了兩宋之際及南宋，早年或中年信佛婦女，似較以往為多，如下篇之楊朝散妻薛氏、陳堯文母杜氏、季陵妻上官氏、孫鎮妻曹氏、錢觀復之妻徐溫、張孝祥妻時氏、潘師仲妻朱氏、袁說友妻惠道素、蘇瑑妻孫氏、向子寵妻張氏、章君表妻陳氏、張應運妻卜妙覺、李綱岳母黃氏、孟嵩妻仲靈湛、蓋經妻章氏、岳珂母陳氏等等，都是早、中年信佛者。晚年信佛者，如張廷傑妻李氏、趙公賓之妻李洞安、虞璠妻郎氏、李文炳母田氏等等。孀居之後信佛者則如下篇之劉從遠妻唐氏、楚通叔妻朱氏、趙公恃妻郭氏、江安行妻賀氏都是，比例上較少，容於下篇析論。

　　大致上，菁英家庭之妻女雖然信佛，但大多善於相夫教子、持家理財，其為賢妻良母，似與其信佛並無直接關聯。伊沛霞舉了少數例子說明信佛使婦女變成更賢淑之妻子，顯然輕忽了儒家賦予大家世族媳婦的角色。這些婦女一旦嫁至大族，就擔任起中流砥柱之任，侍奉翁姑，相夫教子，履行賢慧主婦「事舅姑以孝順、奉丈夫以恭敬、待娣姒以溫和、接子孫以慈愛」之責任與義務。㉒若不幸丈夫仕途困難，或不善治生，或不幸早逝，她們就須學會修行忍辱之道，撙節開支，度過困窘。或典賣嫁妝，維持生計，或買賣田畝，貨殖增財。這種例子甚多，伊沛霞所討論之婦女，多半為具有這種美德之媳婦或母親，即令墓誌撰寫者多有過譽之處，她們之為賢媳良母，多半與信佛無直接和密切之關係，或有關係，亦難評量。

　　以上筆者於伊沛霞所述之 14 位北宋菁英家庭信佛婦女之外，另加補述 109 位婦女之佛教信仰及實踐，以五波羅蜜之範疇來分類討論她們修行之表現形式，使其誦經、持戒、施齋、飯僧、佈施、念佛、深究佛義、通達性理、參禪論道、念彌陀、觀音、修西方淨土等等行為，昭然可見。其不足者，並列表示意，以求詳盡，俾與下篇討論兩宋之際與南宋後之詳情，做一客觀之比較。

㉒　元・鄭太和，《鄭氏規範》（臺北：新文豐出版社，叢書集成新編本冊
　　33），頁 171。

附表 1

	姓氏(名)	生卒年	關係人/關係	信佛方式	資料來源
				北宋	
1	胡氏	968-1030	韓琦/生母	歸信釋氏、歷觀藏典	安陽集
2	李氏	976-1031	王拱辰/生母	誦經吃齋	景文集
3	許氏	987-1074	黃珙/妻	喜作佛事、誦佛書 18 萬卷	武溪集/忠肅集
4	魏氏	992-1064	張沔/妻	熟讀佛書通其義	西溪集
5	崔氏	999-1067	趙宗道/妻	讀圓覺經	八瓊室金石補正
6	劉氏	1005-1085	蘇舜元/妻	念佛持戒	蘇軾文集
7	吳氏	1006-1091	陸軫/妻	學佛、雞鳴起誦經至日旰	陶山集
8	邊氏	1025-1093	陸佃/生母	彌陀淨土信仰	陶山集
9	胡氏	?-1093	石秀之/妻	閒而讀佛書五十年	錢塘集
10	尹氏	1026-1087	張景憲/妻	性好禪學	范太史集
11	龐氏	1028-1102	陳仲銘/繼室	夫死後讀佛書不釋卷	忠肅集
12	范氏	1036-1067	韓繹/妻	隨夫學佛	彭城集
13	聶氏	不詳	韓宗道/妻	大病後誦佛書喜論無生	彭城集
14	陳氏	1039-1115	汪轂/妻	自少晨起齋祓誦佛終身不輟	浮溪集
15	黃氏	1063-1121	李綱/岳母	菩薩乘、禪、淨土	梁溪集
16	邵氏	?-1121	詹成老/妻	施食惡鬼秘咒	毘陵集
17	張濩	1074-1122	葛勝仲/妻	誦佛書念觀音大悲咒	丹陽集
				兩宋之際	
18	胡氏	1077-1149	江惇禔/妻	誦佛書間卻葷血	香溪集
19	王氏	1096-1149	孟忠厚/妻	自少喜誦佛書，晚益精進	鴻慶居士集
20	虞道永	1103-1182	江琦/妻	學問駁雜，晚學浮圖法	晦庵集

21	戴氏	1121-1192	袁燮/母	晚年好佛、讀其書甚悉	絜齋集
南宋					
22	仲靈湛	1133-1184	孟嵩/妻	齋居蔬食誦經習禪	水心集
23	吳靜貞	1146-1220	劉宰/岳母	奉佛持齋	漫塘文集
24	梁氏	1170-1247	劉宰/繼室	婚前念佛，婚後因夫勸而止	漫塘文集
25	楊氏	?-1271	史興祖妻	念觀音？	衢州出土墓

附表 2

* 五波羅蜜之修行一欄數碼分別代表(1)布施，(2)持戒，(3)精進，(4)禪定，(5)智慧。

	姓氏(名)	生卒年	關係人/關係	五波羅蜜之修行*	資料來源
1	趙氏	不詳	宋太宗/三公主	出家為尼(2)(3)	宋史
2	趙氏	不詳	宋太宗/七公主	出家為尼(2)(3)	續長編、湘山野錄
3	趙氏	不詳	宋太宗/八公主	好佛、深信禪宗、設禪會(1)	續長編、湘山野錄
4	趙氏	不詳	宋仁宗/八公主	建道場、依浮圖、受法號(1)	樂全集
5	趙氏	不詳	宋英宗/三公主	好禪宗、議建禪寺請禪師住(1)	佛祖歷代通載等
6	王氏	不詳	荊王趙頵/妻	歸無量壽佛，潛心淨業(3)	樂邦文類
7	符氏	不詳	張敦禮/母	日課內典，求真如寂滅之趣(4)(5)	古靈集
8	趙氏	914-1005	劉延宇/妻	性奉佛教，深通內典，暇時誦佛書(3)	武夷新集
9	張氏	952-1032	章得象/母	早探釋部，居常薰	景文集

				袚，高情了識(4)(5)	
10	胡氏	968-1030	韓琦/生母	歸信釋氏、歷觀藏典(3)	安陽集
11	李氏	969-1043	胡宿/母	焚香誦觀音名號，持般若心經(3)	文恭集
12	李氏	976-1031	王拱辰/生母	誦經吃齋(2)	景文集
13	朱氏	982-1065	萬延之/母	性好浮屠書，終日持誦不懈(3)	雲巢編
14	陳氏	983-1056	鮑當/妻	日食一盂飯，誦浮圖書，用此終身(3)	郇溪集
15	竇氏	983-1070	陳升之/母	識佛書性理之說(5)	古靈集
16	王氏	984-1027	韓億/妻	晚節以清淡自樂，日誦浮屠書(3)	蘇學士集
17	王氏	987-1041	蘇耆/妻	夫死後日誦佛書，家政委子婦(3)	南陽集
18	馮氏	987-1053	趙惟和/妻	好誦浮圖書(3)	歐陽修全集
19	許氏	987-1074	黃珹/妻	喜作佛事、誦佛書18萬卷(3)	武溪集/忠肅集
20	趙氏	不詳	趙惟和/三女	出家為尼(2)(3)	歐陽修全集
21	段氏	988-1049	陳昌謨/妻	麤衣疏食，一志佛事，日誦竺典(3)	壽州志
22	莊氏	990-1039	孫錫/妻	好讀佛書，能通其義(3)(5)	彭城集
23	和氏	992-1047	趙惟憲/妻	夫死後誦貝葉書，奉金仙教(3)	樂全集
24	魏氏	992-1064	張沔/妻	熟讀佛書，通其義(3)(5)	西溪集
25	魏氏	995-1074	費文/妻	好佛書知緣報大略，特加崇信(3)	淨德集
26	孫氏	996-1055	葛宮/妻	喜誦浮圖書(3)	蔡忠惠集

27	崔氏	998-1069	杜君/妻	平居好讀經史佛書而曉其義(3)(5)	范忠宣公集
28	崔氏	999-1067	趙宗道/妻	讀圓覺經(3)	八瓊室金石補正
29	周氏	1000-1055	朱有安/妻	性酷嚮佛，朝不茹葷，變產飯僧(1)(2)	祠部集
30	孫氏	1001-1087	喬執中/母	崇佛甚謹，至老猶焚香拜佛(3)	陶山集
31	尹氏	1002-1061	葛宬/妻	晚益喜浮圖書，頗知其指歸(5)	蔡忠惠集
32	高氏	1001-1095	錢緯/妻	平生誦佛書，不一日輟(3)	全宋文
33	宋道柔	1004-1064	趙從古/妻	喜觀浮圖書(3)	華陽集
34	趙氏	不詳	趙從古/四女	日事薰袚，誦金仙書，慕習其教(3)	樂全集
35	胡氏	不詳	蔡祥/母	好佛書，棄生平所樂而學之(3)	全宋文
36	張行婆	不詳	王祐/妻	住佛寺，蔬食讀佛書(2,3)	傳家集
37	楊氏	1005-1054	韓瀆/繼室	夫死後閉閤深居，日誦佛書(3)	傳家集
38	劉氏	1005-1085	蘇舜元/妻	好誦佛書，受五戒(2)(3)	蘇軾文集
39	周氏	1006-1070	傅璟/庶母	夫死後誦浮圖書以永日(3)	陶山集
40	吳氏	1006-1091	陸軫/妻	學佛、雞鳴起誦經至日旰(3)	陶山集
41	許氏	1009-1084	黃朝議/妻	周施無所顧惜，奉佛尤專(1)(3)	孔武仲文集
42	林氏	1011-1082	施象/母	誦佛書四十年，以因緣故事勸善(3)(5)	演山集

43	張氏	1013-1069	晏成裕/妻	晚誦佛書，不飲酒食肉(2)(3)	彭城集
44	張氏	1014-1080	褚珵/妻	且則蔬食，誦西方書能知其理(2)(5)	陶山集
45	朱氏	1014-1088	郝質/妻	敬修梵行，深心回嚮，持誦戒律(1)(2)	八瓊室金石補正
46	范氏	1015-1067	韓絳/妻	著道士服，讀釋老書，施浮屠服玩(1)(3)	彭城集
47	胡氏	1015-1090	錢暄/妻	篤信釋氏，深究性理，惡殺生(2)(5)	范太史集
48	辜氏	1017-1070	俞充/母	喜讀釋氏書，得性命之理(5)	華陽集
49	王文慧	1017-1088	陸琪/妻	側臥若吉祥睡而逝，似學佛者(4)	陶山集
50	呂氏	1017-1094	任孜/妻	好佛書，知緣報大略熟，讀金剛經(3)(5)	淨德集
51	趙氏	1019-1079	王荀龍/妻	日誦佛書以為常(3)	淨德集
52	侯氏	不詳	家定國/外祖母	深於浮圖氏之學，諸講師服之(3)(5)	范太史集
53	楊氏	1019-1090	家定國/母	日誦佛書以祝子孫(3)	范太史集
54	龐氏	1019-1095	陳師道/母	晚奉釋氏，修淨土行，誦彌陀(5)	後山集
55	杜氏	1019-1098	李竦/妻	寡居後歸心於佛，讀其書(3)	張耒集
56	程氏	1020-1068	韓縝/妻	喜誦佛書，一志不殆(3)	彭城集
57	樂氏	1020-1093	檀宗益/母	平居好誦佛書，於物無所玩(3)	建德縣志
58	史氏	1022-1077	姜諤/妻	輕善樂施，日誦佛書以自適(1)(3)	全宋文

59	李氏	1023-1069	姚奭/妻	晚年篤信事佛，終日齋居誦佛書(2)(3)	全宋文
60	陳氏	1024-1083	俞備/妻	自少奉佛，中年益篤，多不茹葷，持誦終日(2)(3)	演山集
61	章氏	？	章存道/姊	事佛蔬食不嫁(1)(2)	演山集
62	周氏	1024-1088	劉弇/母	晚讀佛書，誦金剛經，得如實三昧(3)(5)	龍雲集
63	鮑氏	1024-1092	侯正臣/妻	晨興讀佛書不懈，焚香誦佛名號(3)	陶山集
64	王文淑	1025-1080	張奎/妻	晚好佛書，亦信踐之(3)	臨川文集
65	王氏	1025-1091	張仲莊/妻	少好內教，晚而彌篤，晨起誦佛(4)	范太史集
66	邊氏	1025-1093	陸佃/生母	彌陀淨土信仰(3)	陶山集
67	胡氏	？-1093	石秀之/妻	閒而讀佛書五十年(3)	錢塘集
68	尹氏	1026-1087	張景憲/妻	性好禪學(3)	范太史集
69	張氏	1026-1094	王堯善/妻	縞衣蔬食，齋戒從浮圖法(2)	西臺集
70	錢氏	1026-1072	潘興嗣/妻	讀佛書有解(3)	民國江都縣續志
71	龐氏	1028-1102	陳仲銘/繼室	夫死後讀佛書不釋卷(3)	忠肅集
72	安氏	1029-1065	趙世謐/妻	夫死後口不茹葷，手不釋佛書(2)(3)	樂全集
73	楊氏	1029-1095	晁端友/妻	篤信佛事，誦金剛、圓覺等經(3)	全宋文
74	錢氏	1030-1081	張升卿/妻	談內典、論性理、讀曹溪壇經(3)(5)	蘇魏公集
75	蘇氏	1031-1072	張師立/妻	夫死後唯閉閣冥心誦佛書(3)(4)	蘇魏公文集

76	楊氏	1033-1081	馬仲甫/繼室	通佛學悟命理，誦經禪寂不懈(3)(4)(5)	民國江都縣續志
77	吳氏	1035-1084	李介夫/繼室	尤喜讀佛書及唐人歌詩	孔武仲文集
78	趙氏	1035-1100	李忨/妻	嫠居二十年，誦佛書精進不倦(3)	樂靜集
79	鄭氏	1036-1054	趙世智/妻	號誦服圖書	歐陽修全集
80	楊氏	1036-1095	張景儒/妻	平日閱佛書，晚年默悟禪觀(3)(4)(5)	全宋文
81	郭氏	不詳	趙世覃/妻	喜浮圖說(3)	歐陽修全集
82	范氏	1036-1067	韓繹/妻	隨夫學佛(3)	彭城集
83	蔡氏	1037-1075	徐成甫/繼室	蔬食誦佛，散財做佛事(1)(2)(3)	淮海集
84	章氏	1037-1098	章積之/女	聞黃龍祖心禪師之說，讀圓覺經(3)	山谷集
85	吳氏	1038-1101	陸佖/妻	臨死如寓得歸，蓋學佛之力(5)	陶山集
86	聶氏	不詳	韓宗道/妻	大病後誦佛書，喜論無生(3)	彭城集
87	陳氏	1039-1115	汪轂/妻	自少晨起齋祓，誦佛終身不輟(3)	浮溪集
88	楊氏	1041-1090	趙仲參/妻	夫死後每日晨起誦佛書(3)	樂全集
89	蘇氏	?-1097	趙揚/妻	尚吐納服餌，晚探性理寂滅之說(3)	金石萃編
90	葛氏	1045-1117	徐安道/妻	崇信釋氏，日課其書，且奉齋戒(2)(3)	丹陽集
91	彭氏	1046-1103	趙叔干/妻	喜誦釋氏書，朝夕靡懈(3)	摛文堂集
92	陳氏	1046-1073	呂升卿/妻	篤信釋氏，誦佛書習禪宗頓教(3)(4)	蘇魏公文集

93	張氏	1047-1088	楊安持/母	謹於佛事、樂善好施(2)	龜山集
94	錢氏	1048-1110	方淇/妻	與夫皆好佛，施己財與居處為梵剎(1)	慈溪縣志
95	胡氏	1049-1103	趙叔象/妻	晚喜釋氏，持誦不懈(3)	摛文堂集
96	王氏	1049-1104	李公車/妻	喜誦佛書，持殺生戒甚嚴(2)(3)	學易集
97	翁氏	不詳	趙叔驪/妻	柔婉明慧，知好佛書(3)	王魏公集
98	李氏	995-1038	陳貫/妻	通釋氏書，性慈恕，不妄語(2)(5)	河南集
99	許氏	1001-1072	孫淮/妻	雅好事佛，有所祈則若有物告知(3)	長興集
100	穆氏	?-1095	吳磐/妻	夫死後日夜誦佛書，懂陰陽之書(3)	雞肋集
101	王文麗	1051-1124	汪愷/妻	寡居終日，誦佛書求出世間法(3)	浮溪集
102	胡文柔	1052-1110	李之儀/妻	參圓照宗本，禮觀音懺，行淨業(3)	姑溪居士前集
103	李氏	1056-1078	舒之翰/妻	常誦佛書，頗識其理(3)(5)	全宋文
104	吳氏	1058-1114	崔光弼/妻	晚喜讀釋氏，薰祓精甚(3)	浮溪集
105	程氏	1061-1092	林師醇/妻	篤信內典，渙若有所得(3)(5)	道鄉集
106	江氏	不詳	趙士競/妻	與夫皆好佛書、悟苦空之理(3)(5)	樂全集
107	王氏	不詳	趙子綸/妻	居務節儉，專誦釋氏書(3)	河南集

108	周氏	不詳	宋仁宗/貴妃	夫死後蔬食，屏處一室誦佛書(2)(3)	宋史
109	龔氏	不詳	李處道/繼室	晚事佛誦蓮經，皆千過，問法圓照(3)	中吳記聞、姑蘇志
110	朝雲	1063-1096	蘇軾/妾	從比丘學佛，識大義，誦金剛經(3)(5)	蘇軾文集
111	李氏	不詳	石君瑜/妻	夫死後日蔬食誦佛書(2)(3)	丹淵集
112	嵇氏	不詳	張嶠/妻	夫婦奉佛，祈佛得子(3)	樂全集
113	馬氏	不詳	張方平/妻	晚通至道、明性理、游心空寂(4)(5)	樂全集、欒城集
114	謝氏	不詳	黃庭堅/繼室	常修禪定而不廢女工(4)	山谷集
115	李氏	不詳	某梁太尉/妻	讀釋氏書，深探其理(3)(5)	祠部集
116	王氏	不詳	某楊少卿/妻	達佛理，故死無怛惻(3)(5)	祠部集
117	楊氏	不詳	晁補之/母	修西方淨土(3)	雞肋集、後山詩註
118	王氏	不詳	朱道誠/妻	日誦十句觀音心咒(3)	聞見近錄
119	范氏	不詳	范珣/女	樂禪寂，讀華嚴，參黃龍死心(3)(4)	羅湖野錄
120	蔣夫人	不詳	蔣念二/妻	誦大乘蓮經萬四千遍，斷除嗜欲(2)(3)	說郛
121	方氏	1069-1103	趙叔驍/妻	喜誦佛書，能行其所戒(2)(3)	摛文堂集
122	邵氏	?-1121	詹成老/妻	施食惡鬼秘咒(3)	毘陵集
123	黃氏	1063-1121	李綱/岳母	菩薩乘、禪、淨土(3)(4)(5)	梁溪集

附表3

時間 修行實踐	北宋	
	數目	比例
(1)布施	15/123	0.12
(2)持戒	22/123	0.18
(3)精進	103/123	0.84
(4)禪定	7/123	0.06
(5)智慧	26/123	0.22

第三章
兩宋社會菁英家庭
婦女佛教信仰之再思考（下篇）

一、引言

　　有關兩宋社會菁英家庭婦女之佛教信仰與修行，筆者已在第二章「上篇」專就北宋之情況加以論述，同時針對伊沛霞（Patricia Ebrey）在其《閨門之內》（The Inner Quarters）一書「虔信之妻」一節中有關宋代婦女信仰之若干觀點提出質疑、修正與補充。此「下篇」擬繼續就兩宋之際及南宋之婦女信佛與修行之情況，提出更多例證析論，將南北宋之情況做一比較，並進一步補充伊沛霞觀點之不足。

　　北宋立國之後，由於社會趨向商業化而日加繁榮、民生因糧食、物產之大量增加而日趨富足，朝廷及地方官吏對佛道二教也甚寬容與支持，使佛教得以承五代之遺緒，繼續發展，更加普及。僧侶及寺院因官商信士之奉獻而數量遞增，佛經之刊印與流通也因印刷術之進步而加速。這些有利之佛教發展之條件，在在都提供婦女

接觸佛法之機會。唯從接觸佛法進而信奉佛教，常因時地之不同、社會秩序之良窳、個人家庭環境之背景及對佛教之認識與理解之深淺等因素，而多有不同。尤其汴京失陷之後，宋都南遷，行在杭州變為都城。自高宗以來之皇室，多半崇尚佛教，而士大夫信佛者也不斷有增加之勢。影響所及，江南各地，佛教更盛，禪僧與禪剎大增，佛教信士人數也相對成長，生活於兩宋之際及南宋之中、上層社會婦女，也因參與佛教會社之活動而裨助佛教之成長。唯社會及環境之變遷，是否也使她們在佛教信仰及修行方式上作些改變與調適，是值得佛教史家思考的問題。伊沛霞所論，因多根據北宋史料，而少用南宋例證，難免有以北宋婦女信佛之情況概括南宋現象之偏失，忽略了社會、環境、學術及叢林結構等變遷對婦女在信佛上可能發生之作用。

　　在討論北宋婦女信佛與修行時，筆者對各種不同的實踐方式與行為，依大乘菩薩理想之「六波羅蜜」或「六度」中之五波羅蜜修行理念來歸類分析。亦即以布施、持戒、精進、禪定、和智慧等五波羅蜜為婦女修行佛教之討論範疇來。「忍辱」一項因非信佛者所專修，而為多數婦女所表現之德行，不併入歸類討論之範疇。今為保持前後一貫，並與北宋之情況做一比較，仍採同樣歸類法申論。必須指出的是，本章所謂「兩宋之際」之婦女，都是生卒年跨越北宋與南宋之婦女。文末之附表，編製原則及目的與本書第二章之附表相同，意在凸顯個別之差異及集體之類似，在異中求同、同中見異。

二、婦女佛教信仰與修行

　　筆者在上篇曾指出伊沛霞僅使用 20 位婦女之信佛事迹為例，來說明南北宋婦女之佛教信仰。而其所討論之 20 位信佛婦女中，14 位為北宋婦女，而兩宋之際及南宋婦女各有 3 位。以此選樣方式來討論婦女信佛之誠，顯然不足之甚。筆者在上篇增舉 109 位信佛婦女為例，析論其信仰及修行實情，充分證明婦女佛教信仰及實踐之多樣性。本篇擬於伊沛霞所舉 6 位兩宋之際及南宋婦女之外，另加討論 68 位同時期之婦女信佛情況，依五波羅蜜為分類範疇，詳細析論如下。

(一)布施波羅蜜

　　上篇已經指出布施為婦女信佛之常行，常表現於齋僧、飯僧、周濟貧困等行為。此一時期，宗室方面，最具代表性之例，關涉上篇所說駙馬李遵勖夫婦之子孫。李遵勖夫婦之子李端懿（1023-1060）、孫李說及曾孫李宗任，都是佛教徒。宗任之女李氏（1104-1177）、亦即李遵勖夫婦之玄孫女，先嫁給符寶郎錢端義（生卒年不詳），生一女而寡。後嫁紹興時朝請大夫秘閣修撰韓球（生卒年不詳）為繼室，而韓亦不幸早死。李氏於其前夫墓側築廬為僧居，買田數十畝給僧守墳，而「歲時薦祭，潔嚴齋莊，不啻如奉其生。」❶其姑鄭夫人嘗欲飯浮圖氏而未能，李氏因飯僧實為其夫之願，遂

---

❶　按：宋例「子孫以仕宦不能自守墳墓，而使人代之。」故多於墓旁設庵，請僧為之。樓鑰家族的「長汀庵」即是此類「守墳庵」。始建其庵時，由僧希

以田施疏山白雲僧舍，俾收歲租以為飯僧之數，凡六年而後畢。其父李宗任「嘗誦《華嚴經》，欲百部以禳兵火之厄」，但僅及其半而卒，李氏繼其後「誦至二百部，以酬先志。」李氏不但雅好佛學，而且還跟隨某尼法真（生卒年不詳）修行，乞名為法因。又曾謁大慧宗杲於徑山，得大慧賜號為安靖道人。晚年「布裘飯蔬，脩然默坐，或誦佛書，意有所會，至忘食飲也。」❷可見其信佛之誠，不僅表現於布施而已。

南宋宗室家庭信佛布施之婦女，人數顯然少於北宋，亦遠非士大夫家庭之婦女之人數可比。

紹興朝名學者范浚（1102-1151）之嬸母章氏（1075-1145），為范浚叔父通直郎范某之妻，她信佛至為虔誠，常「清心玩西佛書，嗜善，喜施濟。」❸

尚書戶部員外郎錢觀復（1090-1154）之妻徐溫（1098-1156），是徽宗朝任吏部尚書徐鐸（生卒年不詳）之女，她喜釋氏學，常治鐘、飯僧，崇飾佛像，費不可計。據說她閱貝葉書至數千卷，故晚年頗

　　亮入主之，三十五年傳其弟子本權，本權住三十年，又傳妙悟。樓鑰以為一般守墓之人不可以奴隸待之，何況「庵僧」，而此庵庵主「才三易人，俱善于其事，後來者宜善待之。」見《攻媿集》（上海：商務印書館，《四部叢刊初編》），卷 60，〈長汀庵記〉，頁 5a-8a。關於「守墳庵」，黃敏枝曾在其《宋代佛教社會經濟史論集》（臺北：臺灣學生書局，1989）略有討論（頁 261），但其說仍有值得商榷和進一步深究之餘地。

❷　以上引文皆見韓元吉，《南澗甲乙稿》（臺北：新文豐出版社，《叢書集成新編》），卷 22，〈太恭人李氏墓誌銘〉，頁 460-61。按：原文誤宗杲之「杲」為「果」。其他宋人文集凡錄及宗杲之名者，常有此誤。

❸　《香溪集》，卷 22，〈右通直郎范公夫人章氏合祔誌〉，頁 11a-12b。

有所得。而錢觀復自己亦樂善好施，雖年老而學不衰，無頃刻廢
書，「或探內典，究死生性命之說，自號正靜居士，且名其所居之
堂，以諭諸子甚篤。」❹夫妻同時樂善、布施，表現虔誠之佛教信
仰與實踐。

　　朝散郎知高州贈朝議大夫趙公賓（生卒年不詳）之妻李洞安
（1155-1219），自夫死後，囊無餘貲，惟以勤儉教子為急。間關貧
困，三十餘年，至其晚歲，長子抱孫，聯翩科第，家用日裕，而李
氏則自處沖澹，日課佛書，常自言生平未嘗萌一惡念。她好與人為
善，平日不吝施予，未覺有何難處。❺浙江富春處士徐庭蘭（生卒
年不詳）之母趙氏（？-1236），也是「喜誦佛書，助輿梁，施寒飢，
雖量力無吝色。」❻

　　有些婦女，本即樂善好施，雖無齋僧、飯僧之舉，但周濟貧
困，常慷慨不後人，雖不必視為信佛之效，但虔誠事佛則為事實。
譬如，宣義郎致仕贈金紫光祿大夫邵武黃崇（生卒年不詳）之妻、端
明殿學士黃中（1096-1180）之母游氏（1077-1132），出身於儒門，其
從兄為名理學家游酢（1053-1123）。游氏為人謙謹有禮，樂道人之

---

❹　劉一止，《苕溪集》（臺北：臺灣商務印書館，影印文淵閣《四庫全書》
　　本，1983-1988），卷 51，〈徐氏安人墓誌銘〉，頁 18b-21a；卷 51，〈宋故
　　朝散郎緋魚帶錢君墓誌銘〉，頁 6b-11b。

❺　黃幹，《勉齋集》（臺北：臺灣商務印書館，影印文淵閣《四庫全書》本，
　　1983-1988），卷 37，〈太恭人李氏行狀〉，頁 20a-22b。

❻　方大琮，《鐵庵集》（臺北：臺灣商務印書館，影印文淵閣《四庫全書》
　　本，1983-1988），卷 35，〈徐母孺人趙氏墓志銘〉，頁 15a-17b。按：《宋
　　人傳記資料索引》錄有臨海人徐庭蘭，為徐中行仲子，與此人當非同一人，
　　蓋此人為趙氏獨子，而臨海徐庭蘭則有兄弟三人。

善而不喜聞其過，與其夫都樂於助人，往往賙濟貧困，甚盡其力。
她「日誦女訓及它經言以自箴警，亦頗信尚浮屠法。娠子則必端居
靜室，焚香讀儒佛書，不疾呼、不怒視，曰此古人胎教之法也。」
以「讀儒佛書」來行胎教之法，未嘗不是盡法施之意。據說，游氏
病革之際，其夫傷心泣視，游氏卻安慰他說：「生死聚散如夜旦
然，何以戚戚為哉！」❼豈不也是修行智慧波羅蜜之表現。

南宋末期章君表（生卒年不詳）之妻陳氏（1169-1241），年方及笄
即嫁與其夫。其姑（章君表之母）嗜佛書而不預家事，而陳氏性澹
然，所好與姑雅合。她「盛年而獨寢處，姑婦焚誦，蚤暮合席，相
敬愛如母子，五十載如一日。」陳氏重義輕財，好賙貧卹老，濟急
拯危。聞人有善，則勉其夫以訓子孫，見其夫有為善之意，必贊之
決不容緩。師席之設，「凡可以相其君子而成其志，愈老愈不
倦。」故墓誌銘作者，似有將章家「家道日益昌」之事實歸功於陳
氏。章母壽至八十餘歲，死後陳氏「久持齋不忍釋」。❽

其他施財助築寺觀之婦女，大有其人，下文之樓弄夫人張氏，
即是其例。

㈡持戒波羅蜜

南宋公卿大臣家庭亦有若干出家為尼者，但多為婚嫁之後再出
家皈依佛門，其未婚即入寺為尼者有妙道禪師。她是神宗元豐五年

---

❼　《晦庵集》，卷91，〈建安郡夫人游氏墓誌銘〉，頁 21a-23b。

❽　徐元杰，《楳埜集》（臺北：臺灣商務印書館，影印文淵閣《四庫全書》
　　本，1983-1988），卷 11，〈浦城陳氏墓誌銘〉，頁 3b-5b。按：章君表生平
　　事迹不詳。

（1082）狀元、禮部尚書黃裳（1044-1130）之女，又稱定光大師。❾
燈史說她「幼絕嗜好，每夜坐忘身。父伺其言用無少隙，積二十
年，授以僧服，徧謁諸名宿。」❿曾先後參曹洞禪師真歇清了
（1091-1152），又參臨濟大慧宗杲，為其重要法嗣之一。她先開法
於劍州福興寺，後徙常州毗陵資聖寺，溫州淨居院，嗣法多人。她
未婚而為尼，熱心向道，在大慧座下懺悔參學，由學參話頭而悟
道，成為一戒行圓滿，定慧兼修，又能獨當一面，深受重視的女禪
師。⓫妙道之信佛與黃裳夫婦之信佛顯然有關。黃裳本人信慕佛
道，與多位禪師深相過從，並與東林常總（1025-1091）論佛禪之
道。⓬在〈貽如祖大師四首〉，他有如下詩句：

> 既已離家與世違，紛紛人事不須知；
> 百年十二時光景，作佛工夫只怕遲。（四首之一）
> 說禪談佛未曾修，幻化空身豈自由；
> 常視世情如鎖鑰，雲山深處莫回頭。（四首之二）⓭

---

❾　《續傳燈錄》（臺北：新文豐出版社，《大正藏》冊 51），卷 32，頁
　　692a。按：宋代有兩位黃裳，都曾任禮部尚書。此黃裳字勉仲，為閩延平
　　（福建延平）人，以詞名於世，著有《演山集》。另一位黃裳（1146-1194）
　　為蜀人，字文叔，擅天文、星象，著有《兼山集》一書，今已不存。
❿　《嘉泰普燈錄》（臺北：新文豐出版社，《卍續藏經》冊 137），頁 271a。
⓫　關於妙道之生平與事迹，上篇引 Miriam Levering 之 "Miao-tao and Her Teacher
　　Ta-hui" 有詳細之討論。
⓬　見《演山集》，卷 19，〈答大覺道果詩序〉，頁 7b-9b；卷 19，〈東林集
　　敘〉，頁 4b-6b；卷 23，〈答總長老序〉，頁 10a-11b。
⓭　《演山集》，卷 11，頁 11ab。

又在〈自警〉一詩中說：

> 一日少一日，一年無一年。頓門何處入，秘旨有誰傳？
> 憂樂波生水，光陰箭去絃。幾時能得了，坐臥莫忘禪。⓮

　　這都可以看出他對佛教、禪宗的喜好。而其妻陳夫人去世，他的輓詞有句云：「寶奩人去月空寒，百歲榮華忽蓋棺；萬葉遺經香一篆，日華簾下與誰看？」可見他與陳氏生前或有共看佛經以為日課的習慣。⓯

　　婚後皈依佛門之最有名者，首推無著妙總（1095-1170）。她是宋哲宗朝丞相蘇頌（1020-1101）之曾孫女，年甫十五，忽有「吾生身何來，死復何去」之念。其後脫然有得，遂不以為意。年長之後，勉從父命嫁毘陵許壽源（生卒年不詳）。但她深厭世相，齋潔自如，且欲高蹈方外，志慕空宗，以進修禪寂為念。年三十許，即厭世浮休，脫去緣飾。赴江浙各地禪林咨參諸老宿，包括在宜興之真歇清了。遂入正信之域，持戒甚謹。她後來從許壽源赴嘉禾任官，時以未能見大慧為念。適逢妙喜與不動居士馮楫（濟川）少卿艤舟嘉禾（浙江嘉興），妙總往禮敬之。次日，許壽源即請大慧說法，妙總向大慧求道號，大慧以無著名之。次年，聞大慧在徑山法席甚盛，即往徑山度夏，見大慧陞堂，「舉藥山初參石頭後見馬祖因緣」，聞之豁然省悟，遂為大慧入室弟子，而無著之名亦大著於

⓮　同前書，卷7，頁9a。
⓯　同前書，卷32，〈夫人陳氏挽辭〉，頁6ab。

世。妙總晦藏既久，遂服方袍。叢林以為她「年德雖重，持律甚嚴」，且能「苦節自礪，有前輩典型。」❻故後來後張孝祥（1132-1169）守平江府（即蘇州），請她開法於資壽寺。❼她宣揚大慧佛法不遺餘力，享譽叢林，頗受尊敬。名僧曉瑩與她相熟，曾造其寺拜訪，並獻其所著《羅湖野錄》。妙總見其「所載皆命世宗師與賢士大夫言行之粹美，機鋒之醻酢。雄文可以輔宗教，明誨可以警後昆。於是詳覽熟思，不忍釋手」，而為其作跋。從其跋語可見其對叢林之盛衰關心至深。❽曉瑩持有大慧在梅州報恩寺所用竹篦，妙總為其作銘，引文曰：「大慧老師以竹篦揭示佛祖不傳之妙，幾四十年，遂使臨濟正派勃興焉。至於居患難中，亦不倦提擊，所以梅州報恩有竹篦在堂司也。江西瑩仲溫嘗掌其職，得之而歸，豈特為叢林千載之榮觀邪？」❾

與妙總類似者有慧照（?-1177）。她是兵部侍郎張淵道之次女，

---

❻　此段引文一，見《佛祖歷代通載》（臺北：新文豐出版社，《大正藏》冊49），卷 20，頁 700b；引文二，見《續傳燈錄》（臺北：新文豐出版社，《大正藏》冊 51），卷 32，頁 692h；引文三，見《人天寶鑑》（臺北：新文豐出版社，《卍續藏經》冊 148），頁 137b-138b。按《人天寶鑑》與諸燈史如《續傳燈錄》、《嘉泰普燈錄》多誤作蘇頌孫女，本書第二章曾稍述其事。又，「典型」，原文作「典刑」，二者互通。

❼　《續傳燈錄》（臺北：新文豐出版社，《大正藏》冊 51），卷 32，頁692b。按張孝祥卒年歷來有乾道五年（1169）及乾道六年（1170）二說。《宋人傳記資料索引》即從後說，見頁 2376。此處依郭齊，〈張孝祥卒年確考〉一文之說，見《宋代文化研究（第十一輯）》（北京：線裝書局，2002），頁 182-184。

❽　《羅湖野錄》（臺北：新文豐出版社，《卍續藏經》冊 142），頁 1003b。

❾　《雲臥紀譚》（臺北：新文豐出版社，《卍續藏經》冊 148），頁 44b-45a。

嫁梁元明為妻。婚後曾入徑山從大慧宗杲，受其記莂。後更入寺為尼，號無際道人。她晚年依無著妙總落髮，以無著為師，並繼其資壽寺法席。❷❶慧照之為尼，可能受環境之影響。紹興九年（1139）張淵道家居無錫南禪寺約年餘，其間婚後慧照歸寧返家，曾遊惠山寺，可能因住南禪寺，而遊附近禪寺而逐漸信佛。❷❶與他同時入大慧之門者還有戶部侍郎劉岑（1087-1167）之嫂。唯她雖或出身士大夫家，但生平事迹不詳，只知其法號為超宗道人。❷❷

　　婦女念佛持戒，往往與其長期誦佛書之行相表裏。此類婦女往往長期誦經、茹素、持戒甚嚴。譬如，北宋末，果州（在四川南充）團練使劉從遠（生卒年不詳）之妻唐氏（1066-1150），年十七即歸其夫。其夫病重，唐氏躬親藥餌，至於連月不解衣，「後時而飯，當暑而燎，以身祈禱。」劉從遠喪後，她「哀毀苟存，不御塗澤。縞服齋素，誦佛書累年，日勤香火，面垢服弊，不廢常德。又專教諸子力學、應進士科，三遷而至，道不愧孟鄰。」可見唐氏孀居之後，雖誦佛書累年，但並不忘卻教子力學之責，反而學孟母之三遷，讓其子得應進士之試。此外，她平居務去葷血而多菜食，又

---

❷❶　《雲臥紀譚》，頁 28b-29a。按：張淵道，《宋史》無傳。其一女為南宋名臣洪邁（1123-1202）夫人，故洪邁屢於《容齋隨筆》及《夷堅志》說「余外舅張淵道」或「妻父張淵道」。其任兵部侍郎時間約在紹興六年（1137）任中書門下檢正官兼都督府諮議軍後，見《夷堅志》，頁 483-484；《容齋隨筆》，卷 13，頁 174。慧照有子任無為軍簽判，當即《雲臥紀譚》所說之梁簽判。準此而推，故其夫當是洪邁於《夷堅志》〈張女對冥事〉一故事所說之梁元明。見《夷堅志》，頁 224。

❷❶　《夷堅志》，頁 224、291。

❷❷　《雲臥紀譚》，頁 28b。

「不讓殺生，不以厚味易其習。」守寡二十二年之間，「哀疚之餘，益親內典，世道眾務，莫能縈拂其心，惟聞人疾苦，惻隱而覆護之。」她八十五歲去世，死時視聽聰明，步武輕強，不需左右扶掖。雖臥病踰月，但神識不亂，怡然而逝，人皆視為類有道者。唐氏有四子，其幼子悟正，幼修梵行，祝髮受具足戒，為右街鑒義賜紫定慧圓明大師，當是受母親虔敬信佛之影響。❷❸

紹興朝處士王九成（1102-1159）妻袁氏（1104?-1159?），深信佛教，總是「婦事有初，雞鳴而盥，薰香佛書，梵唄齋旦」，信佛甚謹，持戒甚嚴。❷❹

淳熙年間贈朝散大夫蔡湍（1121-1176）之妻、紹熙年間知臨安府蔡戡（1141-?）之母方道堅（1115-1191）幼即事親篤孝，嘗欲祝髮為比丘以報父母鞠育之恩，因親人力止之而罷。她性生淡泊，早受道家籙，齋戒之日十居四、五，每日晨起，則「誦浮屠書非，疾病不廢。」❷❺

---

❷❸　曹勛，《松隱集》（臺北：臺灣商務印書館，影印文淵閣《四庫全書》本，1983-1988），卷36，〈永嘉郡太夫人唐氏墓銘〉，頁1a-5a。

❷❹　《方舟集》，卷17，〈袁氏墓誌銘〉，頁24a-25a。按：王九成字夷仲，為李石之友，李石說他是個易學專家，但「不工場屋舉子業，而樂從吾輩為迂闊左計。」見同書，卷15，〈王九成夷仲墓誌銘〉，頁2b-4a。又按：兩墓誌銘皆說袁氏於其夫卒後，「不數月以毀卒」或「夫死繼卒」，則其卒年應在紹興29年（1159）或30年，但〈袁氏墓誌銘〉所說「辛巳（1161）二月，丁未金母，是其卒日，葬以壬午，」顯然有誤。「葬以壬午」是與其夫同年而葬，可以理解。但辛巳年在其夫卒後兩年，不當為其卒年。

❷❺　《誠齋集》（上海：商務印書館，《四部叢刊初編》），卷129，〈太令人方氏墓誌銘〉，頁12a-14b。

武義郎趙公恃（生卒年不詳）妻郭氏（1129-1222），性恬淡勤儉，每日鷄鳴即起，焚香誦佛書，「遲明戒婢僕掃堂戶之塵，設席正坐，夫婦相對如賓，動止有常，風雨不渝。」趙公恃號靜淵老人，平日樂施與，雖至匱乏，仍周濟鄉民，毫無吝色，郭氏亦悉力助之。他捐館之後，郭氏屏棄簪珥，布衣蔬食，持律嚴謹，約己節用，一介不妄取。教子孫不以富貴利達為欣羨，而以聞善為義為急，故子孫多有成。❷❻

(三)精進波羅蜜

念佛、誦經和讀佛書仍是南宋婦女在「精進波羅蜜」之最常表現。雖然多半中、上層婦女都能識字讀佛書，但亦有少數不識字而只能念佛者。值得注意的是，南宋理學雖盛，但未必牽制婦女之信佛。如同婚姻一般，婦女孀居後，固有守節而終，未曾再醮者，但亦多有改嫁再婚而不被視為「失節」者。❷❼許多婦女，並未因理學家之抨擊佛教，而放棄信佛。不過，他們雖獻身佛教，時課佛書，

---

❷❻ 度正，《性善堂稿》（臺北：臺灣商務印書館，影印文淵閣《四庫全書》本，1983-1988），卷 14，〈郭安人墓誌銘〉，頁 3a-7a。

❷❼ 宋代婦女再嫁者甚至較前代為多，婦女與丈夫離異或寡居後因生活需要而再婚，一般都為當時社會所接受，並未因程朱理學之影響而造成「失節」之問題。參看張邦煒，〈兩宋婦女再嫁問題探討〉，收於氏著《宋代婚姻家族史論》（北京：人民出版社，2003），頁 149-180。陶晉生（2001），第七章，〈婦女的再嫁與改嫁〉，頁 171-196。伊沛霞在她的論文中也再三反對將婦女「再嫁即失節」之觀念歸咎於程朱理學。見"Women, Money, and Class: Sima Guang and Song Neo-Confucian Views on Women,"在其 *Women and Family in Chinese History* (London and New York: Routledge, 2002), pp. 10-38。

但多半能盡其心力，教子女力學上進，求取功名。譬如，北宋末，右朝散大夫楊公某之妻薛氏（1071-1131），年方及笄即歸其夫。楊薛兩家均為世儒，然薛氏生長儒門，不獨通經傳、子史，杜甫、白居易、蘇軾之詩語亦皆能成誦，而且還能表現「婉約之資，而以禮法為之文；悟入之性，而以釋老為之輔。」❷❽人皆以為其所習甚遠。

南宋宗婦之信佛者，僅見毛氏（1127-1184）一人。毛氏為太宗六世孫武義郎趙不倎之繼室、七世孫建安令趙善宷之母。她出嫁後，十年而寡，年不過二十七，有子女三人。但「守義莫奪，躬治其田廬，以緝其生理。掩關教其子外，勤儉自頤，日課釋老氏經，刺繡其像為幡幢，貨其簪珥用祈武義之福。」❷❾也就是說，她雖然孀居時尚年輕，但並未再婚，而獻身於教育子女，兼以讀佛道經書為日課。當然南宋宗婦信佛者可能不只一人，記錄之缺也未必能反映實際情況，毛氏當為其較突出者。

南宋初，曾於徽宗朝任達州司戶參軍之楚通叔妾朱氏（1097-1133），於其夫死後，獨力撫養二子成人，並皆出仕為官。其子迎至官舍，朱氏「日屏家事，唯誦佛書究其理而已。」❸❶

武興太守向子寵（生卒年不詳）之妻張氏（生卒年不詳），出身果州右族。其祖司法公不以富貴自居，杜門絕物，其身而不仕，而刻意真乘，對張氏頗有影響。她自幼至長，標韻絕人，音律、女工均

---

❷❽ 李石，《方舟集》（臺北：臺灣商務印書館，影印文淵閣《四庫全書》本，1983-1988），卷17，〈故宜人薛氏墓誌銘〉，頁18b-20b。

❷❾ 《南澗甲乙稿》，卷22，〈太宜人毛氏墓誌銘〉，頁463-65。

❸❶ 黃本驥，《古誌石華》（清道光二十七年三長物齋叢書本），卷28，〈楚通叔妾宋故夫人朱氏墓誌銘〉，頁1a-2a。

臻其妙。常「居家燕坐，端儼如圖畫中人」，雖喜慍不見於色，父母宗族咸敬愛之。「而尤喜學佛，時誦《大悲咒》，精進誠嚴，寒暑不懈。善念淨信，綽有祖風。」人皆以為是真所謂菩提種子。張氏既歸向子寵，一日夢中見釋迦化身為僧，勸其食素，遂不茹葷。後病死，其夫為之悲歎，大為布施，以資莊嚴之奉。❸

紹興間，西鄉令陳堯文（生卒年不詳）之母杜氏（1078-1143），「幼嫻義訓，落落有林下簡靜風氣。」雖年歲尚輕，已不茹葷，又讀佛書，而能「妙涉理悟」。年方及笄，即嫁與陳父，然其夫早死，杜氏立誓自力撫養二子，「為師以慈，持家以儉，故子孫克立。」其墓誌銘作者李石（?-1181），知她學佛有道，說她「佛書齋心，妙悟此理，大化大千，何者生死？」❷似讚其見道深而能超脫生死。

紹興間，靖州推官張廷傑（生卒年不詳）夫人李氏（1107-1159），孝友為家，有聲鄰里。晚年事母愈孝，謹調旨甘，不缺溫清。暇則「讀釋氏書，平時語默有常度，閨門肅如也。」❸

紹興間，朝散郎虞璠（生卒年不詳）之妻郎氏（1107-1191），生長儒素，以婦德稱於時。其子虞儔（生卒年不詳），舉隆興元年進士，官至兵部侍郎，常對人說，「吾母雖當燕衎，未嘗不勉儔以名節，

---

❸ 清·劉喜海，《金石苑》，卷4，〈宋張夫人夢佛記碑〉，頁91a-92b。

❷ 《方舟集》，卷17，〈杜氏太孺人墓誌銘〉，頁17b-18b。按：陳堯文生平事迹無可考，其子陳炳、陳煥事迹亦不詳。《宋人傳記資料索引》雖錄陳炳數人，但皆不似陳堯文之子。

❸ 周必大，《文忠集》（臺北：臺灣商務印書館，影印文淵閣《四庫全書》本，1983-1988），卷36，〈靖州推官張廷傑妻李夫人墓誌銘〉，頁9a-11b。

常懼無以稱塞。」也就是說她在宴飲行樂之時，常以名節勉勵家人，恐未能稱其職。郎氏甚為長壽，享年八十五歲，她晚年修行持戒與精進，「耽釋氏書，諷兩〔誦〕不渝，清晨未嘗茹葷，蓋五十年云。」❸❹

紹興與淳熙間學者胡著（愨仲）之妻劉氏（1140-1225），自幼柔惠警敏，其父授以《孝經》、《論語》、《孟子》等書，劉氏不但過目即能成誦，又通其大義，終身不忘。她「晚好浮屠書，若有得者。」嘗告家人日後當無疾而逝，後果如其所料。❸❺

光、寧二朝之間，楚州山陽縣主簿文林郎李端修（生卒年不詳）之妻周氏（1113-1196），侍奉其姑，齋素閱佛書，寒暑無間。後李端修得疾而卒，周氏哀毀過度，至於喪明。然雖眊眊，獨於佛書不廢念誦。教子讀書，必聞其讀書聲而安，故諸子皆舉進士。周氏教子之暇，於釋氏之書，亦不廢持誦。臨死前，會親黨盡歡，戒左右勿哭，一訣而逝，世謂之奇女子。❸❻

南宋處士李富（生卒年不詳），終身不入公門。其妻曾氏（1102-1179），雖不知書，而人皆知其「喜默然誦釋氏語」。❸❼

---

❸❹　《誠齋集》，卷130，〈太宜人郎氏墓志銘〉，頁20b-24a。按：「諷兩不渝」《宋集珍本叢刊》冊55之《誠齋集》作「諷誦不渝」，較為正確。見卷131，頁91a-92b。

❸❺　《誠齋集》，卷131，〈太孺人劉氏墓誌銘〉，頁1a-3b。

❸❻　《兩浙金石志》（上海：上海古籍出版社），卷10，〈周夫人墓誌銘〉，頁51b。按：原文有缺字，而「……於獨佛書□誦，教詔子孫，聞其讀書聲……」意亦不詳，此處姑猜測其意。

❸❼　《誠齋集》，卷126，〈李母曾氏墓誌銘〉，頁17b-19a。按：《宋集珍本叢刊》所收《誠齋集》作「喜默誦釋氏語」。見卷127，頁4b-6a。

此期不少婦女因長期讀誦佛書，並精研佛義，而至於能背誦佛經。譬如，高宗建炎中戶部侍郎季陵（1081-1135）之妻上官氏（1094-1178），自少觀浮屠氏書，「將終之夕，僅以小疾，猶合目端坐，誦《華嚴經》，滔滔無一語謬。」**❸**

紹興間，上饒令孫鎮（生卒年不詳）之妻晁氏（1120-1140），信佛誦經，然天不假年，二十一歲即死。死前三日，謂其保母曰：「吾且死，不得終吾姑之養矣！」遂琅然誦佛書而絕，無一字之差。**❸**

紹興二十四年（1154）狀元張孝祥之妻時氏（生卒年不詳），「奉佛素謹，屬纊而誦佛之聲猶不絕。」**❹**其妹張法善（1134-1172），為寧國府長史韓元龍（生卒年不詳）繼室，吏部尚書、龍圖閣學士韓元吉（1118-1187）之從嫂。據韓元吉說，其從兄因元配早喪，無再婚之意，張孝祥與韓元吉議，將其妹嫁予韓元龍，因她「性淨專，且知書，能誦佛經，習于世故，舉族人人敬之」之故，似乎「能誦佛經」成了代人擇偶者所重視的條件或優點之一。她臨死前，「命浮屠作懺摩法，而侍婢擊磬，聲未絕而逝。」**❹**

隆興間，朝散大夫致仕程晉（生卒年不詳）之妻、紹興朝華文閣直學士程叔達（1120-1197）之母胡氏（1091-1165），以善助其夫「經

---

❸ 《南澗甲乙稿》（臺北：新文豐出版社，《叢書集成新編》），卷 28，〈榮國太夫人上官氏墓誌銘〉，頁 459-60。

❸ 《浮溪集》（臺北：臺灣商務印書館，影印文淵閣《四庫全書》本，1983-1988），卷 28，〈孺人晁氏墓誌銘〉，頁 15a-16b。

❹ 張孝祥，《張孝祥詩文集》（合肥：黃山書社，2001），卷 30，〈亡妻時氏宿告文〉，頁 346-47。

❹ 《南澗甲乙稿》，卷 28，〈安人張氏墓誌銘〉，頁 457-58。按：「懺摩法」《四庫全書》本作「懺度法」。

理家事」為人所知。她「慈惠肅敬，四德兼揪，知古今、通釋氏書。」可見是個兼攝儒釋的女性高級知識分子。她年屆七十餘，仍由子女娛侍西湖上，間「登天竺諸山」。所謂「天竺諸山」，指天竺山之中、上、下天竺寺，自北宋以來即為有名禪寺。胡氏既通釋氏書，由子女陪同至禪寺參訪，並與禪師習禪論道，當為常事。❷

　　南宋夫妻與族人信佛者有增無減，此種家庭之婦女信佛至誠，給人予無時無刻都作佛事之印象。譬如，參政樓鑰（1137-1213）之母親及祖母都信佛。其母汪慧通（1110-1204）信佛異常虔誠，「奉佛素謹，甫三旬，已閱大藏經，取《龍龕手鑑》以正奇字。」其外祖母（汪氏之母）王氏，也隨她念大藏經，「再誦及半」，而由汪氏與二舅補完。晚年「猶作梵唄，時舉因果以示人。晨餐以前，無非佛事，寒暑如一。晝靜多觀大字未見之書，不問多寡，必自首至尾而後已。」❸其叔祖樓弅（1099-1173），博通經史，少舉進士而不遇，遂不再為場屋之文，而學問益高。「中年益薄世故，好浮屠氏之說，名山古剎，意有所寓，假榻宴坐，一鉢一衲，或累歲忘返」，過著悠閒之居士生活。樓弅夫人張氏（生卒年不詳）也信佛，尤其於其夫過世之後，「持門戶愈謹，奉佛愈嚴，平生自奉至薄，見華靡之服，至瞑目不觀。」除此之外，她「寺觀營繕，隨所求而應之」，也是熱心布施之信佛者。❹

　　樓鑰從妹樓靚之（1137-1200），嫁石文（時亨）為妻，「性剛氣

❷　《文忠集》，卷36，〈程給事母宜人胡氏墓誌銘〉，頁16a-18b。
❸　《攻媿集》，卷85，〈亡姒安康郡太夫人行狀〉，頁2a-10a。
❹　同前書，卷100，〈叔祖居士并張夫人墓誌銘〉，頁8b-11b。

直，習聞議論，以及生死之說，往往領解。」她去世時「奄然如蛻，既斂，面如生，兩手俱結釋氏印。」樓鑰認為這是她長期習佛為善之報。㊺樓鑰之姪女、亦即其兄樓鍔（紹興三十年進士）之女，嫁與葉適的學生趙汝鐸為妻。樓氏（?-1216）「特喜浮屠道，常危坐疏食，食纔半掬。」她死時，二女「拍肩齧臂，振床哭踊無數。」不料樓氏忽然睜眼開目，謂其女不曉事，復起而危坐，稱誦佛名，聲聲相連，誦念不已。未幾，大呼「彌陀接引，可去矣！」命遂終。顯然是個彌陀淨土的信仰者。樓鑰之兄樓鎡（生卒年不詳）築舍如禪房精舍，「朝而誦經，晝則假寢，暮止三酌，陶然自適」，也是個典型的佛教居士。㊻

南宋淨土往生信仰更加流行，婦女念誦彌陀、歸心淨土者益多，以下數例可見一斑。

兩宋之際，鎮洮軍承宣使、妙明居士陳思恭（生卒年不詳）之妻馮法性（生卒年不詳），幼即體弱多病，婚後病更加劇，延醫謀藥，皆無以為治，生趣漸失，後聞慈受懷深禪師（1077-1132）於都城收徒說法，遂逕造其室，問癒疾之方。懷深教以持齋誦佛，默求初心。馮氏遂盡去葷血及裝飾之奉，衣掃塔服，「專以西方淨觀為佛事，行亦西方也，坐亦西方也，起居食息亦西方也，語默動靜亦西方也，酌水獻華亦西方也，翻經行道亦西方也，剎那之念、秋毫之善，一以為西方之津梁。」自壬寅（1122）至壬子（1132），十年之

㊺ 同前書，卷105，〈從妹樓夫人墓誌銘〉，頁19a-21a。按：石文之生平事迹不詳。見同書卷109，〈從兄樓府君墓誌銘〉，頁21b-24b。

㊻ 《葉適集》，卷22，《趙孺人墓誌》，頁423-24。

間，既無墮容，亦無矜色，心安體胖，神氣昌旺，人皆怪而尊之。一日，忽提筆書數語曰：「隨緣認業許多年，枉作老牛為耕田。打疊身心早脫去，免將鼻孔被人牽。」其族人皆怪之，馮氏曰：「清淨界中，失念至此，支那緣盡，行即西歸，適我願兮，何怪之有？」不久，臥病不起。一日，忽矍然而寤，語侍旁者曰：

> 吾已神遊淨土，面禮慈尊。觀音左顧、勢至右盻。百千萬億清淨佛子，稽首慶我來生其國。若夫宮殿林沼，光明神麗，與華嚴佛化，及十六觀經中所說，無二無別，唯證方知，非所以語汝曹也。侍疾者亟呼妙明，語其故，乃相與合掌策勵，俾繫念勿忘。又明日甲辰，安臥右脅，吉祥而逝。❼

　　孝宗淳熙年間，四川制置使兼知成都府胡元質（1127-1189）之夫人魏氏，信佛至誠，尤信淨土教。其弟早死，她於昭覺寺建無量壽佛像以資冥福，又親繪西方變相於壁上。其三子亦早死，她哀痛欲絕，命工粧塑觀音、勢至二像於無量壽佛之兩旁，以資冥福，使昭覺寺之淨土道場為之完備。據說魏氏「性根於仁，定生於慧，宴坐蟠經，垂二十年。」其弟及其子之死，使其信佛之志益堅。她曾手書《楞嚴經》與《圓覺經》，並鋟木以傳學者。又曾刺指血書《金剛經》、《阿彌陀經》、《勢至經》以薦考妣。其子死後，又書《妙法蓮華經》七卷，而且「口誦心惟，洞達奧妙。」論者以為

---

❼　《樂邦文類》，〈廣平夫人往生記〉，頁190c-191a。

「雖老師宿學，業於西方氏之教者，自以為弗及。」❹魏氏篤志寫經之虔誠與毅力，少有人可比。

魏氏之修建佛殿、繪西方變相、塑觀音及無量壽佛像及手寫佛經等，固與其個人之淨土往聲信仰關係密切，為實踐淨土信仰相當突出之表現，實亦顯示南宋淨土信仰的趨勢。蓋南宋淨土往生信仰因觀音信仰之日漸普及，婦女之信淨土求往生者，或拜彌陀，或拜觀音，隨其所好。不過，因觀音經像之流行，竟使觀音信仰與淨土往生信仰，重疊呈現。可以說南宋婦女信奉觀音者，大都是淨土往生信仰者，容再舉數例說明：

孝宗淳熙年間，蘇州知府單夔（生卒年不詳）之母葉妙慧（1104-1185），因早年歷經憂患，心力耗盡，晚年目不能視。她自認平生「善念如出家人，嚮佛道如行熟路」，不應受此折磨，遂「日課《觀音經》，誦大士號。」而單夔亦親書《金剛經》，鋟木廣施溢萬帙，葉氏遂因而復明。葉氏年八十二以壽終，瀕死之前，告訴其子說：「吾自三十即奉釋氏教，祀佛經、飯桑門者，未易屈指計，豈直為觀美哉，誠欲今日受用耳。吾嘗誦其書而解死生之說，今八

---

❹ 見《成都文類》（臺北：臺灣商務印書館，影印文淵閣《四庫全書》本，1983-1988），卷 40，王正德撰，〈昭覺寺無量壽佛殿記〉，頁 11b-13b。按：原文說「淳熙六年正月二十三日四川制置使敷文閣學士胡公」云云。考淳熙六年（1179）任四川制置使者為胡元質，他於光宗時以敷文閣大學士致仕，封吳郡侯。其任四川制置使時間，參李之亮，《宋川陝大郡守臣易替考》（成都：巴蜀書店，2001），頁 30-31。胡元質為南宋名醫家，著有《胡元質總劾方》，見《宋史》，卷 207，頁 5317。此書或稱《胡元質經驗方》，據說為江淮一帶醫家所推重。又按：〈昭覺寺無量壽佛殿記〉原文謂「彌陀勢至經」，疑為《阿彌陀經》及《楞嚴經》之〈大勢至念佛圓通章〉之簡稱。

十二，不為不壽，吾於此無戀意也，汝等毋苦以藥困我。」說完，其子泣下，雖欲復進藥餌而為葉氏所止，並戒家人勿哭泣，免徒亂其志，遂「手結彌陀印，晏然而逝。」^{❹⁹}這是觀音信仰兼攝彌陀信仰之體現。葉氏奉釋氏之教五十餘年，除祀經、飯僧、日誦大士號、課《觀音經》之外，所作佛事不可勝數，可視為修行六波羅蜜表現最虔誠之例。

又如，寧宗朝兩浙轉運司物料官張應運（亨之）之祖母卞妙覺（1144-1235），出身富家，奉佛甚殷。據張應運說，她「妙年卻葷不御，持誦觀世音號，精嚴匪懈。一夕感夢，履坦塗，左顧右盼，幽閴虛曠，布地皆金砂，晶光奪目，一人肩蓮花來，拱揖，分兩枝見畀。夢中疑非人間世，覺而神爽思清。」卞妙覺深知這是長年誦觀音名號而將獲報往生淨土之驗，所以她對家人說：「此西方淨土，我沒，其遊此乎。」^{❺⁰}為她寫墓誌銘的袁甫（嘉定七年狀元），常病儒者陰信佛教而陽違其名，而對卞氏之經歷，認為是「念慮專靜，精神默通」之結果。

修淨業而得獲往生之報的說法，雖事涉玄虛，但為宋代淨土信士所深信。尤其與觀音信仰結合，其恭敬篤信者，還時而被尊為觀音之化身。譬如，某宋都官員外郎呂宏（生卒年不詳）妻吳氏（生卒年不詳），與其夫各齋戒清修，而曉悟佛理。吳氏事觀音甚為虔誠，常有感應。她每於淨室，列置瓶缶數十，以水注滿，手持楊枝誦

---

❹⁹　《東塘集》，卷20，〈故太淑人葉氏行狀〉，頁22b-30a。

❺⁰　袁甫，《蒙齋集》（臺北：新文豐出版社，《叢書集成新編》），卷 18，〈太孺人卞氏墓誌銘〉，頁 263-64。按：「塗」通「途」，《四庫全書》本作「途」，見卷18，頁 18b。

咒，常見觀音放光入瓶缶中。病苦者飲水多瘉，故世號「觀音縣
君」。據說其所咒之水，「積歲不壞，大寒不凍。」吳氏有二侍
女，亦修淨業。其中之一，奉戒嚴苦，或終月不食，但日飲吳氏所
咒觀音淨水一盞而已，後忽見佛及菩薩出現目前，如此三年，遂感
疾而逝，臨終自言將獲往生之報。❺至於吳氏「手持楊枝誦咒」，
所誦者當也是宋以來流行的〈大悲咒〉❺。此種心叩大士、口誦密
咒，而以咒水治病之法，為唐以來天台密教儀軌滲入宋代中、上社
會階層之表徵，可以說是觀音信仰之擴大。❺

　　以上婦女以各種行為多方面表現其信嚮之誠，其實踐信仰之方
式，與北宋婦女頗有不同。尤其魏氏手抄佛經之作法，更鮮見於北
宋。其實自唐以來，手抄佛經漸蔚為風氣，雖宋世印刷術大有進
步，著手寫經之人數未必因此而減，反有迭增之勢。蓋因信士大量
刊刻佛典，使其廣為流傳，有累積功德，助人為善之意。而手抄零
星散冊，則多為表現虔敬之心，並為親人祈福。宋世士人參與寫經

---

❺　王日休，《龍舒淨土文》，卷6，〈送觀音縣君〉，頁269b。

❺　按：誦《大悲咒》以避禍求平安或除妖祟，為宋民間所常見。以下二例見於
　　《夷堅志》。〈建德妖鬼〉一故事，述祈門汪氏子平日誦《大悲咒》，遇危
　　難時，但誦咒祈靈而無他法，竟因此而避大蟒蛇之吞噬。〈宗演去猴妖〉述
　　福州能仁寺有猴妖為祟，福、泉、南劍、興化四郡居民遭祟病死者甚多。長
　　老宗演聞而誦《大悲咒》度之，遂除其猴。臺州僧處瑤常持誦《大悲咒》，
　　夢觀音傳授法偈，令每旦咒水七遍或四十九遍，以洗其病眼。積年障翳，近
　　患赤腫，無不痊瘉，且壽至八十八。見《夷堅志》，〈建德妖鬼〉，頁
　　126；〈宗演去猴妖〉，頁47-48；〈觀音洗眼咒〉，頁1681。

❺　參看嚴耀中，《江南佛教史》（上海：人民出版社，2000），頁172-78。

者大有人在，筆者已有專文論及此事。❺而南宋信佛婦女，於唸誦之餘，亦發心抄寫佛經，以作功德或為親人薦福，為前此所少見，魏氏不過其一，以下所述徐夫人及邵道沖，亦是著例：

南宋初鬱林蔡侯子羽（生卒年不詳）之母徐氏（生卒年不詳），是刑部侍郎徐敷言（生卒年不詳）之女。她潛心內典，并學虞世南書。「嘗手寫《華嚴經》、《梁武懺》，皆終部帙。」❺《華嚴經》卷帙浩繁，非短期內可竟工，徐氏手寫終卷，實非易事。誠齋楊萬里（1127-1206）也說臨川蔡教授誂（生卒年不詳）之母徐蘊行「自號悟空道人，學虞書得楷法，手抄佛書。」楊萬里跋其所書佛經，有「蔥嶺書如積，銀鉤墨尚新。前身虞學士，今代衛夫人」之句，可見蔡誂母徐氏所寫佛書甚多。❺永嘉事功學派理學家陳傅良（1137-1203）也說他的同年「蔡某」之母徐夫人，「手寫佛經九十五卷，往往得唐人筆法。」❺陳傅良還自謂不能手抄一卷書，而深愧於徐夫人。此三位蔡氏之母，正巧都是徐夫人，是否為同一人，須視三位蔡氏之關係而定，可惜其人生平事迹都不詳，無法斷定。

武經郎林延齡（生卒年不詳）之妻邵道沖（生卒年不詳），生而敏慧，少長觀《漢書》、《資治通鑑》至成誦。其夫仕進不偶，一閑十三年，邵安然處之，常與觴詠琴奕以相娛。後隨夫「從宦四方，

---

❺　參看〈論宋代士人的手寫佛經（上）（下）〉，《九州學林》（2006，冬季號）頁 60-102；（2007，春季號），頁 36-83。見本書第四章。

❺　《文忠集》，卷 47，〈跋徐夫人所書華嚴經梁武懺〉，頁 8b-9a。

❺　楊萬里，《誠齋集》，卷 30，〈跋悟空道人墨蹟〉，頁 17b-18a。

❺　陳傅良，《止齋先生文集》（上海：商務印書館，《四部叢刊初編》），卷 42，〈跋徐夫人手寫佛經〉，頁 2b。

覽西湖、荊溪、秦淮之勝,及親賓往還,隨事賦長短句,脫略脂粉氣習,殊無滯思。」又「喜繙內典,手書《法華》、《圓覺》、《金剛》等經。」❺邵道沖手抄佛經之勤快,比起徐夫人毫無遜色。而她又常閱讀《傳燈錄》,心有所省,輒贊之以偈頌。其子林謙(生卒年不詳),會粹其所作成編而藏於家。

㈣禪定波羅蜜

宋以來禪宗盛行,寺院規模愈來愈大,禪師與高級官僚及士人間來往甚密,地位及聲望益高。筆者於上篇曾說,北宋之時,禪宗之影響已及於「婦人孺子」,至於南宋,五山十剎,逐漸形成,雖非朝廷定制,已獲叢林所認同,名僧大德,不僅禪徒趨之若鶩,亦為士大夫所樂於結交。婦女之信佛者,自亦有託心宗門,試叩禪關,以求修證直指者。上篇所說之李綱岳母黃氏及孟嵩之妻仲靈湛等人即是典型例子。黃氏自中年學佛之後,即常「獨掃一室,燕坐終日,以禪悅自娛。」而仲靈湛「未三十,即齋居蔬食,除割世欲,晝課經梵,夜習禪觀。」

以禪法之盛於南方來看,南宋學習禪法之婦女,人數當較北宋有過之而不及,唯記錄有缺,難以知其詳情。不過,此期習禪婦女所表現之禪悅及性理之認識,程度上似較北宋婦女為深,容舉以下數例說明之:

紹興朝,戶部侍郎蓋經(1129-1192)之妻章氏(1140-1224),

---

❺ 《寶慶四明志》(臺北:臺灣商務印書館,影印文淵閣《四庫全書》本,1983-1988),卷9,頁35ab。

「中年即屏脂澤、釋綺麗，日繙內典、味禪悅，脫遺世。故死生旦暮之理，洞然于中，無一毫底滯。屬纊之夕，曾不怛化。」❺❾此種既深於禪悅，又表現智慧之例，屢見不鮮。

南宋理宗咸淳間，龍圖閣學士致仕劉克莊妻兄林公遇（1189-1246）之妻陳氏（1186-1231），平日多讀儒釋之書，且古今佳文都能記誦。林公遇字養正，號寒齋，為南宋福建福清名儒，他本身為性命之學，「研思道理，深入奧趣而不自以名家。」曾著有《石塘閑話》，內含六紀百詩，「蓋大歲〔藏〕五千餘軸，傳燈千七百人，精英骨髓盡在是矣！」由於深入佛學禪宗，人以為其學兼取儒釋而質疑之，劉克莊深知寒齋之學，乃為之辯護，稱林公遇知釋氏之不滅倫紀而取之。❻❿南宋福建福清禪師枯崖圓悟（生卒年不詳）記林公遇好談佛法事，曾有此說：

> 寒齋高士林公公遇，字養正，棄官無經世易，惟與山林負大法者講明此道。……寒齋所著《心鑑錄》，有補於吾教。後村劉公銘其墓云：「猗公所立，與天壤俱，起乎畫前，復于

---

❺❾ 衛涇，《後樂集》（臺北：臺灣商務印書館，影印文淵閣《四庫全書》本，1983-1988），卷 17，〈故安康郡夫人章氏行狀〉，頁 24a-26b。

❻❿ 《後村先生大全集》（上海：商務印書館，《四部叢刊初編》），卷 151，〈陳孺人墓誌銘〉，頁 8a-9a；卷 91，〈孝友堂記〉，頁 12b-13b；卷 94，〈石塘閑話〉，頁 13b；《八閩通志》（《北京圖書館古籍珍本叢刊》影印明弘治四年刊本），卷 63，頁 889b。按：林公遇及其族人皆熱心地方公益，好善樂施，為福清士庶所重。近有學者開始注意其家族在地方之影響力，見王莉，〈對南宋福清林氏家族的幾點認識〉，在《中國社會經濟史研究》，1996 年第 1 期，頁 15-23。

性初。以為釋耶？則踐乎實。以為老耶，不放乎虛。」[61]

圓悟又說：

> 寒齋林公公遇，晚年遺外世俗，造入宗門。齋傍有隙地，架
> 草庵以延少林誠公，而風日佳時，必過之。二子同、合侍
> 立，聽其談論。余間與果藏主到庵，亦竊預焉。[62]

如此看來，林公遇與妻陳氏夫婦，甚至其二子，不但同好釋氏之
法，且於禪門直指之道，頗有慧悟。

又劉克莊（1187-1269）之母、寧宗嘉定間吏部侍郎致仕退翁劉
彌正（1157-1213）之繼室林氏（1161-1248），年輕時即「盡束儒書，
專閱內典。」婚後撫育子女有成，遂獨掃一室，終日靜坐，得至言
妙義於經卷之外。據說她「于竺乾之學，早有所悟入，名緇老禪，
望風屈伏。」所謂「名緇老禪」，指的是「禪師襄山洪、鼓山明及
黃山賢」等禪師，這些禪師對林氏的禪學修養皆「聞而贊歎之」。
他們雖為當時叢林的領導人物，但其生平事迹，我們所知不多。不
過，鼓山明應是劉克莊寫過墓誌的汝明禪師（1189-1259），是四明
雪竇痴鈍（生卒年不詳）之法嗣。曾住持劉克莊家鄉莆田李氏教忠
院，晚住莆田江口鎮的名藍襄山。他在襄山年餘，「僧俗扣稽，檀
施走集，大為一方尊敬。」與襄山洪禪師，應是先後住持。林氏受

---

[61] 見圓悟，《枯崖和尚漫錄》（臺北：新文豐出版社，《卍續藏經》冊
148），卷中，頁162b-163a。

[62] 同前書，卷中，頁178a。按：林公遇有二子：林同與林合。

此類禪師之讚譽，可見禪學造詣不凡。據說她無論「親疎長少，壹接以思，其心欲津筏眾生皆成佛，一眾生未成佛不止也。」也就是說，她頗有菩薩心腸，有度化眾生之願望。一如她對子女之教養，也是「卵翼諸子孫皆成人，一子孫未成人不忘也。」她度日維生，形同苦行僧尼，至於「食惟菜茹，衣惟練練，器惟陶漆，足不出戶者數十寒暑。」故劉克莊說她「幽潔如隱君子，剛介如烈丈夫，警悟如老禪客，其精專則苦行比丘不及也。」其女之一，亦即劉克莊之仲妹，於夫死之後，即不茹葷血者三年，事其母甚勤，跬步不離左右，禪宗機鋒與其母相當。❻❸

　　這些婦女之學禪似都從佛經入手，未必跟隨禪師，直接印心。所以禪宗雖倡不立文字，直指見性之說，但在參悟、實踐上，並非人人都廢內典而不習。她們或由佛經直接入手，未嘗不能有所悟入；或隨夫、兄及子輩之討論參聞，而有領會。容再舉一例說明：朝散大夫鮑潚（1141-1208）喜禪學，「趺坐辟關，湛慧寧寂。」而其子鮑塾（生卒年不詳），對禪宗傳法頗下功夫，他裒集禪門古今宗說，為《宗記》一書，「蔓衍數百千卷，脈理斷絕，手（？）下勘點。曰：『某話墮，某未圓。』」可謂用心至深。此外，他還結交不少「山袍野衲」，多為其不請之友。鮑潚之妻劉善敬（1212-1272），常聞其夫與其子持論，月邁歲往，性根純熟，領悟亦深。故葉適為她做墓誌，說她由此「性現根熟，一旦昭徹，情識俱盡，

---

❻❸　《後村先生大全集》，卷 153，〈魏國〉，頁 1a-3a；卷 157，〈仲妹〉，頁 2b-4a。關於劉克莊母親之信佛，伊沛霞在 "The Women in Liu Kezhuang's Family" 稍有論及，見 Patricia Ebrey, *Women and the Family in Chinese History* (London and New York: Routledge, 2003), pp. 89-106.

機鋒洞照。」而且還「時出頌偈，迥脫禪語。」似乎生活中充滿禪意，表現了典型的習禪方式與效益。❻

當然，透過禪師學禪者當為多數，不過多半因夫或子與禪師之交往而受到影響。宋高宗時名相張浚（1097-1164），世稱紫巖先生，雖掌機樞，卻深好禪學，他推薦大慧宗杲主徑山法席，並與他及多位禪師相過從。其母秦國太夫人計氏（生卒年不詳），因張浚之關係，亦得與禪師談法，且以法真之法名為叢林所知。計氏早年「因寡處，屏去紛華，蔬食弊衣，習有為法，於禪宗未有趨嚮。」紹興八年（1138），張浚被貶至永州（今湖南衡陽），宗杲遣道謙禪者（?-1156?）至零陵（今湖南衡陽零陵縣）致問張浚，張浚留謙以祖道誘其母，從此遂諦信禪法，以「狗子無佛性」之話，晝夜參究。

據說她常「坐至中夜，俄有契，連作數偈呈於大慧。」而其中一首云：「終日看經文，如逢舊識人。莫言頻有礙，一舉一回新。」❻故大慧得其書及頌時，頗疑非其所作，後仔細詢問道謙，

---

❻ 《葉適集》，卷 17，〈劉夫人墓誌銘〉，頁 334-335；卷 12，〈宗記序〉，頁 222-223。

❻ 《人天寶鑑》，頁 140b。按：《人天寶鑑》所說的「謙禪者」即是後來在福建崇安開善寺開堂說法的開善密庵道謙，其生平及事迹鮮有人知。《補續高僧傳》（臺北：新文豐出版社，《卍續藏經》冊 134）有〈道謙傳〉一篇，可見其與張浚來往之經過，見卷 11，頁 197ab。最近郭齊在其《朱熹新考》（成都：電子科大出版社，1994）之〈朱熹學禪的引路人──道謙生平考〉一章（頁 325-330），〈朱熹道謙交往考〉一章（頁 331-333）及《宋代文化研究》（成都：巴蜀書社，1999）第八輯（頁 213-220）之〈朱熹學禪的引路人──道謙生平補考〉一文，對道謙生平有詳細的考述。此數文推論道謙卒年為紹興二十年（1156），並證明道謙為朱熹學禪的啟蒙之師。又，張浚之父張咸（1048-1099）有妻任氏、趙氏和計氏。據朱熹所撰〈魏公行狀〉、胡

才知實情，大為激賞，覆書答曰：

> 謙禪師歸，領所賜教并親書數頌，初亦甚疑之，及詢謙子
> 〔仔〕細，方知不自欺。曠劫未明之事，豁然呈現前，不從
> 人得，始知法喜禪悅之樂，非世間之樂可比，山野為國太歡
> 喜累日，寢食俱忘。兒子作宰相，身作國夫人，未足為貴；
> 糞掃堆頭，收得無價之寶，百劫千生，受用不盡，方始為真
> 貴耳。⑥⑥

可見計氏是一邊讀經，一邊參禪，且頗有會悟。他曾於其生
日，謹施淨財，遠詣徑山，修設清淨禪眾香齋，請大慧普說，講
《圓覺經》，助其證悟。⑥⑦紹興九年（1139）九月，她隨張浚貶至
福建安撫使兼知福州時，聞當地抱甕先生何天柴（生卒年不詳）之女
何師韞（生卒年不詳）「喜浮屠教，遍閱《華嚴》諸經」，乃踵門求
見，與相言談，機語契合，呼之為「無生法友」，⑥⑧其能會通禪

寅《斐然集》之〈張浚母計氏改封蜀國太夫人〉，及張嵲《紫微集》之〈母
計氏可特封鎮國夫人制〉等文，知其母為計氏，先封為秦國夫人，後改封蜀
國、鎮國。

⑥⑥ 見《大慧普覺禪師書》（東京：「東洋文庫」所藏宋抄本），〈答秦國夫
人〉，頁 42b-43a。

⑥⑦ 《大慧普覺禪師語錄》（臺北：新文豐出版社，《大正藏》冊 47），頁
896b。

⑥⑧ 《古今圖書集成》422 冊頁 39，引《金谿縣志》，〈饒胈妻何氏〉。何天柴
及其女何師韞生平事迹不詳，只知何師韞日誦千言，故其父比之東晉謝道
韞。又據《大慧普覺禪師年譜》（北京：《北京圖書館珍本年譜叢刊》第 22

教,非一般婦女所能及。

(五)智慧波羅蜜

釋氏認為凡讀誦佛書與修行禪定都有助於智慧之增長,而表現智慧之方式雖多,但以能袪除愚癡、超越俗諦、開真實之智慧、悟生命之真義為高,如此則能於死生之際,不惑不憂,委順而化。以下列諸例可以說明:

眉山世族孫書言(生卒年不詳)之妻員氏(1085-1132),為皇祐進士、屯田員外郎員安輿(生卒年不詳)孫女。她「早日尤喜西氏旁行之說,每晨興,誦閱數過。」由於誦佛書頗有心得,常對人說:「是有究竟說,不緣說而得,則得之矣。」❻其說似有提醒人誦佛書固可,然當於文字外求得其意,但勿執筌蹄,落入文字障。

紹興末,朝散大夫潘莘(生卒年不詳)之母、潘師仲(生卒年不詳)之妻朱氏(1076-1128),出身於富家,雖曾高祖以來皆儒服蟬聯,素風甚飭,但她自幼即嗜內典,讀之不輟。晚年得病,乃「索其書日誦之,彌月忽若有得,默然宴坐瞑目而逝。」論者謂朱氏深得佛書之旨,故了達死生,雖學佛之徒自以為弗逮。❼

冊,宋寶祐元年刻本),頁 37a,紹興八年,大慧遣道道謙至零陵問訊紫巖居士,而朱熹所撰〈魏公行狀〉亦說張浚於紹興九年復資政殿大學士知福州,九月至任所。可見在紹興八年至九年間,計氏與道謙、宗杲學禪。

❻ 《九華集》,在《宋集珍本叢刊》(北京:線裝書局,2004,冊 56),卷21,〈夫人員氏墓誌銘〉,頁 8a-10b。

❼ 沈與求,《龜溪集》(臺北:臺灣商務印書館,影印文淵閣《四庫全書》本,1983-1988),卷 12,〈朱夫人墓志銘〉,頁 5a-8a。

孝宗隆興間，蜀人李文炳（生卒年不詳）之母田氏（1085-1163），嫁文炳之父為第二繼室。她「通六經子史諸書，晚讀佛書，於性理自能悟入。預告其子以死日，至日危坐不亂如浮屠之教。」❼

明州定海處士劉宜之夫人徐氏（1115-1192），能植立門戶，善誘子孫。雖甚嚴毅而不失愛誨，必擇賢師儒，授以詩書，故子孫皆儒業有聞，被譽為鄉曲之師。徐氏「平生孳孳懋德，聞人善，獎導之恐不遂，耳毀訾之言，輒不怡。素喜佛書，屬纊之際，超然而逝，若釋氏所記者。」❼❷

淳熙間朝議大夫高簿（生卒年不詳）之繼室、司農高夔（1138-1198）之母司徒氏（生卒年不詳），自幼聰慧過人，通儒釋之書。據校書郎項安世（淳熙二年進士）說，她臨終作誦，超然生死之際，江陵之人稱之。❼❸

嘉泰朝任參知政事的袁說友（1140-1204）夫人惠道（1143-1173），「幼好內典，甫識字畫已能翻繹句讀。未笄，通《法華》義，遇暇日然誦，一字不舛落。」既為人婦之後，又傾其心力於「繪佛圖、蓄經卷」。她德性幽閒，又不嗜遊觀，平日只做家務，有暇則「咄咄經典」，其他概不經意。將死之際，端凝如無恙之時，欲其家人將所誦佛書置其棺中歸葬。❼❹袁之舅母胡慧覺（1115-

---

❼　《方舟集》，卷 17，〈田氏墓誌〉，頁 13a-17b。按：李文炳及其父生平事迹不詳。

❼❷　陳造，《江湖長翁集》，卷 35，〈徐氏墓志銘〉，頁 5a-6b。

❼❸　《文忠集》，卷 76，〈太恭人司徒氏墓誌銘〉，頁 3b-6b。

❼❹　袁說友，《東塘集》（臺北：臺灣商務印書館，影印文淵閣《四庫全書》本，1983-1988），卷 30，〈惠夫人墓銘〉，頁 30a-32a。

1183），中年喪夫，獨力撫養二子成人。嘗以其年歲漸老，而其夫及舅姑皆亡，無復有意於世事，遂「盡却家務，細與大不經意。翻繹內典，多所觸解。」胡氏自壯歲已不愛組飾，「一物一念不以介介於懷，亦寡笑語，所遇淡如，不復動休戚意。」她自以晚年「得佛趣，世故物態心已超脫」，覺此生已如朝露，不為死生變化而憂。❼❺

嘉定前後，朝奉郎監都進奏院贈正奉大夫李松（生卒年不詳），為紹興間戶部侍郎忠肅公李彌遜（1098-1153）之子，其妻鄭和悟（1136-1219）年二十三歸之。鄭氏「秉心篤實，形於氣貌、見於言語，無一毫矯偽。」她以此修養事上接下，使尊卑長幼，交相敬愛，和氣滿堂。此外，鄭和悟「內慈而外嚴」，使閨門整肅，次序凜然。她閒居時，「居處服用崇尚素樸，不喜浮靡。」且「諷誦佛書，深味其旨。」一旦有所感發，則曰：「此可以明心見性，乃受用之地，火宅塵網，不可染著。」〈行狀〉作者稱她「神爽不衰，年垂七十，躬執婦道，定省無闕，儀狀豐碩，進止雍容，如山如河，可觀可象」，認為是其深得佛書之旨，而能「明心見性」之果。❼❻

潮洲市舶司使趙彥踈（生卒年不詳）妻王惠真（1130-1228），少時即喜浮屠老子之說。她年方及笄即歸趙家，年二十一而守寡。然她服勤教子，宛若嚴師。又好義善施，樂於助人。晚年課釋氏之書，日盈萬言。據說病革之時，神閒氣定，召其家人至前訣別，處生死

---

❼❺　同前書，卷20，〈魏安人胡氏行狀〉，頁18a-22a。

❼❻　《絜齋集》，卷16，〈李太淑人鄭氏行狀〉，頁18b-22b。

不亂，表現修行智慧波羅蜜之效。**⑰**

　　宣義郎孫綜（生卒年不詳）之女、寧海軍節度推官蘇璪（生卒年不詳）之妻孫氏（1141-1193），少有淑質，名詞人李清照（1084-約1151）欲以所學傳之，為她所婉謝，謂才藻非女子事。其姑為顯謨閣學士呂正己（生卒年不詳）之夫人，善持家法，紀律嚴整，人皆以為太過，唯孫氏能屈顏善事之，使其終身怡怡，未嘗少忤。她「平生奉浮屠氏，能信踐其言。及處生死之際，灌濯易衣，泰然不亂。」**⑱**

三、婦女修行佛教所表現之自主性

　　婦女於侍奉翁姑之外，寄情於佛道，其家人往往多能體諒與支持。但亦有持異議而質疑，或以佞佛而怪之，或以讀佛書無益而勸阻之者，本書第二章所舉夫勸妻勿再信佛之例，可以為證。不過，此種干涉妻子信佛之情況顯然不多，尤其逢年老或寡居之時，屏棄人事，誦經念佛，其親人多半不以為過。當然，這並不表示人人都能贊同。值得注意的是，一旦家人有異議，除了少數聽命妥協之外，堅持而不為之屈者似佔多數。譬如敷文閣待制岳霖（1130-1192）之妻陳氏即是其例。岳霖為南宋抗金大將岳飛（1103-1142）之子、寧宗朝戶部侍郎致仕岳珂（1183-1243）之父。其妻大寧夫人陳氏（生卒年不詳）因夫早死，獨力撫孤，與年方十歲的岳珂相依為

---

⑰　宋·陳宓，《復齋先生龍圖陳公文集》（《宋集珍本叢刊》冊73），卷21，〈王氏夫人墓誌銘〉，頁25b-27a。

⑱　陸游，《陸放翁全集》（北京：中國書店，1986）之《渭南文集》，卷35，頁216-217。

命。❼陳氏出身世家，嘗謂自十二、三歲始，即「博取而易信」，常諦聽道釋之論而不疑。常闢一室，事二氏之像設甚謹，而其母楊宜人雅不甚樂，勸其擇一而事。陳氏先則不知所從，後讀《圓覺經》有悟，甚愛其說，遂屢閱此經，而更有會心，至喜佛說而不厭，晚而彌篤。故岳珂後來至泗州僧伽塔下，見廢塔東院之巖穴裏，有大小不等、或塑或刻之五百應真像，「以先妣素敬釋氏，奉其一於笈中以歸。」❽陳氏信佛之餘，又好飯僧作像法，至老不厭，岳珂目之為佞佛。陳氏為釋其惑，乃作書二通，一述《圓覺經》之理，歎經中所謂「幻身滅故幻心亦滅，幻心滅故幻塵亦滅，幻塵滅故幻滅亦滅，幻滅滅故非幻不滅」之說，大讚此為佛所謂「法身常住」之義，為儒家所無；另一書述其飯僧之意，非為自身，而皆為其親。❽她還說，其家「世用伊川主法，冬至祀始祖，立春祀先祖，秋祀禰，以邵康節之議，焚楮幣」，雖婚後猶循其禮。可見她雖念佛飯僧，但不廢儒家祭祀之禮，甚至以為二者都是「交神明之道」，不當於一處求也。❽岳珂曾收藏東坡《羅漢偈帖》，他晚年時，追憶幼時情景，曾說陳氏「素奉釋氏，在湘東

---

❼ 岳珂嘗自謂：「紹熙壬子十月，先君子帥廣，微若不適，猶治事如平時。壬子平日，起書數語於紙，口占遺奏，遂深衣幅巾而啟手足。珂時始十齡。」又說：「紹熙壬子冬，先君捐館於廣，余甫十齡，護喪北歸。」前者見岳珂，《寶真齋法書贊》（臺北：臺灣商務印書館，影印文淵閣《四庫全書》本，1983-1988），卷 12：20b-22a。後者見岳珂，《桯史》（北京：中華書局點校本，1981），卷3，〈趙希光節槩〉，頁 36-37。

❽ 岳珂，《桯史》，卷 14，〈泗州塔院〉，頁 164-65。

❽ 岳珂，《寶真齋法書贊》，卷 12，頁 20b-22a。

❽ 同前註。

時，有僧持此羅漢并偈為戲」；而淳熙丁未（1187）歲除，其母以岳飛諱日供伊蒲塞饌，將此羅漢像供於堂上。❽岳珂敘述此事，言下甚為感慨，對太寧夫人之崇奉釋氏，可謂印象極深。

　　南宋婦女讀《圓覺經》而篤信其說者，顯然愈來愈多，可能與高宗親自註釋《圓覺經》有關，也可能與寺院愈多《圓覺經》之講經僧有關。本書第二章所述杭州貴婦建「庚申會」誦《圓覺經》之例可見一斑。像太寧夫人陳氏之堅持誦《圓覺經》者，多好禪門證悟心傳之說。此處再舉一例證明：紹興初，賀州簽判江楷（生卒年不詳）之母賀氏（生卒年不詳），因其夫江安行（生卒年不詳）早死，終生不茹葷，日誦《圓覺經》，雖釋服而不輟。或勸她改誦他經，賀氏答曰：「要知真性，本圓本覺，不覺不圓，是名凡夫。我不誦經，要遮眼耳！」❽此種回答，是唐澧州藥山惟儼禪師（745-826）的名言。惟儼有徒問他尋常不許人看經，為什麼却自看？他答道：「我只圖遮眼」。可見賀氏熟悉禪宗機語問答。❽宋人以看經或讀書「遮眼」為自謙打發時間之法，但以《圓覺經》為「遮眼」之工具，當是在陪養「得意忘言」之工夫，領悟禪門心傳之旨吧。❽

---

❽　同前書，卷 28，頁 12a-16b。

❽　《夷堅志》，卷 10，〈賀氏釋證〉，頁 85-86。

❽　見《景德傳燈錄》（臺北：新文豐出版社，《大正藏》冊 51），頁 312b。

❽　譬如，北宋名僧契嵩（1007-1072）曾有〈讀書〉一詩曰：「讀書老何為？更讀聊遮眼。此意雖等閑，高情寄無限。錯磨千古心，翻覆幾忘飯。不知白雲去，春靜山中晚。」見《鐔津文集》（臺北：新文豐出版社，《大正藏》冊 52），頁 741a。又如蘇轍有「遮眼圖書聊度日，放情絲竹最關身」一句，也是自謙讀書遮眼為打發時間之法。見《欒城集》，卷 9，〈題杜介供奉熙熙堂〉，頁 216。

　　當然喜讀《圓覺經》並不表示只知耽於禪悅，而不顧其他修行。上文所述婦女多人，或禪或教，各有所嗜，並未表現讀誦經論有妨修行禪定或智慧之言行。有些婦女，顯然能修行多種波羅蜜，表現多重信仰實踐行為。這種一體兼修雖並不令人意外，但人數並不多。最特殊之例，即是某薛君之妻朱氏（1057-1193）的表現。朱氏是高宗皇后之姪女，自歸薛君之後，忽然視人世如塵泥，年二十餘，即對其夫表示欲清靜自適。於是道裝素服，潔齋茹素。嘗以黃絹命經生書寫《法華經》，然後以手刺繡此經，十二年後乃成。此後，她又繡成彌陀、觀音之像於經前，宛如繪畫，並在經首題曰：「敬致八萬四千拜」。《法華經》文甚長，有數萬言，而朱氏三月內即能背誦。她還閱讀《華嚴》、《般若》、《楞嚴》、和《圓覺》等經，又鏤木為圖，勸人誦阿彌陀佛，屢書擘窠，滿十萬聲而止。墓誌作者說她：

> 尤喜禪寂，結廬於墓，一室事佛、一室晏坐、一室經書、一婢供齋蔬，與同甘共苦。雖烈丈夫有所不能堪也。今〔紹熙四〕年（1193）春，她盡易故奩具，為三日會，會道俗以萬計，飯千菼筥。為寶幢，貯法華同念佛人姓名迎歸於寺。城內觀動，傾士夫之室莫不聳觀。❽

　　這些描述都說明朱氏雖號稱「道人」，但她齋戒茹素，偏用經

---

❽　《橘洲文集》（《續修四庫全書》本），卷 10，〈道人朱氏法華淨業〉，頁6a-7b。

生寫經後，親以繡線繡經，又廣閱佛典、親寫彌陀、晏坐習禪、會道俗同念法華、並施齋飯僧等等，是個全方位的六波羅蜜佛教信仰及實踐者。

　　由於本篇之目的在顯示婦女佛教信仰及實踐之多樣性，並與上篇所述北宋婦女之佛教生活互相比較，故強加分類剖析，以見其異同，在明顯可見的通性與持續性中，凸顯其可辨之差異及演變。多數婦女之修行，顯然未必只限於五波羅蜜中之一項而已，其兼修數項者實佔多數，可見於文末的附表 1。此附表 1 可顯示 74 位婦女修行情況之個別差異，若依五波羅蜜修行人數之比例來觀察，則可知其大略為：布施 16%，持戒 22%，精進 90%，禪定 13%，智慧 20%。這些比例與北宋之情況相比，雖然可見其集體近似之處，但其個別之差異，經上篇之討論，應是不難窺見的。更有進者，各波羅蜜之修行之偏向，北宋至南宋亦有轉移。譬如，「布施」方面，北宋似以設齋飯僧為常、而設禪會、建道場則偶有見之。而兩宋之際及南宋則以施經、治鐘、立禪寺、崇飾佛像為多。又如「持戒」與「精進」方面，雖然兩個時期大致相同，但兩宋之際及南宋，則茹素與淨業並行之傾向更明顯，尤其誦《金剛經》、《華嚴經》以外，誦觀音名號、《大悲咒》、及研讀《圓覺經》，乃至手抄經書，參拜禪師及習禪為尼之比例也增加。至於「智慧」一項，比例似見減少，或與南宋後半期之社會不安定有關，亦可能因基誌作者記載或有偏差之故。換句話說，墓誌作者因對佛教教義認識之不同，未必認知或有心表彰習禪婦女獲致「開真實智慧，把握生命真諦」之能。不過，若依《六祖壇經》「定慧一體不二」之說為標

準，**⑧**則參禪習禪之人數比例既增，由禪定而表現「智慧」之人數比例亦當隨之而增，方為合理。問題是以《壇經》之說法為標準來立論，恐不免有主觀、理想化之嫌。

大致上，從附表 1 及附表 2 二表可見讀佛書求「精進」之婦女，雖佔多數，但其中仍不乏同時修行其他波羅蜜者。若南北宋相較，大致相似，可以視為南北宋之通例。尤其歸心釋氏，寄情佛書，大致上不因時間、地域之不同而有別。雖婚後及孀居之後，獻身佛教者甚多，但早年、中年習佛者亦不少，不能遽然認定只有寡婦才堅奉佛教，專意佛書。此外，「精進」人數之比例最高，實因誦經讀佛書為信佛之基本表現，雖然如此，各人「精進」之程度仍有高下之分。也就是說，有些婦女可以「雞鳴而起，誦至日旰」，卻可能只是誦讀經語，不求經意；而有些則「深心回嚮，精研性理」，領悟佛法之精髓。另外有些婦女好觀佛書，亦知其大略；而有些則專持某經，得其三昧，可與禪師談論。上文曾指出，入南宋之後，精研性理、專持某經，形成一種新的傾向，故雖然同樣參禪談性理，但南宋婦女讀《圓覺經》者更多，且有深獲其中三昧者，似不能視之為偶然發生之現象。此外，誦彌陀、觀音名號，抄經、造像以薦福等，南宋顯較北宋普遍，當與淨土往生及觀音信仰之日益普及有密切之關係。當然此種信仰，可能在北宋已盛行於下層社會婦女之間，但一般而言，誦彌陀、觀音名號，對下層民間婦女而

---

⑧ 見《六祖壇經·定慧品第四》（香港：佛經流通處，1982），頁 31。敦煌本《壇經》「定慧」作「定惠」，見 Philip B. Yampolsky, *The Platform Sutra of the Sixth Patriarch* (New York: Columbia University, 1967)中文部分頁 4。此處依通行本。

言甚易，而寫經、造像則有困難，多半須聚親友募緣鳩工為之，不像士人或官家婦女能親自濡墨或獨力施財而為。而南宋婦女寫經、造像之例多於北宋，當是南宋風氣更盛之結果。

四、餘論

　　以上所論，實為筆者〈兩宋社會菁英家庭婦女佛教信仰之再思考（上篇）〉之延續，在上篇所討論之 123 位信佛婦女之外，再增補 74 位兩宋之際及南宋婦女為例，繼續有系統地深入討論兩宋婦女之佛教信仰與修行實踐問題。除一方面確認多半婦女因出身社會菁英家庭，具備閱讀能力，能夠涉獵佛書，學習佛法之外，另一方面也辨明她們信佛之理念與實際行動，以揭示她們佛教生活的實況。根據上篇及本篇之析論，兩宋中、上層家庭婦女之佛教信仰，就婦女的身分、婚嫁與家庭背景來看，有下列數點值得注意：其一，南、北宋期間，婦女在不同年齡層信嚮佛教，有早年、中年、婚前、婚後、孀居後及晚年等不同時段，未必皆在孀居之後。當然，婦女孀居後固有守節不嫁，歸心釋氏，寄情佛書者。但夫死後再嫁之婦女，亦不乏潛心誦佛者。她們與守節不嫁之婦女一樣，修行五波羅蜜，或布施、持戒、或精進、禪定，不乏表現超俗之智慧者。另外，婚後姑媳或夫婦皆信嚮佛說者，亦不在少數，多因聲氣相應、志同道合，少受家庭成員所左右。其二，北宋皇室有不少虔誠的公主捨身為尼，皈依三寶，亦有不少公主、宗婦信佛喜禪。而南宋未見公主出家，而宗婦信佛亦少，只見一例。駙馬方面則有李遵勗之後人仍多信奉佛教者。其三，不少士人家庭之長期「佛教傳

統」變成婦女信佛主要因素之一，而此種「佛教家庭」之出現，北宋已在汴都及江浙出現。如東都韓氏，江浙陸氏、葛氏、錢氏都是。吳越錢氏在南宋仍持續其佛教家庭之傳統，而四明樓氏，四明袁氏、福建林氏也出現了佛教世家，值得特別注意。其四，婦女出身儒門世家，並不妨礙其信嚮佛教，且篤志於佛者甚多。但她們之信佛固可能影響子女，但此種影響並無必然性。譬如端明殿學士黃中之母游氏，雖信浮屠法，但欲其子師法其從兄游酢之學問行業而為醇儒。黃中既入朝為官，堅守其志，不黨權貴，宰相沈該發起為六和塔落成而寫釋氏《四十二章》刻壁石，黃中堅謝不能，故不在四十二寫經朝賢之列。朱熹讚美之，稱之為「不惑異端」。⑧九岳珂之母深研《圓覺經》，堅信佛教，不因岳珂視之為佞佛而改。這都是未能影響子女之例。其五，東南江浙地區婦女信佛者在北宋已佔多數，至南宋時情況更加明顯。如李處道繼室龔氏、林師醇妻程氏、孟嵩妻仲靈湛、錢觀復之妻徐溫及李松妻鄭和悟，修行佛教都在蘇州。⑨〇

另一方面，若就婦女個人之修行五波羅蜜來看，亦有下列幾點值得注意：其一，多半婦女知書識字，故能誦經讀佛書，但亦有少數不知書，只知誦經者。此種不同，導致有些婦女以誦佛書為早

---

⑧九 見《晦庵集》，卷 91，〈建安郡夫人游氏墓誌銘〉，頁 21a-23b，〈端明殿學士黃公墓誌銘〉，頁 23b-37b。關於沈該、湯思退等四十二朝賢為六和塔寫經之事，參看前述〈論宋代士人之手寫佛經〉一文。及本書第四章，頁 268。

⑨〇 參看鄧小南，〈宋代士人家族中的婦女〉，http://www.tanghistory.net/data/articles/b02/22.html。

課，但僅止於誦經而已，而其他則不但能誦佛書、深悟其義理，且通達般若智慧，超出常人，南北宋皆如此，但南宋人數比例多於北宋。其二，婦女之喜禪悅者，南宋人數比例亦多於北宋，然讀《壇經》、《金剛經》或他經者少，而讀《華嚴經》、《圓覺經》者多。讀後者之人數比例，至南宋更高，顯見《圓覺經》之廣受重視。其三，南宋婦女有多位隨大慧宗杲習禪者，與北宋隨黃龍祖心、悟新師徒參禪者相映成趣，都可見著名禪師吸引女眾之力。但南宋多位禪尼或女檀越望重叢林，為北宋所不及。令人奇怪的是，大慧以後著名禪師甚多，尤其五山十剎漸漸形成，禪宗大德道價甚高，卻不見有婦女參拜之記錄。其四，淨土信仰漸傾向唸誦《觀音經》、《大悲咒》及觀音名號，南宋時期婦女唸誦此經咒、名號，人數更多，當與禪剎之鼓吹淨土、觀音信仰相關。其五，婦女手寫佛經，北宋似甚少，而南宋則屢見不鮮，其中以林延齡之妻邵道沖及胡元質夫人魏氏為最特殊，抄寫佛經多種，毫不憚煩，足見手寫佛經已不再為士人或職業寫經者之專利。其六，婦女修行五波羅蜜，各依其意志，或布施飯僧、修寺造像、或去葷茹素，設齋持戒、或誦佛念經、參禪習定，既可隨性選擇或並行不悖。大致來說，都是自主自決之結果，顯示在宗教信仰領域裏，婦女在家庭中所享受之自由，是確定不疑的。在經濟上，她們多扮演「經紀人」之角色，但在佛教信仰上，她們等於是自己的「經紀人」。

　　兩宋中、上層信佛婦女人數之多，當遠在吾人想像之上，雖然信仰人口之確切比例難以評估，但可以推斷婦女信佛之傾向已經形成。這種傾向之形成，與各地域之民風及佛教盛行於東南頗有關係。譬如杭州自五代以來，佛寺林立，公卿仕女信佛者多。故陳襄

於熙寧五年至七年（1072-1074）知杭州時，命僧徒及佐官二十餘人修治六井以給水東南。一年之內，六井修畢，而適逢大旱，自江淮至浙右井皆枯竭，「民至以罌缶貯水，相餉如酒醴。而錢塘之民，肩足所任，舟楫所及，南出龍山，北至長河、鹽官海上，皆以飲牛馬給沐浴。」得汲水於六井之民，皆「誦佛以祝公〔陳襄〕」。❾❶又如哲宗紹聖初，章惇（1035-1105）入相，將諫議大夫劉安世（1048-1125）降職，使知南安軍，又責少府少監分司南京。劉安世以直言敢諫名於世，他在南京時，杜門屏跡不妄交遊，人罕見其面，但金陵城內外田夫野叟、市井小民多說：「若過南京不見劉待制，如過泗州不見大聖。」後劉安世死，「耆老、士庶、婦人、女子持薰劑、誦佛經而哭公者，日數千人。」❾❷似乎誦佛禱祝以祈福，或誦經弔喪以追福，已成東南士庶婦女之風氣，不再是下層社會百姓所專有了。

　　東南婦女之傾向信佛，北宋有不少學者士大夫印象甚深，言談之間，不免嘖有怨言。哲宗時蘇軾就說：「婦人孺子抵掌嬉笑，爭談禪悅。」❾❸而徽宗時遷兵部侍郎的道鄉先生鄒浩（1060-1111）也說：「元豐、元祐間，釋氏禪家盛，東南仕女紛造席下，往往空

❾❶ 《蘇軾文集》，卷 11，〈錢塘六井記〉，頁 379-80。

❾❷ 《宋名臣言行錄》（臺北：臺灣商務印書館，影印文淵閣《四庫全書》本，1983-1988），卷 12，頁 18b-19a。《東都事略》（臺北：臺灣商務印書館，影印文淵閣《四庫全書》本，1983-1988），卷 94，頁 6ab。按：所謂「如過泗州不見大聖」，指的是「泗州大聖」僧伽之崇拜。有關宋代泗州大聖僧伽之信仰，參看筆者〈泗州大聖僧伽傳奇新論——宋代佛教居士與僧伽崇拜〉，《佛學研究中心學報》，第 9 期（2004），頁 177-220，及本書第一章。

❾❸ 《蘇軾文集》，卷 66，〈書楞伽經後〉，頁 2085。

閨。」❹他們之所見，顯示菁英家庭婦女崇佛之人數頗有大增之勢。

雖然如此，我們對北宋士大夫這種略帶誇張的印象式說法，應稍予澄清。因為他們多半對一味隨波逐流之信仰態度嗤之以鼻，而藉稱讚某人某物時任情諷諭。蘇軾認為不讀佛經而侈言禪學不足為訓，故他提倡習禪不廢讀經，標榜以《楞伽經》為印心之用。而鄒浩則在凸顯其外祖母嚴氏之不從流俗，讚揚她「苟盡婦道即契佛心，安用從彼」之見。兩人之所謂仕女「爭談禪悅」或「紛造禪席」，都不免誇大。事實上，寺院之增加，禪師之聲望鵲起，固可導致仕女歸嚮之勢，但多半是出席寺院法會或經會，或寺院主持之節慶祀典，能夠私入山門問法於高名而傑出之禪師，畢竟不多。何況，婦女隨心放任，私赴禪院聽講，或私邀禪師至其府上說法，究非慣例，必須經其夫或其子之正式「疏請」方合禮儀。本書第二章所說章積之之女參黃龍祖心禪師、范珣之女參死心悟新禪師，本篇所述孟嵩妻仲靈湛、韓球妻李氏及張浚母計氏參謁大慧宗杲禪師，應都是透過父兄或夫婿出面安排，並非私自造訪，其學佛參禪之態度，都是相當恭敬虔誠的，與蘇軾、鄒浩暗諷之婦女，不可同日而語。此外，據本篇之分析顯示，南宋東南婦女之習禪或修西方淨土，確較北宋為多見，但並不表示她們已廢棄佛書，只留心公案、參話頭，除非老耄不濟，多半不致於枯坐終日，看話說禪，或默坐胡床，撥盡寒灰，而不問世事。

---

❹　《道鄉集》，卷 32，〈致軒記名〉，頁 7b-8b；卷 37，〈壽昌縣太君嚴氏墓志銘〉，頁 15a-17b。

　　此外，如同鄒浩外祖母嚴氏之無意從俗信佛，或對信佛教有特殊見地者，也不在少。譬如，張九成（1092-1159）同年陳開祖（生卒年不詳）之母，三十餘歲即喪偶寡居，七十六歲方去世。但她「平生不奉佛，不信陰陽方術之書，不惑荒幻奇譎之說」，彷彿堅信儒道，毫無二心，故張九成說她「毅然若篤道君子。」❾❺奉議郎董綖（生卒年不詳）之妻祝氏（1021-1088），也是「不誦佛書，不講淫祀，惟儒者禮法是從。」❾❻其墓誌作者呂陶（1027-1103），因而深讚之，說此「皆婦人之所難能」，似有誇稱一般婦人趨向佛氏、熱衷淫祠而不顧禮法之傾向。其實，整體來說，不奉佛崇道之婦女，仍佔菁英家庭婦女之多數，其爭談禪悅，競赴禪院之情況，若真存在，也都限於某時某地，是一時、局部而非全面的現象。

　　南宋理學盛行，對婦女之信佛不能說沒有任何阻礙，但與寡婦再嫁之情況一樣，其阻礙力並不強。當然有部分理學家，不但自己反佛，而且勸其夫人勿信，著《崇正辨》撻伐佛教的致堂先生胡寅（1099-1157）即是最好的例子。胡寅反對佛教，認為佛教入中國後，「以死生輪轉恐動下俗」，故「嘗取大乘諸經與達摩而後宗派所傳，窮見旨歸，因斥其說之荒虛誕幻者，志之為一書。」其妻張季蘭（1108-1137）嘗從旁咨問，即知大意，因而「治命不用浮屠氏法。」❾❼又如，湘南逸民彪虎臣（1078-1152）於宣和中典教長沙，士

---

❾❺　張九成，《橫浦集》（臺北：臺灣商務印書館，影印文淵閣《四庫全書》本，1983-1988），卷 20，〈陳氏考妣墓銘〉，頁 18a-21b。

❾❻　《淨德集》卷 27，〈長安縣君祝氏墓誌銘〉，頁 295-96。

❾❼　《斐然集》，卷 26，〈亡室張氏墓誌銘〉，頁 570-71。按：《八閩通志》（北京：《北京圖書館古籍珍本叢刊》明弘治四年刻本）謂胡寅夫人為密州

子歸之。彪氏之學「本諸六經，汎觀百氏，無所不通。」但他「甚不喜浮屠學」之態度，可能也影響到妻子王氏（1088-1150）。王氏相夫教子，與其夫相敬相愛，未嘗以取利祿為想。她臨終時，特別「戒勿用浮屠」，並且說浮屠「妄誕不可信也」。**⑱**

　　這種例子，其實並不多見，不能因此而認定婦女信佛與否，必受到身為理學家的丈夫所左右，而全無主見及自主之權。事實上，如上所述，許多婦女都能隨心自主，知所取捨，或崇信佛法，或拒斥佛教，亦有個人之見地及立場。茲再舉兩個南宋之例說明。淳熙間，宣義郎陳衡（?-1194）之妻黃氏（?-1191），初好佛書，讀誦拜跪終日而不忘倦，一旦，「忽屏不事，曰：『不在是也，無愧心足矣！』」**⑲**又如開禧間，盱眙兵馬都監秩修武郎竇從謙（生卒年不詳）追憶其妻霍氏（1163-1207）之好處時，自謂平日所以樂施予、薄奉養者，實因「吾妻之奉佛茹素有以先我也」。他還把其他優點都歸於其妻之美德而說：

〔吾〕所以崇師儒、喜賓客者，吾妻之好賢樂善有以助我也。吾之培埴吾家，所以益裕於前者，吾妻掖我以儉勤也。吾之奮身田里厄司禁林，所以甚宜其官而卒免於戾者，吾妻

司戶翁挨之女，當是其繼室。

⑱　同前書，卷 26，頁 599-600。按：彪虎臣嘗從胡安國遊，是談經術治國之學者。見胡宏，《五峰集》（臺北：臺灣商務印書館，影印文淵閣《四庫全書》本，1983-1988），卷 3，〈彪君墓誌銘〉，頁 43a-46b。

⑲　《晦庵集》，卷 93，〈宜人黃氏墓誌銘〉，頁 43a-44a。

助我以廉謹也。⑩

實從謙對其妻之評價，不管是否出至真心，可以反映不少婦女在許多方面都擁有自主權，而能扮演「經紀人」之角色。所以為霍氏撰寫墓誌之劉宰，不禁有感而發地說：「婦人無外事，其然歟？其不然歟？」⑩言下似暗示如霍氏一樣能經理「外事」之婦人，為數不少。

有些婦女則雖學佛法，但不以誦經為必要。譬如寧宗嘉泰時期（1201-1204）朝奉郎蔣如晦之妻潘妙靜（1137-1219），雖嘗學佛，並曉其大義，但她不喜誦經，人或問之，則說「直心道場，佛亦如是，何以經為？」⑩這種視佛在心中而悟道不賴經書之態度，或為禪宗反經典主義之實踐，也可代表某些婦女信佛之方式。更有婦女自己潛心學佛，而勸其夫勿從其道。譬如寧宗嘉定（1208-1224）期間，武進大夫承議郎陳說之（以道）之繼室項夫人（1193-1229），六歲從句讀師授《內則》、《女戒》、《列女傳》及韓、柳、歐、蘇諸詩文，歷耳輒能成誦。及長，深居無事，取司馬光《資治通鑑》閱讀，深識其義。自歸陳家，則侍奉舅姑，必盡其孝敬之心。其後，父母舅姑俱亡，居喪終，三載不茹葷，而銘其室曰「止齋」，並「日誦釋氏書及閱傳燈錄，遇會意處，輒抄錄成編，或加點記，或成偈頌。」其夫未登仕版，項氏勸之曰：「釋氏捐親戚、外死

---

⑩　《漫塘文集》，卷28，〈霍氏墓誌銘〉，頁5b-6b。

⑩　同前註。

⑩　《絜齋集》，卷21，〈蔣安人潘氏墓誌銘〉，頁1a-3b。

生，非經世之道。吾婦人無外事，且年垂四十，自度已非繁華時，欲漸遠世紛，因游心焉，君不應爾！」這種自承「婦人無外事」，而遊心釋氏，卻勸阻其夫躡其後之作法，無獨有偶，並不稀奇。而為她立傳者所稱讚之「雖沖澹自居，而警戒相成之道不廢」一語，實可適用於許多善於相夫教子之賢妻良婦。⑩更有婦女雖無誦經念佛之表現，但賤貨貴義，以襄助僧寺為樂，可以視為修行布施波羅蜜之代表。譬如，迪公郎致仕寧雋（生卒年不詳）之妻賀氏（?-1193）即是「梁川甓途，捐金賣珠玉，至於浮屠老子之宮，罔不盼飾。」⑩

　　總而言之，兩宋社會之菁英家庭，不乏長期浸淫佛書，薰被於佛法中之婦女。她們的信仰及修行佛教之方式或修行五波羅蜜之經歷，或因時地之更易、情境之變遷，個人之好尚，學養之深淺，梵修歲月之長短等，而有若干明顯之類似與差異。但若僅是隨意選例抽樣查考，必會忽略許多真相，而做出膚淺之印象式推論。本文上下兩篇，雖述及 197 位婦女之信佛事迹，遠較伊沛霞所述之 20 位婦女為多，但務必深入查考其信佛實踐之法，在歷史及社會發展之脈絡中，探討其意涵。應注意的是，墓誌銘多因人情而作，不免有刻意渲染、頌揚、或隱諱之處，故其真實性不易掌握，不能不在不疑處有疑。當然，婦女以修行五波羅蜜來表現信佛之虔誠，使她們可以被視為「虔信之妻」，當毫無疑義，但各人之信仰及實踐方式

---

⑩　《漫塘文集》，卷 30，〈故孺人項氏墓誌銘〉，頁 25b-28b。

⑩　《誠齋集》，卷 130，〈孺人賀氏墓銘〉，頁 4b-7a。按：「罔不盼飾」《宋集珍本叢刊》本作「肟飾」。

與作法不同，必加細查，才知「虔信」之多樣性。經本文上下篇之
所論，多數婦女在佛教信仰上享有宗教自主權（religious autonomy）之
看法，應是可以接受的。或者說，從信仰或拒斥佛教之作為來看，
本章所述及之婦女是頗有獨立選擇能力的。至於她們只因為信佛而
成為賢內助之論，嫌太偏頗。若從擁有自主權之角度來看，遵儒家
之教而盡賢妻良母相夫教子之責而為賢內助，可為歸心嚮佛不事外
務之因。若一味地說婦女因信佛而成賢內助，則有否定她們受儒家
教化影響之嫌，而易誤導輕信新說而不查究竟之讀者。試看介紹伊
沛霞之書，竟有「宋代上流社會的婦女普遍信仰佛教，虔誠的信仰
使她們安於承擔這些〔輔助丈夫、管理家庭、誕育子嗣承繼香火之〕重責，
並且心甘情願地獻身於家庭中」一類武斷、偏差之陳述，不禁令人
憂心伊沛霞之論點可能造成對歷史事實之扭曲及誤解。❿再看最近
西文有關宋代佛教寺院之著作，竟說「少數幾位寧遵古禮而不用佛
教儀式的婦女都被強勢的儒學者視為傑出的典範。」❿「少數幾
位」之說，完全建立在伊沛霞根據有限資料製造出來「上流社會婦
女普遍信佛」之印象上，而忽略更多的反證，如何能反映歷史之真
相呢？

---

❿　見龔延之，〈內闈：宋代的婚姻和婦女生活〉，收於李弘祺編，《中國教育
　　史英文著作評介》（臺北：臺灣大學出版中心，2005），頁 166。

❿　見 Mark Halperin, *Out of the Cloister: Literati Perspectives on Buddhism in Sung
　　China, 960-1270* (Cambridge and London: Harvard University Asia Center, 2006),
　　p.205.

附表 1

* 五波羅蜜之修行一欄數碼分別代表(1)布施，(2)持戒，(3)精進，(4)禪定，(5)智慧。

	姓氏(名)	生卒年	關係人/關係	五波羅蜜之修行*	資料來源
1	陳氏	不詳	黃裳/妻	與夫讀同佛經(3)	演山集
2	黃氏	不詳	黃裳/女	未婚而入寺為尼，遍參真歇清了、大慧宗杲等禪林耆宿(3)(4)(5)	續傳燈錄、嘉泰普燈錄
3	朱氏	1057-1193	薛君/妻	誦寫法華、圓覺、華嚴等經(4)	橘洲文集
4	林氏	1073-1120	陶舜卿/妻	晚年益學佛氏而能達其要(4)(6)	全宋文
5	張濩	1074-1122	葛勝仲/妻	誦佛書，念觀音大悲咒(4)	丹陽集
6	陳氏	1070-1123	徐處仁/妻	性通悟，於出世間法得其指歸(6)	浮溪集
7	王氏	1054-1128	賈偁/妻	好觀天竺之書，捐浮圖所得祿賜(1)(4)	斐然集
8	唐氏	1066-1150	劉從遠/妻	去葷血而菜食，夫死後益親內典(2)(4)	松隱集
9	錢氏	1068-1126	鄭絳/妻	日誦佛書有常，課已則蕭然危坐(4)(5)	北山小集
10	薛氏	1071-1131	某楊公/妻	以釋老之說輔其悟入妙理(5)	方舟集
11	章氏	1075-1145	范浚/嬸母	玩西佛之書、嗜善，喜濟施(1)(4)	香溪集
12	朱氏	1076-1128	潘師仲/妻	自幼習內典，讀之不輟，晚能背誦(4)	龜溪集
13	游氏	1077-1132	黃崇/妻	信尚浮屠法，靜坐焚香	晦庵集

				讀佛書(4)	
14	胡氏	1077-1149	江惇禔/妻	誦佛書間卻葷血(2)(4)	香溪集
15	杜氏	1078-1143	陳堯文/母	幼不茹葷，讀佛書，妙涉理悟(2)(4)(6)	方舟集
16	員氏	1085-1132	孫書言/妻	喜佛書，每日晨興誦佛書數過(4)	九華集
17	胡氏	1091-1165	程公晉/妻	通釋氏書，登天竺會禪師論道(4)(6)	周益公文集
18	上官氏	1094-1178	季陵/妻	自少觀浮圖氏書，常誦華嚴經(4)	南澗甲乙稿
19	王氏	1096-1149	孟忠厚/妻	自少喜誦佛書，晚益精進(4)	鴻慶居士集
20	朱氏	1096-1133	楚通叔/妾	唯誦佛書，深究其理(4)(6)	古誌石華
21	徐溫	1098-1156	錢觀復/妻	喜釋氏學，治鐘、飯僧、崇飾佛像(1)(4)	茗溪集
22	曾氏	1102-1179	李富/妻	雖不知書，喜默誦釋氏語(4)	誠齋集
23	虞道永	1103-1182	江琦/妻	學問駁雜，晚學浮圖法(4)	晦庵集
24	袁氏	1104-1159	王九成/妻	雞鳴而盥，薰香佛書，梵唄齋旦(2)(4)	方舟集
25	李氏	1104-1177	韓球/繼室	飯僧、施經、蔬；誦華嚴經二百部(1)(2)(4)	南澗甲乙稿
26	葉妙慧	1104-1185	單夔/母	念經誦佛，課觀音經，誦大士號(4)	東塘集
27	李氏	1107-1159	張廷傑/妻	讀釋氏書，平時語默有常度(4)	文忠集
28	郎氏	1107-1191	虞璠/妻	晚耽釋氏書，諷誦不懈，食不茹葷(2)(4)	誠齋集

29	王氏	不詳	樓鑰/外祖母	誦大藏經，晚年猶梵唄，教人因果(1)(4)	攻媿集
30	汪慧通	1110-1204	樓鑰/母	奉佛甚謹，閱大藏、校龍龕手鑑(4)(6)	攻媿集
31	張氏	不詳	樓弅/妻	夫死後奉佛益謹，施錢營繕佛寺(1)(4)	攻媿集
32	徐氏	不詳	蔡子羽/母	寫華嚴經、梁皇懺(4)	文忠集
33	徐蘊行	不詳	蔡詵/母	抄佛經(4)	誠齋集
34	徐氏	不詳	某蔡氏/母	抄佛經 95 卷(4)	止齋先生文集
35	邵道沖	不詳	林延齡/妻	喜翻內典，手書圓覺、金剛等經(4)	寶慶四明志
36	魏氏	不詳	胡元質/妻	信淨土，手書楞嚴、圓覺等經，繪經變圖，建佛寺(1)(4)	成都文類
37	何師醞	不詳	何天斐/女	喜浮圖教，遍閱華嚴經(4)	金谿縣志
38	計氏	不詳	張浚/母	喜浮圖教，與道謙、宗杲習禪，求見何師醞談華嚴(4)(5)	斐然集、紫微集
39	陳氏	不詳	岳珂/母	好釋氏，通圓覺經，喜飯僧(1)(4)	寶真齋法書贊
40	張氏	不詳	向子䤋/妻	喜學佛，誦大悲咒，夢佛後茹素(2)(4)	金石苑
41	吳氏	不詳	呂宏/妻	齋戒清修，悟佛理，拜觀音、修淨業(2)(4)(6)	龍舒淨土文
42	馮法性	不詳	陳思恭/妻	持齋、誦佛，拜觀音修西方淨業(2)(4)	樂邦文類
43	周氏	1113-1196	李端修/妻	夫喪後失明仍持誦佛書(4)	兩浙金石志
44	胡慧覺	1115-1183	袁說友/舅母	翻繹內典，得佛趣，超	東塘集

				脫世故(4)(6)	
45	方道堅	1115-1191	蔡淵/妻	晨起誦佛書，非疾病不廢(4)	誠齋集
46	徐氏	1115-1192	劉宜之/妻	素喜佛書，屬纊之日超然而逝(4)(5)	江湖長翁集
47	晁氏	1120-1140	孫鎮/妻	信佛誦經，琅然誦佛書而絕(4)	浮溪集
48	王惠貞	1120-1228	趙彥𫘦/妻	少喜佛說，晚誦佛書日盈萬言(4)	復齋陳公文集
49	戴氏	1121-1192	袁燮/母	晚年好佛、讀其書甚悉(4)(6)	絜齋集
50	賀氏	?-1193	寧雋/妻	捐金賣珠玉，助建佛寺道觀(1)	誠齋集
51	賀氏	不詳	江安行/妻	夫死後終身不茹葷，日誦圓覺經(2)(4)	夷堅志
52	毛氏	1127-1184	趙不俔/繼室	課子女釋老氏經，為夫祈福(1)	南澗甲乙稿
53	郭氏	1129-1222	趙公恃/妻	雞鳴即起，焚香誦佛書，布衣蔬食(2)(4)	性善堂稿
54	仲靈湛	1133-1184	孟嵩/妻	齋居蔬食，誦經習禪(2)(4)(5)	水心集
55	張法善	1134-1172	韓元龍/妻	能誦佛書，習於世故(4)	南澗甲乙稿
56	鄭和悟	1136-1219	李松/妻	崇尚素樸，諷誦佛書，深味其旨(4)(6)	絜齋集
57	樓靚之	1137-1200	石文/妻	學佛，解生死之說，結佛手印而終(4)(6)	攻媿集
58	劉氏	1140-1225	胡著/妻	晚好浮屠，若有所得(4)(6)	誠齋集
59	孫氏	1141-1193	蘇璣/妻	平生誦佛書，能踐其言(4)	陸放翁全集

60	惠道素	1143-1173	袁說友/妻	好內典，誦佛書，繪佛圖，蓄經卷(4)	東塘集
61	卞妙覺	1144-1235	張應運/祖母	卻葷，誦觀音，修淨土(2)(4)	蒙齋集
62	章氏	1140-1224	蓋經/妻	中年日翻內典，味禪悅，明死生之理(4)(5)(6)	後樂集
63	吳靜貞	1146-1220	劉宰/岳母	奉佛持齋(2)	漫塘文集
64	李洞安	1155-1219	趙公賓/妻	日課佛書，喜施予，不問有無(1)(4)	勉齋集
65	林氏	1161-1248	劉彌正/妻	熟讀內典，早有悟入，深於禪宗(4)(5)(6)	後村先生大全集
66	劉氏	不詳	劉克莊/妹	夫死後不茹葷血，深於禪宗(2)(5)	後村先生大全集
67	霍氏	1163-1207	竇從謙/妻	奉佛茹素，影響其夫(2)	塇塘文集
68	陳氏	1169-1241	章君表/妻	與其姑早暮焚香誦佛(4)	楳埜集
69	梁氏	1170-1247	劉宰/繼室	婚前念佛，婚後因夫勸而止(4)	漫塘文集
70	司徒氏	不詳	高夔/妻	通釋氏書，臨終作誦超然生死(4)(6)	周益公文集
71	陳氏	1186-1231	林公遇/妻	幼讀儒釋書，能記誦(4)	後村先生大全集
72	楊氏	?-1271	史興祖妻	念觀音？(4)	衢州出土墓器物
73	劉善敬	1212-1272	鮑瀟/妻	喜禪學，時出偈誦，迴脫禪語(4)(5)(6)	葉適集
74	趙氏	?-1326	徐庭蘭/母	喜誦佛書，助興梁、施寒飢無吝色(1)(4)	鐵庵集

附表 2

時間 修行實踐	兩宋之際及南宋	
	數目	比例
(1)布施	12/74	0.16
(2)持戒	16/74	0.22
(3)精進	67/74	0.9
(4)禪定	10/74	0.13
(5)智慧	15/74	0.20

第四章
論宋代士人的手寫佛經

一、引言

　　自佛經因漢譯開始流傳於中土之後，手寫或手抄佛經就成了中國僧侶的日常功課。尤其佛經上既說寫經或抄經使其流佈十方，為主要功德之一，❶佛教僧侶和信徒為了累積功德，手自寫經或請人寫經就漸漸變成尋常之事。魏晉之後，僧俗寫經之風氣漸開，不但有助於佛經及佛教之廣為流傳，且被士大夫所認可與接受，也跟著參加寫經。❷雖然，他們之寫經，或與積功德或佛教信仰有關，但

---

❶　例如，《金剛經》就說：「若復有人聞此經典，信心不逆，其福勝彼，何況書寫、受持、讀誦、為人解說。」《法華經》也說：「若善男子善女人於《法華經》乃至一句受持、讀誦、解說、書寫，是人一切世間所應瞻奉，應以如來供養而供養之。」

❷　從曹魏開始，即有士人寫佛經之例。如曹魏景初二年（238），敦煌太守倉慈寫有《佛說五王經》。見池田溫，《中國古代寫本識語集錄》（東京：大藏出版社，1990），頁 71。錢存訓先生說中國最早的紙寫書冊很可能是在魏甘露元年（256）以江蘇六合紙所寫成的《譬喻經》可能有誤。見 Tsien Tsuen-hsiun, "Paper and Printing," in Joseph Needham, *Science and Civilization in China*

因身分及學養與僧侶及一般民間信士不同，其寫經之行為似應與一般信士分開評估。❸換句話說，寫經既是修福田、做功德或表現信仰的一種方式，隨著佛教之傳播，寺院及民間寫經，為數日增，為大勢所趨，固不足為奇。但菁英社會的士大夫寫經也與日俱增，就是一個值得探討的問題。它一方面顯示了佛教進一步突破階級的藩籬，為中、高級知識分子所認可，另一方面也顯示高級知識分子願進一步以寫經之方式來表現其對佛教之支持，及喚起對佛經之重視，甚至肯定其代表聖諦的地位，並提升其藝術之價值。這些高級知識分子的寫經，往往經篆雕刻石而傳之久遠，除非遇天災人禍，不致喪失或損壞。此類寫經，為喜好收藏的歷代文士、書畫家、金石家所珍視、蒐集及鑑賞，往往聚同好品評談論而不憚煩。譬如唐代出土之《佛遺教經》石刻，唐以來至宋初，學者咸以為是東晉大書法家王羲之（約 321-379 或 303-361）所寫，視為至寶。但宋代及後來的鑑賞家則或同意歐陽修（1007-1072）之考證，認為非王羲之所抄，而實為唐代經生或寫經手所寫；或認為歐陽只知其一不知其二，於真正之寫經者，亦未能查知。❹不管所見如何，都以為難得

(Cambridge: Cambridge University Press, 1985), vol. 5, "Chemistry and Chemical Technology," part 1, p. 86。

❸ 晉以後寺院寫經已然不少，其中有一般信士請沙門寫者，如西晉咸寧四年（278）信士張自言夫婦請比丘沁汁所寫之《陀羅尼神咒經卷四》，見池田溫（1990），頁 72。

❹ 按：最早談論歐陽修之考證者，厥為《金石錄》的作者趙明誠（1081-1129）。他曾說：「右唐《佛遺教經》，國初時人盛傳為王右軍書，歐陽公識其非是。余家藏金石刻二千卷，獨此經最為舊物，蓋先公為進士時所蓄耳。」見《金石錄》（上海：商務印書館，《四部叢刊續編》），卷 10，

之作，甚為重視。唐人寫經者多，有些寫經生或士人所寫之經為當
時及後世所寶愛，收藏家賞鑑之餘，為之題跋，述其緣由、詳其經
歷、考其真偽、評其風格、論其影響、誌其韻事，豐富了這些寫經
在歷史文化上之意義，不再是「功德」一語所能盡其底蘊了。

　　宋代印刷術大有發展，雕版刻印速度加快，使佛經之出版及發
行更加容易，而刊行之佛經也普遍增加，故有認為為僧侶或經生寫
經已為印刷所取代，寫經之活動也不再流行或已告式微。此種見
解，似是而非。❺宋代喜好翰墨的士人比較唐代，實有增而無減。
他們因各種原因著手寫經，使寫經之活動更加普遍，數量亦迭有增
加。其所寫之經，雖非民間流傳佛經之來源，但也都成為後人收
藏、臨摹之對象。這些士人既以寫經為樂，復以之餽贈朋輩、交納

　　〈唐佛遺教經〉，頁 9a。宋人董逌後在其《廣川書跋》進一步指出：「歐陽
　　永叔以為唐寫經手，黃魯直謂此書在楷法中小不及《樂毅論》。今世不知
　　《樂毅論》已遭火，而別本為薛崇徽所藏，七亦五溪。其搨本皆摹畫，善者
　　則亦與寫經手何異？但此書疏肥令密，密瘦令疏，自得古人書意，其為名輩
　　所推，良有以也。昔張翼代羲之草奏，幾乎亂真，諸遂良臨寫右軍，亦為高
　　妙，但恨乏自然。後人不見逸少迹，若碑刻所傳多假偽，則臨拓善工自足
　　惑世矣。嘗得《佛戒經》，其碑乃比丘道秀書，與此經一體。率化眾緣，共
　　崇鐫刻。則知為道秀所書，但世不傳爾。道秀德宗時人，其書當建中三年壬
　　戌，蓋永叔、魯直不見碑陰，故所評如此。」《廣川書跋》見盧輔盛編，
　　《中國書畫全書》（上海：上海書畫出版社，1993）冊 1，頁 801。
❺　認為寫經因印刷術的出現而式微是一種想當然耳的看法，最近日本京都國家
　　博物館出版的《古寫經──聖なる文字の世界》（京都：京都國立博物館，
　　2004 年 10 月），頁 13、364，即說寫經不再流行，不知士人寫經更見盛行。
　　其實印刷術廣泛流行之後，手抄書稿仍相當普遍，不只是因為費用低廉，也
　　因為手抄單冊或少量文書較印刷為方便。參看 Tsien Tsuen-hsiun, "Paper and
　　Printing," p. 135。

緇友。逢祭祀時，以之追薦亡魂、祈願往生。逢宴會小聚時，則各取珍藏，次第觀賞。收藏者不惜重金購置散落殘遺之作，藝術家也益之以扉畫佛像，使原本很單純為做功德的寫經，變成複雜而意義深遠的多元文化活動。

宋人之寫經活動日盛，為元明之後大量寫經之出現鋪路。尤其寫經者多高級士人，寓法書於寫經，常嚴於挑選寫經所用之紙、墨等用具，表現了將書法藝術融於寫經之企圖，有助於佛經製作形式及品質的提升、經冊裝潢的精緻化、善本佛經的形成與流傳、及佛教物質文化的成長。本章之目的，即是欲從宋代士人寫經風氣的形成，來探討它與佛教文化發展的關係，說明士人在寫經上所扮演之重要角色，凸顯他們寫經之作用，證明他們的寫經，不但賦予佛經相當程度的社會教化之新義與功能，而且美化佛經刊行的質量，提高了佛經在經典上之地位與價值，拓展了佛經流傳的社會空間。他們的寫經，在佛教文化之推動與發展上，具有不容輕忽之作用與影響，值得佛教史學者注意。

二、宋以前士人之寫經

宋以前士人寫佛經者已不乏其人，一般認為最有名者當屬王羲之。雖然他或非唐代流行之《佛遺教經》寫者，但今人視《佛遺教經》為其所作者仍多，唐人則更為肯定。❻唐人也認為他是長安所

---

❻　譬如，朱以撤，〈論寫經書法藝術〉，於《文藝研究》（1998），第五期，頁 121-129，就認為王羲之是《佛遺教經》之寫者。

刻草書《心經》之寫者，視之為珍品。❼據說王羲之之七世孫，以寫真草《千字文》著名的隋代書法僧釋智永，也寫過《心經》，但他是沙門，留意寫經，不足為奇。不過近人疑《心經》為唐太宗時玄奘（602-664）所造，其說頗有影響力，果真如此，則智永不可能抄寫《心經》，❽而此本《心經》很可能也是唐經生之作。

　　入唐之後，書法家寫經者益多，歐陽詢（557-641）、虞世南（558-638）、褚遂良（596-659?）、徐浩（703-782）、顏真卿（709-785）、柳公權（778-865）等名家都曾寫經。歐陽詢寫過《心經》，宋人有拓本，清初孫承澤（1592-1676）得之，謂其「楷法精嚴，而又寬展自如，筆墨外有方丈之勢❾。」虞世南所書《心經》，也經刻石傳世。南宋章良能（?-1214）藏於其家百餘年，時請同好書家及鑑賞家至其府第觀賞。❿褚遂良所書《心經》，經鐫石後，流傳到

❼　明·孫鑛認為此草書《心經》非王羲之所寫，實為鄭萬鈞之作。見孫鑛，《書畫跋跋》，在《中國書畫全書》冊3，〈草書心經〉，頁958。王世貞在其《古今法書苑》亦有此說，其語與孫鑛雷同，不知孫抄王說，抑王抄孫說？見《中國書畫全書》冊5，〈心經〉，頁649。

❽　關於玄奘「編譯」或可能「偽造」《心經》，參看 Jan Nattier, "The *Heart Sutra*: a Chinese apocryphal text?" *Journal of International Association for Buddhist Studies*, no. 15 (1992), pp. 153-223。

❾　按：歐陽詢於貞觀九年十月，以楷書寫此《心經》於饒州白鹿寺。見清·孫承澤，《庚子消夏記》，在《中國書畫全書》（上海：上海書畫出版社，1993）冊7，〈歐陽詢心經〉，頁784。

❿　《攻媿集》（上海：商務印書館，《四部叢刊初編》），卷75，〈又心經〉，頁11a。按：此跋係續前一跋〈跋章達之所藏虞書孔子廟堂碑〉，故說〈又心經〉。跋中所說「自言家藏已百餘年矣」的「章貳卿」即是前跋之章達之，也就是章良能。蓋章良能，字達之，官至參知政事，為副相，故稱「貳卿」。

明，但已難得一見。⑪徐浩所寫《法華經》宋人多有贊辭。他寫的《大般若經卷 484》還以「佛弟子徐浩」自署。⑫此外，他還寫有《心經》及《金剛經》。⑬顏真卿「學雜釋老」，所書《摩利支天經》，宋人評價甚高，競為收藏。明代書家董其昌（1555-1636）說：「此經兼篆籀石經之法，紙墨奕奕，天下顏書無第二。」⑭他又寫《華嚴經》，獻給某「澄師大德」。北宋初名臣楊徽之（921-1000）、蘇易簡（958-996）、張洎（933-996）等曾同觀於翰林院。此經後藏於長安舊羅鄴王府。⑮宋太祖宰相范質（911-964）曾受鄴王子孫邀觀於其府上，認為是顏魯公書最佳者，旋獲餽贈，並發願「永秘巾箱」。仁宗朝名臣兼書法家蔡襄（1012-1067）曾見此寫經之拓本，知為「魯公真筆」，「嘆服不足，輒書短句。」此搨本流

---

⑪　《名蹟錄》（臺北：臺灣商務印書館，影印文淵閣《四庫全書》本，1983-1988），卷6，頁15a。

⑫　徐浩所寫《法華經》見《臨川先生文集》（上海：商務印書館，《四部叢刊初編》），卷26，頁9b。《大般若經卷484》見池田溫（1990），頁311。

⑬　《通志》（臺北：臺灣商務印書館，影印文淵閣《四庫全書》本，1983-1988），卷73，頁38a。

⑭　見《秘殿珠林石渠寶笈初編》（臺北：故宮博物院，1971），卷6，頁86a。明·詹景鳳（隆慶、萬曆時人），《詹東圖玄覽編》認為此帖「方勁而乏古雅之致，其內書咒語數行，則稍小而近俗，恐是唐僧人學書此經，詭其名以引重耳。」見《中國書畫全書》冊4，頁3。

⑮　按：羅鄴王府為唐末藩鎮羅紹威府第。羅紹威於唐昭宗時封鄴王，後見唐祚衰陵，朱溫兵強而有禪代之志，遂傾心附結，贊成其事。見《舊五代史》（北京：中華書局點校本），卷14，頁188-89。

傳至清，藏於內府。❶正好應了仁宗嘉祐時人某於其抱膝軒題詩所贊：「華嚴盛會見寶墨，澄師大德彼何人？錦囊玉軸勤愛護，猶可流傳五百春。」❶顏真卿通釋老之學，與大歷、貞元期間的唐名僧杼山釋皎然遊，稱菩薩戒弟子於湖州釋慧明，見江西釋嚴峻「一言相契，膠漆如也。」又作天下放生池碑記，寫撫州戒壇記，深於禪悅，儼然佛教居士。❶其所書之經，深受重視，成為初學書法者臨摹之對象。柳公權亦書《心經》，其所書見錄於元周密（1232-1308）的《雲烟過眼錄》，可見至少流傳至元代。❶他又寫過《護命經》及正書《金剛經》。孫承澤認為前者「絕去摹仿之迹，真有唐第一妙迹」。❶董逌認為後者「誠為絕藝，尤可貴也。」❶不過，柳公權書《金剛經》當不只一次，而拓本甚多，未必都是來自

---

❶ 以上見蔡襄，《蔡襄集》（上海：上海古籍出版社，1996），〈題宋拓顏魯公書華嚴經〉，頁 772；明‧汪砢玉，《珊瑚網》（《中國書畫全書》冊 5），〈宋拓顏魯公書華嚴經〉，頁 889。又見明‧郁逢慶，《郁氏書畫題跋記》（《中國書畫全書》冊 4），〈宋拓顏魯公書華嚴帖〉，頁 586。清‧孫岳等，《御定佩文齋書畫譜》（臺北：臺灣商務印書館，影印文淵閣《四庫全書》本，1983-1988），卷 94，頁 30a。

❶ 同前註。《郁氏書畫題跋記》錄題詩作者為「勝軒」。

❶ 關於顏真卿與釋皎然、慧明、嚴峻之關係，見《宋高僧傳》（北京：中華書局點校本，1987），卷 29，〈唐湖州杼山皎然傳〉，頁 728-30；卷 26，〈唐湖州佛川寺慧明傳〉，頁 664-65；卷 14，〈唐洪洲大明寺嚴峻傳〉，頁 351-52。有關放生池及戒壇記，見《佛祖歷代通載》（臺北：新文豐出版社，《大正藏》冊 49），〈有唐天下放生池碑銘并序〉，頁 599ab，及〈撫州寶應寺律藏院戒壇記〉，頁 604ab。

❶ 見明‧張丑，《清河書畫舫》，卷上，〈柳公權書多心經〉，頁 14a。

❶ 《庚子消夏記》，〈柳公權小楷護命經〉，頁 788。

❶ 《廣川書跋》，頁 802。

同一石刻。現存最古寫本之拓本發現於敦煌,寫於唐穆宗長慶四年
（824）。根據柳公權之題識,是他在長慶四年四十七歲時,為右街
僧錄「準公」所書。㉒此外,又有會昌四年（844）的京兆府西明寺
石刻,有可能是根據新的寫本刻成。㉓此石刻入宋之後「經石幸
存,不墜兵火,」㉔故拓本見於宋代各寺院,如和州含山褒禪寺、
成都府嘉祐禪院和慶元府進思堂等。㉕又有南宋理宗朝宰相賈似道
（1213-1275）藏本,至清代猶存於世。㉖北宋書法家米芾（1051-
1107）少時即慕柳書《金剛經》之「緊結」而刻意學之。㉗據說柳
公權還寫過《般若泥洹三經》,宋淳化間有東閣珍藏本,「前後御
押題跋皆稱上上神品。」但亦有懷疑非柳公權所寫者,因所用紙與
宋經箋無異,而字「雖圓熟而不勁遒,無骨力」。㉘

㉒ 池田溫（1990）,頁 339。

㉓ 《新唐書》（北京:中華書局,1975）,卷 163,頁 5039;《通志》,卷
73,頁 40b-41b;《金石錄》（臺北:臺灣商務印書館,影印文淵閣《四庫全
書》本,1983-1988）,卷 10,頁 7a。按:《金石錄》亦有可能將長慶四年
誤為會昌四年,果真如此,則西明寺石刻或即本於長慶四年寫本,而敦煌拓
本亦為西明寺石刻拓本。

㉔ 《廣川書跋》,頁 802。按:董迫還說柳公權此經「本書於西明寺,後亦屢
改矣。」後句意不詳,是否說柳在其他場合續寫完此經?又見《庚子消夏
記》,〈柳公權小楷護命經〉,頁 788。《古今法書苑》,〈唐西明寺金剛
經〉,頁 676。王世貞將其繫年於大中十三年（859）,當是搨本。

㉕ 《輿地碑記目》（臺北:臺灣商務印書館,影印文淵閣《四庫全書》本,
1983-1988）,卷 1,頁 15a;卷 2,頁 15b;卷 4,頁 3b。

㉖ 《廣川書跋》,頁 802。

㉗ 米芾,《寶晉英光集》（臺北:臺灣商務印書館,影印文淵閣《四庫全書》
本,1983-1988）,卷 8,頁 6a。

㉘ 《詹東圖玄覽編》,頁 36。

　　以上唐書法家之寫經，實為唐人寫經之一小部份，其他士人，雖或名不甚傳，但寫了不少佛經，且所寫之經，或鐫諸瑊珉，或以原寫本傳世，可以見出唐人寫經之普遍。以下根據金石資料列舉抄寫《心經》之士人，以見《心經》抄寫之一斑：**❷❾**

唐代心經書寫者及書寫時間			
書寫者	書體	時間	資料來源（卷：頁）
蘇休奕	正書	武后總章元年(668)	《金石錄》4:8a
陳令望	？	天寶元年(742)	《金石文字記》4:4a
孫顏	？	至德二年(757)	《後丁戊稿》：31 **❸⓿**
趙偃	正書	廣德二年(764)	《金石文字記》4:13b
竇羣	正書	元和二年(807)	《金石錄》9:16a
任繪	篆書	開成元年(836)	《寶刻類編》5:25b
徐璋	篆書	宣宗大中三年(849)	《寶刻類編》6:7a
修永	隸書	宣宗大中三年(849)	《寶刻類編》8:11a
周承緒	篆書	懿宗咸通三年(862)	《寶刻類編》6:19a
仇溥	篆書	懿宗咸通七年(866)	《輿地碑記目》4:10a
麴魯	？	懿宗咸通八年(867)	《寶刻類編》6:19b
盧鴻	篆書	？	《寶刻類編》7:3a
思遠	篆書	乾德五年(967)	《寶刻類編》8:14b

　　唐代寫經之高級官吏也不乏其人，如唐高宗時虔州人鍾紹京

---

❷❾　按：敦煌寫本《心經》不少，多在九世紀初期，但寫者除僧侶之外，大都身分不明，難以評估，容於另文討論。可參考池田溫（1990），頁 31、304、376-377、439-441。

❸⓿　見池田溫（1990），引羅振玉，《後丁戊稿》。

（生卒年不詳）以工書直鳳閣。武后時，明堂門額、九鼎之銘及諸宮殿門榜皆其所題。❸他曾寫《七寶轉輪王經》計一百六十五行，七千餘言。其書宗王羲之《樂毅論》之體，並兼歐陽玄、虞世南、褚遂良之風格，有集大成之味。明代收藏家韓逢禧（生卒年不詳）認為：「神采燁然，真世之罕物。」他還說：「相傳鮮于困學公珍藏此卷於室中，夜有神光燭人，」認為是發自此經。鮮于困學即元初與趙孟頫齊名之書法家鮮于樞（1256-1301），亦為名收藏家。「夜有神光」之說，自是好經者誇誕之談，欲引同好者刮目相看也。鮮于樞之友人仇遠（1247-1326）、盛彪（元初）等數人，大概因此而受邀至其「困學齋」同觀。❸又如唐秘書少監駙馬都尉鄭萬鈞（武后時人），深好文學，又善書藝、深信佛教，曾揮翰書寫《心經》，並加鐫刻，唐睿宗朝宰相張說（667-730）為之作讚。❸陸榮（生卒年不詳）書《陀羅尼經》，亦傳至宋，為宋名家入手之必備，後繼續流傳至明代，為明萬曆時期的宦官馮保（生卒年不詳）家物。❸唐肅宗乾元二年（759），鄔彤（生卒年不詳）以行書寫《金剛經》，傳至

---

❸ 見《舊唐書》（北京：中華書局點校本，1975），卷 97，頁 3041-42。

❸ 見吳榮光，《辛丑消夏記》，收於徐娟編，《中國書畫藝術論著叢編》（北京：中國大百科全書出版社，1997）冊 34，卷 1，頁 50-51。按：鮮于樞自號「困學民」，故後人多以鮮于困學稱之。

❸ 《張說之文集》（上海：商務印書館，《四部叢刊初編》），卷 13，〈般若心經讚並序〉，頁 5b-6a。又見《般若波羅蜜多心經略疏》（臺北：新文豐出版社，《大正藏》冊 33），頁 555b。按：鄭萬鈞尚睿宗女代國公主李華為駙馬。

❸ 《庚子消夏記》，〈陸榮書陀羅尼經〉，頁 789。

明代，為王世貞（1526-1590）所收藏。**❸❺**

　　唐代佛教居士寫經最有名者，當推大詩人白居易（772-846）。白居易是個詩史家，也是個虔誠的佛教居士。據說他曾寫有《楞嚴經》一冊，甚為後人所重，為鑑賞家收藏之對象。唐宋之間，此經冊數易其主，顛沛流轉，至南宋時已經殘缺不全。雖然如此，南宋緇川人邢有嘉（生卒年不詳）收藏此殘缺之《楞嚴經》冊，視之為瑰寶。金石學家趙明誠（1081-1127）於緇州（今山東濟南）當州守時，邢有嘉取出此冊相示，趙明誠得見，立即持之「上馬疾驅，歸與細君共賞。」世人皆知趙明誠與其妻李清照（1084-1155?）好蒐集、鑑賞古物，常比肩賞玩書畫金石，相對品評，樂在其中。此次借得白居易所寫經冊之殘本，迫不及待地驅馬回府，「時已二鼓下矣，酒渴甚，烹小龍團，相對展玩，狂喜不支。兩見燭跋，猶不欲寐！」**❸❻**夫婦於酒後相對品茗，展玩樂天居士所寫之《楞嚴經》殘本，喜悅之情，不可言喻。**❸❼**

---

❸❺　王世貞，《古今法書苑》，〈唐鄔彤書金剛經〉，頁 650。按：鄔彤為張旭（開元時人）學生，顏真卿同學，懷素（725-785 或 737-799）的表叔。

❸❻　見《祕殿珠林石渠寶笈初編》，卷 2，頁 48ab。按：「細君」為宋人妻子之通稱。

❸❼　同上。按：「小龍團」為茶之精品，宋人用以做禮物餽贈友人。葉夢得，《石林燕語》謂：「故事，建州歲貢大龍鳳團茶，各二斤，以八餅為斤。仁宗時蔡君謨知建州，始別擇茶之精者為小龍團十斤以獻，斤為十餅。仁宗以非故事，命劾之。大臣為請，因留而免劾。然自是遂為歲額。」蔡襄獻「小龍團」之舉，其友歐陽修頗不以為然。蘇軾〈荔枝歎〉注云：「大、小龍團始於丁晉公而成於蔡君謨。歐陽永叔聞君謨進小龍團，驚歎曰：『君謨士人也，何至作此事？』」。陳繼儒在其《讀書鏡》裡談到此事，大歎曰：「乃知始作俑者，不特興例階，且至於壞人品。故曰：『無為福先，無為禍

不過，白居易寫《楞嚴經》之說，令人不無疑義。其一，趙明
誠見白居易手書《楞嚴經》之後，既狂喜不支，為何《金石錄》未
記錄此事？他既未敘述此事，則與李清照喝酒、品茗，展玩白書
《楞嚴經》之事，後人何由得知？其二，白居易不以書法名世，其
所寫之經既被視為瑰寶，何以趙明誠之前有二百餘年，文苑、儒林
及金石學者都未述及其寫《楞嚴經》之事？其三，白居易年輕時崇
道，晚年尚佛，於道經、佛經皆有涉獵，且相當稔熟，為何不寫他
經如《金剛經》、《心經》等，而獨鍾《楞嚴經》？其四，《楞嚴
經》自唐武周時期出現後不久即傳入日本，雖然其真實性遭受懷
疑，而被視為非源出梵本之「偽經」，⓼但在日本平安時期流傳之
廣似較勝於唐代，至少記錄上顯示唐代士人之讀此經者甚少，遑論
抄寫。白居易為少數曾讀此經者，但此經甚長，有十卷之多，非專

始」。」見《讀書鏡》（臺北：新文豐出版社，《四部叢刊新編》），頁
417b。又如蘇軾〈惠山謁錢道人烹小龍團登絕頂望太湖〉一詩，中有句云：
「踏遍江南南岸山，逢山未免更留連。獨攜天上小團月，來試人間第二
泉。」可見宋士人視飲「小龍團」為一樂。見《蘇軾詩集合注》（上海：上
海古籍出版社點校本，2001），頁 506-509。黃庭堅「以小龍團及半挺贈
〔晁〕無咎」，見《山谷詩集注》（上海：上海古籍出版社點校本，
2003），頁 49。南宋紹興二十四年（1154）狀元張孝祥（1132-1169），亦即
下文論及之張即之伯父，有〈浣溪沙〉一詞，中有句云：「妙品只今推第
一，寶香元不自人間，為君更酌小龍團。」見張孝祥，《于湖詞》（臺北：
臺灣商務印書館，影印文淵閣《四庫全書》本，1983-1988），卷 2，頁
19b。此詞《于湖集》（臺北：臺灣商務印書館，影印文淵閣《四庫全書》
本，1983-1988）作「仙品只今推第一，清香元不自人間，為君更試小龍
團。」見卷33，頁 6b。

⓼ 按：《楞嚴經》是否為「偽經」之問題，今日學術界仍在辯論。

業書法家所欲抄寫，白居易有何特別動機抄寫此經？❸

　　以上之疑問若不能圓滿解答，而白居易寫《楞嚴經》之事確為子虛烏有，則臺北故宮博物院收藏之白居易署款《楞嚴經》當如何解釋？❹根據藝術史家及書法鑑定家傅申先生之研究，此冊《楞嚴經》實為張即之作品，非白居易真跡。傅申就其書法風格、署款筆法、收藏印及題跋之偽造，證明此冊《楞嚴經》實為張即之手書，其說與名藝術品鑑定家徐邦達先生之說相合。❹

　　另一位有名的唐末五代寫經居士為近十餘年來備受注意的敦煌歷法家翟奉達（883-?）。❹翟氏出身敦煌歸義軍世家，其祖先在敦煌僧界中曾擔任都統、僧正等要職。後梁太祖開平初（907），他是河西敦煌郡州學弟子，年方二十餘歲，即著手寫經。後唐同光三年

---

❸　白居易之《白氏長慶集》（上海：商務印書館，《四部叢刊初編》）有〈與濟法師書〉一文，引用《楞嚴經》兩次。見該書卷28，頁15b-20a。

❹　傅申認為此冊《楞嚴經》即是《秘殿珠林》所錄之殘卷，但被《秘殿珠林》之編者誤為「唐箋本」。見傅申，〈真偽白居易與張即之〉，收於氏著《書史與書蹟——傅申書法論文集（一）》（臺北：國立歷史博物館），頁164-181。

❹　同前註。又參看徐邦達，《古書畫偽訛考辨——上卷：文字部分》（江蘇：江蘇古籍出版社，1984），頁141。按：徐邦達文引明‧李日華《味水軒日記》卷中一條，提及李日華之客曾言在馮權奇家見過白香山書《楞嚴經》，認為「本張即之筆，朱〔寶〕為補款」，可見明人已看出此經非白居易所寫。徐邦達又認為趙明誠跋及偽款皆馮權奇及朱寶偽作。徐又引《圖繪寶鑑續纂》說：「朱寶，字肖海，嘉興人。臨摹元人舊本，精神入妙。」

❹　關於翟氏家族與敦煌之關係，中國學者已有英文著作將其介紹至西方。見Ning Qiang, *Art, Religion and Politics in Medieval China: The Dunhuang Cave of the Zhai Family*. (Honolulu: University of Hawai'i Press, 2004)。該書頁76，有翟奉達之歷仕簡表。

（925），年四十三歲，他繼先祖襲任歸義軍隨軍參謀兼州學博士。五代末期，他任周世宗治下的檢校尚書工部員外郎，寫經益勤。北宋建隆二年（961）時，他七十九歲，所寫佛經已甚多，且多有題記。觀題記內容，可見他嚴守齋戒，虔心信佛，是位熱心的佛教居士。他所寫佛經，前後計有《金剛經》、《佛說無常經》、《佛說水月光觀音經》、《佛說呪魅經》、《佛說天請問經》、《佛說閻羅王授記經》、《佛說護諸童子經》、《心經》、《盂蘭盆經》、《佛說佛母經》、和《佛說善惡因果經》。❸翟奉達於二十餘歲寫《金剛經》，是根據「西川印出本」之《金剛經》寫成。以該本有六十字為一般《金剛經》所無，乃抄而添寫之。同時他也為讚《持誦金剛經靈驗功德記》而抄寫此經，一方面助《功德記》流布，一方面為「信士兼往〔生〕亡靈及現在父母合邑，」祈福減罪。❹其他十種經，則是七十六歲時為其妻馬氏身故後營十齋追福而寫。所謂「十齋」即是其妻死後之首七至七七齋，加上百日、週年及三年齋。翟奉達於十齋各寫一經。並由其子於前九種寫經之後分寫題記如下：❺

---

❸ 見池田溫（1990），頁 448，453，493-495。「敦煌郡州學上足子弟翟再溫」是敦煌發現的〈逆剌占州學子弟翟再溫題記〉的署款，翟奉達為翟再溫之字。關於翟奉達及翟氏家族與佛教之關係，參看李麗，〈敦煌翟氏家族研究〉，在《甘肅社會科學》（1999），輯刊 1，頁 36-37。

❹ 同前書，頁 453。按：池田溫（1990）亦錄有西川過家八十三老翁所寫之《金剛經》數本，疑即翟奉達所說的「西川印出本」。見頁 450-451。

❺ 池田溫（1990），頁 493-495。Ning Qiang（2004），不確定馬氏為其妻或母寫經，見頁 76。觀其子題記，知是為其妻所寫。而「阿孃」、「家母」云云，是其子稱母口吻。

開七齋寫《佛說無常經》，「願阿娘託影神游往生好處，勿落三途之災，永充供養。」

二七齋寫《佛說水月光觀音經》，「追福供養，願神生淨土，莫落三塗之難，馬氏承受福田。」

三七齋寫《佛說呪魅經》，「以家母馬氏追福，寫經功德，一一領受福田，永充供養。」

四七齋寫《佛說天請問經》，「願以家母馬氏追福，一一見到目前，災障消滅，領受福田，一一供養。」❹

五七齋寫《佛說閻羅王授記經》，「以阿孃馬氏追福，閻羅天子，以作證明，領受寫經功德，生於樂處者也。」

六七齋寫《佛說護諸童子經》，「追福寫此經，馬氏一一領受寫經功德，願生於善處，一心供養。」

七七齋（收七齋）寫《心經》，「以馬氏追福，生於好處，遇善知識，長逢善和眷屬，永充供養。」

百日齋寫《于蘭盆經》，「為亡家母馬氏追福，願神游淨土，莫落三途。」

週年齋寫《佛說佛母經》，「為亡過家母馬氏年周追福，願〔託〕影好處，勿落三途之災，佛弟子馬氏一心供養。」

翟奉達於三年齋時，寫《佛說善惡因果經》，並於其後自題曰：「為亡過妻馬氏追福，每齋寫經一卷。標題如是：第一七齋寫

《無常經》一卷、第二七齋寫《水月觀音經》一卷、第三七齋寫
《咒魅經》一卷、第四七齋寫《天請問經》一卷、第五七齋寫《閻
羅經》一卷、第六七齋寫《護諸童子經》一卷、第七齋寫《多心
經》一卷、百日齋寫《盂蘭盆經》一卷、一年齋寫《佛母經》一
卷、三年齋寫《善惡因果經》一卷。右件寫經功德為過亡馬氏追
福。奉請天龍八部、救苦觀世音菩薩、地藏菩薩、四大天王、八大
金剛，以作證盟，一一領受福田，往生樂處，遇善知識，一心供
養。」❹所謂「右件寫經功德」，正顯示翟奉達之寫經，全是為其
亡妻作功德以追福之舉。

　　唐代還有許多寫經生及寫經手，專以寫經為職，或屬寺院，或
屬官府。他們以楷書寫經，與一般用行體之寫經不同，❹發展出一
套「寫經體」或「經生體」之書法形式，留下了數千卷寫經。他們
既隸屬於寺院或官府，自然是奉寺院或官府之命寫經。而寺院之
命，亦可能是應信士之所求。目前我們所知之經生寫經，大多在唐
高宗、武后時期，顯示當時皇室崇佛之情況。下表所列之經生，除
少數身分不明外，多為官府寫經生。他們除署銜「經生」之外，還
署銜「門下省羣書手」、「書手」、「楷書」、「楷書手」等。其
所寫經卷，除了有朝廷官吏監造外，多半由經生初校，然後由各主
要寺院寺僧再校、三校、詳閱和監製。官府派遣主持及監製寫經之
寫經使及判官，如常任寫經使虞世南之子虞昶（名盛於高宗朝），本
身即是書法家，也極可能是寫經生之老師。可見唐代官寫佛經真是

---

❹　池田溫（1990），頁495。
❹　黎養正序《重校一切經音譯》謂「唐世寫經多用行體」。

一絲不苟，嚴謹而慎重。❹

寫經生名及職稱	所寫經	時間
沈弘❺	《阿毘曇毘婆沙》卷 51-52，60	高宗龍朔二年(662)
彭凱❺	《法華經》卷 7	高宗龍朔三年(663)
李正言(經生)	《阿毘達磨大毘婆沙論》卷 164	高宗咸亨二年(671)
程君度(書手)❺	《法華經》卷 3	高宗咸亨二年(671)
郭德(經生)	《法華經》卷 5	高宗咸亨二年(671)
郭德	《法華經》卷 4	高宗咸亨二年(671)
王思謙(經生)	《法華經》卷 6	高宗咸亨三年(672)
王思謙	《法華經》卷 2	高宗咸亨三年(672)
王思謙	《法華經》卷 3	高宗咸亨三年(672)
趙文審(門下省羣書手)	《法華經》卷 3	高宗咸亨三年(672)
吳元禮(左春坊楷書)	《金剛經》	高宗咸亨三年(672)
劉大慈(門下省羣書手)	《法華經》卷 4	高宗咸亨三年(672)
蔡義愻(門下省羣書手)	《金剛經》	高宗咸亨四年(673)
史任道(弘文館楷書)	《金剛經》	高宗咸亨四年(673)
封安昌(門下省羣書手)	《法華經》卷 2	高宗咸亨四年(673)
封安昌	《法華經》卷 4	高宗咸亨四年(673)
吾巨言(書手)	《金剛經》	高宗咸亨四年(673)
吳邵平(門下省羣書手)	《大通方廣經》中卷	高宗咸亨四年(673)
申待徵(門下省羣書手)	《金剛經》	高宗咸亨五年(674)

---

❹ 下表根據池田溫（1990），頁 208-232。按：官方寫經生。

❺ 見池田溫（1990），頁 205-206。沈弘署銜為經生，當是雲際山寺之職業寫經生。該寺造經僧道奭應右衛將軍尉遲寶琳之請，遣沈弘寫經。

❺ 按：題記只說「龍朔三年十一月十三日於雍州寫，經生彭凱抄」，身分不詳。

❺ 此經卷以下至劉玄徵所寫之《法華經》卷 1，都由大中大夫行少府少監間檢校將作少匠永興縣開國公虞昶監寫。

蕭敬(左春坊楷書)	《法華經》卷3	高宗咸亨五年(674)
蕭敬(左春坊楷書)	《法華經》卷6	高宗咸亨五年(674)
劉玄徹(左春坊楷書)	《法華經》卷1	高宗上元元年(674)
賈敬本(秘書省楷書)	《金剛經》	高宗上元二年(675)
袁元悊(門下省羣書手)	《法華經》卷6	高宗上元二年(675)
公孫仁約(門下省羣書手)	《法華經》卷3	高宗上元二年(675)
公孫仁約	《法華經》卷4	高宗上元二年(675)
成公敬賓(羣書手)	《法華經》卷2	高宗上元二年(675)
趙玄詳(書手)	《法華經》卷3	高宗上元二年(675)
歐陽玄悊(左春坊楷書)	《金剛經》	高宗上元三年(676)
楊文泰	《法華經》卷2	高宗上元三年(676)
孫玄爽	《法華經》卷5	高宗上元三年(676)
袁元悊	《法華經》卷1	高宗上元三年(676)
史任道(弘文館楷書)❸	《法華經》卷3	高宗上元三年(676)
馬元禮(羣書手)	《法華經》卷3	高宗上元三年(676)
程君度(書手)	《金剛經》	高宗上元三年(676)
馬元禮	《法華經》卷7	高宗上元三年(676)
王章舉(書手)	《法華經》卷3	高宗上元三年(676)
馬元禮	《法華經》卷5	高宗上元三年(676)
王章舉❹	《法華經》卷3	高宗上元三年(676)
成公道(弘文館楷書)	《法華經》卷5	高宗上元三年(676)
劉弘珪(書手)	《金剛經》	高宗上元三年(676)
王智苑(弘文館楷書)	《法華經》卷1	高宗上元三年(676)
趙如璋(羣書手)	《法華經》卷6	高宗上元三年(676)
田玄徹(秘書省書手)	《法華經》卷5	高宗儀鳳二年(677)
張昌文(羣書手)	《法華經》卷5	高宗儀鳳二年(677)
劉意師(書手)	《法華經》卷2	高宗儀鳳二年(677)

---

❸ 按：池田溫錄寫者為「任道」，觀其職稱，應為寫過《金剛經》的史任道。

❹ 按：池田溫錄寫者為「王舉」，似為王章舉之誤。

這些經生，如沈弘、彭凱、王思謙與程君度所寫之經，見於池田溫所錄圖版，都相當方正穩健，具相當高之水準，符合《宣和書譜》「修整自持」、「數千字始終如一律，不失行次」之語。❺宋以後的書家，對唐寫經生之書法，雖然評價不一，有讚其書體不俗者，也有鄙為不足為式者，但一般之看法當如《宣和書譜》類似，認為是「多有可觀者」。❺清代南海書家孔廣陶（1832-1890）認為唐代寫經生的寫經「都純拙不入時尚」。❺但其中當然也不乏佳媾。譬如宋《宣和書譜》就說：「唐書法至經生自成一律，其間固有超絕者，便為名書。」❺武后時期的寫經生楊庭（生卒年不詳），「作字得楷法之妙，長壽間（692-693），一時為流輩推許。」❺清人南海吳榮光（1773-1843）得唐初寫經生所寫藏經殘卷九紙，欣喜若狂，認為其「所得唐人藏經，未有其比。」並為它提了一首長詩，其中有句說：「正是真文印度來，烏絲供奉盡仙才。一支清瑣嬋娟

---

❺ 見《宣和書譜》（臺北：臺灣商務印書館，影印文淵閣《四庫全書》本，1983-1988），卷 5，頁 7a。按：《宣和書譜》稱釋曇林所寫之《太上內景神經》「下筆有力，一畫不妄作。然修整自持，正類經生之品格高者。有金書經目曰《金剛上味陀羅尼》，累數千字終始一律，不失行次。」此語以寫經生高手之特徵來盛讚釋曇林之寫經，並形容其優點。

❺ 《宣和書譜》，卷 10，頁 4a，有謂：「有唐書三百年書者特盛，雖至經生筆，其落筆亦自可觀。蓋唐人書學自太宗建弘文館為教養之地，一時習尚為盛。」

❺ 見孔廣陶，《嶽雪樓書畫錄》，（《中國書畫藝術論著叢編》冊 23），卷 1，頁 37。

❺ 《宣和書譜》，卷 5，頁 2b。

❺ 同前註。按：明·朱謀垔之《書史會要》（臺北：臺灣商務印書館，影印文淵閣《四庫全書》本，1983-1988）作蔣庭，疑誤。

筆，特為君王麻紙開。五紙重添九紙長，墨緣迦葉有餘香。」❻吳榮光認為此經筆法與前述《七寶轉輪王經》筆法類似，可能出於一手，但他又認為不必遽定為鍾紹京所寫。❻清代收藏家孔廣陶見此殘卷，也認為「結體用筆與《靈飛六甲經》相髣髴，而謹嚴厚重過之，真得多力豐筋之旨。」❻可見唐寫經生之佳作，仍是頗受重視的。清乾隆三十九年（1774），有人持所藏唐人寫經《四分律》求售於「清四家」之一的王文治（生卒年不詳），偽稱為趙孟頫之寫經。王文治見之，知為唐經生所寫，立即購下。❻他後來客杭州，常與其同年友兼姻親陳望之（生卒年不詳）討論古今法書名畫，深讚陳望之鑒訂書畫之特識，遂應陳之要求，借其所購之唐經生寫經讓陳觀賞。不料陳一見該作，即攜之而歸其府上而不肯還。王文治索之不得，深憂失去此經卷則「臨池無所仿效，老年書法將日益退，」而「未免生桑下之戀」。幸陳望之良心不安，一日忽遣使持卷並來書謂：「唐人真迹，古趣盎然，令人心醉。屢欲攫取，于義不合。僅奉還，幸勿示他人也！」王文治本即有意將此卷之一半割愛相贈，今既失而復得，遂命工割截為二，贈其一半予陳望之，「以踐前約」，並欲兩家子孫各收其一，以知兩人之「交情氣

---

❻　《辛丑消夏記》，卷1，頁57。

❻　《辛丑消夏記》，卷1，頁65。

❻　《嶽雪樓書畫錄》，卷1，頁38。孔廣陶還見過《五苦章句經》、《琉璃王經》，認為也出於寫經生之手。

❻　按：王自稱見唐經生所寫《靈飛經》及蜀相王鍇所寫《法華經》，見筆法與此經同，故斷言為唐經生所寫。

誼」，以為「千古收藏家增一公案也！」❻❹王、陳二人熱愛唐經生寫經之態度，於趙明誠夫婦，可謂不遑多讓！

　　唐朝廷寫經生之作，如上表所列，都有名字及職銜可考，但經生應私人之請而寫經者，則多未署名，故傳入宋人之手後，好事者便加上款識，偽託為宋代名書家之作，以抬高其價值。例如宋代浙江海鹽金粟山之廣惠禪院，藏有唐人所寫經論十四卷，含《大般若波羅蜜多經》、《中阿含經》、及《雜阿含經》等經。❻❺收藏者在《大般若波羅蜜多經》後加上款識，偽託元豐紀元戊午（1078）孟夏蘇軾（1037-1101）同其子蘇過（1072-1123）所寫，意在「祈保闔第平安吉祥」云云。又在《中阿含經》之後加上題跋，略謂元祐五年（1090）蘇軾之母程氏令蘇軾及其弟蘇轍（1039-1112）同寫，以「喜捨入藏，祈求身宮康泰、壽命延長、吉祥如意」云云，言之鑿鑿。❻❻其實，蘇過在元豐紀元時年紀不過八歲，不可能會與蘇軾同寫《大般若波羅蜜多經》，而「如出一手」。又元祐五年（1090），

---

❻❹　清·王文治，《快雨堂題跋》，在《中國書畫全書》冊 10，〈唐人書律藏經真迹〉，頁 797。按：陳望之，原名陳淮，號藥洲，望之為其字。乾隆拔貢，歷任湖北布政使，貴州、江西巡撫。嘉慶十五年卒，為著名書畫鑒賞名家。此篇所說之陳藥洲，與次篇〈唐人書經真迹〉之陳望之為同一人。〈唐人書經真迹〉一篇說：「余嘗蓄有唐書《四分律》二卷，分一卷與陳望之中丞，自留一卷。筆法高古，疑為鍾紹京書。」

❻❺　《秘殿珠林石渠寶笈續編》，頁 254a-255b。其他經論為《阿毗達磨大毗婆沙論》、《阿毗達磨順正理論》、《阿毗達磨識身足論》、《阿毗達摩法蘊足論經》、《出曜論》、《開元釋教論》、《佛說無極寶三昧經》、《放光摩訶般若波羅蜜經》、《大般若波羅蜜多經》與《菩薩戒本》等等。

❻❻　《秘殿珠林石渠寶笈續編》，頁 254ab。

蘇軾年已五十五,正以龍圖閣學士知杭州,距其母程氏之卒,已三十四年,而其時蘇轍方官翰林學士,兄弟各在一方,亦無共寫《中阿含經》之可能。❻⑦宋人如此作偽,無非是要假東坡之名,以提高唐經生寫經之價值。不過,他們敢於偽託東坡之寫經,當是有見於這幾部唐經生之寫經水準不凡之故。問題是,經生之筆法與蘇軾之筆法迥異,寺院稱蘇軾所寫,雖能矇騙常人,卻騙不了專家。

金粟山廣惠禪院還有《阿毗達磨識身足論》及《阿毗達摩法蘊足論經》,款識也說是蘇軾與其學生秦觀(1049-1100)在同年分別抄寫。此實為寫經生之作。蓋前者所題之「皇宋熙寧元年龍集戊申四月甲辰朔二十六日眉山蘇軾書」及後者所題「皇宋熙寧元年龍集戊申二月甲辰朔淮海居士秦觀薰沐書」,都有問題。因蘇軾當年在蜀,離海鹽金粟山有數千里之遙,不可能寫此論入藏。而秦觀當年才二十歲,正在應舉求官,既不會自稱居士,也尚未謁見蘇軾,不會以師生之關係跟蘇軾同時各寫一經論。❻⑧其為偽託之作,不問可知。

以上以唐代經生之寫經,偽託為當世名家之作,實因經生書法不俗之故。後代之鑑賞家,對較出色的唐經生寫經,常給予甚高之評價,甚至視為上品。譬如金粟山廣惠禪院藏的《守護國界主陀羅尼經》一卷,清人認為其「沈厚處已非宋以後人所能及」。❻⑨又如

---

❻⑦ 見《秘殿珠林石渠寶笈續編》之編者清人梁國治等之考證。

❻⑧ 《秘殿珠林石渠寶笈續編》,頁 257ab。梁國治等認為,題款者以為蘇軾與秦觀既為師生,同時寫經論似為理所當然之事,不知熙寧元年(1068)兩人尚未敘師生之誼。

❻⑨ 《秘殿珠林石渠寶笈續編》,頁 255b。

宋南禪院所藏《大般若波羅蜜多經卷第一百五十九卷》，也出於唐寫經生之手，被譽為「楷法遒整圓厚」，為行家所珍視。❼可惜這些寫經生的名氏背景都已無考，其寫經之過程也無法得知。若以楊庭寫《金剛經》之例來看，若非奉朝命而寫，即是應寺院或私人之請而作，大概都是為生計之所需而為吧。

　　到了唐末五代，寫經生所寫之經，已難以數計。宋人李昭玘（哲宗時人）曾說：「南臺有剎，有佛書數百卷，多唐季五代所書。字畫精勁，歷歷可喜。」❼李昭玘自號樂靜先生，喜收藏祕閣法帖，「寓意法書、圖畫，貯於十囊，命曰：『燕游十友』。為之序，以為：『與今之人友，或趨附而陷於禍，吾寧與十者友，久益有味也。』」❼他既說這些唐季五代所寫的佛書，字畫精勁，可見非一般人所能為，可能多寫經生之作。不過，李昭玘所見僅數冊，有《阿含經》四卷，《大涅槃般若經》三十卷，《毗奈耶雜事》一卷，與《正法華經》一卷。前三者分別為節度使齊克讓、朱友恭及後唐莊宗次妃所造，寫者名氏不詳。後者為唐僖宗乾符六年（879）俗家女弟子牛妙音所寫。唯牛妙音之生平如何，其所寫之經有何特色，李昭玘並未詳言。

---

❼　《祕殿珠林石渠寶笈續編》，頁 260a。按：此南禪院不詳在何處。

❼　李昭玘，〈記殘經〉，在呂祖謙編，《宋文鑑》（臺北：臺灣商務印書館，《國學基本叢書》）冊 15，卷 131，頁 1736。

❼　《宋史》（北京：中華書局點校本，1977），卷 347，頁 10998。

三、宋代士人之寫經

宋代士人參加寫經者更多。高階士人如真宗朝翰林學士楊億
（964-1020）、仁宗朝宰相章得象（978-1048）都曾寫過《佛遺教
經》。❼❸楊、章兩人都是虔誠佛教居士，又好翰墨，念佛寫經，實
無足怪。❼❹南宋理學家真德秀（1178-1235）見楊億所寫之《佛遺教
經》，感喟而題曰：「學佛者不繇持戒而欲至定慧，亦猶吾儒舍離
經辨志而急於大成，去洒掃應對而語性與天道之妙。」❼❺真德秀反
對佛教，故有此歎。蘇軾題章得象書《佛遺教經》則曰：「章文簡

---

❼❸ 《蘇軾文集》（北京：中華書局點校本，1986），卷 69，頁 2186。《鶴山題
跋》（臺北：新文豐出版社，《四部叢刊新編》），頁 322-23。《鶴山先生
大全文集》（上海：商務印書館，《四部叢刊初編》本），卷 63，頁 2a。

❼❹ 按：楊億家世學佛，早年「嘗讀金仙子之書，了知大雄氏之旨。」又因李維
之獎顧，「預聞南宗之旨。」後得「安公大師誘導」、「雲門諒公大士見
顧」及廣慧元璉之教，通雲門、法眼與臨濟之禪。見《禪林僧寶傳》（臺
北：新文豐出版社，《卍續藏經》冊 137），卷 16，頁 506-7；楊億，《武夷
新集》（臺北：臺灣商務印書館，影印文淵閣《四庫全書》本，1983-1988），
卷 11，頁 16b-17a。又，章得象幼年喪父，其母張氏「早探釋部，居常薰
袚，」對他的信嚮佛法當有影響。他為翰林時，曾任譯經潤文使。任宰相
（1036-45）後，又曾奉召撰御製傳法院譯經碑記，並與法師神照本如（982-
1051）及諸朝賢結白蓮社。六、七年間，建成巨剎一座，仁宗賜名為白蓮寺。章
得象既通釋典又工書法，「善行草，筆法遒婉，」故公餘寫經，似很自然。
參看宋祁，《景文集》（臺北：新文豐出版社，影印《叢書集成》本），卷
59，頁 785；卷 60，頁 814-15；《續資治通鑑長編》，卷 154，頁 3740。

❼❺ 《西山先生真文公文集》（上海：商務印書館，《四部叢刊初編》），卷
35，〈楊文公真筆佛遺教經〉，頁 17b-18b；王應麟，《困學記聞》（上海：
商務印書館，《四部叢刊初編》），卷 20，頁 23b。

公楷法尤妙，足以見前人篤實謹厚之餘風也。」**⑦**

　　參知政事趙安仁（958-1018），以正書寫《金剛經》及《十道善業經要略》。**⑦**他幼即執筆能作大字，後以善楷、隸名於世，奉詔入集賢院書《五經正義》以刻板。因於佛學頗有深悟，景德三年（1006）至天禧元年間（1017）與楊億同被命任譯經潤文官，其間又與楊億奉詔同修大藏經錄，完成《大宗祥符法寶錄》。**⑦**他在太平興國二年（977）書此二經，都由沈繼宗（958-1012）負責立石於開封繁塔內。沈繼宗之父沈倫（909-987），好浮圖法，可能也影響到沈繼宗。

　　神宗朝主持熙寧變法的宰相王安石（1021-1086）和監察御史劉摯（1030-1097）都寫過《金剛經》。**⑦**王安石視《金剛經》為最上乘，含「理窮於不可得，性盡於無所住」之深義，故揮翰寫之。而劉摯之寫經，雖或非在臺省時所書，而為「閑退中移心法耳」，實可代表不少大臣罷官後寫經之心情。**⑧**

　　南宋高宗朝丞相張浚（1097-1164）、理宗朝丞相游似（1221 年進士）都寫過《心經》。二人所寫《心經》，頗為宋僧所重視，也為後人所珍藏。譬如南宋著名禪師希叟紹曇（活躍於 1249-1269），曾跋

---

⑦　《蘇軾文集》，卷 69，頁 2186。

⑦　《八瓊室金石補正》（北京：文物出版社，1985），卷 84，591-594。

⑦　見筆者，《北宋佛教史論稿》（臺北：臺灣商務印書館，1997），頁 77。

⑦　按王安石寫此經係為贈送金華人吳玨（1076-1148）。見《臨川先生文集》，卷 71，〈書金剛經義贈吳玨〉，頁 13b。《姑溪居士集》（臺北：臺灣商務印書館，影印文淵閣《四庫全書》本，1983-1988），卷 40，〈跋荊公金剛經〉，9b。劉摯寫經見洪咨夔，《平齋文集》，卷 30，頁 18b。

⑧　同前註。

張浚親書《心經》，略謂：

> 紫巖先生，以經天緯地之材，羽扇綸巾，策勳帷幄。調鼎餘暇，侍母秦國太夫人，趨圓悟室，潛鞭密煉，真金繞指，汗血奏功，致使薰風南來，涼生殿閣。揭示諸佛出身處，拈花慧命，一縷繫千鈞，斷而復續，大功不宰，豈小補哉？慨想典彝，斗山仰止，今觀親書《心經》，妙畫龍翔鳳翥，英氣逼人，三沐三薰，不忍去手。倘非妙真空、洞萬物表，豈能照破空、生敗闕？夜光可市，求此實難，上人其寶之。㊛

張浚在蜀時，曾問法於圓悟克勤（1063-1135）而為其法嗣，故謂「趨圓悟室」。當時，圓悟克勤曾以其弟子大慧宗杲（1089-1163）相囑，謂宗杲真得其法隨，故隨後張浚入朝，遂以徑山延之。宗杲入徑山之後，法席大盛，冠於東南。學者百舍重趼，赴唯恐後，而至無所容，後宗杲乃建千僧閣居之，眾至二萬指。㊜元文學家柳貫（1270-1342）有〈跋張魏公書心經〉一文，對張浚寫《心經》之背景略有說明：

㊛ 《希叟紹曇禪師廣錄》（臺北：新文豐出版社，《卍續藏經》冊 122），卷6，頁 290b。按：張浚，字德遠，世稱紫巖先生。又封魏國公，故叢林又以丞相魏公稱而不名。

㊜ 見《宗統編年》（臺北：新文豐出版社，《卍續藏經》冊 147），卷 24，頁354a；《佛祖綱目》（臺北：新文豐出版社，《卍續藏經》冊 146），卷37，頁 770a。

紹興二十六年，魏公既葬其母夫人，還次江陵，上書論和議
之害。臺臣湯鵬舉，承咸陽風旨，劾其覬望再用，有詔前特
進張浚依舊永州居住。又明年戊寅，紹興二十八年也。徑山
妙喜老人與公為世外交，乃遣其徒了賢自浙入湘問公安否，
公為手書此經以贈。**⑱**

可見張浚是在被秦檜（咸陽，1090-1155）黨湯思退（朋舉，1117-
1164）排擠受貶之後，為酬謝宗杲之慰問之意，手寫此經，蓋宗杲
之入徑山，實因張浚之薦，此柳貫所以說「徑山妙喜老人與公為世
外交」也。而紹曇所說之「上人」，當為宗杲之弟子。

　　大慧宗杲為南宋初最具影響力之禪僧，許多居士與他從遊問
道，寫經餽贈，似為常事。譬如，解空居士劉季高（生卒年不詳），
官至侍郎，曾於宗杲五十八歲時，手寫《華嚴經》一部獻之，並且
禮請宗杲「為眾普說，發明奧旨」。而宗杲則「以衣盂建閣於花樂
寺之方丈」，並且「以所施《華嚴經》奉安其上」。**⑲**張浚以宰相
之身分寫經送大慧宗杲自為叢林所樂道。明僧了菴清欲（1288-
1363）也贊道：

　　紫巖公印心於佛果，擴充於妙喜，以之致君唐虞，中興王

---

⑱ 《柳待制文集》（臺北：新文豐出版社，《叢書集成續編》冊 136），卷
19，頁 540b。

⑲ 《大慧普覺禪師語錄》（臺北：新文豐出版社，《大正藏》冊 47），卷 15，
頁 877ab。按：劉季高又號杼山居士。

業，觀其腕頭，盛有回天之力者。其觀自在之流亞與！⑧

稱張浚「中興王業」實為過誇之詞，而說他為「觀自在之流亞」，更是捧抬上天。但亦可見張浚寫《心經》對佛教叢林意義之深遠。⑧

南宋理宗朝宰相游似所書之《心經》亦大為叢林所傳揚。游似與當時最活躍而號稱「天下第一宗師」之無準師範禪師（1177-1249）交遊，師範見其所寫《心經》，題曰：「此經吾佛以覆大千之舌所說，句句皆心語也。大丞相以運造化之手所書，字字皆心法也。燈既能受持，則知古佛今佛無二心爾。」⑧所謂「以運造化之手所書」是對「以覆大千之舌所說」而言，而「字字皆心法也」則對「句句皆心語也」而說。顯然，無準師範視游似之寫經，有傳佛心語，代佛言法之功。無怪師範歿後，游似投桃報李，為師範撰寫祭文，其中有如下數句：「師起劍閣，錫飛入吳。覺性既圓，聲響甚都。十有八年，揮塵〔麈〕雙徑。再幻樓閣，一彈指頃。出世間法，非我所知。自世間言。誰能及之？胡不百年，續佛慧命，使彼

---

⑧　《了庵清欲語錄》（臺北：新文豐出版社，《卍續藏經》冊 123），卷 9，頁779b-780a。

⑧　事實上，張浚雖然為南宋主戰派領袖，但他不懂軍事，輕敵冒進，又志大才疏，心胸狹窄。在外領兵，則有川陝用兵之富平之敗。在內執政，則剛愎自用，錯置乖張，危及南宋朝廷，談不上「中興王業」。參看何忠禮、徐吉軍，《南宋史稿》（杭州：杭州大學出版社，1999），頁 41-45。

⑧　《無準師範語錄》（臺北：新文豐出版社，《卍續藏經》冊 121），卷 5，頁957b。按：游似於淳祐五年（1245）拜相，淳祐七年（1247）罷職，叢林皆以大丞相游公稱而不名。

叢林，知所取正？」❸❸不過數語，便言簡意賅地把師範重建徑山及其在徑山傳法之貢獻，宣告世人。❸❾

　　游似書《心經》頗受當時的禪師仰慕。名禪石溪心月（?-1254）聽說他寫《心經》，為之肅然起敬，特別杖錫而訪，因而相見。後來他為此本《心經》作跋，述及此事說：

> 龜堂大資相公，燕居雲上，日書《心經》，惠諸來學。余游太白，方一聞之，心已起敬。及抵冷泉，始獲一見。奇哉！第一希有之書也。古今王公大人，於此道，或傾心贊之，或肆口毀之。雖贊毀不同，同一心也。《楞嚴》曰：「順逆皆方便。」矧龜堂所書二百七十六字，既以心名，孰不具有？先覺後覺，同入此門，如是宣說，如是書寫，信解受持，依如是住。噫！此時非菩薩行深般若波羅蜜多時耶？具頂門者，乃能默契。❾⓿

「第一希有之書」自然是指《心經》。石溪心月與游似晤談之後，稱讚游似能安時處順，寄情於佛法，信解受持，書寫《心經》，是知《心經》所謂「照見五蘊皆空，度一切苦厄」之般若智者。

　　高階士人之寫經還有下文所說的蘇軾、黃庭堅（1045-1105）、陳瓘（1057-1122）及李綱（1083-1140）等人。此外，南宋孝宗朝之丞

---

❸❸　同前書，卷5，頁961a。

❸❾　有關無準師範對叢林的貢獻，見第六章。

❾⓿　《石溪心月禪師雜錄》（臺北：新文豐出版社，《卍續藏經》冊123），頁156a。

相周必大（1126-1204），與大慧宗杲遊，曾書寫《華嚴經》示之。
當年六十一歲的宗杲，以「居士筆端宣暢果海」一語稱讚之。**❾❶**較
周必大稍後的名臣樓鑰（1137-1213），生於佛教家庭，官至參知政
事。其母安康郡太夫人汪慧通平生事佛甚謹，去世後，樓鑰曾手書
《法華經》以資冥福。又應其妹婿趙師俍（生卒年不詳）之請，寫了
《六祖金剛經口訣》供其刊行。**❾❷**

　　高級士人之寫經，有應沙門之請而為者，有時是以分工合作的
方式寫成。如北宋仁宗至和二年（1055），翰林學士趙槩（996-1083）
應閩中沙門文用（生卒年不詳）之請，邀公卿朝士等六十三人，共書
《華嚴經》一部。然寫經未及其半，文用即不期而死。幸錢塘沙門
志廣（生卒年不詳）又「贊成其志」，終於歷八載而將此寫經完成，
藏之於東京太平興國寺閣。仁宗皇帝還因此事嘉獎群賢，詔錫齋
供，厚賞志廣等人。**❾❸**後來於英宗治平時（1064-1067），曾任宰相的

鄭公富弼（1004-1083）及參政賈昌朝（997-1065）等三十二位名公巨卿
為沙門智利、悟明分寫《金剛經》一卷。智利與悟明之生平事迹不
可考，但這些親貴鉅公為智利、悟明寫經，兩位僧侶必與公卿之間
來往甚密，有相當高的社會地位。❹這些公卿之合寫《金剛經》，
為當時一件大事。元祐七年（1092）正月，也是二十八年之後，蘇
軾友人勾信道郎中，攜所集三十二位朝賢所書《金剛經》請他題
詞，蘇軾見此經之現於目前，感慨良多，遂寫道：「乙巳至今二十
八年，書三十二人，逝者幾三之二矣，夢幻之喻非虛言也。惟一念

了義，得古佛心。」他嘗仿浮圖夏禁之例，「召淨行僧十人，潔除園廬，薰
袚道場，因而講說新經。至中元日，經徹罷散。」是為「《圓覺經》會」。見
《樂全集》（臺北：臺灣商務印書館，影印文淵閣《四庫全書》本，1983-
1988），卷 34，〈宮師趙公「《圓覺經》會」贊〉，頁 21b-22a；《歐陽修全
集》（臺北：河洛圖書公司），卷 6，〈書簡〉，頁 100；《蘇軾文集》，卷
18，〈趙康靖公神道碑〉，頁 539-44。至於六十三位寫經的朝賢是誰，王欽臣
並未詳說。不過他自謂「預聞始終」，「竊睹盛事」，當為寫經朝賢之一。

❹ 見清·丁敬，《武林金石志》（上海：上海書店，《續修四庫全書》冊 910），
卷 4，頁 381b-382a。據說三十二位王公鉅卿，各寫《金剛經》一分，共三十
二分，刻琢成石。唯因何而為智利、悟明寫經則不詳。按：清·倪濤，《六
藝之一錄》（臺北：臺灣商務印書館，影印文淵閣《四庫全書》本，1983-1988）
說「賈文元公與名德者舊三十有二人為僧智利、悟朋共書《金剛經》一卷」
是在熙寧盛時，也就是神宗朝。見《六藝之一錄》，卷 110，頁 26b-27a。依
下文蘇軾之跋，顯然有誤。又，南宋紹興時，西畠布衣武翊，於紹興二十九
年（1159）所寫《四十二章經》之跋文，曾說：「是時搢紳鉅儒若富公弼、
賈公昌朝輩，分寫《金剛經》，刻琢堅珉三十二分。」顯示三十二位公卿各
寫一分。見《六藝之一錄續編》，卷 7，頁 5a-6a。清人翟均廉也說：「金剛
經三十二分乃北宋富弼、賈昌朝等各書一分。」見《海塘錄》（臺北：臺灣
商務印書館，影印文淵閣《四庫全書》本，1983-1988），卷 8，頁 14ab；
清·王昶《金石萃編》（北京：中國書店，1985），卷 146，頁 8a-10b。

歸向之善，歷劫不壞，在在處處，常為善友。」⑨東坡寫此跋時，
年五十七歲。二十八年前，他才三十歲。剛通過學士院試策，朝廷
優詔直史館。英宗有意授他知制誥，正是逸氣風發之時。⑩是否在
三十二位朝賢之列，無史料可徵，吾人不敢妄臆。但當時名僧大覺
懷璉（1009-1090）在京師，聖眷至隆，蘇軾與他互相過從，交情甚
深。⑰大覺懷璉時年五十七，蘇軾與他交遊，恐已熟習《金剛
經》，參加寫經亦不無可能。總之，北宋神宗之前，士人多嚮佛，
故文公楊億有「公卿半是空門友」之說。⑱這些公卿，應沙門之請
寫經，贊襄佛門，蓋亦人之常情。

　　南宋時期，公卿合作寫經，也至少發生一次。紹興二十二年
（1152），智曇法師因為「蔬食布衣，戒行精潔，道業堅固，」被
推薦負責修建六和塔「以折海勢」。六和塔之建，初見於宋開寶三
年（970）。當時杭州名僧智覺禪師永明延壽（904-975）建此塔「以
鎮江潮」。塔高九級五十餘丈，「撐空突兀，跨陸俯川。」但在宣
和中（1119-1125），因方臘之亂被毀。⑲智曇法師奉命重建，完全賴

---

⑨　見《東坡文集》，卷69，〈跋勾信道郎中集朝賢書夾頌金剛經〉，頁2199。
　　此跋真迹拓本可見於雒啟坤主編，《中國書法全集》（北京：九洲圖書出版
　　社，1999），頁517-518。

⑩　孔凡禮，《蘇軾年譜》（北京：中華書局，1998），頁137。

⑰　《蘇軾年譜》，頁140。

⑱　此句見楊億〈贈文照大師〉一詩。《武夷新集》，卷4，頁8b。

⑲　曹勛，《松隱集》，卷30，〈六和塔記〉，頁5b-9a。明·田汝成，《西湖
　　遊覽志》（臺北：臺灣商務印書館，影印文淵閣《四庫全書》本，1983-1988），
　　卷24，頁17ab；明·吳之鯨，《武林梵志》（臺北：臺灣商務印書館，影印
　　文淵閣《四庫全書》本，1983-1988），卷2，頁28b-30a。按：曹勛只說為

大檀越、居士及朝士之出俸資助，各地法施之雲臻霧集而成，朝廷並未施財。故塔成之後，又有四十二位公卿大臣分寫《四十二章經》刻塔上。雖然不詳是否因智曇之請而寫，但四十二位寫經者，依所寫之時間看，含當時的宰相沈該（生卒年不詳）、湯思退、樞密陳誠之（紹興十二年進士），參政陳康柏（1097-1165），至於兵部員外郎虞允文（1110-1174），國史編修洪邁（1123-1202）等，都是政壇顯要，可以想見此寫經之特殊意義。⑩這些參加寫經之大臣，雖未必皆為佛教居士，無任何信仰因素為其動機。或他們寫經，也未必為書法藝術而寫。但由宰相率領寫經於壁間，似欲藉佛經之神力，令

「寇盜所爇，赤地無餘。」田汝成與吳之鯨則俱說「宣和中爇於方臘之亂」。

⑩ 此次合寫《四十二章經》之事，宋人之記載多不詳。前引南宋布衣武翃之《四十二章經》跋，雖說朝廷「命智曇法師復六和塔以折海勢，各分寫《四十二章經》鐫石龕山下。」但未說「各分寫《四十二章經》」之「各」是哪些人。曹勛之〈六和塔記〉雖說明智曇重建六和塔之經過甚詳，但也未提到朝賢合寫《四十二章經》之詳情。宋‧黃震首先提到「六和塔成，宰相命達官書《四十二章〔經〕》」之事。見《黃氏日鈔》（臺北：臺灣商務印書館，影印文淵閣《四庫全書》本，1983-1988），卷 36，頁 26ab。田汝成與吳之鯨則俱說「紹興二十二年，僧智曇募緣重建七級而止。塔中有湯思退等彙寫佛說《四十二章經》。」見前引二人之作。清人之著作如《海塘錄》及《武林金石志》則又增加湯思退、虞允文等人之名，而謂「《四十二章經》乃南宋湯思退、虞允文等各書一章。」見《海塘錄》卷 8，頁 14ab；《武林金石志》，卷 4，頁 382a-384b。二者都有合寫此經之四十二位公卿名單。《金石萃編》亦列公卿名單，並考其人生平簡歷，可見其官職與史傳歷官不盡相同。王昶並謂此經書於己卯歲（1159），在塔成之前四年，而嵌壁於塔成之後，故曹勛記未言之。至於為何寫《四十二章經》而不寫他經，鄙意以為可能是因為宋真宗曾注此經之故。另外可能是王昶所謂之「經文無多，惟首章百三十餘字，餘或數十字，少則二十餘字」之故。

六和塔產生「折海勢」之功效，對宣揚佛經，頗有積極之作用。此一公卿集體寫經之事，雖為一時盛事，但理學家之不信佛者，深不以為然，故亦有執意不參加者。如起居郎黃中（1096-1180）便一再推辭。後來理學家朱熹、葉適及黃震等人還加以表揚之。朱熹還說：「六和塔成，宰相命諸達官人寫釋氏《四十二章〔經〕》之一，刻之壁間，公謝不能。請至再，終不與。其不惑異端又如此！」⑩朱熹攻佛甚力，視之為「異端」，自不難理解，但不妨此寫經之流傳。事實上，此公卿合寫之《四十二章經》，據說字體大小疏密不等，唯賀允中、錢端禮、楊朴合周操等四人以行書寫，其餘都以正楷書寫。它保存良好，直到清乾嘉朝，仍「字跡完好如新」。⑩

　　其他中、高級士人，亦不乏寫經者。如仁宗朝翰林學士葉清臣（1000-1049）寫《法華經》，刻石於杭州淨土寺。⑩胡考甫（哲宗時人）為服太夫人之喪，齋潔三年，寫《華嚴經》全部八十卷。哲宗朝曾任宰相的蘇頌（1020-1046）贊曰：「字皆端楷，功已圓成。仰報劬勞，陰助冥福，其勤至矣。非特見孝子精誠之意，抑可示導門

---

⑩　朱熹，《朱文公文集》（上海：商務印書館，《四部叢刊初編》），卷 91，
　　〈端明殿黃公墓志銘〉，頁 15b-24a。葉適說：「宰相率達官書佛經，刻六和
　　塔，公謝不能。」黃震亦說：「六和塔成宰相命達官書四十二章經獨公不
　　預。」見《水心集》（上海：商務印書館，《四部叢刊初編》），卷 26，
　　〈黃端明謚簡肅議〉，頁 14a-15b。《黃氏日鈔》（臺北：臺灣商務印書館，
　　影印文淵閣《四庫全書》本，1983-1988），卷 36，頁 26ab。

⑩　《金石萃編》，卷 146，頁 8a-10b，引錢大昕，《潛研堂金石文跋尾》。

⑩　《吳興備志》（臺北：臺灣商務印書館，影印文淵閣《四庫全書》本，1983-
　　1988），卷 25，頁 3b。

誘掖之勸。」⑩李康年（哲宗時人）以小字篆書《心經》，為其親追福。⑩錢君倚（生卒年不詳）寫《佛遺教經》而刻石。⑩孫固（1016-1090）和孫朴（生卒年不詳）父子親書《華嚴經》八十卷，計萬餘字，蘇轍認為「無有一字見怠惰相」。⑩譚掞（文初，生卒年不詳）取黃金屑書《金剛經》。⑩柳閎（生卒年不詳）為其夭折之弟寫《楞嚴經》。⑩曹勛（1098-1174）於七十一歲以泥金書寫《金剛經》，作為「上資亡過父母，下續此生壽命」之用。⑩他還為紹興朝狀元張孝祥（1132-1169）寫的《觀音心咒》題跋，略謂：「安國此字尤為清勁，如枯松折竹，架雪凌霜，超然自放於筆墨之外，雖醉中亦不忘般若，豈箇中自有一種習氣，畧無間斷？又此《觀音心呪》而曰釋迦其示不二門，安國得之深矣。」⑩葛勝仲（1072-1144）寫《華嚴

---

⑩　《蘇魏公文集》（北京：中華書局點校本，1988），卷 72，〈題胡考甫書《華嚴經》〉，頁 1099。按：此題記撰於元祐七年，即蘇頌拜相之年。胡考甫生平雖不詳，當蘇頌稱之為「大夫」，當為中、高級士人。

⑩　《蘇軾文集》，〈跋李康年篆心經後〉，頁 2190-91。

⑩　同前書，〈跋錢君倚書佛遺教經〉，頁 2186。

⑩　同前書，頁 2208。又《欒城後集》，〈書孫朴學士手寫華嚴經後〉，頁 1404。

⑩　同前書，頁 2086。

⑩　同前書，頁 2065。按柳閎為蘇軾甥。

⑩　曹勛，《松隱集》（臺北：臺灣商務印書館，影印文淵閣《四庫全書》本，1983-1988），卷 33，〈題親書金剛經後〉，頁 12ab。

⑩　同前書，卷 32，〈跋張安國草書〉，頁 8b-9a。張安國即是張孝祥，安國為其字。按：據近人研究，唐代譯有十三種有關千手千眼觀世音菩薩之密教經典，其中西天竺沙門伽梵達摩（Bhagavadharma）所譯者，名曰《千手千眼觀世音菩薩圓滿無礙大悲心陀羅尼經》（在《大正藏》冊 20），通常簡稱為《大悲心陀羅尼經》，為唐以來最流行之此類佛經。此經內之咒語即俗稱

經》，參知政事陳與義（1090-1138）賦詩贊之。⑫宋晉暎（生卒年不詳）寫《金剛經》。⑬謝圭敬（生卒年不詳）寫《心經》。⑭莫用之（生卒年不詳）寫《寶積》、《華嚴》、《涅槃經》及《大智度論》等，計四百五十餘卷四十八函，用以薦其親。⑮參知政事錢端禮（1109-1177），亦寫有《金剛經》，為叢林所求。⑯高宗憲聖皇后之弟吳益（1124-1171），以書名於世，曾以小楷泥金書寫《大佛頂首

《大悲咒》。參看 Chün-fang Yu (2001), pp.59-69。筆者認為，宋人稱《觀音心咒》者應即是《大悲咒》。

⑫ 陳與義，《簡齋集》（臺北：臺灣商務印書館，影印文淵閣《四庫全書》本，1983-1988），卷 7，〈聞葛工部寫華嚴經成隨喜賦詩〉，頁 4ab；胡稺，《增廣箋註簡齋詩集》（上海：商務印書館，《四部叢刊初編》本），卷 7，〈聞葛工部寫華嚴經成隨喜賦詩〉，頁 1a。

⑬ 周必大，《文忠集》（臺北：臺灣商務印書館，影印文淵閣《四庫全書》本，1983-1988），卷 48，〈題宋景晉暎手書佛經〉，頁 518b。晉暎之官職為待制，可知為中、高及官僚。

⑭ 見《兩浙金石志》（臺北：臺灣商務印書館，影印文淵閣《四庫全書》本，1983-1988），卷 12，〈般若波羅蜜多心經〉，頁 91a。按：此經書於淳祐壬子（1252）。謝圭敬，生平事迹不詳，只知為天台人。又此書落款有「臨海開國謝衛王之孫」印記，則謝圭敬似與理宗之謝皇后有親戚關係，當亦為中、高級官僚。

⑮ 《苕溪集》（臺北：臺灣商務印書館，影印文淵閣《四庫全書》本，1983-1988），卷 27，〈跋莫用之書藏經〉，頁 7ab。按：莫用之生平事迹不詳，劉一止在紹興二十九年（1159）寫此跋，說他「未老而請老，」可見是紹興時人。他也是個熱心佛法之居士，除寫經之外，還在「報本禪院創修輪藏以貯此經，累歲而後辦。」

⑯ 《絕岸可湘語錄》（臺北：新文豐出版社，《卍續藏經》冊 121），卷 1，頁 1003b。按：語錄說侍郎錢東巖，疑即錢端禮。他於高宗朝先任吏部侍郎，後除參知政事。

楞嚴神咒》於紺紙上。⑰其子吳琚（生卒年不詳），亦工翰墨。他嘗
書《心經》，據說字與張即之（1186-1266）相似，經刻石流傳至
清。⑱紹興間，嚴陵知州張旬（1081-1153）「晚歲手抄釋氏典殆百
卷，神情恬悅，若有得焉。」⑲

　　這些人之中，孫固尚佛，嘗為覺山僧惠實（生卒年不詳）請於
朝，得間歲度僧，又為惠實立碑於塔，終身眷眷，可說是虔誠居
士。⑳曹勛自幼喜誦《金剛經》，艱關不輟，並相信唐人所謂此經
為「續命經」之說，故有寫經以薦福延壽之求。他是用壽春府永慶
寺石本為底本抄寫，還發願「名掛佛心，經與事應，不間今古，均
得感通。」並祝禱「讀誦者必獲勝緣，同登覺道。」可見他信佛之
深。㉑

　　此外，理宗時某祕閣高公，曾金書《心經》，欲置杭州東禪明
覺院新建華閣中的觀音像中。他早年夢觀音大士像，故熱心佛事。

⑰　見周佃編，《中國墨迹經典大全》（北京：京華出版社，1998），第 12 冊，
　　頁 228。按：吳益字叔謙，高宗時歷官保康節度使、加太尉開府儀同三司。
　　孝宗時又進太師，封太寧郡王，卒後諡莊簡，追封衛王。紺紙深青帶紅，用
　　泥金書寫較為莊嚴華麗。據日僧圓仁之《入唐求法巡禮行記》所載，五台山
　　金閣寺堅固菩提院之經藏閣，有大曆年間（766-779）以紺紙金銀字所寫之大
　　藏經共六千餘卷。又據說唐會昌二年（842）九月亦有人寫紺紙金銀字《金光
　　明經》，後為日僧攜入比叡山淨土院。紺紙金銀字寫經似盛於唐末至宋期
　　間，但流傳者並不多。
⑱　《八瓊室金石補正》，卷 107，頁 751。
⑲　《苕溪集》，卷 50，〈宋故左朝請大夫致仕張府君墓誌銘〉，頁 23a-27b。
⑳　《蘇軾文集》，頁 2208。又《欒城後集》，〈書孫朴學士手寫華嚴經後〉，
　　頁 1404。
㉑　《松隱集》，卷 33，〈題親書金剛經後〉，頁 12ab。

年八十九時，仍登新建補陀大士華閣，步履如飛。其所寫《心經》，本欲置於新閣之觀音像身內，但觀音之身相已具，無法如願，但他仍朝暮懇切，求請不輟，顯然是個篤信佛教之官吏及居士。⑫東堂居士袁說友（1140-1204），官至參知政事。他因母親失明，發心書寫《金剛經》，祈母親去暗釋翳，破除目瘴。⑬鄱陽主使周世亨（生卒年不詳），於卸職之後，奉事觀世音甚謹。寧宗慶元初，發願手寫經二百卷，施人持誦。但因病感疾而未成，病癒後遂買抄經紙請僧摺成冊，齋戒寫經。雖不知所寫何經，但必有《觀音經》在內，是下級士人寫經之例。⑭

　　至於公卿中的佛教居士，寫經就與信仰有關。譬如武夷居士楊億寫《佛遺教經》，即是佛教信仰的一部份，故他的同鄉，南宋理學家真德秀（1178-1235）說：「文公晉情佛典，而於此〔遺教〕

---

⑫　敬叟居簡（1164-1246），《北磵集》（臺北：臺灣商務印書館，影印文淵閣《四庫全書》本，1983-1988），卷 6，〈高祕閣金書心經頌〉，頁 26ab。按：居簡寫此文時，在嘉熙元年（1237），又稱高祕閣時年八十九歲，故知其為理宗時人，但生平事迹不詳，只知他因寫《心經》欲置塔中，因而感動觀音，而「寶脊春然，獲本妙心，十目驚嗟，嘆此創見。」唯此句之真義費解，不敢妄臆。此外，因居簡的活動主要在浙江杭州和臺州，故東禪明覺院可能在此兩地之一。此處暫作杭州。其住持比丘名妙信者，生平事迹亦不詳。

⑬　袁說友，《東塘集》（臺北：臺灣商務印書館，影印文淵閣《四庫全書》本，1983-1988），卷 19，〈題所刊金剛經後〉，頁 2b-3b。

⑭　洪邁，《夷堅志·甲志》（北京：中華書局點校本，1981），卷 7，〈周世亨寫經〉，頁 61。洪邁還說周寫經方及二十卷，忽有群鴉誤屋上，逐而不退。原來有一鴉中箭流血。周為之誦寶勝如來、救苦觀世音，並以筆指鴉，箭遂脫然自拔。此念佛救難之故事或為好事者所編，固不足信。但周之熱衷寫經，或為事實。

經尤所欽重，至親寫之翰墨，豈非以此為學佛之實地歟？」[125]真德秀還說楊文公之孫正勒石以刊刻其《佛遺教經》，可見有石刻流傳。

　　宋人寫經之數，遠超出吾人之所知。如同唐代，許多寫經都是寫經生所為。有些寫經生是應寺院募緣，慎重其事地邀請來寫經的。而有些寺院本身就有職司寫經之寫經生。宋寺院也有奉旨寫經之慣例，凡敕命寫經，必有某大寺院之住持出來號召募緣為之。不過奉敕寫經是否為常例，吾人不知其詳。但大寺院募緣寫經，或由住持出面，或由居士號召，則是常見之事。譬如，真宗大中祥符四年（1011），杭州李廷義（生卒年不詳）寫造《法華經》一卷。李廷義的署銜為「大中祥符寺寫聖教」，可見是當寺的寫經生。此寫經是泥金細楷書，經文前有泥金畫佛像，每像上有泥金書佛號。募緣寫經者自稱是「勸緣受菩薩戒弟子朱仁厚、王貴實等」，其餘應募捐獻信士之姓名都錄於經後，可見是善男信女共施淨財，請寺院寫經，以「捨入龍興懺院」，以贖罪愆。[126]南宋歷陽沈禮（生卒年不詳）應某寺院住持傳經沙門慧觀之請，書《文殊經》，也是一例。[127]南宋四明馮預（1118-1177）應精嚴寺住持募緣寫造大藏賜紫沙門守英之請寫《歷代三寶記》，雖非佛經，形同應募寫經。[128]精嚴寺在

---

[125]　《西山先生真文公文集》，卷 35，〈楊文公真筆佛遺教經〉，頁 17b-18b。按：「晷情」當作「盡情」。

[126]　《秘殿珠林》，卷 6，頁 86-87。

[127]　《秘殿珠林石渠寶笈續編》，頁 260b。沙門慧觀住持何寺不詳。

[128]　《秘殿珠林石渠寶笈續編》，頁 260b-261a。

秀州華亭，原名靈光寺，真宗祥符時賜精嚴寺額。⑫此次寫經，由
精嚴寺主持，有檀越渤海吳廷亮（生卒年不詳）居士負責造藏，寫完
之後，藏於所屬的慧海院。故其書卷首題曰：「華亭縣敕賜慧海禪
院轉輪大藏」。⑬上文所說的浙江海鹽金粟山廣慧禪院，以使用宋
代治平至元祐年間（1054-1094）蘇州所產的寫經用紙「金粟牋」稱
於世。其寺院之寫經用紙，還有朱印「金粟山藏經紙」字樣，十五
紙為一軸，所寫《大藏經》有萬餘軸之多，顯然是個寫經中心。⑬
其寺所屬寫經生自可能悉心摹仿蘇軾等名人筆法寫經，故不僅能偽
託唐經生之寫經為蘇軾等人的寫經，還能自造寫經以偽託為蘇軾等
人之作。

　　私家寫經生之作，雖都未留姓名，但不少寫經生之書法風格不
俗，非凡手可比，其所寫之經，亦多受後人重視，見之者無不題跋
稱賞。譬如，下文所說被認為是秦觀所寫的宋牋本楷書《大悲心陀
羅尼經》一冊，很可能即出自寫經生之手。此冊計四十九頁，每咒

---

⑫　見《至元嘉禾志》（臺北：國泰文化事業有限公司，《宋元地方志三十七
　　種》冊 12），卷 10，〈精嚴寺〉條，頁 7440a；〈精嚴禪寺記〉，頁
　　7503a。

⑬　《祕殿珠林石渠寶笈續編》，頁 261a。

⑬　Tsien Tsuen-hsuin, "Paper and Printing," Part 1. pp. 87-88。除了上文所舉之寫經
　　外，今上海圖書館藏有梁·伽波羅譯、宋熙甯元年（1068 年）寫本《解脫道
　　論》，共 17 紙，420 行，每行 17 字。末署有「唯皇宋熙甯元年，龍集戊申
　　二月甲辰朔二十六日己巳，起首寫造，僧道隆書。校勘僧守仙、勾當寫大藏
　　經僧惠明、都勸緣住持傳法沙門知禮」。首題前行下方有「海鹽金粟山廣惠
　　禪院大藏背十四紙」字樣。見上海圖書館網站 http://www.library.sh.cn/dzyd/
　　gcjx/list.asp?id=75。

語下皆有白描佛像，元代高僧天目中峰明本（1263-1323）見之，題曰：「白描盡善，字畫尤奇。」⓲中峰明本自己也寫經畫佛，雖未必以高手名，但亦自成一家。他對此寫經之評價，或道出當時僧人之感受，無怪名僧見而題跋者甚夥，咸以叢林一奇目之。如建安沙門自如（元天曆前後）、淨慈東嶼德海（生卒年不詳）、徑山住持虛谷希陵（1247-1322）、甬東乾符比丘普容（1251-1320）、蓮華院天台沙門玉岡蒙潤（1275-1342）及天竺九品觀堂圓照（生卒年不詳）等，都有題詞。此部寫經後為明·汲古主人毛晉（1599-1659）所有，牧齋錢謙益（1582-1664）見之，大嘆為「靈文秘典」，還說五百年後，「東夏之人有如一行、慧浪者，傳教令輪，用以顯神功而求軌迹，其必有取于此乎！」希望毛晉善護持之。錢謙益並取之與當時流行之「伽梵達摩譯本」比較，指出二者之大同小異，尤其「每一句下有白描小畫像，夾注諸佛、菩薩、諸天鬼神名于其下，此則〔伽梵〕達摩本所無，亦今世人間所未曉者。」可見此為同經之異本。他還臆測畫像之由來，並解釋馬鳴、龍樹與觀音說經咒同時出現之因，顯示其對此部寫經興趣之濃。⓳

　　另有不知名宋人書《無量壽經》四冊及《阿彌陀經》一冊。前者為楷書金粟箋本，每冊有國學進士王龍舒校正十一字。後者亦為楷書箋本，經前有絹本著色畫極樂圖，經名之下，亦有貝葉文。⓴

⓲　《秘殿珠林石渠寶笈初編》，卷4，頁67a。又見下文說明。

⓳　同前註。按：除圓照外，諸僧之題跋皆有年代，故知為元僧。何況中峰明本享譽中外，為一代高僧。而自如、希陵、蒙潤及普容等，亦為知名元僧。德海則生平事迹不可考，但他在「五山」之一的淨慈寺，當亦非凡輩。

⓴　《秘殿珠林石渠寶笈初編》，卷4，頁69b。

王龍舒即是《龍舒淨土文》的作者王日休（約 1102-1173），他曾比
較四種《無量壽經》譯本，會以己意，校刊成一本，頗流傳一時。
此冊如非他本人所寫，即是其友人或熟識佛經之居士抄其所編而
成。其他不知名宋人書經冊還有《華嚴經》卷十一〈毘盧遮那
品〉，卷五〈妙嚴品〉，卷十〈世界品〉、卷三十七〈十地品〉，
《阿彌陀經》、《法華經》之〈普門品〉、《首楞嚴經》之〈大勢
至菩薩圓通法門〉、《心經》、《千手千眼大悲心陀羅尼》、《首
楞嚴神咒》，《大般若波羅蜜多經》卷三十四等，❸都是唐、宋之
際較為流行之經、咒，而寫者大概都是職業寫經生，其水準較高
者，往往被彙編成冊而視為善本。

　　另外還有令人意外的倩人寫經之例。譬如司馬光本不喜佛，但
是他曾讀鄭預所注《心經》，深知「佛書之要，盡於『空』一字
而已」，故譏學佛而不知佛者，而贊有佛行而知物之為空者。因
此，元豐五年（1082）左街僧錄首座紹鑒（生卒年不詳）以足疾請去，
溫公賢其能「不以所重易所輕」，遂命其屬下寫《心經》一通以贈
之。❸

四、蘇軾的寫經

　　最值得注意的是士人兼宋書畫家及居士的寫經。因為他們在書

❸　《秘殿珠林石渠寶笈續編》，頁 87b，261b-262b。
❸　《溫國文正司馬溫公文集》（臺北：臺灣商務印書館，《四部叢刊初
　　編》），卷 69，頁 1b-2a。按：鄭預為唐人，所注《心經》，歐陽修甚為讚
　　賞，見《歐陽文忠公集古錄跋尾》，卷 6，頁 19ab。

畫上造詣甚深，又是信奉佛教的居士，所以他們的寫經就有特殊的
意義。上文說過米芾年輕時常臨《心經》。而與米芾同稱「米薛」
或「薛米」的翠微居士薛紹彭（神宗時人）亦書寫《心經》，流傳至
南宋，為宋宗室趙與懃（嘉熙時人）收藏於其書齋。⑬蘇軾是這些寫
經居士的佼佼者。其所寫之經數目不少，原因與目的非一，特別值
得注意。蘇軾寫經甚多，但從何時開始寫經，寫了多少，恐怕已無
法查考。⑱據筆者所見資料顯示，蘇軾可能從三十三歲開始正式寫
經，至少寫了以下幾部：

蘇軾寫經之經名、時間表			
經名	寫經時間	公元	寫經年歲
《圓覺經》	治平四年	1067	32
《法華經》	熙寧二年	1069	34
《金剛經》、《心經》	元豐三年四月二十五日	1080	45
《觀自在菩薩如意陀羅尼》	元豐四年二月二十七日	1081	46

⑬　《清河書畫舫》，卷上，〈唐薛河東書心經〉，頁 13b。按：薛河東即薛紹
彭，因自謂「河東三鳳後人」，故又以薛河東名。張丑誤為唐人，不知何
故？又按：趙與懃為德昭八世孫趙希懌（1155-1212）子，號蘭坡，居處州青
田，宋嘉熙間知臨安府，四年知婺州。善摹古，墨竹亦佳。

⑱　劉金柱先生在〈蘇軾抄寫佛經動因初探〉一文中曾列表說蘇軾在皇祐二年以
前，亦即他 15 歲之前寫過《金剛經》，並謂係「姑且參照孔凡禮之說」。
按：孔凡禮之《蘇軾年譜》引《真蹟日錄》，只說蘇軾錄《漢書》或為少時
事，但並謂說抄《金剛經》亦在少時，劉氏之說若本於此，則顯然誤解孔凡
禮之說。至於《真蹟日錄》所說「蘇長公手錄《漢書》全部及《金剛
經》」，也未註明時間。當然此時摹寫《金剛經》或有可能，但畢竟證據薄
弱。劉文見《佛學研究》（2003），頁 204-210。孔凡禮所述，見《蘇軾年
譜》，頁 30。

《摩利支經》	元豐四年十二月	1081	46
《楞伽經》	元豐八年正月	1085	50
《心經》	元祐二年三月四日	1087	52
《毘婆沙論》	元祐三年五月十五日	1088	53
《八師經》	元祐六年(?)	1091	56
《圓覺經》	元祐七年	1092	57
《觀自在菩薩如意輪陀羅尼經咒》	紹聖三年六月	1096	61
《金剛經》	紹聖四年	1097	62
《心經》	紹聖四年三月	1097	62
《金剛經》	元符三年三月	1100	65
《楞嚴經》之〈圓通偈〉	建中靖國元年	1101	66
《四十二章經》(?)	不詳		

　　蘇軾抄寫這些經的動機與用意，多有不同。寫《圓覺經》似為其父蘇洵（1009-1066）小祥（週年忌）而寫。攻媿主人樓鑰曾從友人處聽說某蜀士曾見蘇軾書《圓覺經》，與其弟蘇轍所寫之《維摩經》在同時。而蘇轍寫《維摩經》係為蘇洵小祥而寫，可見蘇軾可能亦因同一理由而寫。⑬不過，東坡曾在〈答李琮書〉中表示「得暇為寫下卷，令公擇寫上卷。」⑭〈答李琮書〉是蘇軾聞李琮（慶曆間進士）喪偶而寫，書中言及李琮示其《圓覺經》紙，答應為李琮寫此經下卷。若果真寫完此卷，則蘇軾寫《圓覺經》至少兩次。李琮之子即是下文所說的李回（少愚）。李公擇則是李常（1027-1090），蘇軾與他交情甚厚，嘗有「宜我與夫子，相好手足倅」之

---

⑬　《攻媿集》，卷72，〈跋吳僧若遠所書觀經〉，頁18ab。
⑭　〈答李琮書〉，見《經進東坡文集事略》（上海：商務印書館，《四部叢刊初編》），卷45，頁5a。蜀士所見本，見《攻媿集》，卷72，頁18a。

句形容兩人間之關係，所以他請李常代寫上卷亦是情理中事。⑪

　　熙寧元年（1068），蘇軾三十三歲時，在眉州居父喪，曾與友人遊蜀中名勝，也許在此時寫過《多心經》，獻給成都迎祥寺。⑫次年（1069），蘇軾三十四歲時，曾為好友駙馬都尉王詵（約 1036-1093）寫詩賦及《法華經》。寫經之原因，可能是為酬謝王詵各種餽贈之故。因當時蘇軾在京受差遣，與王詵過從甚密，且屢受酒食茶果之贈，又獲贈弓一張、箭十隻、包指十個。⑬王詵好佛又喜書畫，收藏甚富，含《法華經》，蘇軾見其所藏，遂抄寫而贈之。此經以楷體寫成，宋、元、明各代皆有刊本。宋刊本至少現存一種，是經摺裝，每半葉十二字至十七字，卷一還附有扉畫，繪圖者為古鎮王儀。各卷扉畫皆有題記。卷一扉畫題為「法華經第一卷連相」；卷二扉畫題為「法華經第二卷連相」；卷三扉畫題有題「妙法蓮華經連相卷第三」；卷四扉畫題有題「法華經第四卷連相」；卷五扉畫題有題「妙法蓮華經連相卷第五」；卷六扉畫題有「法華

---

⑪　《蘇軾詩集合注》，卷 16，〈送李公擇〉，頁 788-89。

⑫　《蘇軾年譜》，頁 155。按：年譜引《輿地紀勝》卷 151、152 所說之隆州即成都。所謂《多心經》其實即是《心經》，為《般若波羅蜜多心經》之簡稱。

⑬　見《蘇軾年譜》，頁 169。所說《蓮華經》，即是《法華經》，或稱《蓮經》，都為《妙法蓮華經》之簡稱。按：宋人習射多用「包指」，故王詵既送弓箭，自然也送「包指」，顧名可思其意。又按：《宋史·兵志》略謂哲宗紹聖三年八月，有詔曰：「殿前、馬步軍司見管教頭，別選事藝精強、通曉教像體法者，展轉教習。其弓箭手馬、步射射親，用點藥包指及第二指知鏃，並如元豐格法。」見卷 148，頁 1860。

經第六卷連相」；卷七扉畫題有「妙法蓮華經連相卷第七」。⑭元代重刊之蘇寫本至少現存兩種，也是經摺裝，每半葉四行，每行十二到十七字不等，皆附圖。又有元刊「蘇體本」，當是仿東坡字體刻成，其中一本卷一至四、六至七皆有「宋元豐二年（1079）嘉興刻工姚陳道榮刊刻」等字樣。⑭明代時，這些刻本仍然流傳，有某收藏家藏有一刻本，有意捨入叢林，蓮池大師袾宏（1535-1615）「恐後世或有貪冒妄取者，反為山門之玷，卻而不納。」⑭此為「拒收」蘇軾寫經僅見之例。

元豐三年（1080）四月二十五日，蘇軾剛被貶至黃州不久，逢其父蘇洵十五週年忌，因寫《金剛經》一冊。其款識云：「奉為亡考都官遠忌，親寫此經，施僧看轉以資冥福。」⑭可見是為追薦其父而寫，供施僧轉經之用。不過此次寫經，雖然「筆力最為得意」，但並未寫完，只寫至第十五分。⑭同年又寫《心經》一冊，

---

⑭　《國立故宮博物院善本舊籍總目》（臺北：國立故宮博物院，1983），頁947。

⑭　同前註。

⑭　《式古堂書畫彙考》（臺北：臺灣商務印書館，影印文淵閣《四庫全書》本，1983-1988），卷10，頁113ab。《蘇軾年譜》引《詩案·與王詵往來詩賦》謂此年王詵有餽贈，計官酒十瓶，果子兩籯。蘇軾因此而寫經贈送，投桃報李，亦不無可能。見《蘇軾年譜》，頁241。按：王詵與其妻越國大長公主（英宗次女）都是虔誠的佛教居士，北宋名禪師黃龍晦堂祖心（1025-1100）入京師觀光，王詵盡禮迎之，並為之築庵於國門之外。見《禪林僧寶傳》，卷23，頁266b。

⑭　《秘殿珠林石渠寶笈初編》，卷3，頁60a。按：蘇洵於治平三年（1066）四月二十五日去世。

⑭　《夷堅志·甲志》，卷11，〈東坡書金剛經〉，頁97。又見下文。

論者以為有「與田父野老相從溪山之意」。⑭

　　元豐四年（1081）二月二十七日所寫的《觀自在菩薩如意陀羅尼》，是為了贈送宣城廣教模上人（生卒年不詳）所寫。此部寫經於紹聖四年（1097）由宛陵郡人汪遵昱施財上石，由乾明楞嚴講院行者徐義（生卒年不詳）摹刊，也經石刻而流傳。⑮在此前一年（1096），蘇軾又以正書寫了《觀自在菩薩如意輪陀羅尼經咒》，是否也在紹聖四年與本經同時刻石，不得而知。⑯

　　元豐四年（1081）十二月的《摩利支經》，是應其姪蘇安節（生卒年不詳）之請而寫。其時蘇軾在黃州貶所，安節自蜀來謁，兩人夜坐賦詩，蘇軾因聽安節於元豐三年舟行下峽之時，常持此經，得以脫離險難，遂應其請而寫，使安節持之歸蜀。⑰

　　元豐八年（1085）二月，蘇軾在南都（即今南京）見樂全居士張方平（1007-1091），感於張「年七十九，幻滅都盡，惠光渾圓」，而自己也年屆半百，「老於憂患，百念灰冷。」兩人可能因而大談佛法，而張方平以蘇軾「為可教者」，乃授蘇軾他在僧舍所獲並續

---

⑭　王澍，《虛舟題跋》，《中國書畫全集》冊 8，〈宋蘇軾書心經楷迹〉，頁818。

⑮　《蘇軾年譜》，頁 501，引《嘉慶寧國府志》卷 20。

⑯　見顧燮光，《兩浙金石別錄》（上海：天華印書館，年代不詳），卷下，頁2b。

⑰　《蘇軾年譜》，卷 20，頁 519-20。按：王文誥，《東坡詩集合註》（上海：上海古籍出版社，2001）錄有〈姪安節遠來夜坐〉一詩，註以為安節或為蘇洵兄蘇渙三子之一。蘇渙三子為：不欺、不疑、不危。見卷 21，頁 1055。

寫完成之《楞伽經》，且「以錢三十萬使印施於江淮間。」⑮不久蘇軾到真州（即江蘇儀徵）金山見佛印了元長老（1032-1098），述張方平託付印施《楞伽經》事，了元以為「印施有盡，若書而刻之則無盡」，建議蘇軾抄寫此經後再造板刻印，蘇軾遂在城南的報恩寺書寫此經。寫完之後，了元即「使其侍者曉機走錢塘求善工刻之板，遂以為金山常住。」⑮可見此次蘇軾之寫《楞伽經》，有藉其書藝以永續其傳之意。而其寫經之受重視，可見一斑。據說佛印為了促成蘇軾之寫經及刻板刊印，還每日燒豬以待其來，為投東坡所好。後來佛印將蘇軾所寫之《楞伽經》寄予好讀佛經之佛教居士蔣之奇（1031-1104）過目，蔣之奇因曾親聞張方平述及於僧舍獲得《楞伽經》之因緣，再次閱讀此經，盛讚張方平傳授此經之功。⑮

　　元祐二年（1087）三月四日蘇軾寫了《心經》。為何而寫，他

---

⑮　有關張方平於僧舍獲《楞伽經》，疑為前生未寫完者，惠洪在其《冷齋夜話》說：「文定公方平為滁州日，游琅邪，周行廊廡，神觀清淨。至藏院，俛仰久之，忽呼左右梯梁間得經一函，開視之則《楞伽經》四卷，餘其半未寫，公因點筆續之，筆蹟不異味。經首四句曰：『世間相生滅，猶如虛空花。智不得有無，而興大悲心。』遂大悟流涕，見前世事。蓋公生前嘗主藏於此，病革自以寫經未終願再來成之故也。公（張方平）暮年出此經示東坡居士，坡為重寫，題公之名於其右，刻於浮玉山龍游寺。」見《冷齋夜話》（臺北：臺灣商務印書館，影印文淵閣《四庫全書》本，1983-1988），卷7，〈張方平生前為僧〉，頁5b-6a。又參看《蘇軾文集》，卷66，〈書楞伽經後〉，頁2085-06；李之儀，《姑溪居士集》（臺北：臺灣商務印書館，影印文淵閣《四庫全書》本，1983-1988），卷38，〈跋東坡書《多心經》〉，頁2b-3a。

⑮　《蘇軾文集》，頁2086。又見《蘇軾年譜》，頁680-81。

⑮　見蔣之奇，〈楞伽經序〉收於《全宋文》（成都：巴蜀書社，1991）冊39，頁599。

並未說明，只說寫了兩遍。⑯而紹聖四年（1097）三月，他又寫了一次《心經》，此時他被在惠州貶所，常與州守方子容互相過從，相處甚歡。方妻篤信佛，曾夢僧伽送蘇軾過海入儋耳，蘇軾乃寫《心經》贈之。⑰蘇軾所寫之《心經》，後來姑溪居士李之儀（元豐間進士）及誠齋楊萬里（1127-1206）都曾為之題跋，但不知所題為何冊？楊萬里所題一冊，是以小楷書寫。⑱

紹聖四年四月，也是蘇軾被貶至惠州的第三年，他為章惇（1035-1105）等人所陷，又被貶至儋耳。離惠州赴儋耳之日，他又寫《金剛經》，續完在黃州所抄之十五分。寫完之後，置惠州李氏潛珍閣。潛珍閣為郡人李光道（生卒年不詳）進士所建，蘇軾在惠州時與李光道交，曾至其潛珍閣參觀，並作〈李氏潛珍閣銘〉讚之，又續書《金剛經》十五分之後贈之。南宋紹興時，李琮之子、參知政事李回，因曾得蘇軾所寫《金剛經》前十五分，惜其不全，至各處尋訪。後避地於羅浮，見李光道之子李輝，蒙出示其家藏東坡之書并《金剛經》後半，與其所持之前十五分相比對，只見二者「字

---

⑯　《蘇軾年譜》，頁 768，引《晚香堂蘇帖》。

⑰　《蘇軾年譜》，頁 1252-53。劉克莊（1187-1269），《後村先生大全集》（臺北：臺灣商務印書館，《四部叢刊初編》）曾說「至坡公則手書佛經非一種。《心經》在貝葉中尤古奧簡捷，蓋在惠州時為沈夫人所作。夫人乃南主使君之內，嘗夢僧迦送子瞻過海者。」見該書卷 104，頁 3a。按：蘇軾於紹聖元年被貶至惠州，四年四月再貶至儋耳。僧伽是指泗州大聖僧伽，有關宋代僧伽信仰，見第一章。

⑱　《姑溪居士集》，卷 38，〈跋東坡書多心經〉，頁 2b-3a。《誠齋集》（臺北：臺灣商務印書館，影印文淵閣《四庫全書》本，1983-1988），卷 100，〈跋東坡小楷心經〉，頁 4b。

畫大小、高下，墨色深淺，不差毫髮，如成於一旦。」兩人相顧驚異，李輝遂將其所有之後半部寫經贈送李回，兩者合併，遂成全經。⑮

元符三年（1100）三月，蘇軾即將離開儋耳，偶遇某慧上人，與之夜話誦《金剛經》有善報之事，慧上人因而求東坡繕寫此經，歷月乃成。東坡後來追憶此事，曾謂：「非謫居海外，安能種此福田也。」⑯此卷《金剛經》及先前所寫之《金剛經》，後來似都有石刻出現。汪砢玉說：「坡書《金剛經》，刻石者二本。其一，後有甘昇提舉跋，為甘刻。其一，前有篆書千餘字。」⑯或即指此二本。甘昇為南宋孝宗朝宦官，於乾道中權震一時。他有名園別墅甚大，稱湖曲園，在西湖惠照寺西。甘昇收藏必富，但為何刊印蘇軾之寫經則不甚清楚。⑯

據說蘇軾還寫過《八師經》和《四十二章經》。因為文獻不足，不詳其抄寫之時間與過程。以下所述，只能聊備一說。

有關寫《八師經》一事，宋人姚寬（1105-1162）在其《西溪叢語》中引臨川王瑩夫之語謂「坡公所寫《八師經》，頃嘗見之。」⑯王瑩夫即是王瓘（生卒年不詳），為王安石弟王安禮（和甫，1034-

---

⑮ 見《蘇軾年譜》，頁 1264-65，引《輿地紀勝》卷 99。《夷堅志·甲志》，卷 11，〈東坡書金剛經〉，頁 97。《夷堅志·甲志》所說之李少愚即是李回。按：金剛經流行本為鳩摩羅什譯本，共三十二分。

⑯ 《蘇軾年譜》，頁 1325-26。《蘇軾文集》，卷 72，〈金剛經報〉，頁 2320。

⑯ 《珊瑚網》，〈蘇文忠公書《金剛經》〉，頁 891。

⑯ 有關甘昇之園，見《玉照新志》（上海：上海古籍出版社，1991），頁 65。

⑯ 姚寬，《西溪叢語》（北京：中華書局點校本，1993），頁 98-99。

1095）之曾孫。王瓘晚年在越州，而姚寬出生越州嵊縣，又讀過
《八師經》，可能因有同好而與王瓘為友。據說王瓘平生不屑於仕
宦，而文筆甚高。《南宋館閣續錄》載有王瓘《佛會菩薩》及《三
教圖》各一幅；《宋史》也錄有王瓘《廣軒轅本紀》三卷及《北道
刊誤志》十五卷，應該都是他所作。❿他「晚學禪釋，灑然有所悟
解。」可能因好佛、學禪又喜作畫之故，注意到東坡寫《八師經》
之事。❻不過，王瓘並未說何時見到蘇軾寫此經、為何而寫、而寫
後東坡如何處理，他人亦未談及此事。故暫依孔凡禮先生之說，作
元祐六年寫。❻

　　關於寫《四十二章經》之說，據《秘殿珠林》所錄蘇軾書之
《四十二章經》題記來看，若非題記作者沙門圓聰（生卒年不詳）附
會之說，即是將時間顛倒錯置。因為圓聰首先說紹聖二年（1095）
十月二日，蘇軾在惠州官舍時，有永嘉羅漢院僧惠戒（生卒年不詳）
來訪，並謂次日將還浙東，當何以回答浙東友人問詢近況。接著卻
說蘇軾無以應之，但念吳越名僧與其相善者十之八九，人情上不能
無所表示，遂取笥中在儋耳所寫而未裝潢之《四十二章經》，託惠

---

❿　見《南宋館閣書錄、續錄》（北京：中華書局，1998），卷 3，頁 181、
　　183；《宋史》，卷 203，頁 5094，卷 204，頁 5159。按：宋有另一王瓘，曾
　　任兵部郎中集賢校理等職，當非此王瓘。關於姚寬，見《西溪叢語》之點校
　　說明及附錄。

❻　見《夷堅志・支景》，卷 3，頁 904。據說王瓘曾寫〈入定觀音〉及〈水月觀
　　音〉二贊，皆為士人所傳諷。他臨終時，年六十歲，「晏無病苦，趺足而
　　化」。

❻　《蘇軾年譜》，卷 30，頁 948。按：孔凡禮先生也只是暫時將其事繫於此
　　年。

戒攜歸浙東見定慧（生卒年不詳）、維琳（?-1119）諸長老，使「見我
作書度日，雖飲食起居無恙，而岑寂牢騷之意，具於筆端，安能證
阿羅漢果？使四大不須先後覺，六根還向用時空。」⑯此說法把蘇
軾在惠州跟儋耳的時間倒置，說成儋耳之貶在惠州之前，使其寫
《四十二章經》之事有淪為虛構之嫌。其實蘇軾紹聖元年（1094）
六月被貶惠州之後，因小人誣陷，再次被貶儋耳。他於紹聖四年
（1097）四月離開惠州，七月抵達儋耳。若真在儋耳抄寫此經，應
在紹聖四年七月之後，不可能在紹聖二年十月仍在惠州官舍時，取
出在儋耳所寫之經，託惠戒攜歸浙東。圓聰之說大概是根據以下蘇
軾所述之事而發揮：

> 予在惠州，有永嘉羅漢院僧惠誠來，謂曰：「明日當還浙
> 東。」問所欲幹者，予無以答之。獨念吳、越多名僧，與予
> 善者常十九。偶錄此數人，以授惠誠，使歸見之致余意，且
> 為道余起居飲食狀，以解其念也。信筆書紙，語無倫次，又
> 當尚有漏落者，方醉，不能詳也。紹聖二年三月二十三日，

---

⑯ 《秘殿珠林》，卷 6，頁 23a-24b。按：定慧長老守欽，為蘇州定慧院住持，
生平事迹不詳。維琳，武康人，號無畏大士。好學能詩，受知於東坡。熙寧
五年，東坡任杭州通判，請住徑山。徑山之眾初不甚悅，因徑山祖師有「後
世祖師止以甲乙住持」之約，東坡以為「適事之宜，而廢祖師之約，當於山
門選用有德，乃以琳嗣事。」東坡自儋耳還歸毗陵，以疾告老，維琳往慰問
之，東坡答之以詩。見《蘇軾文集》，卷 72，〈維琳〉，頁 2300；明河，
《補續高僧傳》（臺北：新文豐出版社，《卍續藏經》冊 134），卷 18，頁
146b。

東坡居士書。㊱

　　此記載所說與圓聰所記類似，但略有出入。其一，羅漢院僧是惠誠，而不是惠戒。其二，東坡雖欲請惠誠代向吳越所識僧侶致意，但只開個名單給惠誠，請為道起居飲食狀，並未提及在僧耳寫《四十二章經》事，又欲將此經送給定慧、維琳等長老。其三，東坡並未題辭自嘲，表示僅能作書度日，而仍不免岑寂牢騷之意。其四，此記載之時間較早七個月，且是在酒後所作，故云信筆書紙，語無倫次等。雖然「信筆書紙，語無倫次」或可證諸「安能證羅漢果」、「四大不須先後覺」及「六根還向用時空」等戲謔之詞，但是寫《四十二章經》的時間，卻犯了「明日適越而今至」之謬誤，其真實性大打折扣。雖然如此，蘇軾在惠州時，確曾與定慧長老互通音問。因定慧曾遣其徒淨人卓契順至惠州問安，並有〈擬寒山十頌〉贈之，蘇軾為和八首。蘇軾與守欽原不相識，在三吳之間甚久亦不識其人，然守欽於蘇軾受難之時，竟念及東坡，而卓契順亦千里徒步涉江越嶺而來，得東坡書即還。行前，東坡苦問有何所求，答以僅欲數字，東坡遂書淵明〈歸去來詞〉以贈之。並再三記其事，守欽及卓契順之名遂傳。㊲

　　蘇軾在嶺海七年，仍不忘為父母忌日齋薦祈福，只憾海陬遠地，「齋僧供佛，多不能如舊」。遂在北歸途中，舟行豫章、彭蠡

㊱　見《蘇軾文集》，卷 72，〈惠誠〉，頁 2302-03。

㊲　同前書，卷 69，〈書歸去來詞贈契順〉，頁 2201；卷 72，〈守欽〉，頁 2301；〈記卓契順答問〉，頁 2303；《蘇軾詩集合注》，卷 39，〈次韻定慧欽長老見寄八首并引〉，頁 2000-04。

之間受阻於大風之時，逢其母程氏忌日，恐齋薦不嚴，遂「敬寫
《楞嚴經》中文殊師利法王所說〈圓通偈〉一篇，少伸追往之
懷。」此篇他計劃經廬山時，施山中有道者。⑰

五、蘇軾周遭親友之寫經

蘇軾自己好寫經，他周遭之親友亦多有寫經者。其弟蘇轍雖不
以寫經知名，不過他也曾寫《維摩經》及《心經》追薦亡父蘇洵。
⑪按理說，蘇轍久習佛乘，深於佛學，當亦熱衷寫經，但所寫之
經，並未多見。蘇軾之小兒子蘇過，時時陪伴其左右，似受其影
響。雖然上文說蘇軾並未與他同寫過《大般若波羅蜜多經》，但蘇
過曾為其母同安君王閏之寫《金光明經》。因其母於元祐八年
（1093）卒於京師，殯於城西惠濟院。而次年蘇過隨其父赴惠州貶
所，「日以遠去其母之殯為恨也，無以申罔極之痛，故親書《金光
明經》。」⑫此外，他也以楷書寫過《大般若經》一卷，唯抄寫原
因不詳。⑬他的異母兄，亦即蘇軾長子蘇邁（生卒年不詳）也以楷書
寫過《瓔珞經》，也不知為何而寫。⑭

除了兒子受影響之外，蘇軾還鼓勵其學生寫經。譬如紹聖元年
他被貶至定州，曾勉勵李之儀寫《華嚴經》。他也表示雖自己有意

---

⑰　《蘇軾文集》，卷69，〈跋所書圓通偈〉，頁2204。

⑪　《姑溪居士集》，卷38，〈跋東坡書多心經〉，頁2b-3a。

⑫　見《蘇軾文集》，卷66，〈書金光明經後〉，頁2068。

⑬　見《秘殿珠林》，卷6，頁95b。

⑭　見《秘殿珠林》，卷6，頁95ab。

書寫此經,但因循度日,眼力不佳,而未能為。李之儀因有負蘇軾厚寄,也表示後悔。

「蘇門四學士」之一的山谷道人黃庭堅(1045－1105),也好佛法,喜學東坡書。他曾用澄心堂書《法華經》七卷,紙光滑如鏡,為後人所珍藏。他又寫《金剛經》及草書《首楞嚴經》。❿《金剛經》因何而寫,原因不詳。不過,近有吳言先生撰〈胡繩藏黃庭堅書法拓本〉一文,說山谷於哲宗元祐四年(1089)四十五歲時手書《金剛經》,或即此冊。吳文指出拓本為七十頁冊裝,名《黃魯直書金剛般若波羅蜜經》,經後有山谷自題曰:「寫到此,此絹已盡,亦可笑。然觀已前,九分筆弱,終不成器。可漫留與六郎學書,若兄須續,當以鵝溪白絹寫一卷,他時寄上。某再拜。」❿可見山谷寫此經必與「六郎」有關,此六郎不詳為誰。《首楞嚴經》寫於元祐九年(1094),贈給高城蔣叔震(生卒年不詳)為禮。但因未說明所寫何經,故明初著名的文學家及佛教居士宋濂(1310-1381)雖認為是《首楞嚴經》,但後人懷疑可能是抄錄蔣叔震所所寫的〈清公頌〉以稱美蔣叔震,而非《首楞嚴經》。❿又最近上海博物

---

❿ 周必大,《文忠集》,卷 16,〈跋黃魯直所書金剛經〉,頁 154ab。

❿ 據說前中國社會科學院院長胡繩藏有此冊,已贈給湖北襄樊市圖書館收藏。參看 http://www.cncang.com/Html/2004813191430-1.html。網站上之相關圖片,顯示山谷以正書寫此經。

❿ 見郁逢慶,《郁氏書畫題跋記》,〈黃山谷草書釋典法語〉,頁 711-12,引沈周跋語。沈周自己也不確定是否為《首楞嚴經》,只是轉述其友名「子仁」者之語,還請其友名「宗道」者「更核之」。此「子仁」據汪砢玉之說,即徐霖。他說徐霖「頗詆宋太史之失。無所考,未知然否?」見《珊瑚網》,〈黃山谷草書釋典真迹〉,頁 756。《郁氏書畫題跋記》及《珊瑚

館將所藏黃庭堅應巽上人（生卒年不詳）所寫之小疏文印成單冊出
版，命名為《北宋黃庭堅華嚴疏》，似為黃庭堅所抄寫之《華嚴經
疏》。但查閱其疏文，及黃庭堅之題語與明張丑（1577-1643）在
《真蹟日錄》裏之款識，知非《華嚴經疏》，而是巽上人「為華嚴
做佛事」之後，攜《華嚴經》軸至黃庭堅處請其惠賜疏語。疏文共
一百十二字，其末還云：「時念彌陀三五聲，追薦東村李胡子生
天，西山裏孟八郎強健。福田院裏貧兒叫喚，乞我一文大光錢。」
並有「可持此字去，有能以百千助緣事者與之」之句，可見是為巽
上人募緣而寫，是一種勸緣疏，而非寫經。⑱此外，黃庭堅有〈薦
考君書維摩、楞伽、金光明、觀世音經疏〉短文一篇，內云：「天
乘梵乘，欲頓超於法界；筆施墨施，可追助於冥塗。」「先考特
進，伏願避六賊之林，射四諦之的。」⑲也是類似疏文，雖有「筆
施墨施，可追助於冥塗」之語，其實是以現有之《維摩》、《楞
伽》、《金光明》及《觀世音》等經追薦其父時而作，是一種做佛

網》又皆引祝允明跋語說：「汪宗道居留都，繁麗之下，博雅好古。收蓄唐
宋遺墨甚富。此其尤祕重者，間出相示，賞嘆彌日，輒記歲月如此。」可見
黃山谷此書傳至明代時為汪宗道所收藏，而祝允明及沈周都曾受邀至其府上
觀賞，祝允明還目為「神品」。清·卞永譽《式古堂書畫彙考》的〈黃山谷
書釋典卷〉一條，全抄以上二書。見該書卷 11，頁 9b-10a。

⑱ 見《北宋黃庭堅華嚴疏》（上海：上海博物館，上海文物出版社，1964）。
按：此冊末尾之「說明」根據張丑之《真蹟日錄》謂「此行書《華嚴疏》
卷，計一百十三字。」但張丑實說「一百十二字」。又此冊字迹，雖有剝落
難識者，但可辨出非《華嚴經疏》之語。

⑲ 見《五百家播芳大全文粹》（臺北：臺灣商務印書館，影印文淵閣《四庫全
書》本，1983-1988），卷 82，頁 3b-4a。

事疏，而非此處所說的寫經。

「蘇門四學士」之另一文士、淮海居士秦觀，家世崇佛氏，雖自謂未嘗讀佛書，但對佛教似有偏好。⓵⓼⓪史稱他淹貫經術，書法有東晉風度。蘇軾頗稱許之。陸游說他與黃庭堅皆學顏真卿之真行字體，黃庭堅頗自稱許，而秦觀「則退避，不肯以書自名」。⓵⓼①他因坐蘇軾黨被謫為監處州酒稅，嘗寓水南庵僧寺中作詩云：「竹栢蕭森溪水南，道人為作小圓庵。市區收罷魚豚稅，來與彌陀共一龕。」⓵⓼②忌者執詩以彈劾之，又告他「謁告寫佛書」之罪。⓵⓼③此「誣告」之真實性如何，或他究竟寫何佛書，已無可考。不過，據現存佛畫資料所見，他在元豐五年（1082）三十四歲時，曾畫白衣觀音圖像並在圖像上書寫《白衣大悲五印心陀羅尼經》。此經雖或為「偽經」，但非寫經者所知，即令有所知，也未必在乎。問題是此「佛書」是否即他「謁告寫佛書」之產品？無從得知。此外，如果秦觀確曾寫作此圖并此經，何以書畫史作皆無片言隻語述及此事？若為後人所作而假託秦觀之名，則此人是否確為後來的寫經生？這些問題無法解決，吾人對秦觀之寫經只能暫時存疑。⓵⓼④不

⓵⓼⓪　《淮海集》（上海：商務印書館，《四部叢刊初編》），卷 38，〈五百羅漢記〉，頁 1b-3b；〈芝室記〉，頁 6b-7b。

⓵⓼①　《書史會要》，卷 6，頁 16b。《陸放翁全集》之《渭南文集》，卷 31，〈跋秦淮海書〉，頁 192。

⓵⓼②　同前書，卷 10，〈處州水南庵二首〉，頁 4a。

⓵⓼③　見《宋史》，卷 444，頁 13113。按：「謁告」即「告假」之意。

⓵⓼④　見《歷代名畫觀音寶相》（南京：金陵書畫出版社，1981），冊 2，no.144。其書錄有此畫刻本，標題為《宋秦觀畫元豐刻》。于君方教授認為此畫卷及寫經可能是明人或清人偽託之作，見 Chün-fang Yü, *Kuan-yin: the Chinese*

過，秦觀或未嘗書寫此經，但他對友人之寫經則讚揚備至。他的友人張康伯、張節孫和張康道兄弟三人，奉母喪殯於廣陵石塔佛舍，並結廬於殯惻，秦觀歎道：「刺血書經，哀動道路，善想交感，室為生芝。」又說：「明年，張氏兄弟服除而歸，廣陵士大夫因號其廬曰『芝室』，懼來者之不知也。」⑱

「刺血書經」，佛經多有鼓吹。《大涅槃經》有迦葉白佛之語謂：「我於今者實能堪忍剝皮為紙，刺血為墨，以髓為水，折骨為筆，書寫如是《大涅槃經》。書已讀誦，令其通利，然後為人廣說其義。」⑱《大方廣佛華嚴經》亦有毘盧遮那如來。從初發心之後，即精進不退。乃至「剝皮為紙，折骨為筆，刺血為墨，書寫經典。」⑱又《梵網經》有謂：「若佛子，常應一心受持，讀誦大乘經律，剝皮為紙，刺血為墨，以髓為水，析骨為筆，書寫佛戒。」⑱故釋子多優為之，固不足為奇，而梁武帝以帝王之身，亦「刺血寫佛經，散髮與僧踐」，則不免遭後人之譏。⑱唐宋以來，「刺血書經」相習成風，僧侶固常為之，士人之以孝聞者亦然。⑲譬如，

Transformation of Avalokiteśvara (New York: Columbia University Press, 2001), pp. 127-128。不過，《秘殿珠林》說是宋箋本，則當為宋人之作。

⑱　《淮海集》，卷 38，〈芝室記〉，頁 6b-7b。據秦觀之敍述，張康伯為南都教授，張節孫為參海陵軍，而張康道官職不詳。

⑱　《大涅槃經》（臺北：新文豐出版社，《大正藏》冊 12），頁 691a。

⑱　《大方廣佛華嚴經》（臺北：新文豐出版社，《大正藏》冊 10），頁 845c。

⑱　見《梵網經》（臺北：新文豐出版社，《大正藏》冊 24），頁 1009a。

⑱　此為洪邁引南唐汪煥之語，詳見下文。

⑲　John Keischnick 有 "Blood Writing in Chinese Buddhism," 一篇，討論刺血書經以示真誠（sincerity）之動機，主要舉唐代及明代僧侶刺血書經為例。見

唐高宗時隴西人李虔觀，於顯慶五年丁父憂，乃刺血寫《金剛般若經》、《般若心經》及《隨願往生經》各一卷，其房舍內外生異香，里人為之稱奇。⑲又以「元魯山」之名為世所知的唐代文人元德秀（695-753），於開元中登進士第之後，母即病歿。元魯山廬於墓所，「食無鹽酪，藉無茵席，刺血畫像寫佛經。」⑲故北宋名僧契嵩（1007-1072）讚此二人之行說：「元德秀，唐之賢人也，喪其母，哀甚不能自效，刺肌瀝血，繪佛之像，書佛之經，而史氏稱之。李〔虔〕觀，唐之聞人也，居父之憂，刺血寫金剛般若，布諸其人，以資其父之冥，遽有奇香發其舍。」⑲又如，唐代中興功臣北平王馬遂之長子馬彙，為人孝友有信義，居其父之喪時，「刺臂出血，書佛經千餘言，期以報德，廬墓側植松柏終喪。」⑲又憲宗時諫議大夫京兆人韋綬，少有至性，喪父後，「刺血寫佛經」。⑲宣宗時廬州人萬敬儒，三世同居，喪親廬墓，「刺血寫浮屠書」。⑲雖然唐代佛教界中有僧侶反對刺血書經，但如著名詩僧皎然那種

The Journal of International Association of Buddhist Studies, Vol. 23, no. 2 (Nov. 2000), pp. 177-194.

⑲　《法苑珠林》（臺北：新文豐出版社，《大正藏》冊53），頁422c。

⑲　《舊唐書》，卷190下，頁5050。

⑲　見《輔教編》（臺北：新文豐出版社，《大正藏》冊52），頁661b。按：契嵩誤李虔觀為文人李觀，故說「唐之聞人也」。

⑲　關於馬遂，見《舊唐書》，卷134，頁3689-3701。關於馬彙，見馬其昶，《韓昌黎文集校注》（臺北：河洛圖書出版社，1975），卷8，〈唐故絳州刺史馬府君行狀〉，頁340-41。

⑲　《舊唐書》，卷162，頁4244。

⑲　《新唐書》（北京：中華書局點校本，1975），卷195，頁5591。

視刺血和墨寫經為「毀穢靡潔」的觀點，已無法阻止士人對刺寫書經之認可。⑲張康伯兄弟之寫經，代表唐以來為父母終喪的最高孝道之表現。與下文王安國之刺血書經，後先輝映，都有為死去雙親薦福之用意，未嘗不可說是報恩觀念的體現與延續。⑱這種寫經報恩，顯然與儒家終喪之觀念結合，故兼有為亡父母廬墓三年之舉。不過宋代士人刺血書經以盡孝道，未必都在父母去世之後，亦多有行於父母在世之時者。譬如，泰州人顧忻，十歲喪父，因母病而不食葷辛十載。每日天明與妻子詣母之室，問母所欲，五十年間，未嘗離母左右。其後母老目不能視物，顧忻日夜號泣祈天，刺血寫佛經數卷。母目忽明，能於燭下縫紝，年至九十餘，無疾而終。⑲又如，神宗朝知廣德軍朱壽昌，年幼時母因故離家，壽昌尋母五十年，行四方求之不置，飲食罕御酒肉，言輒流涕。用浮屠法灼背燒頂，刺血書佛經，欲求母之所在。熙寧初，竟與家人辭訣，棄官入秦，曰：「不見母，吾不反矣。」果得之於同州。事聞於朝，「詔還就官，由是以孝聞天下。自王安石、蘇頌、蘇軾以下，士大夫爭

---

⑲ 見皎然，《杼山集》（臺北：臺灣商務印書館，影印文淵閣《四庫全書》本，1983-1988），卷 9，〈唐湖州大雲寺故禪師瑀公碑銘并序〉，頁 5b-10a。

⑱ 佛教的「報恩」盡孝之觀念，至唐代因《父母恩重難報經》之類本土佛經（俗稱「偽經」）之出現，更形普及。參看 Alan Cole, *Mothers and Sons in Chinese Buddhism* (Stanford: Stanford University, Press, 1998)。唯 Alan Cole 之書藉弗洛伊德（Sigmund Freud）的「戀母情結」（Oedipus Complex）之說，主張本土佛經之報恩觀強調兒子對母親之報恩，未能反映唐代及後來社會的實際情況。

⑲ 《宋史》，卷 456，頁 13394。

為詩美之。」❷⓿⓿不管如何，刺血書經既早被視為盡孝報恩之表現，受到社會高度肯定，宋代士人亦多行之，不讓唐人專美於前。宋進士趙棠事母至孝，任連州連山尉時，以臂血和藥治療母病。又因母思羊羹，刲股肉進之。其後母喪，趙棠「刺血寫佛經，積成卷帙。」❷⓿❶此類盡孝方式，是寫經報恩之充分表現，唯所寫佛經，除極少數外，都未見流傳，雖有可能是較普遍之《心經》、《金剛經》和《法華經》等，但其他佛經，當亦不少。近十餘年來，敦煌研究成果甚豐，唐末西川過家的某八十餘歲老人頓成著名寫經人物。他從八十二歲（905）至八十四歲（907）間，分別寫過《金剛經》至少八次。八十五歲時又寫過《閻羅王授記經》至少兩次。八十三歲所寫《金剛經》三次或「刺血寫之」，或「刺左手中指，以香墨寫此金經」，或「刺血和墨，手寫此經。」而寫《金剛經》之目的是為了「流傳信士」、「流傳信心人」及「流布沙州一切信士，國土安寧，法輪常轉。」刺血寫經時，還強調「以死寫之，乞早過世，餘無所願」，視死如歸之精神溢於言表。❷⓿❷

　　蘇軾門人之外，友人寫經者亦有數位。他的友人宋迪（哲宗時人），是個相當出色的書畫家，雖然名不甚傳，但所作書畫頗為後世所重。其《華嚴經》一卷，為書家珍藏之寶。宋迪的異代知己，也是明代的大文豪及居士宋濂（1310-1381），對宋迪甚為賞識。他曾作客太原王氏邸，在該處見宋迪所書「金經一卷」，有趙孟頫藏

───────────────

❷⓿⓿　《宋史》，卷 456，頁 13405。

❷⓿❶　《樂全集》（臺北：臺灣商務印書館，影印文淵閣《四庫全書》本，1983-
1988），卷 40，〈有宋南海大士趙君塔銘并序〉，頁 27b-31a。

❷⓿❷　池田溫（1990），頁 449-453。

印，「歎為書家董狐」。後來偶得此《華嚴經》卷，「如獲拱璧」。❷❸《華嚴經》八十卷，字數可能多達八至十萬，書寫全書，耗時費日，不易書完。故寫經者多寫其中一、兩卷。宋迪所寫，當是其中一卷。不過，潛心學佛者，亦有寫竟全書者。北宋末名臣了庵居士陳瓘，精研佛法，尤好華嚴，他寫盡《華嚴經》八十卷，從首到尾，一字不錯。自以為「落筆時，一筆一畫，心無不至焉，故能如此。」❷❹其好友之子李綱與其為忘年交，曾說「諫議陳公留心內典，猶精於華嚴。手寫數過，前後抄錄其要，積累編秩，平生踐履，惟以澤物為心，處憂患如遊戲，蓋深解乎此。觀其所書世間法界等語，真知之要哉！」❷❺可見他是以寫經為佛事的典型例子。李綱自己也精研華嚴，嘗取《華嚴經》與《易經》會通。他信佛至篤，為了祝禱亡母吳氏冥福，曾書《楞嚴經·觀音圓通品》，又書《法華經·普門品》以送寺院，「使瞻禮者知菩薩威神之力不可思議」。❷❻

　　蘇軾的政敵王安石也以寫經著稱，上文已說他曾寫《金剛經》，頗推崇其為般若之上乘。他曾遊鍾山，特愛其山色，曾賦詩曰：「霜筠雪柏鍾山寺，投老歸歟寄此生。」不意元豐八年（1085）四月，竟罷相而歸住鍾山。他本即好佛，既賦閒在家，而

---

❷❸　《秘殿珠林石渠寶笈續編》，頁 77b。

❷❹　陳淵，《默堂先生文集》（上海：商務印書館，《四部叢刊三編》），卷 22，頁 12a。

❷❺　李綱，《梁溪全集》（臺北：漢華文化事業有限公司，影印中央圖書館清道光間刊本），卷 162，頁 12a。

❷❻　《梁溪全集》，卷 162，頁 12a-13b。

其子王雱（1044-1076）也不幸早死，可能為薦祓其子而書寫《首楞嚴經》，據說前後計寫紙萬行之多，他自己說是「假道原本，手自校正，刻書寺中。」⑳不過，根據王蒙及項元汴之跋，王安石所寫似為《楞嚴經》「旨要」，而並非全部。但據安石自題，似為本經全部，故有萬行之多。自題所說之「道原」，即是幫司馬光編《資治通鑑》的史學家劉恕（1032-1078）。劉恕與王安石政見不合，且於元豐元年四十七歲時已卒，不知王安石何時得「道原本」，而在劉恕死後七年「手自校正」而刻於寺中？

王安石之弟王安國（1028-1074），事母至孝，養生送死，頗盡其力。母喪不應試，三年常在墓側，並「出血和墨書佛經甚眾。」⑳王安國「刺血寫經」在張康伯兄弟之前，是士人刺血寫經之另一著例。他既「書佛經甚眾」，自然是寫數種不同的佛經。

六、張即之的寫經

最熱心的寫經居士應是南宋的書畫家張即之（1186-1263）。因為他寫的佛經不少，而且都是上品，深受重視，在寫經史上佔有特殊的地位，值得我們注意。以下對張即及其寫經做一詳細之介紹。

張即之字溫夫，號樗寮，歷陽人。其父張孝伯（孝宗時人），號

---

⑳　清·吳升，《大觀錄》，收於《中國書畫藝術論著叢編》冊 29，卷 3，頁 320。又見《式古堂書畫彙考》，卷 12，頁 21b-22a。又見王安石，〈題自書楞嚴經要旨後〉，收入《全宋文》（成都：巴蜀書社，1988）冊 32，頁 621，及《中國佛教經論序跋記集》冊 2，頁 614。

⑳　《臨川先生文集》，卷 91，〈王平甫墓志〉，頁 8a-9a。

篤素居士，是隆興元年進士，官至參知政事。其伯父即是上文所說的紹興年間狀元及著名詞人兼書法家、號稱于湖居士的張孝祥（1132-1169）。⑳張即之先以父恩受承務郎，後也中進士舉，歷任揚州通判、司農寺丞等地方官。晚授直秘閣致仕。他閒居之日，猶能仗義助人，頗有直聲，史稱他博學有義行。元人袁桷（1266-1327）的《師友淵源錄》說他「喜校書經史，經史皆手定善本」，㉑顯然是個好古敏求之士。張即之書名籍甚，據說他「以能書聞天下，金人尤寶其翰墨。」南宋時，「武林僧寺榜題多出其手」。㉑

　　張即之作書，法歐陽詢，㉒加之險峭遂自成家，名聞於世，金人都愛其翰墨，在南宋書法界，地位甚高。後世雖屢有批評其險怪

㉖　按：張孝祥是上文共寫《四十二章經》的公卿之一，他當時的官銜是左宣教郎試起居舍人兼權中書舍人。寫的是該經第十七段。見《海塘錄》，卷8，頁14ab。

㉑　見袁桷，《清容居士集》（臺北：臺灣商務印書館，影印文淵閣《四庫全書》本，1983-1988），卷33，頁14a。

㉑　見《宋史》，卷445，頁13145。

㉒　按歐陽詢，號率更，其書見重於世，後人多臨摹之。其書刻石甚多，以〈九成醴泉銘〉、〈書薦福寺碑〉為尤著。惠洪《冷齋夜話》說：「范文正公鎮鄱陽，有書生獻詩甚工，文正禮之。書生自言：『天下之至寒餓者無在某右』，時盛行歐陽率更〈書薦福寺碑〉，墨本直千錢，文正為具紙墨打千本，使售于京師。紙墨已具，一夕雷擊碎其碑。故時人為之語曰：『有客打碑來薦福，無人騎鶴上揚州。』東坡作〈窮措大詩〉曰：『一夕雷轟薦福碑』。」又按《宣和書譜》：「歐陽詢喜字，學王羲之書，後險勁瘦硬自成一家。議者以謂真行有獻之法。然詢以書得名，實在正書，若〈化度寺石刻〉其墨本為世所寶，學者雖盡力不能到也。至於行字，又復變態百出，當是正書之亞。」

惡謬者，但不影響其地位。㉓他「平生好寫佛氏語」，㉔故其法書以佛經為多，被認為是少數「以翰墨作佛事」的書家之一，相信他在寫經上所下的工夫，定非比尋常。㉕估計他曾寫過《維摩經》三冊，㉖《觀無量壽佛經》一冊，㉗《法華經》七冊，㉘《金剛經》三至四冊，㉙《佛遺教經》一冊，㉚《楞嚴經》若干冊，㉛及整部

㉓　元人不喜其書，譬如袁桷就說：「書蔽其名，書法之壞自張始。」見前引
　　《清容居士集》。元代文學家虞集，不喜張即之書，認為係受米芾之影響，
　　竟謂：「其米氏父子最盛行，舉世學其奇怪，弊流金朝，而南方獨盛，遂有
　　張于湖之險溢，張即之之惡謬，極矣！」見虞集，《道園學古錄》，卷 11，
　　〈題吳傳朋書并李唐山水跋〉，頁 7b-8a。此說明代的張丑及汪砢玉皆附和
　　之，但《瓠翁家藏集》的作者認為「若以虞道園之說斷之，則亦太甚矣
　　乎！」見《御定佩文齋書畫譜》，卷 78，頁 66a。按：張于湖即上文的張孝
　　祥。孝祥亦善書，不幸早死而書名不傳。

㉔　《壯陶閣書畫錄》，卷 4，頁 26a，清·趙懷玉語。

㉕　王文治在其《快雨堂題跋》謂：「樗寮生平多以翰墨為佛事」。又說：「以
　　書作佛事，唐人中鍾紹京極多，宋元以來則趙鷗波、張樗寮二公為最也。」
　　見《快雨堂題跋》，〈張樗寮《華嚴經》真迹〉頁 798，〈樗寮《法華經》
　　真迹〉，頁 799。按：趙鷗波即趙孟頫。有關其寫經，見第五章。

㉖　《秘殿珠林》，卷 3，頁 1b-2a。此經寫於嘉熙三年（1239）。

㉗　清·李佐賢，《書畫鑑影》（《中國書畫藝術論著叢編》冊 35），卷 12，
　　〈張樗寮書《無量壽佛經》冊〉，頁 688-89。

㉘　《秘殿珠林石渠寶笈續編》，頁 279b。

㉙　《式古堂書畫彙考》，卷 15，頁 17b-18b。

㉚　《嶽雪樓書畫錄》，卷 2，217-218。

㉛　清·姜宸英，《湛園集》（臺北：臺灣商務印書館，影印文淵閣《四庫全
　　書》本，1983-1988），卷 8，〈跋張即之書《楞嚴經》〉，頁 53b。

《華嚴經》等。㉒可列成下表討論：

張即之寫經經名、時間表			
經名	寫經時間	公元	寫經年歲
《維摩經》三冊	嘉熙三年	1239	54
《觀無量壽佛經》一冊	淳祐元年	1241	56
《法華經》七冊	淳祐四年	1244	59
《金剛經》一冊	淳祐六年	1246	61
《金剛經》一冊	淳祐八年	1248	63
《金剛經》二冊(?)	寶祐元年	1253	68
《金剛經》一冊	寶祐二年	1254	69
《佛遺教經》一冊	寶祐三年	1255	70
《金剛經》一冊	景定四年	1263	78
《法華經》第二冊	不詳		
《楞嚴經》	不詳		
《華嚴經》	不詳		
《觀音經》(?)	不詳		

　　《維摩經》三冊是張即之較早期的寫經作品，是他在五十四歲時以行楷書抄寫。末冊款識所云「嘉熙三年，歷陽張即之焚香敬書」可以為證。而其首冊經前有扉畫，是維摩畫像，為「龍眠居士李公麟敬畫。」㉓可見其為寫經與佛畫結合之作，為前此所少見，特別值得注意。

<hr/>

㉒　清‧陸心源，《穰梨館過眼錄》（臺北：學海出版社，1975，冊1），卷3，頁15b。

㉓　以上皆見《秘殿珠林》，卷3，〈名人書釋氏經冊〉，頁1b-2a。

　　《觀無量壽佛經》一冊，是他五十六歲時以行書抄寫，共七百三十六行。題款曰：「張即之伏為顯考少保大資政參政相公忌日謹書此經，以遺笑翁妙湛長老受持讀誦，以伸嚴薦。」㉔可見此經是為薦饗其父張孝伯而寫。笑翁妙湛當作笑翁妙堪（1177-1248），是南宋著名禪僧。紹定至淳祐初，妙堪聲望至隆，屢奉詔出任大寺住持，歷主臺州報恩、福州雪峰、杭州靈隱、杭州淨慈寺、明州大慈、翠巖及育王山寺（淳祐三年，1243）。其間（淳祐二年，1242），詔命入主明州天童，他都謝不出任。㉕張即之與妙堪住杭州或明州時必有過從，寫此經遺妙堪受持讀誦，當是妙堪在明州大慈或翠巖之時。

　　《法華經》七冊，是張即之力作之一，於淳祐四年（1244）以楷體書寫。寫經原因作者未說。臺北故宮博物院有經摺裝明刊本，卷七經文末有署款曰：「淳祐四年歲次甲辰六月，張即之書」。㉖在書寫此七冊《法華經》之前後，張即之亦曾另寫同經若干冊。其中只第二冊流傳，係以端楷書寫，每行十六字。據說「風格在顏、褚之間」。歷經元明鑑賞家收藏，至清咸豐九年（1859）時仍存。清王文治也說他曾見張即之所寫《法華經》真迹數卷及第三卷之殘

㉔　見前引《書畫鑑影》，卷 12，頁 689。按：據傳申先生說，此經真蹟現仍存在，原為臺北林伯壽先生所收藏，寄存於故宮博物院多年。見傳申先生之〈張即之和他的中楷（補）〉，及所附經尾題記圖版。收於氏著，頁 145-162。又按：原寫經之題記作笑翁妙堪無誤。

㉕　見《增集續傳燈錄》（臺北：新文豐出版社，《卍續藏經》冊 142），卷 1，頁 381ab。

㉖　參看《國立故宮博物院善本舊籍總目》（臺北：國立故宮博物院，1983），頁 948。

卷。㉗事實上，張即之的《法華經》在宋代已被刻印，其刻本至明代仍於坊肆間流傳，㉘而王文治似未見其書。

《金剛經》五冊或六冊，分別寫於淳祐六年（1246）六十一歲，淳祐八年（1248）六十三歲，寶祐元年（1253）七月十三及七月十八日，六十八歲，寶祐二年（1254）六十九歲，與景定四年（1263）七十八歲時。

淳祐六年本現藏於美國普林斯頓大學藝術博物館（Princeton University Art Museum），係一函三冊裝，共 128 紙。第三冊為題跋，有張即之跋語曰：「孝男張即之伏遇六月初一日，顯考太師資政殿大學士張六三相公遠忌，謹書此經，用伸追薦。淳祐六年，歲在丙午，即之年六十一歲謹題。」㉙同五十六歲時寫《觀經》一樣，此冊也是追薦其父而寫。但不知為何說「張六三相公」而不依寫《觀經》之例稱「資政相公」？此《金剛經》冊已非完璧，約有三分之二尚完好無損，餘則經水漬蟲蝕，字迹受損。第三冊題跋可見歷代收藏家及其收藏之大概，知在 1960 前後，由吳普心收藏，後歸普林斯頓所有。㉚

淳祐八年本，據徐邦達說，相當「精潔完正，中間只損壞一

㉗ 見《快雨堂題跋》，〈張樗寮《華嚴經》真迹〉，頁 798；〈樗寮《法華經》真迹〉，頁 799。

㉘ 詳見下文。

㉙ 詳見 Shen C.Y. Fu et al., *Traces of the Brush* (New Haven: Yale University Art Gallery, 1977), pp.166-67, 248 及傅申，〈張即之和他的中楷──兩宋書家殿軍張即之〉，收於前引《書史與書蹟──傅申書法論文集（一）》，頁 110-135。

㉚ 同前書，頁 117-119。

字。」此冊可能也是流通最久張寫《金剛經》。其經末有張即之題
識曰：「張即之伏為五月十三日顯嬪楊氏一娘子遠忌，以天台教僧
宗印所校本，寫此經莊嚴淨報。淳祐八年歲次戊申仲夏望日謹題。
即之，時年六十三。」可見係為其妻楊氏所寫。此冊於宋以後藏於
寺院，故元代名僧如南屏西崦元熙、徑山元叟行端、天童雲外雲
岫、育王石室祖英及靈巖了庵清欲等都有題跋讚譽。明初靈隱寺比
丘見心來復亦於其跋語中說：「樗寮居士張公，為其顯嬪恭人楊氏
手書金剛般若尊經一卷，以資冥福，流通至今，百有餘年矣，兩經
世變，卷帙如新。」❷此冊當是寶祐三年蔣因子所得之《金剛經》
本。在康熙初，藏於華氏，後勒石送藏焦山，至清猶存。清人王澍
（1668-1743）在其《虛舟題跋》述及寶祐二年本時，略謂他曾見張
即之《金剛經》兩冊，「一為母書，一為妻書。」其為母書者，當
為下文之寶祐元年本。王澍接著又說：「此則為其父書者。」❷證
明張即之確為其父母及妻各寫一冊《金剛經》。❸而為妻寫者即此
淳祐八年本，與淳祐六年本頗有不同，據說是以小字行楷書寫，而
非如為父所寫本，以大字端楷為之。❷下文所說林則徐至焦山所

❷　《古書畫過眼要錄》，頁 907-09。

❷　見王澍，《虛舟題跋》，《中國書畫全集》冊 8，〈宋張即之書〉，頁 821。

❸　見前引〈張即之和他的中楷——兩宋書家殿軍張即之〉一文，頁 119-120。
　　又，凌竟歐先生在〈拔戟蘇黃米蔡外，寫經規矱接唐人——南宋書法家張即
　　之〉一文中，曾說另有兩冊張即之《金剛經》，各藏於日本京都智積院，及
　　北京故宮博物院，但未說是寫本或拓本，也未說是為誰而寫。見《東南文
　　化》，第 2 期（1995 年），頁 109-111。

❷　見前引〈張即之和他的中楷——兩宋書家殿軍張即之〉，引張應昌 1860 年淳
　　祐六年本跋語。頁 128-129。

見，即是此本之早期石刻。

寶祐元年七月十三日本，是於其年以楷書寫成，係以天台教僧宗印（生卒年不詳）講主所校本為底本，為其亡母「楚國夫人韓氏五九娘子遠忌」而寫，並作為「施僧看轉，以資冥福」之用，擬於次年（1254）結制之日送予天童長老西巖禪師。❷此西巖禪師即是南宋最傑出禪師無準師範（1177-1249）之弟子西巖了慧（1198-1262），有聲於兩浙之間，為時所重。當時五山名禪靈隱寺之石溪心月（?-1254）及徑山之大川普濟（1179-1253）先後招繼其席，皆辭而不就，於淳祐十二年（1252）奉旨入主天童，為四明不少士人之法友，當係張即之參禪之對象，故「施僧看轉」之後之次年，授予西巖了慧，後流入日本，藏於京都智積院。❷同年七月十八日之寫本，今存臺北故宮博物院文獻處，當是《珊瑚網》、《書畫題跋記》及《式古堂書畫彙考》之著錄本，以日期與智積院本相抵觸，雖字畫神似，疑非真蹟。❷

---

❷ 《書畫題跋記》（臺北：臺灣商務印書館，影印文淵閣《四庫全書》本，1983-1988），卷4，〈宋張樗寮正書《金剛經》〉，頁17a-18a。又《式古堂書畫彙考》說是七月十八日，見卷15，〈張溫夫為母夫人書《金剛經》并跋〉，頁18b。關於天台教僧宗印，見筆者〈南宋書家張即之的方外遊〉一文，《漢學研究》，26卷，第4期（2008年12月），頁1-33。

❷ 見《西巖了慧禪師語錄》（臺北：新文豐出版社，《卍續藏經》冊122），〈行狀〉，頁370a-372a。據傳申之說，智積院的藏本可能即是寶祐元年為亡母韓氏所寫，但由何人、何時傳入日本則不詳，但絕非聖一國師圓爾辨圓（1202-1280）。

❷ 傳申認為諸畫錄之著錄本為故宮本之異本，在同一天寫成，故懷疑為偽本，而故宮本與智積院本筆畫神似，故當為真蹟。見氏著〈張即之和他的中楷（補篇）〉，收於前引《書史與書蹟──傳申書法論文集（一）》，頁145-

　　張即之七十八所寫之景定四年本，亦以宗印所校本為底本抄寫，寫時正逢佛誕之日，「敬寫此經，遺天竺靈山志覺上人受持讀誦。」經後有跋語謂：「我願執情不作，常觀般若六如覺性，永明共悟實相本體，流通利益均及有情。」❷❸所謂「般若六如覺性」來自《金剛經》裏所說的「一切有為法，如夢、幻、泡、影、如露亦如電，應作如是觀」之「如夢、如幻、如泡、如影、如露、如電」之說。即之之意在勸人讀《金剛經》時，確能「作如是觀」，與他共悟無常無我、虛相若實、本體性空之真義，讓此經及其所宣揚之觀點普遍流通，使凡夫有情利益均霑。充分表現了他個人探賾佛法，虛心悟道之心得。今臺北故宮博物院所藏張即之楷書《金剛般若經》一冊一卷，根據《國立故宮博物院善本舊籍總目》之說，是於寶祐元年七月十八日所寫，與筆者所見之經後題款有出入。以每行十字之行制來看，應是同本，疑故宮善本總目之說明有誤。❷❸王文治說他見張書《金剛經》真迹二本，似即此二冊。王又說他也見即之書《金剛經》之石刻一本，可見張書《金剛經》，宋、元以來即有石刻流傳，至清代仍見。❷❹其為妻所寫之《金剛經》現已不存，但如上文所說，也曾流通了百餘年。

　　179。鄙意所謂「著錄本」可不必視為故宮本之異本，二者都將韓氏忌日同誤為七月十八日，則「故宮本」未嘗不可視為所謂「著錄本之墨跡」，有可能為後人所偽作。究竟如何，因疑問尚多，實難斷言，仍以存疑為佳。

❷❸　《國立故宮博物院善本舊籍總目》，頁 946。

❷❸　同前書。又《式古堂書畫彙考》，卷 15，頁 17b。

❷❹　《快雨堂題跋》，〈張樗寮華嚴經真迹〉，頁 798；〈樗寮法華經真迹〉，頁 799。王文治說：「《金剛經》經眼者已三部」，似即指兩部真迹及一部石刻。

　　《佛遺教經》是寶祐三年三年（1255）張即之七十歲時寫，因何而寫，吾人不知其詳。評者認為張即之這時已七十歲，精研此經，當是有感於此經所教，與他人生經驗相合，「深有味乎其言之故」，所以能「精思凝注，無一筆稍涉跳越於繩準之外。」❷愛其書者，認為此冊寫經可看出他書法之「深穩中，神彩弁燁，有得心應手之妙」，不應以「險怪」將其價值一筆抹殺。目前所能見者大概都是清宮藏本，上有乾隆題語，略謂：「即之書以骨勝，此與金剛經皆其晚年皈心禪悅時所書。行筆結體在褚歐間，信得意筆。秘殿珠林最上乘也。」❷據說京都智積院亦有藏本，但不知其詳。❷

　　《楞嚴經》的抄寫時間不詳，但此經有十卷，卷帙較《維摩經》三卷、《法華》七、八卷為多，抄寫亦較費時。根據明·姜應宸之說，其家原藏有張氏所寫《楞嚴經》全本，後因遭亂播遷，頗有喪失，僅存二十二頁。他又說，文徵明的停雲館曾收有此寫經之刻本數行，其跋有云：「慈溪有王昇者，出入吾家二十餘年，吾邑多張書。」❷可見張即之寫經之受重視。臺北故宮博物院現藏張即之《大佛頂首楞嚴經》寫本一卷一冊，是原本之第九卷下，有宋趙明誠及明李維楨之題識，不知與姜應宸之藏本有關係否？❷

---

❷　《嶽雪樓書畫錄》，卷 2，頁 233。

❷　見圖版。

❷　凌竟歐（1995）也說張即之《佛遺教經》藏京都智積院，但不知為原本或拓本。

❷　見明·姜宸英，《湛園題跋》，《中國書畫全書》冊 7，〈跋張即之書楞嚴經〉，頁 968。

❷　《國立故宮博物院善本舊籍總目》，下冊，頁 949。

　　《華嚴經》有八十卷，比《楞嚴經》卷帙更多，若抄寫整部，相當費時。王文治說他累書此經，又「不一書」，似指他用不同書體寫了數部，著實不易，故王文治說他「于文字佈施可謂精進頭陀矣！」但他所見數部都是殘卷。⑩清末內府所能見者似皆為殘卷。其中一部，失去六卷，乾隆間由裘日修（1712-1773）補全，據說與原作「如出一手」。但後來顯然流落民間，其中三卷為杭州潮鳴寺僧所得，為鎮山之寶。清人鈕福惇（生卒年不詳）曾見之，並獲其第七十一卷，其餘則散亂之後不知存亡。鈕氏題記還說原板面尚存雕漆金嵌題籤，也是張即之之所寫，約略可知原作精到之處。⑰另有第五卷、第三十六卷及卷第三十八卷等殘本，都只有鑒藏印記，原寫者張即之款識都已不存。第五卷本，據清嘉慶 16 年吳江郭𪐴跋文，為陳鴻壽（曼生）所有，原藏於錢塘艮山門內之潮鳴寺內，係張即之「以唐人寫經法行之。筆意在《靈飛》、《兜沙》之間。」⑱第三十六卷本，亦藏於潮鳴寺內。乾隆中，屠倬（琴塢）、陳鴻壽讀書寺中，各向寺僧乞得一卷。此第三十六卷十地品殘冊，為屠氏所得之極小部份，後為錢塘丁修甫所收藏，曾於乾隆癸卯（1783）臘月十一日，於其居處懷懷廬，集數位友好同觀。⑲第三

---

⑩　《快雨堂題跋》，〈張樗寮華嚴經真迹〉頁 798，〈樗寮法華經真迹〉，頁 799。

⑰　清·陸心源，《穰梨館過眼錄》（臺北：學海出版社，1975）冊 1，卷 3，頁 15b。按：裘日修字叔度，乾隆四年（1739）進士，歷官禮、刑、工三部尚書、大學士，曾奉敕修《四庫全書》，撰《秘殿珠林》、《石渠寶笈》等書，又奉命補《華嚴經》殘本。

⑱　徐邦達，《古書畫過眼要錄》，在《徐邦達集》冊 4，頁 913。

⑲　同前書，頁 913-916，引湘陰李輔耀跋語。

十八卷本，在屠倬等人於潮鳴寺中目睹時，仍留於寺中。據嘉興張廷濟（1768-1848?）跋，其「筆法與鍾可大相近，而時閱六百年，楷墨如新，不染絲毫塵劫。」此卷道光時後為張廷濟之甥徐同柏（1775-1860?）所收藏。㉑

清嘉、道時人汪恭（乾嘉時人）曾說見過張即之所寫之《觀音經》與《觀無量壽佛經》。後者當是上文所說，但是否為其真迹則不詳。前者所寫時間、款式及收藏家等汪恭皆未說明，其說仍待查證。㉑

以上名書法家之寫經，不過是較為人所知者。還有不少名家之寫經，則不甚受注意。最有特色者，當推張有（徽宗大觀時人）之篆書《金剛經》。張有，字謙中，吳興人，是北宋名詞人張先（990-1078）之孫。他隱於黃冠，雅善篆書，筆法甚古，著有《復古編》，正俗字之訛舛，頗為時人所重。攻媿主人樓鑰說他篆書自成一家，「其落筆作篆如真行然，略無艱辛之態。」曾跋其篆書《金剛經》，說他是為追薦亡父而寫。㉒

七、宋代士人寫經之評價與影響

宋代士人之寫經，深受後人重視。元、明、清各朝士人及書家

㉑　同前書，頁914-916，引張廷濟跋語。

㉑　《壯陶閣書畫集》，卷4，頁26b。按：汪恭，清嘉慶、道光時毘陵人，號竹坪學人。山水、花卉、翎毛俱工，善行楷，妙音律。

㉒　《攻媿集》，卷53，〈復古編序〉，頁7b-9a；卷78，〈跋張謙中篆金剛經〉，頁6a。

多喜好收藏、臨摹與品題宋代之寫經，且有屢經篆刻而刊印者，皆視宋代寫經為珍寶。蘇軾所書之《心經》多種，歷來為名家所收藏、玩賞，並加品題，因其寫經而高其文章、人品。譬如，元趙孟頫（1254-1322）即擁有蘇軾於元祐三年所寫之《心經》。他自己好寫佛經，除了寫《心經》多次之外，還屢寫《金剛經》、《法華經》等其他佛經多種。❷⑤③

又如明末收藏家安世鳳（萬曆進士）藏有東坡所書《心經》兩本，其中之一，他認為「特為娟秀」。且深感此經既說佛教「空」義，固「理以空勝」，然仍透過東坡「字以色傳」，好書者便可觀賞寫經而讀其經，則東坡寫經傳教，或非本意，但實已獲傳教之結果。❷⑤④安世鳳又有另一本東坡所寫《心經》，但「字尤雋拔銛利」，風格頗不相同。雖然與前者相較，都屬「一時筆意所到，各擅其長。」但「謹嚴蘊藉，此本為勝。」❷⑤⑤這雖是論字，但實兼論東坡之學養，故他接著說：「公胸次洞然，妙達禪機，凡以文章翰墨作佛事者，一言一字，無不可傳之，叢林以為口實。」❷⑤⑥

張浚所書的《心經》也深被後人視為瑰寶。元代名僧元叟行端收藏其所書《心經》，書跋於經後說：

> 唐太宗以般若辭義浩博，卒難究盡。玄奘因縮大為小，譯成
> 此經，以便觀覽。紫巖張魏公，忠孝兩全，為宋南渡第一人

---

❷⑤③　見第五章。

❷⑤④　明·安世鳳，《墨林快事》（臺北：國立中央圖書館，1970），頁532。

❷⑤⑤　同前註。

❷⑤⑥　同前註。

物，自非明悟此不生不滅、般若清淨心體，思陵二百年中興
之業，何由克成？今觀經中所書，勁正之氣，與南嶽爭高，
當不在王逸少佛遺教經下也。㉗

雖然跋中所謂「思陵二百年中興之業，何由克成」一語，可見其就
張浚之寫經而論其事功，愛屋及烏，與其後禪師了庵清欲之謬讚，
前後如出一轍。但把張浚跟王羲之的寫經藝術相提並論，亦可見其
對張浚所書《心經》評價之高。

王安石所寫的《首楞嚴經》，元代趙孟頫、陳汝秩（惟寅，
1329-1385）、牟巘（1227-1331）、王蒙及明代的項元汴（1525-1590）
等，或收藏、或題跋，視之為珠玉。安石所寫此經雖號稱有「萬
行」之多，但論者皆說他所寫為此經之「旨要」，是精研此經後而
寫，並非尋常隨意抄寫。譬如，張浚之子、南宋理學家張栻（1133-
1180）認為其書「初若不經意，細玩有晉宋人佳處。」但又說它
「例多匆匆、草草，如其性之卞急。」㉘元書畫家王蒙（1038 或
1298-1385）認為「觀世音菩薩發妙耳門，從聞思修入三摩地，與眼
耳鼻舌身意日刲相倍」一節，是《楞嚴經》法髓，而「荊公暮年深
悟佛理，故特於是經提而親書之，所以深警禪學之士，豈復有心較

㉗　《慧文正辯佛日普照元叟端禪師語錄》（臺北：新文豐出版社，《卍續藏
　　經》冊 124），卷 7，〈題紫巖張魏公所書心經後〉，頁 57b。《安徽金石
　　略》（《續修四庫》冊 911，據南京圖書館藏清道光十四年刻本影印），
　　〈晉小楷佛遺教經〉條，皆謂王羲之書。
㉘　吳升，《大觀錄》，頁 319。原文所說的陳惟寅即陳汝秩。王叔明即王蒙。

世間是非及字畫之工拙也哉？」❷❺❾也是以寫經論其人品，後人似多贊同。元人牟巘則從另一角度評價其書而說：「〔安石〕作字有斜風疾雨之勢，亦其性卞急使然。」❷❻⓿明代龍惕子（生卒年不詳）就乾脆說：「〔安石〕書法行筆偏仄，為前人所棄，故傳世甚少。」他還認為安石退居鍾山後書此經，蓋「自悔殘生而已。」❷❻❶龍惕子因有反佛之色彩，故對王安石少所許可。項元汴好佛，對王安石之寫此經則讚譽有加，他評王安石此卷說：「荊公手書楞嚴經旨要，視其所摘，乃深於宗教，由其積學累功所致，非尋常漫自抄寫可擬。」又說：「況其書圓轉健勁，別有一種骨氣；風度俊逸，有飄飄物外之想。」❷❻❷項元汴所藏法書甚多，但認為此經卷為其所蒐集之最所罕見之一，故又贊曰：「寂寥之中一展之，亦可以出生死、遊淨土，不為無益。絕勝羈塵網、溺嗜慾饕餮，墮惡鬼趣中，歷劫不能超也！豈特貴其書之妙而已哉？」❷❻❸鑑賞寫經，竟有如此超勝之功能，項元汴之見，當不是他一人所獨有吧！

　　張即之所寫之經，在宋代已為刊刻之對象。其中宋刻張即之所寫《法華經》至明代時仍流傳。明書畫評論家孫鑛（1574 年進士）說：「少保沈蛟翁處有此公〔張溫甫〕書《蓮經》刻板」，很可能即是宋刻。❷❻❶另外，在四明亦見其所寫《法華經》之宋刻。安世鳳

❷❺❾　《式古堂書畫彙考》，卷 12，頁 22ab。
❷❻⓿　同前書，頁 320。
❷❻❶　同前書，頁 321。
❷❻❷　同前書，頁 323。
❷❻❸　同前註。
❷❻❶　《書畫跋跋》，〈張即之書後〉，頁 935。

出仕四明時，曾得二十餘裘，後因其住宅「佛屋災，像、經皆灰」，驚痛不已。大火之後，他「撥燎燼，乃得三裘完者。」雖然周緣燒毀，但字則無損。於是為之裱褙成帖，冀「存數百年之遺，兼以志回祿留殘之惠。」❽安世鳳家有「佛屋」，當是虔誠之佛教居士。他對張即之書法情有獨鍾，認為他並非有心為怪，只是其胸懷與俗情相違逆，而「不知勻圓之可喜，峭挺之可駭耳目。」故為之辯解道：「開天以來，千奇萬異，日新不已，何獨字法不得任情哉？」❽蓋一般書評家認為張即之為字好險怪，不喜其書而斥之為「惡札」。安世鳳認為這是「任情」之結果，不必苛責。明書法家吳寬（1435-1504）則聲援張即之說：「即之欲自成家，故其書法如此。若以虞道園之說斷之，則亦太甚矣乎！」❽此雖是評張即之寫之杜甫詩，實可代表他對張書的一般評價。另外清·杭州養園老人許乃普（1787-1868），於年輕時即聞有張所寫《法華經》第二冊在杭州，認為是姚伯昂（清·嘉慶進士）督學浙江時所得。咸豐中，他無意中於廠市購得，時年已七十一歲，深以為緣法之會令人不可思議。❽

---

❽ 明·安世鳳，《墨林快事》，頁 452-54。

❽ 同前註。

❽ 吳寬，《家藏集》（臺北：臺灣商務印書館，影印文淵閣《四庫全書》本，1983-1988），卷 51，〈跋張即之墨蹟〉，頁 5ab。

❽ 清·裴景福，《壯陶閣書畫錄》（上海：中華書局，1937），卷 5，〈張樗寮妙法蓮華經第二冊〉，頁 34b-35a。按：姚伯昂即是姚元之，號鑑清，伯昂為其字。官至左都御史，內閣學士。工隸書、行草，亦善畫。著有《竹葉亭雜詩稿》。許乃普，字季鴻，錢塘人，嘉慶庚辰榜眼，官吏部尚書，有《堪喜齋集》。

　　明人趙懷玉（1573-1632）認為張即之書為南宋第一，嘗在杭州
諸寺題榜間見其遺迹。當其丁母憂之時，即親臨張即之所書《金剛
經》一通為之薦福。❷❻❾可見張之《金剛經》猶可見。王文治也見了
張書《金剛經》之真迹二本、石刻一本、《法華經》散卷及《華嚴
經》木刻全部及真迹散冊。明書畫家姚綬（1423-1495）在張即之所
寫之《無量壽佛經》冊前，更補以阿彌陀佛畫像，作為扉畫，有表
示崇敬之意。❷❼❾除此之外，他的法書及寫經之真迹恐已有限。估計
至清嘉、道之時，能見其寫經者已寥寥數人，而能留意及其寫經之
石刻、真正視其寫經為寶者，為數已經不多。故清道光初，林則徐
（1785-1850）在焦山見到他的《金剛經》石刻，深歎無人留意，
「竟覆醬瓿」，於是為之重整，並拓數十本，但仍有「視嘉慶間拓
本已漫漶多矣」之憾。❷❼❶其他有心之人，偶有見其寫經者，無不大
加稱賞。譬如，清嘉、道時期以詩書畫稱於一時的「松心子」張維
屏（1780-1859）認為張書《佛遺教經》能「於波折峭勁中，猶可想
見唐賢矩度，可寶也！」他還說：「樗寮喜寫經，余嘗見有數

❷❻❾　《壯陶閣書畫錄》，卷4，頁25b。按：吳文桂，號雲門山人，與毘陵汪恭同
　　　為書畫鑑賞家。
❷❼❾　見前引《書畫鑑影》，卷12，頁688。按：姚綬字公綬，嘉興人。明天順
　　　中，英宗賜為進士。以監察御史事憲宗，尋出知永寧。解官歸所居，在大雲
　　　里東饒水竹作室曰丹丘，嘯咏其中，人稱丹丘先生。又作滄江虹月之舟，游
　　　泛吳越間甚適。善書，法鍾王，勁婉咸妙。見《御定佩文齋書畫譜》（臺
　　　北：臺灣商務印書館，影印文淵閣《四庫全書》本，1983-1988），卷41，頁
　　　51b-52a，引明·楊循吉，《松籌堂集》。
❷❼❶　《嶽雪樓書畫錄》，卷2，頁233。

· 313 ·

本。」但並未說他所見者除了《佛遺教經》之外，尚有何經。㉒較張維屏稍後的書法名家東洲居士何紹基（1799-1873）對張即之寫經也有類似看法。同治年間，他在蘇州見到張即之的《華嚴經》刊本後，觀賞通宵，愛不釋手，遂題詩跋表達其讚慕之意，詩云：「焦山石壁寶貞珉，吳會欣逢手澤新。拔戟蘇黃米蔡外，寫經規矱接唐人。」而跋語亦謂「樗寮楷書嚴整峭削，不似有宋諸名家全以行草破楷法也。」㉓

八、結論

歷代為作佛事、積功德寫經者甚多，上自帝王，下至僧侶、平民百姓，都有熱衷於寫經者。本文雖在說明宋代士人所寫佛經之重要性，但無意誇張寫經的普遍性。事實上，歷代反對佛教的士人甚多，自然也都反對寫經，尤其反對帝王寫經事佛。譬如南唐後主李煜（937-978）好浮圖、寫經，引起其臣下汪煥（生卒年不詳）之反對，上書論梁武帝熱心事佛，至於「刺血寫佛經，捨身為佛奴，屈膝為僧禮，散髮俾僧踐。及其終也，餓死於臺城。」㉔勸李後主勿蹈其

㉒ 同前註。

㉓ 見凌竟歐（1995）引其詩。《古書畫過眼要錄》，頁 913-14。按：何紹基此詩及跋語寫於同治乙丑（1865）仲春月。

㉔ 汪煥之上書，見《全唐文》（北京：中華書局影印本，1983），卷 870，汪煥，〈諫事佛書〉，頁 9110。宋·洪邁，《容齋隨筆》（上海：上海古籍出版社，1978）之《續筆》引其文，文義雖同，但文字略有出入：「刺血寫佛經，散髮與僧踐，捨身為佛奴，屈膝禮和尚。及其終也，餓死於臺城。」見《容齋續筆》，卷 16，頁 414。

覆轍，是士人反對寫經之最佳例子。李後主曾書寫金字《心經》贈其宮人喬氏。太宗滅南唐後，納喬氏入禁中，她聞後主死訊，自內廷捨出其經，置相國寺西塔以資薦，並自書於後曰：「故李氏國主宮人喬氏，伏遇國主百日，謹捨昔時賜妾所書《般若心經》一卷在相國寺西塔院，伏願彌勒尊前，持一花而見佛」云云。❷汪煥之上書，若在李後主書此經之前，則顯然李後主仍固執己意，從其所好。

　　由於政治環境的不同，皇室及朝臣對佛教之護持，宋朝廷開始雕版印經，不但有御命臣下寫經之情況，而且士人寫經的風氣也日益普遍，前朝反對帝王寫經之例就不復見了。宋太祖時，詔西川轉運使沈義倫（即沈倫）於成都寫金、銀字《金剛經》傳置闕下，開了宋皇帝命臣下寫經之例。❷北宋元豐八年（1085），神宗患病服藥，皇太后垂簾聽政。當時神宗第六子延安郡王趙傭「手寫佛經三卷」為神宗祈福。三月，皇太后於福寧殿面諭宰相王珪（1019-1085）謂：「皇子精進好學，已誦《論語》七卷，略不好弄，止是好學書。自皇帝服藥，手寫佛經二卷祈福。」皇太后「因出所寫經示珪等，書字極端謹，珪等拜賀，遂宣制立為皇太子，改名煦」，即日後的哲宗。❷故哲宗之立，竟因其祖母宣仁皇太后出其手書佛經而成定局，引起當時朋黨的不快，因而有「誣謗宣仁」藉宣揚皇

---

❷　王鉽，《墨記》（北京：中華書局點校本，1981），頁 25。

❷　《續資治通鑑長編》（北京：中華書局點校本，1992），卷 7，頁 173。

❷　《續資治通鑑長編》，卷 352，頁 8417。《宋史》，卷 17，頁 317。

太子寫經盡孝而強為立儲之耳語及記錄。㉗雖然如此，寫經祈福，在上層社會中，已被視為孝道之表現，若宣仁太后確有立儲之私心，那也是因為她看準寫佛經祈福為立儲之有利條件，朝臣勢必認同。故時人韓文若描寫皇太后代神宗立儲事，乃謂皇太后對王珪等說：「相公等立得這孩兒便好，這孩兒真是孝，自官家服藥，只是吃素、寫經。」韓又說皇太后「簾內出經兩卷，一卷《延壽經》，一卷《消災經》。逐卷後題云：『延安郡王臣某奉為皇帝服藥日久，寫某經一卷，願早康復。』」王珪等聞此，自然樂於順水推舟，而反對者如蔡確、邢恕等人，亦只能唯唯而已。㉗

又如，南宋高宗（1127-1162在位）曾書《心經》贈吳皇后家墳寺名時思薦福寺。後該寺建寶塔，吳皇后入寺參拜，亦書《金剛經》，並題其後云：「比緣重建天竺時思薦福寺寶塔，既成，敬書此經，置于塔中，永以為鎮。所集功德，用祝光堯壽聖、憲天體道、性仁誠德、經武緯文太上皇帝（按：即高宗）聖壽無疆，今上皇帝（按：即孝宗）壽歷延鴻。」㉘可見高宗與「翰墨尤絕人」的吳皇

㉗ 同前書，卷 351，頁 8412-8414；卷 352，頁 8418-8450。按：此事李燾雖為宣仁辯護，但宣仁之心理，實難揣測，李燾之說亦未必為是。

㉗ 同前書，卷 351，頁 8414。

㉘ 《咸淳臨安志》（臺北：臺灣商務印書館，影印文淵閣《四庫全書》本，1983-1988），卷 79，頁 29b，〈時思薦福寺〉條說高宗「御書時思薦福之寺及觀音心經一卷」，所謂「觀音心經」不知是《觀音經》及《心經》各一卷，抑《觀音經》或《心經》之筆誤？若前者為是，則高宗亦寫過《觀音經》一卷。若後者為是，則高宗既寫過《觀音經》，亦兩次抄寫《心經》。又吳皇后即上文所說書家吳益之姊，據李心傳說，她「讀書萬卷，翰墨尤絕人」，當是家學淵源之故。又吳皇后頗長壽，自正位宮壼後，歷高、孝、

后夫婦，都寫經為家人祈福，與一般士人寫經無異，故亦無大臣反對之聲。繼高宗位者孝宗（1163-1189在位），據說「退朝餘暇，游心內典，深味禪悅。」也曾於淳熙十四年（1187）十月二十二日慶聖節親灑翰墨，書寫《心經》。㉛他的寫經事佛，也未曾引起大臣的批評。而樓鑰題跋，還大讚他「聖學高明，度越前古」，頗有阿諛皇帝積累忠厚、傳延福祚之意味。㉜

　　因為不少士人自己信佛、唸經及寫經，自然也不覺皇帝寫經有何可議之處。而一旦奉詔寫經，當然只有行禮如儀。他們在不同場合，為不同目的而寫經，已不是「做功德」一詞所能概括解釋。常見的原因與目的是為追薦亡者而寫，寫後請僧誦唸，超度亡魂。所寫之經則施給寺院，當轉經供養之用。不少士人在退隱之後以念佛、寫經為精神之寄託。或於閒暇之時藉寫經以精練書法。寫完之後或與同好分享，或贈送友人。書法家則或臨摹唐名家寫經，或另闢蹊徑重寫斯經，有與前人較量之意。其身為居士之士人，因信嚮佛法，亦有以寫經為日課，作為修心養性之方者。其於佛法更有心者，就會如同張方平、蘇軾及張即之一樣，將寫經刻石、拓印以保存寫經者之法書，幫助經書之流傳。

　　士人最常寫的佛經為《心經》、《金剛經》、《法華經》、《華嚴經》等。偶而亦有寫《佛遺教經》、《楞伽經》、《圓覺經》者。《心經》篇幅最短，便於持誦，易畢功於一役，故寫者較

光、寧四朝，至寧宗慶元三年（1197）十一月方崩，享年 83。見《建炎以來朝野雜記》，卷1，頁 36-37。

㉛　《攻媿集》，卷 69，〈恭題孝宗御書心經〉，頁 18a。

㉜　同前註。

多。《金剛經》篇幅適中,為禪者所宗,或也是他們深感興趣之所在。《法華經》、《華嚴經》較長,非有耐心與毅力,假以時日難以奏功,故寫者較少。當然經的長短未必是寫經者的最重要考量,時間的有無或對某些佛經之理解,可能也是選擇欲寫佛經之主因。不過在南、北宋之交,寫篇幅較長的《華嚴經》人數愈來愈多,寫過此經的葛勝仲就說:「近時人士執親喪,類書《華嚴》以追福。」㉘似乎寫《華嚴經》追薦親人已在某些地方形成風氣。既然如此,善書法的寫經者自不介意書寫篇幅較長之《華嚴經》了。但為何要選擇此經呢?這是否因寫經者認為所寫之經愈長,愈能顯示對死者盡孝或追思之誠呢?葛勝仲似認為如此,所以他又說:「然予謂滯於名相,則雖碎妙高以為筆,剚溟渤以供硯,書龍宮之微塵品,若海雲千二百歲之久,殆未足以酬罔極也,而況三十九品乎!」㉛這話意思甚明,即是說書經者不能只落入名相,徒抄經而不知經義。他認為《華嚴經》雖長,亦不過三十九品,不知其義,即令長年寫經,逾數百千卷,亦不足以盡追薦之意,但「若知法無生滅,佛常現前,則涉筆之際,所欲薦者已應念超脫矣!」㉝這種見解,當為不少宋代寫經者之共識。寫《心經》者,當知《心經》所宣揚之四諦、十二因緣等苦空之義,遂有借書此經而寄託其所感者。寫《金剛經》者,當對《金剛經》所倡之「一切有為法、如夢、幻、泡、影,如露亦如電,應作如是觀」之「六如」了然於

㉘ 見葛勝仲,《丹陽集》(臺北:臺灣商務印書館,影印文淵閣《四庫全書》本,1983-1988),卷10,〈跋劉知言默所書華嚴經〉,頁6ab。

㉛ 同前註。

㉝ 同前註。

心，甚至感同身受，而以寫此經來表其認同。蘇軾寫經，必誠其意。他深以為「人之欲薦其親，必歸於佛，而作佛事，當各以其所能，雖畫地聚沙，莫不具足，」❷這應該是他與張即之等寫《法華經》、《楞伽經》及《華嚴經》等長篇佛經之故，蓋出於「以寫經作佛事」的心情吧。

本文雖證明士人之寫經多出於嚮佛之心，但無意過份渲染他們都是因信佛而寫經，而否認純粹只為精進書法為寫經動機之存在，也不否認基於其他因素而寫經者。例如，北宋李公麟晚年作《華嚴經八十卷變相》，他的從弟、也是「龍眠三李」之一的李沖元（生卒年不詳）為書經文，即是為佛畫補寫經文之例，與信仰是否有關，因不詳李沖元之生平事迹，難以測度。❷又如，南宋紹興二十六年（1156），曾任參知政事的李光（1078-1159），被貶至嶺南，賦閒在家，曾應其幼子李孟傳（1136-1219）之請，抄寫《華嚴經》一卷。而李孟傳則是為響應郴江鄉僧法久「募士大夫如經之數各抄一卷」，而寄《華嚴經》一卷請其父書寫。李光自號轉物居士，雖因憐其子「勤懇之意，不忍違之」，但「晨起盥手焚香，日課纔三百字，凡十八日而畢。」態度相當虔誠。❷再如，留下千古罵名的宋

---

❷ 見前引〈跋李康年篆心經後〉。

❷ 見葉夢得，《石林避暑錄話》，在《宋元人說部叢書》（京都：中文出版社，1980）上冊，頁 224。按：李沖元曾作〈蓮社十八賢圖記〉，描述李公麟為他作的《蓮社十八賢圖》，顯示他對佛教興趣頗深。〈蓮社十八賢圖記〉收於《東林十八高賢傳》（臺北：新文豐出版社，《卍續藏經》冊135）。

❷ 李光，《莊簡集》（臺北：臺灣商務印書館，影印文淵閣《四庫全書》本，1983-1988），卷 17，〈跋所書華嚴經第一卷〉，頁 6ab。

高宗宰相秦檜，據說「手抄《華嚴經》八十卷，終歲而後畢。」⑱
果真如此，不僅向他上書的胡寅（1098-1156）會表示「未知鈞意之
所存」，許多後人都會奇怪胡寅書中所謂「微信佛說」的秦檜，為
何會在政事紛紜而傾軋異己不遺餘力之時，還有心思揮翰書寫《華
嚴經》？

　　話雖如此，對自命為佛教居士者而言，既然書寫佛經，自然是
因有法喜之故，會如蘇軾一樣，以寫經作佛事。即便無意信佛，至
少當於所寫之佛經有點認識。山谷居士黃庭堅因法喜而寫經，也希
望寫經者了解其所寫之經。他的友人李康年為其親之忌日書《心
經》，另一友人馬潤之（生卒年不詳）則為其親傳刻此經，黃庭堅認
為都是美意。但希望「二君又能參其義，知五蘊皆空以游世，不落
煩惱濁中，則所以為其親者，又更至焉。」⑲此種欲寫經者知經
義，而使其追薦先人之意義更為周至之想法，當是不少宋代士人寫
經者之共同理念吧。

　　以上所論宋代士人寫經之情況，可略依時間先後列成下表：

寫經者	生卒年	所寫佛經
趙安仁	958-1018	《金剛經》、《十道善業經要略》
楊億	964-1020	《佛遺教經》

---

⑱　胡寅，《斐然集》（北京：中華書局點校本，1993），卷 17，〈寄秦會
　　之〉，頁 353-55。

⑲　《山谷集》（臺北：臺灣商務印書館，影印文淵閣《四庫全書》本，1983-
　　1988），卷 12，〈跋樂道心經〉，頁 12ab。按：樂道為李康年字。李康年為
　　北宋名書家，蘇軾說他「好古博學而小篆尤精」。此本似即上文蘇軾所見之
　　篆書《心經》。馬潤之生平事迹不詳。

章得象	978-1048	《佛遺教經》
趙槩等 63 位公卿	趙槩 996-1083	《華嚴經》
富弼等 32 位公卿	富弼 1004-1083	《金剛經》
司馬光屬下		《心經》
孫固、孫朴父子	孫固 1016-1090	《華嚴經》
王安石	1021-1086	《金剛經》、《楞嚴經》
王安國	1028-1074	佛經多種
劉摯	1030-1097	《金剛經》
蘇軾	1037-1101	《法華經》、《心經》、《金剛經》、《毘婆沙論》、《觀自在菩薩如意陀羅尼》、《摩利支經》、《楞伽經》、《觀自在菩薩如意陀羅尼經咒》、《八師經》、《圓覺經》、《楞嚴經·圓通偈》《四十二章經》(?)
蘇轍	1039-1112	《心經》、《維摩經》
黃庭堅	1045-1105	《法華經》、《金剛經》、《楞嚴經》
秦觀	1049-1100	不詳
張康伯兄弟	不詳	不詳
李康年	不詳	《心經》
米芾	1051-1107	《金剛經》
薛紹彭	神宗時人	《心經》
陳瓘	1057-1122	《華嚴經》全部
蘇邁	不詳	《瓔珞經》
蘇過	1072-1123	《金光明經》、《大光明經》
李沖元	不詳	《華嚴經》
宋迪	不詳	《華嚴經》一卷
胡考甫	不詳	《華嚴經》
錢君倚	不詳	《佛遺教經》
譚文初	不詳	《金剛經》

柳閎	不詳	《楞嚴經》
葛勝仲	1072-1144	《華嚴經》
李光	1078-1159	《華嚴經》一卷
張匋	1081-1153	抄釋氏典殆百卷
李綱	1083-1140	《楞嚴經·觀音圓通品》、《法華經·普門品》
秦檜	1090-1155	《華嚴經》
張浚	1097-1164	《心經》
曹勛	1098-1174	《金剛經》
錢端禮(東巖)	1109-1177	《金剛經》
沈該等 42 位公卿		《四十二章經》
吳益	1124-1171	《大佛頂首楞嚴神咒》
吳琚	不詳	《心經》
周必大	1126-1204	《華嚴經》
張孝祥	1132-1169	《觀音心咒》(即《大悲咒》)
李孟傳	1136-1219	《華嚴經》一卷
樓鑰	1137-1213	《法華經》
袁說友	1140-1204	《金剛經》
張即之	1186-1266	《維摩經》、《觀無量壽經》、《法華經》、《金剛經》、《佛遺教經》、《楞嚴經》、《華嚴經》、《觀音經》(?)
劉季高	不詳	《華嚴經》
游似	不詳	《心經》
宋晉晚	不詳	《金剛經》
謝圭敬	不詳	《心經》
高祕閣	不詳	《心經》

　　此表所列宋代寫經之士人，當然不能代表所有寫經之士人。尚有寫經者，因身分不明，無法詳論。雖然以比例來說，寫經士人數

目不多，但已遠多於唐代。重要的是，這些人都是高級知識分子，他們有寫經之意識，不管原因為何，都是值得注意之事。明代士人兼書家陳繼儒（1558-1639）嫻熟書畫掌故，又好收藏，頗以收藏宋代刻經為樂。他藏有「宋紹興所刻書冊《華嚴經》八十一卷，後又得《法華》七卷，又得《楞嚴》十卷、《圓覺》二卷，皆宋板也。」[291]他未說這些佛經的「書冊」是根據何人所書而刻，只為「無宋刻《金剛》配之」深表可惜。後來，他獲得明書法家俞允文（1513-1579）手寫《金剛經》一卷，方以為足。[292]陳繼儒自己也寫《金剛經》，雖意在「續佛慧命」，未嘗無與前人比美之意。[293]陳繼儒之例，可進一步說明宋士人寫經之受重視。

　　唐玄宗宰相姚崇（649-721）病世人不知佛教精義在「平等慈悲」，不明「行善不行惡，則佛道備矣」之理，乃於臨終前作《遺令》戒其子孫，令勿學他人「溺於小說，惑於凡僧，抄經寫像，破業傾家，乃至施身亦無所吝。」似乎視「抄經寫像」為全無意義之舉。[294]清人王世禎（1634-1711）改易其詞，而謂「愚者寫經造像以求

---

[291]　陳繼儒，《妮古錄》（《中國書畫全書》冊 3），頁 1053。按：「八十一卷」似為「八十卷」之誤。

[292]　同前註。按：原文所說之俞仲蔚即俞允文。陳繼儒說他所寫的《金剛經》，「蠅頭細書，而結法嚴密，真光明寶藏也。」

[293]　見清·陸時化，《吳越所見書畫錄》（《中國書畫全書》冊 8），〈明陳眉公書金剛經附董文敏細楷心經冊〉，頁 1131。按：眉公因歎時人寫經再無顏真卿《多寶碑》所謂「筆端舍利聯出數十百粒，錯落不絕」之現象，而「以此自愧」，問於董其昌，董其昌慰以「但有經處，人以翰墨贊嘆而入信地者，能續佛慧命，即是舍利一斛」，眉公「心肯其語，為寫《金剛經》一卷。」

[294]　《舊唐書》，卷 96，頁 3028。

福，汝曹勿終身不寤，追薦冥福」，❷扭曲了姚崇之意，而將「寫
經」者一律打入「愚者」之列，而「追薦冥福」則為「終身不寤」
之果，不知唐代寫經之書家既非愚者，亦鮮有為求福而寫經者。宋
代士人，多高級官僚及知識分子，其寫經「追薦冥福」，或出於信
仰，或為順應俗情，無所謂寤與不寤。尤其「順應俗情」之禮與事
甚多，誠難避免。即令姚崇自己雖勸其子孫務從正法，不為弊法，
但若「未能全依正道，須順俗情，從初七至終七，任設七僧齋。若
隨齋須佈施，宜以吾緣身衣物充，不得輒用餘財，為無益之枉事，
亦不得妄出私物，徇追福之虛談。」❷可見他雖然反對「追福」之
觀念，但可接受設齋供僧以祭死者之作法。蓋「俗情」如此，有不
得不從之無奈也。宋士人寫經追薦冥福，甚至刺血書經，雖亦不妨
作如是觀，但其在表現孝道之意義上，當為多數人所認可吧。

　　總之，宋代士人之寫佛經，是個不可忽視的社會現象。他們之
寫經與一般平民百姓之寫經固有類似之處，但已超越了簡單的修福
田、作功德或求福避禍之觀念，而演變成孝道、藝術、鑑賞等較高
層次的文化行為與活動。最重要的是，他們的寫經，證明寫經之傳
統並未因印刷術之革新而式微。相反地，他們的寫經，以較優質的
紙張及精緻之卷軸為之，美化了所寫的經書，再經刻印成冊，或石
揭保存，有助於提高佛經製作的品質及精品佛經的流傳，對元明兩
代在寫經傳統及藝術的維繫與強化，是具有相當啟發意義的。

---

❷　王世禎，《古夫于亭雜錄》（北京：中華書局點校本，1979），卷 5，頁
　　113。

❷　《舊唐書》，卷 96，頁 3028-29。

附錄：

圖版一　張即之淳祐六年（1246）手寫《金剛經》首頁

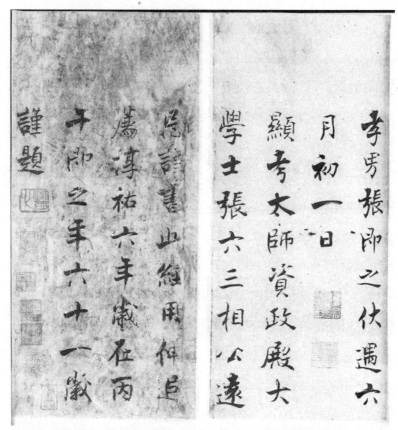

圖版二　張即之淳祐六年（1246）手寫《金剛經》末頁

幻泡影如露亦如電應作
如是觀
佛說是經已長老須菩提
及諸比丘比丘尼優婆塞
優婆夷一切世間天人阿
脩羅聞佛所說皆大歡喜
信受奉行
金剛般若波羅蜜經
寶祐元年七月十三
日張即之奉為
顯妣楚國夫人韓氏
五九娘子冥忌以天
台教僧宗印所校本
親書此經施僧看轉
以資冥福即之謹題
時年六十八歲
明年歲在甲寅結
制日以授天童長
老西巖禪師

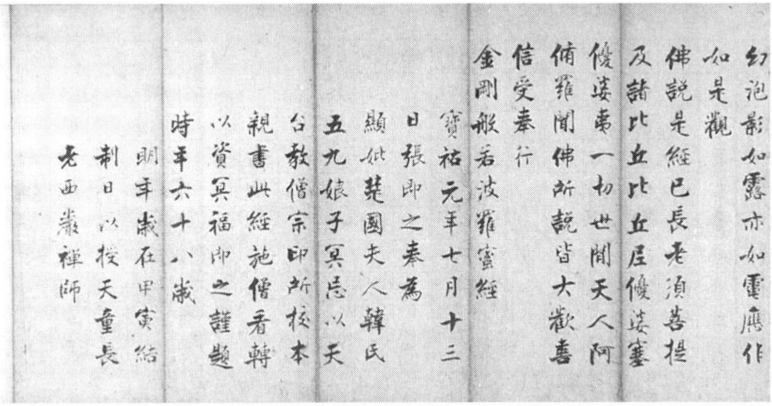

圖版三　張即之寶祐元年（1253）手寫《金剛經》末頁

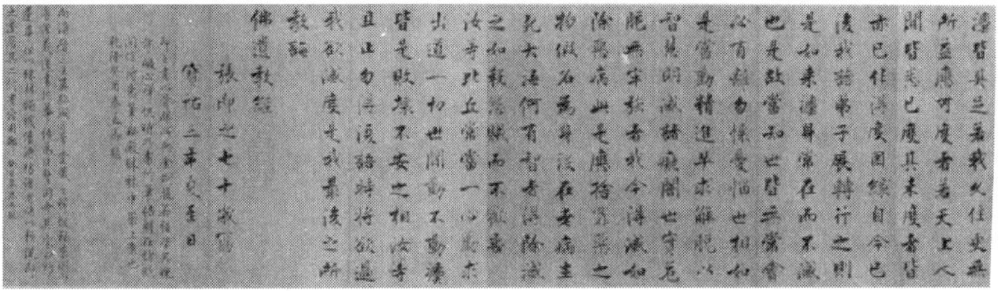

圖版四　張即之手寫《佛遺教經》末頁（含乾隆題字）

第五章
論趙孟頫的寫經與其佛教因緣
──從仇英的《趙孟頫寫經換茶圖卷》
說起

一、引言

　　趙孟頫（1254-1322）是一個多才多藝的文人，他的成就是多方面的，凡詩文、書畫、考據、音律、篆刻及古器物之鑑定等，都有非凡的表現，是中國藝文史上相當傑出之天才人物。❶他的書法、

---

❶　《元史》（北京：中華書局點校本），卷 172，〈趙孟頫傳〉說他「篆籀、分隸、真行、草書、無不冠絕古今，遂以書名天下。天竺有僧數萬里來求其書，歸國中寶之。」見頁 4023。明·張丑在其《清河書畫舫》有趙孟頫〈趙榮祿小楷過秦論真蹟〉一條，附有他的好友鮮于樞之跋語，略謂：「子昂篆、隸、正、行、顛草，俱為為當代第一，小楷又為子昂諸書第一。」還說他「下筆神速如風雨」，「為古今之一奇」，對他的書法讚不絕口。見《清河書畫舫》（臺北：臺灣商務印書館，影印文淵閣《四庫全書》本，1983-1988），卷 10 下，頁 10b。清·倪濤在《六藝之一錄》說：「文敏書法為元

朝第一」，當是公論。見《六藝之一錄》（臺北：臺灣商務印書館，影印文
淵閣《四庫全書》本，1983-1988），卷99，頁86，引《嵩陽石刻記》。這
些都只道出他在書法上的成就。元詩人何貞立序趙孟頫文集時曾說：「……
益信公為世所稱羨者，名非虛也。然猶惜今人徒稱公書法妙絕當世，而未知
公學問之博，識趣之深，詞章之盛，乃以其游藝之末蓋其所長，是固不得為
知公也。」元史官楊載（1271-1323）在趙孟頫〈行狀〉中也說：「然公之才
名頗為書畫所掩，人知其書畫，而不知其文章；知其文章，而不知其經濟之
學也。」見《松雪齋文集》（臺北：臺灣學生書局，影印元至元沈氏刊
本），頁6，和頁508。其同年進士歐陽玄也說：「公翰墨為貴，故世知之。
淺者好稱公書畫，識者論公，則其該洽之學，經濟之才，與夫妙解絕藝，自
當並附古人，人多有之，何至相掩也。」見歐陽玄，《圭齋文集》（臺北：
臺灣商務印書館，影印文淵閣《四庫全書》本，1983-1988），卷9，頁12a-
26b。此類看法後之學者都能接受。明·陶宗儀在其《書史會要》中說「〔趙
孟頫〕之才名頗為書畫所掩，人知其書畫，而不知其文章；知其文章，而不
知其經濟之才也。」完全採楊載之說。《書史會要》（臺北：臺灣商務印書
館，影印文淵閣《四庫全書》本，1983-1988），卷7，頁3a。《四庫提要·
松雪齋集》亦謂：「然論其才藝，則風流文采冠絕當時，不但翰墨為元代第
一，即其文章亦揖讓於虞、楊、范、揭之間，不甚出其後也。」《四庫提
要》（北京：中華書局，1997），卷166，〈集部·松雪齋集〉，頁2210。
大致上，元以來對趙孟頫之書畫、文章與經濟之才，都有很高的評價。雖王
世貞、張丑等人偶有微詞，實不足掩蓋趙孟頫之傑出成就。關於趙孟頫書法
之成就，請參考王連起，〈趙孟頫書法藝術概述〉，《趙孟頫墨迹大觀》
（上海：上海人民美術出版社，1995），頁1-9；黃惇，〈從杭州到大都──
趙孟頫書法評傳〉，見浙江省博物館編，《中國書法史學國際學術研討會論
文集》（杭州：西泠印社，2000），頁198-233；洗玉清，〈元趙松雪之書
畫〉，見《趙孟頫研究論文集》（上海：上海書畫出版社，1995），頁1-
78；Pao-chen Ch'en and Hung-lam Chu., "The Impact of Chao Meng-fu (1254-
1322) in Late Yüan and Ming," in Frederick W. Mote et al., eds., *Calligraphy and
the East Asian Book* (Boston: Shambhala; NY: Random House, 1988-89), pp. 111-
132.近年來，西方學者對趙孟頫的藝術成就也產生濃厚的興趣。Shane F. M.

繪畫為學者所津津樂道，是藝術史家最有興趣的研究對象。歷來研究趙孟頫之著作甚多，多著重於其書畫。近十年來，有關趙孟頫之國際會議中，對趙孟頫在書畫上的成就，再次予以肯定。而且有少數學者開始探討他的信仰與書畫間之密切關係，使趙孟頫之學術與人格更加具體的呈現於世。❷可惜的是，他的寫經、佛教信仰及佛學因緣，則尚未有專文討論。本文擬從佛教史的角度來描繪趙孟頫，將他身為文化人與知識分子的另一個側面呈現出來。主旨在論說趙孟頫信仰佛教頗為虔誠，他以長期的寫經、學佛來沈潛他的心神，昇華他的感情，使他成了一位極有份量的佛教居士。他的寫經，不但在書法藝術史上及對佛經的普及化與藝術化起了相當大的作用，而且也豐富了元代江浙區之佛教文化。這個觀點，可以從明

McCausland 有 "Zhao Mengfu (1254-1322) and the Revolution of Elite Culture in Mongol China," (unpublished Ph.D. dissertation, Princeton University, 2000).

❷　葉言都兄在二十年前曾稍談及趙孟頫之宗教信仰，見葉言都，〈由故宮博物院現藏趙孟頫的私人信件看他晚年的生活〉，《大陸雜誌》，42 卷 1 期，頁 24-28。關於趙孟頫與佛教之關係，德國學者勞悟達有〈趙孟頫與中峰明本〉一文，見於《趙孟頫國際書學研討會論文集》（上海：上海書店，1994）；任道斌有〈趙孟頫的繪畫藝術與三教〉一文，見於《趙孟頫研究論文集》，是僅有觸及趙孟頫與佛教之中文論文。英文方面，筆者所知有 Shane F.M. McCausland, "The Collected Letters of the Chao Meng-fu Family," 及 Zhixin Sun, "A Quest for the Imperishable: Chao Meng-fu's Calligraphy for Stele Inscriptions," 都在 Robert E Harrist Jr. and Wen Fong., *The Embodied Image: Chinese Calligraphy from the John B. Elliott Collection* (Princeton: The Art Museum, Princeton University), pp. 126-128, 303-319. 前者藉趙孟頫之〈先妻帖〉指出趙與中峰關係之密切，後者以討論趙孟頫之碑記所見書法為主，並藉趙孟頫之〈玄妙觀重修三門記〉等碑文，略說趙孟頫之佛教信仰。

代畫家仇英（ca.1498-1552）所作的一幅畫說起。這幅畫題名《趙孟頫寫經換茶圖卷》（見附圖 1、2）。畫的內容看似單純，卻蘊藏了不少鮮為人知之故事，值得我們深入探討。

二、今我為君書般若，一包茶葉未為多
──趙孟頫與他寫《心經》的意涵

趙孟頫多方面的天才，他的前輩方回（1227-1306）早就指出來了。❸方回不但說他「天下善書今第一」，還說他「魏晉力命王略帖，摹臨有過無不及，真行草外工篆隸，兼有與可伯時癖。」❹而在繪畫方面，比他稍後的元代畫家夏文彥（fl.1365）也說：「書法二王，畫法晉唐，俱入神品。」❺書畫各方面都不讓歷代名家專美於前。他在藝術上的卓越成就，影響了後來不少藝術家。明代「吳門四傑」❻之一的文徵明（1470-1559）就是個明顯的例子。他「生平雅慕趙文敏公，每事多師之」，❼對他的畫讚賞不已，認為他「書法

---

❸ 元·方回（1227-1306）字萬里，一字淵甫，號虛谷，別號紫陽山人，歙縣（今安徽省）人。著有詩文集《桐江續集》36 卷，《瀛奎律髓》49 卷，標榜「江西詩派」，為著名元代詩人及詩論家。

❹ 方回，《桐江續集》（臺北：商務印書館，影印文淵閣《四庫全書》本），卷 24，〈送趙子昂提調寫金經〉，頁 4ab。

❺ 夏文彥，《圖繪寶鑑》《叢書集成新編》（臺北：新文豐出版社，1985）第 53 冊，頁 332。

❻ 文徵明（1470-1559）與沈周（1427-1509）、唐寅（1470-1523）、和仇英被後世並稱為「明四家」或「吳門四傑」，是明代最富盛名的畫家。

❼ 清·倪濤之《六藝之一錄》，「生平雅慕趙文敏公，每事多師之。論者謂詩

入神，畫亦入妙，」足以當「上下五百年，縱橫一萬里」之譽。❽
「吳門四傑」之另一位名畫家仇英（ca.1498-1552），以臨摹知名，
趙孟頫的畫，也是他臨摹的對象。❾而他的名作《趙孟頫寫經換茶

文書畫雖與趙同，而出處純正若或過之。」《六藝之一錄》，卷 367，〈文
徵明〉條，頁 1ab。此語出自文徵明子文嘉所撰之《文嘉行略》，「出處純
正」為子誇父之語，不足為怪。不過文嘉說其父多師趙孟頫，自為事實。
Anne De Coursey Clapp 在 "The Sources of Wen Cheng-ming's Style" 一文說：
「在眾多藝術史上的大師中，對文徵明具最直接與深廣之影響者，莫過於趙
孟頫。在文徵明之眼中，趙孟頫之書畫與評論皆入神品，堪稱巨擘。」「文
徵明之師法趙，遠勝於師法其他任何名家。」見 Edward Richard., *The Art of
Wen Cheng-ming* (Michigan: The University of Michigan Museum of Arts, 1976),
p. 12。同書論文徵明藝術之成熟期（1540-1549），更一再強調趙孟頫之影
響。見頁 142-146、166、197。

❽ 見明·張泰偕（活躍於 1620s），《寶繪錄》（臺北：漢華文化公司，影印
清《知不足齋校刊本》）卷 13，1972，頁 535。按：《寶繪錄》所見文徵明
對趙孟頫書畫之題識，充分表現其佩服趙孟頫之深，其贊歎之語，不勝枚
舉。不過，論者以為其書所錄題跋，多為作者編造，詳見下文。又同書卷
14，亦謂董其昌曾說：「趙魏公書畫並絕，予尤重其畫。畫以山水為宋元獨
步，此卷〔按：山居圖〕經元季諸名公賞鑒題咏，及沈〔周〕、文〔徵
明〕、唐〔寅〕、陸〔治〕諸畫史贊歎……。」見頁 571。

❾ 關於仇英之生平與事迹，與他時間較接近的王世貞（1526-1590）和王穉登
（1535-1612）印象都差不多。王世貞說：「仇英者，號十洲。其所出微，常
執事丹青，周臣異而教之，於唐宋名人畫無所不摹寫，皆有蒙本。其臨筆能
奪真，米襄陽所不足道也。嘗為周六觀作〈上林圖〉，人物、鳥獸、山林、
臺觀、旗輦、軍容，皆臆寫古賢名筆，斟酌而成，可謂繪事之絕境，藝林之
勝事也。使仇少能以己意發之，凡所揮洒，何必古人？」見王世貞，《弇州
山人四部稿》（臺北：臺灣商務印書館，影印文淵閣《四庫全書》本，1983-
1988），卷 155，頁 20ab。王穉登說：「仇英，字實父，太倉人，移家郡
城。畫師周臣，而格力不逮。特工臨摹，粉圖黃紙，落筆亂真。至於髮翠毫

圖卷》，以畫解詩，更直接與趙孟頫有關。

《趙孟頫寫經換茶圖卷》最早著錄於乾隆時期的《秘殿珠林‧石渠寶笈續編》中，標題為《仇英畫換茶圖文徵明書心經合璧一卷》。題識云：

> 〔二幅〕畫幅，縱六寸五分，橫三尺三寸。設色，畫松林、竹籬。松雪據石几作書，恭上人對坐。後設茶具、鑪案。侍童三。款，仇英實父製。鈐印二，十洲、仇英之印。書幅，金粟箋本。縱如前，橫九寸七分。楷書《心經》，嘉靖二十一年，歲在壬寅，九月廿又一日，書于崑山舟中，徵明。鈐

金，絲丹縷素，精麗豔逸，無慚古人。」見王穉登，《丹青志》，收入《叢書集成新編》（臺北：新文豐出版社，第 53 冊），頁 354。近二十年來，藝術史家對仇英之興趣甚濃，Ellen Johnston Laing 寫了數篇論文，對仇英之生平、事迹、鑑賞贊助者與摹寫前人之畫等問題，都有相當詳細之討論與介紹，見"Ch'iu Ying's Three Patrons," *Ming Studies* (1979), 8:49-56; "Qiu Ying's Other Patrons," *Journal of American Oriental Society*, Vol. 117, No. 4 (1997), pp. 686-692; "Problems in Reconstructing the Life of Qiu Ying," *Ars Orientalis: the Arts of Islam and the East*, Vol., 2 (1999), pp. 69-89; "Sixteen-Century Patterns of Art Patronage: Qiu Ying and the Xiang Family," *Journal of American Oriental Society*, Vol. 111, No. 1 (1991), pp. 1-7。本文之仇英生卒年，係依其文之說。據筆者所見，仇英臨摹趙孟頫之作不少，譬如《清河書畫舫》錄有仇英《摹松雪沙苑圖》，作於嘉靖丙午（1546）仇英約 53 歲時。《佩文齋書畫譜》錄有仇英《臨趙文敏山水四軸》，雖不詳為何時所臨，亦不知所臨四軸為何山水，但是趙孟頫是他臨摹的主要對象之一，應是沒有疑義的。當然這些臨摹是出於他個人之興趣或求畫者之要求，因無足夠證據，恐難作答。但無論是自發或應人所求，都證明趙孟頫作品之受歡迎，成為臨摹之對象。至於仇英的其他臨摹，見下文討論。

印二，停雲、徵明。**⑩**

這幅書畫合璧圖卷，據筆者所知，早流入海外，為美國俄亥俄州（Ohio）的克利夫蘭藝術博物館（Cleveland Museum of Art）所收藏。**⑪**雖利特爾氏曾謂克立夫蘭博物館所藏為「副本」之一，而原蹟仍在臺北故宮，但其說恐係訛傳，至少筆者所見之所有書畫目錄，都無藏於臺北故宮之說。**⑫**根據上引題識之描述，此畫為三尺橫幅畫卷，加上文徵明所書《心經》，超出四尺。圖之右前方為趙孟頫在松林樹下據石几寫字，似乎才將紙攤開，正待作書。石几前坐有一僧，面向畫紙，即是題識上所說的恭上人。**⑬**而孟頫則側身看著右前方的侍童。此侍童手上捧著一物，似為茶包，正走向孟頫。圖中間松林較遠處有另一侍童，正蹲著煮水。更遠處有另一侍童，也捧著一物，不易辨識。《秘殿珠林·石渠寶笈續編》所錄原圖卷有文

---

⑩　《秘殿珠林·石渠寶笈合編》（上海：上海書店新華書店上海發行所，1988），第 5 冊，頁 2070b。以下所用《秘殿珠林·石渠寶笈續編》皆為此合編本。

⑪　參看鈴木敬主編《中國繪畫總合圖錄》（東京：東京大學出版會），1982-83，冊 1，圖版 A22-084。此畫可見於多種中國藝術有關之英文著作，譬如前引 Edward Richard (1976), p. 144 及下文引用之 Wai-kam Ho (1980), pp. 204-205。

⑫　利特爾，〈仇英與文徵明的關係〉，收入故宮博物院，《吳門畫派研究》（北京：紫禁城出版社，1993），頁 104-139。據筆者查考，《故宮書畫圖錄》20 冊（臺北：故宮博物院，2001），及《中國古代書畫圖目》23 冊（北京：文物出版社，1986-2001）所錄書畫，並不含仇英此畫。其他書畫目錄也未有利特爾氏所謂的「幾張副本」之說。

⑬　前引利特爾氏之文誤為「工上人」。

彭（1489-1573）、文嘉（1501-1583）之題識，分別云：

> 松雪以茶戲恭上人，而一時名公咸播歌詠，其風流雅韻，豈
> 出昔賢下哉？然有其詩而失是經，於〔于〕舜請家君為補
> 之，遂成完物。癸卯仲夏，文彭謹題。
> 松雪以茶葉換般若，自附于右軍以黃庭易鵝，其風流蘊藉，
> 豈特在此微物哉？蓋亦自負其書法之能繼晉人耳。惜其書已
> 亡，家君遂用黃庭法補之。于舜又請仇君實甫以龍眠筆意寫
> 「書經圖」於前，則此事當遂不朽矣。癸卯八月八日，文嘉
> 謹識。❶

根據文氏兄弟之說，趙孟頫為恭上人寫《心經》時，曾寫詩戲恭上
人以茶葉換般若，一時傳為盛事。唯孟頫之詩雖存，而所書《心
經》已失，故其友人于舜請仇英畫趙孟頫「書經圖」，並請文徵明
補寫《心經》。然于舜是誰？他為何要找仇英寫「書經圖」，又請
文徵明補寫《心經》？我們從文氏兄弟之題識無法看出。不過，根
據此圖收藏家王世懋（1536-1588）之題跋，❶仇英作此圖係因崑山周

---

❶　同註❶。又見清·繆日藻，《寓意錄》（在盧輔聖編，《中國書畫全書》第
　　8 冊），頁 933。按：文彭、文嘉為文徵明之長字及次子。其題識皆寫於明世
　　宗嘉靖二十二年（1543），文徵明書《心經》之次年。

❶　按：王世懋是王世貞（1526-1590）之弟，字敬美，號麟洲，又號東牆生、損
　　齋。著有《奉常集》、《藝圃擷餘》等書。此跋寫於明神宗萬曆甲申年
　　（1584）。

于舜（1523-1555）之請。⓰周于舜因獲得趙孟頫的「寫《心經》換茶

⓰　按：據筆者所知，有關周于舜（鳳來）生平事迹，上引 Laing（1979）之文說
　　明最詳。該文有關周于舜部分，係根據美國會圖書館所藏俞允文之《仲蔚先
　　生集》微卷裡之〈周鳳來墓誌銘〉寫成。此墓誌大略謂周于舜原名鳳來，喜
　　好佛經，因愛《金剛經》中之「一切有為法，如夢、幻、泡、影，如露亦如
　　電，應作如是觀」之「六喻」，而名其居曰「六觀堂」，且自號「六觀居
　　士」。他收藏書、畫、青銅、玉等古物甚豐，亦好書法，尤喜仿趙孟頫楷
　　書。又根據筆者查考，周于舜也藏有趙孟頫所書陸機〈文賦〉1 卷。此卷原
　　為陳道復家藏舊物，後為周于舜所得。陳於失去二十年後，於周氏之凝香閣
　　復見，有「恍若隔世」之感。他在跋中說：「于舜好古博雅，最所珍重，此
　　卷其得所矣，吾何憾焉？」見《石渠寶笈》（臺北：臺灣商務印書館，影印
　　文淵閣《四庫全書》本，1983-1988），卷 5，頁 16b。陳道復此語雖若有所
　　憾，亦無可奈何，但可以看出周之收藏甚為時人所重，故王世貞說：「六觀
　　堂藏趙書無不佳者。」見王世貞，《弇州山人四部稿、續稿》，卷 162，
　　〈元趙孟頫書唐詩〉，頁 5a。又按：陳道復（1483-1544），原名淳，道復為
　　其字。以字行，號白陽山人，明長洲（今江蘇吳縣）人，曾從文徵明學書
　　畫，為當時名家，對趙孟頫顯然甚為仰慕。陳葆真有〈陳淳研究〉一文（臺
　　北：國立臺灣大學藝術史碩士論文，1975），對其生平藝術有詳細之介紹。
　　又，《清河書畫舫》，卷 12 下，頁 19a，有謂：「〔仇英〕壯歲為崑山周六
　　觀作《子虛上林圖卷》，長幾五丈，歷年始就。」文徵明次子文彭也在其
　　《鈐山堂書畫記》（臺北：新文豐出版社，《叢書集成》本，1985，頁
　　648），也說《子虛、上林二賦圖》是「崑山周六觀所請，經年始就，酬以百
　　金。復請先待詔小楷書二賦於後。」此處所說之周六觀即是周于舜。文徵明
　　之長子文彭也曾在周于舜之六觀堂「焚香盥手，敬觀西臺千文。」見《式古
　　堂書畫彙考》（臺北：臺灣商務印書館，影印文淵閣《四庫全書》本，1983-
　　1988），卷 9，頁 20ab。由此可見周于舜與文徵明父子關係匪淺。所謂「千
　　文」，即是〈千字文〉。西臺是李建中（945-1013）別號。李建中，字得
　　中，北宋蜀人，為北宋初期書法名家。《宋史》本傳稱讚他「善書札，行筆
　　尤工，多構新體，草、隸、篆、籀、八分亦妙，人多摹習、爭取以為楷
　　法。」因晚年退居洛陽，掌西京留司御史臺，時人稱為「李西臺」。見《宋

詩」，而不知其所寫《心經》流落何處，於是請仇英依詩之意而作
畫，同時並請文徵明（1470-1559）在畫卷後以小楷字書寫《心經》
以代孟頫原作。王世懋後來自周于舜家得此畫卷，見它與自己所藏
之趙孟頫《心經》**⑰**正好是兩美之合，遂在畫卷上，於文彭與文嘉
題識之後再增題跋語，敘述仇英作畫及文徵明寫《心經》之緣由，
使周于舜請仇英作圖原委大白於世。**⑱**根據這些證據來看，仇英寫

史》（北京：中華書局，1977），卷 441，〈李建中傳〉，頁 13055-13057。
又按：因周于舜於 1542 年請文徵明寫《心經》於仇英所作《趙孟頫寫經圖
卷》後，則仇英之畫應在是年九月之前作，時仇英約 49 歲。《子虛、上林二
賦圖》據說是仇英「壯歲」時所作，當在寫經圖之前。若果如此，則周與仇
兩人之關係，在仇作寫經圖前已然不淺。Ellen Johnston Laing 甚至認為仇英
曾住在周府。按：清人褚人獲（生卒年不詳）在其所著《堅瓠集》中曾說：
「周六觀，吳中富人，聘仇十洲主其家凡六年，畫子虛、上林圖為其母慶九
十歲，奉千金，飲饌之豐逾於上方，夜必張燈集女伶歌宴數次。」可見仇英
曾住周府六年之久。參看單國霖，〈仇英生平活動考〉，收入《吳門畫派研
究》，頁 219-227。唯單國霖雖論及仇英與收藏家周六觀之關係，但並未說明
周六觀是何人。

⑰ 王世懋此卷《心經》其實是趙孟頫用行書寫贈「李上人」者，非換茶時所
寫，見下文之討論。

⑱ 見 Wai-kam Ho et. al., *Eight Dynasties of Chinese Painting: The Collections of the
Nelson Galley-Atkins Museum, Kansas City and the Cleveland Museum of Art*
(Cleveland: Cleveland Museum of Art, 1980), p. 204。Sherman Lee 在其文
"Chinese Painting from 1350 to 1650" 根據此畫而肯定文人畫家與其圈外「贊助
者」（patron）之間的緊密關係。見同書頁 xxxvii。然而他所說的非圈內（in-
group）的周鳳來（于舜、六觀）出身仕宦之家，自己也是個書法家及藝術鑑
賞家，嚴格地說，不應算為「圈外人」。關於元以後「贊助者」對蘇州地區
書畫家之影響，參看 Chu-tsing Li et. al., *Artists and Patrons: Some Social and
Economic Aspects of Chinese Painting* (Kansas & Seattle: The Nelson-Atkins
Museum of Art and University of Washington Press, 1989), pp. 89-158。

的是趙孟頫書《心經》換茶圖。所以不管後世稱《仇英畫換茶圖》
或《趙孟頫寫經換茶圖卷》，其畫事實上就是趙孟頫的「書經
圖」，亦即其寫《心經》換茶之事的一個「圖說」或其戲恭上人詩
的「詩意圖」，所以它的英譯就自然含有《心經》之名了。❶

　　趙孟頫寫《心經》換茶之說，因為有他自己所寫的詩為證，所
以就不是子虛烏有之事。雖然趙氏的《松雪齋集》及《全元文》所
收的趙孟頫文都無他寫《心經》及寫經換茶之記錄，但《秘殿珠
林》等書，都有明清兩代宮廷收藏趙孟頫所書《心經》之記錄，可
見他寫《心經》確有其事。其實，王世懋所收藏的《心經》，是趙
孟頫用行書所寫的《心經》，為《秘殿珠林》所收錄趙孟頫所書
《心經》中之一種。《秘殿珠林》還收有孟頫所寫《心經》數種，
書體不一，有行書、楷書、行楷等。據筆者所見，現存於遼寧省博
物館之趙氏《心經》法書一帖，是以小楷寫成，也能給孟頫寫《心
經》之事多一項佐證。既然如此，周于舜請仇英作趙孟頫寫《心
經》之圖也就有憑有據，而非憑空捏造。值得注意的是，周于舜雖
然對孟頫所寫《心經》有濃厚之興趣，但他可能並不瞭解孟頫為何
寫《心經》。另一方面，趙孟頫寫《心經》及周于舜對趙書《心
經》的推崇，在元代的知識與文化領域中具有何種特殊意義，這都
是有待深究的。我們當然知道趙孟頫寫《心經》而和尚贈茶為潤
筆，實為通行習俗，不能說是一種買賣交易行為，何況孟頫也不至

---

❶　此圖卷之圖版英譯為 *Zhao Mengfu Writing the Buddhist "Heart" Sutra in Exchange for Tea.*

於因此而有意要求潤筆，⑳但我們要問趙孟頫何以要為僧侶寫《心

---

⑳ 寫經作畫而獲贈潤筆當屬文人作文受謝之傳統。宋·王楙（1151-1213），
《野客叢書》謂漢武帝陳皇后失寵，別住長門宮，聞司馬相如工於文，遂
「奉黃金百斤」，請作〈長門賦〉以悟其主，因復得幸。此為「潤筆」之首
見於史冊。見王楙〈作文受謝〉條，《野客叢書》（上海：上海古籍出版
社，1991），頁 254。王楙之說，係辯洪邁（1123-1202）在其《容齋續筆》
所謂：「作文受謝，自晉、宋以來有之，至唐始盛」一語之誤。清·趙翼
（1727-1814）引王楙及洪邁之文，合以史書、載記之所見，寫成〈潤筆〉一
文，收於《陔餘叢考》（京都：中文出版社，1979），頁 663-666。筆者認
為，洪邁雖未指出文人收受「潤筆」之始，但「晉宋以來有之，至唐始
盛，」當為實錄。唯唐宋「潤筆」，多因為人寫碑銘而獲賞，風氣之盛，至
宋遂有歐陽修所說的現象如下：「王元之在翰林，嘗草夏州李繼遷制。繼遷
送潤筆物數倍於常，然用啟頭書送，〔王〕拒而不納，蓋惜事體也。近時，
舍人院草制，有送潤筆物稍後時者，必遺院子詣門催索，而當送者往往不
送。相承既久，今索者、送者皆恬然不以為怪也。」見歐陽修，《歸田錄》
（北京：中華書局，1981），頁 10。王元之即是北宋名臣王禹偁（954-
1001），其拒李繼遷所送潤筆一事，頗為時所稱，王闢之，《澠水燕談錄》
亦載其事，還說「繼遷送馬五十疋潤筆」。見《澠水燕談錄》（北京：中華
書局，1981），頁 10。至於寫經作畫而獲潤筆，最有名的是「王右軍寫經換
群鵝」之說。據《晉書》，〈王羲之〉本傳，王羲之曾寫《道德經》，以換
山陰道士之群鵝。故李白曾有〈王右軍〉詩曰：「右軍本清真，瀟灑在風
塵。山陰遇羽客，要此好鵝賓。掃素寫道經，筆精妙入神。書罷籠鵝去，何
曾別主人？」李白又有〈送賀賓客歸越〉一詩送賀知章還鄉云：「鏡湖流水
漾春波，狂客歸舟逸興多。山陰道士如相見，應寫黃庭換白鵝。」見《李太
白集》（臺北：河洛圖書出版社，1975），頁 499、389-390。雖「黃庭」之
語為訛傳之誤，但王羲之寫經換鵝之事，已為書畫家所熟知，故下引趙孟頫
詩有「右軍曾寫黃庭字，換得山陰道士鵝」之句。趙孟頫之時代，給受潤
筆，早已蔚然成風，故趙為某僧名來得者寫其母之墓石，即獲「潤筆之
惠」，而應中峰之囑寫墓志銘，也獲潤筆之賜。見《故宮書畫錄》（臺北：
臺灣書店，1956），卷 3，頁 38、218。不過，趙非以賣字畫為生，故其所收

經》？只是為表示友好大方而隨興為之嗎？如其不然，則他與佛經
或佛教之間有何關聯？或者從另一個角度來問，僧侶為何找他書寫
《心經》？只是單純的因為他是「天下善書今第一」嗎？或者也是
因為僧侶視他為佛門外護，故凡有寫經之需，必求之於他呢？

　　以下擬先將有關趙孟頫寫《心經》之記錄，作一番剖析，以證
趙孟頫確曾抄寫《心經》，且有寫《心經》換茶之舉。事實上，趙
孟頫不但以楷書、行書、行楷抄寫《心經》多次，所贈對象也不僅
僅是王世懋所說的李上人而已。重要的是，他無論以何種字體書
寫，受贈者都視為至寶，且都成為後代收藏家蒐求的對象。至於書
法家或書藝愛好者取來臨摹，也是司空見慣之事。譬如，清乾隆皇
帝弘曆（r.1736-1795）就曾臨摹趙孟頫用行書寫的《心經》，而且相
當得意，以為頗得其似。他在臨趙孟頫《心經》書冊後，寫了篇跋
語，略謂：

> 　趙孟頫書《心經》，筆法圓到，如印泥畫沙。前後周荃繪
> 像，具頫上添毫妙手，洵稱兩美之合。予閱內府所藏，見此
> 冊，欣然臨仿，幾得其似。蘇軾云：「作詩必此詩，定知非

潤筆，當與蔡襄獲歐陽修「鼠鬚栗尾筆，銅絲筆格，大小龍茶、惠山泉」等
「清而不俗」之潤筆物類似。見上引《歸田錄》，頁 27。明代職業畫家所收
之「潤筆」，就大多是金錢交易了。仇英常被舉為賣畫獲金之例。據說周于
舜請他畫《子虛、上林賦圖》，就「酬以百金」。見前引《清河書畫舫》，
卷 10，頁 15a。

詩人」，推之書畫法，亦可作是解。㉑

可見乾隆相當讚賞趙孟頫的書藝，也認為趙的書法和經書前後周荃
所繪觀音大士像說是「兩美之合」。這位周荃為清雍正時之畫家及
詩人，字靜香，號花溪老人。據說他工書，「法書多氣韻，題句亦
有致。」㉒又「善寫花卉、蟲鳥、水族、山水，」且「大士相尤得
古法。」㉓就《秘殿珠林》所見，他確實長於佛像畫，而且專畫觀
音大士及韋馱像。乾隆認為他的畫造詣不淺，配得上趙孟頫的字，
二者同在一書冊上，正是珠聯璧合，雙美並現。

　　趙孟頫所書之《心經》，常有周荃的的佛像畫來陪飾。《秘殿
珠林》還錄有另一冊趙孟頫所書之《心經》，與乾隆所臨摹之本似
同實異，因乾隆所臨本是以行書寫成，而此本則為行楷，其形制大
致如下：

> 磁青箋本泥金行楷書，款云：「松雪道人書」。下有趙孟頫
> 印一，前有周荃補繪大士像。款識云：「順治甲午四月八日
> 周荃沐手敬繪」，有周荃花溪老人三印，後有周荃畫護法
> 像，款署荃。下有周荃印一，俱宋箋本白描，畫計八幅，幅

㉑ 《秘殿珠林》（臺北：臺灣商務印書館，影印文淵閣《四庫全書》本，1983-
　　1988），卷1，〈御臨趙孟頫心經并繪大士像一冊〉，頁79b-80a。

㉒ 清·竇鎮（b.1847），《國朝書畫家筆錄》（蘇州：文學山房，1912），卷
　　1，〈周荃〉條，頁47a。

㉓ 清·李濬之，《清畫家詩史》，甲卷下，〈周荃〉條，頁34a。

　　高六寸七分，廣三寸八分。❷

此冊《心經》除了以行楷書寫外，落款為「松雪道人」，亦有周荃補繪之觀音大士及韋馱護法像，前者在書前，後者在書後。畫像年月亦標出，而周荃也以其號花溪老人署款，與乾隆臨本頗有不同。

　　除此2冊之外，趙孟頫另書《心經》多冊，其中1冊與乾隆臨本一樣，以行書寫成，大小與周荃補繪大士本相同，也是以「松雪道人」落款。此冊《心經》亦繪有觀音大士及韋馱像，但為仇英所畫。依《秘殿珠林》之描述，大致如下：

> 磁青箋本泥金行書，款云：「松雪道人書」。下有趙孟頫印一，前有仇英畫大士出山像，款識云：「嘉靖丙辰四月八日，弟子仇英盥沐拜寫」。下有十洲仇英實父二印，後有仇英畫韋馱像，款署實父，下有十洲印一，計八幅，幅高六寸七分，廣三寸八分。❷

如下文所論，趙孟頫寫佛經，多在經之前後繪有佛像。仇英在趙孟頫所書《心經》前後補繪觀音大士及韋馱像，當是補趙孟頫未繪佛像或佛像已失之經冊，其法似為後來的周荃所模仿。其他明清書畫家亦多在自己所書佛經後繪觀音、韋馱或羅漢像，或許多是師法趙

---

❷　《秘殿珠林》，卷2，〈元趙孟頫書心經一冊〉，頁4b-5a。
❷　《秘殿珠林》，卷2，〈元趙孟頫書心經一冊〉，頁4ab。

孟頫而為？❷不管如何，仇英可能是明清以來，第一位在趙孟頫所書《心經》前後補繪觀音大士及韋馱像之畫家。他曾臨摹趙孟頫之畫，對趙孟頫書寫《心經》之事應有所知，所以周于舜找人畫趙孟頫寫《心經》圖，仇英當然是最好的人選。

　　以上只是趙孟頫所書《心經》中之 3 冊，各冊款識中雖未說因何而寫，但大致上是因答人所求而寫者。當然，孟頫是書法家，又是虔誠的三寶弟子，故把寫經當日課或作為積功德之資，亦為理所當然之事。然而他既是名書法家，向他求字寫經之僧侶及信士當不在少，《秘殿珠林》有若干例子可以為證。譬如，他所寫 1 冊《心經》，是「素箋本行書」，款識云：「松雪道人奉為雲通和上書」。可見是應雲通和尚之請而寫的。❷最值得注意的是他為某「恭上人」所寫的《心經》，因為此「恭上人」即是仇英所繪《趙孟頫寫經換茶圖卷》中，與趙孟頫對坐的和尚，❷而此冊《心經》書寫之由，正是引發周于舜求仇英作畫之因，何以知之？我們看《秘殿珠林》對此本《心經》之描述：

---

❷　現存元人寫經，尚有元文宗至順元年（1330）僧元浩泥金寫本，附朱寶所繪扉畫之《妙法蓮華經》，見葛婉章依《故宮善本舊籍總目》製成之〈子部釋家類圖繪索引〉網頁，其網址為 http://www.npm.gov.tw/ch/a060601.htm。葛婉章並將朱寶此扉畫併入其〈佛經圖繪與裝潢表〉一網頁中，該頁網址為 http://www.npm.gov.tw/exhbition/sut9907/011_3_8.htm。

❷　《秘殿珠林》，卷 3，〈元趙孟頫書心經一冊〉，頁 7a。雲通和尚生平事迹無考。

❷　恭上人生平事迹無考。如註❶顯示，趙孟頫晚年又曾為恭上人寫《金剛經》。

宋箋本，行楷書。款云：「吳興善男子趙孟頫書與恭知
客」。下有趙氏子昂印一，後題云：「右軍曾寫黃庭字，換
得山陰道士鵞，今我為君書般若，一包茶葉未為多。孟頫奉
答恭上人，上人惠茶，故戲及之。」下有趙氏子昂印
一，……。㉙

所謂「奉答恭上人」，就是應恭上人之所請而寫，而恭上人惠茶，
孟頫以詩戲稱「今我為君書般若，一包茶葉未為多。」正是一僧一
俗捨棄俗套，而以茶葉代替潤筆之表現。這個故事，既經趙孟頫在
此《心經》之卷末記錄下來，自然給予後來的仰慕者憑添了寫詩作
畫的靈感。此詩真蹟後在王世貞（1526-1590）之手，故王世貞有一
詩記其事，題曰〈趙承旨為恭闍黎寫經畢以詩乞茶真蹟在余所戲代
恭答〉，詩云：「玉堂潤筆元無價，珍重吳興祇換茶。但使毫端吐
舍利，一蒙山頂屬君家。」㉚當周于舜請仇英作此「書經圖」時，
仇英慨允為之，自然是與王世貞一樣，熟知孟頫寫經換茶之故事，
樂意藉此表揚趙孟頫的流風餘韻。㉛

　　趙孟頫是以「吳興善男子」的身分為恭上人寫《心經》，而在
其他寫經場合，他也多半自署「弟子」，以表示他是三寶弟子、佛

㉙　《秘殿珠林》，卷6，〈元趙孟頫書心經一卷〉，頁17ab。
㉚　王世貞，《弇州山人四部稿》，卷11，頁15ab。
㉛　Shane McCausland 誤以為寫經換茶之故事是仇英所說，恐是未見孟頫題詩與
　　文彭、文嘉跋之故。見其"Private Lives, Public Faces－Relics of Calligraphy by
　　Zhao Mengfu (1254-1322, Guan Daosheng (1262-1319) and Their Children," in
　　Oriental Art, Vol. 46 (2000), pp. 36-47.

門中人。❷他能應僧侶之求而寫《心經》，自然也能為其他佛門因緣而寫。他在至大元年（1308）十二月二十三日，就曾因此種因緣寫過《心經》一冊。❸此冊《心經》是宋箋本，以行楷書寫。根據下文所說的元代名僧中峰明本（1263-1323）之跋，此冊《心經》是趙孟頫為贈松江府同真庵，「永以為珍藏」而寫的。❹同真庵是當時信士鳳道祥及其妻沈氏妙真所建，而由中峰明本命名。趙孟頫尊中峰為師，有可能奉師命寫《心經》賀此庵之建，所以他以「三寶弟子趙孟頫」落款，示以誠悃，可謂理所當然。

三、我師中峰大和尚，慈悲憫憫諸眾生

　　如同許多傳統中國文人學士，趙孟頫也在宦海浮沈中度過他的一生。從至元三十一年，他 42 歲（1294）辭病歸吳興之後，開始在江南宦遊，五、六年之間（1294-1300），雖曾於大德二年（1298）應召赴京寫《藏經》，❺但多數時間則在江南優游山水林泉，寫字作畫。47 歲（1300）開始，他在杭州任江浙儒學提舉，十年之間

---

❷　按：趙孟頫落款之名甚多，凡寫佛經，多用善男子、三寶弟子、奉佛弟子、或松雪翁署款。

❸　《秘殿珠林》，卷 2，〈元趙孟頫書心經一卷〉，頁 2b-4a。

❹　同前註。

❺　前引方回，《桐江續集》，卷 24，〈送趙子昂提調寫金經〉，頁 4ab，有「白馬四十二章來，一大藏今五千秋，訂訛補偽重繕寫，金字琅函較甲乙」之句即指此事。這次應召入京寫經，被認為證明了朝野已公認他在書壇上的領袖地位。見前引黃惇文，頁 207。

（1300-1310），結交許多江南文士，並與方外之友交遊頻繁，**㊱**逐漸變成了一個虔誠的佛教居士。**㊲**大約在此時，他跟天目山的中峰明本和尚時相過從，結下了不解之緣。不但奉中峰為師，**㊳**而且成了

㊱　《松雪齋文集》顯示他與若干方外之交深相過從，道教徒姑且不論，佛教僧侶除中峰明本及師徒外，還有笑隱大訢禪師、千瀨長老、道隆上人、恢上人、僧惟尭、如上人、因禪師、天聖長老仁公、佛惠師徒、平江龍興寺僧、千江月、恭上人、李上人、雲通和尚、西雲長老、五台山謙講主、聖安禪寺兩公長老、無照大師永充等等。這些僧侶有的是詩、畫之友，有的是誦經法師，當是與趙孟頫關係比較深者。海外僧侶慕名而來結交者，也不乏其人。例如，大德十一年（1307），來華日僧雪村友梅（1290-1346），長於古詩，頗學趙孟頫筆法，趙孟頫見其書也大為讚賞，遂應其請，為其師寫〈一山一寧贊〉。見日・伊藤松編著《鄰交徵書》（東京：國書刊行會，1975），頁48，引寫本《雪村行道記》。《禪學大辭典》（東京：大修館書店，1977），頁1245。又恕中無慍（1309-1386）於其《山菴雜錄》（臺北：新文豐出版社，影印《卍續藏經》第148冊），又錄有斷江覺恩、徑山寂照（無慍之師）等，都與趙孟頫有往來，見該書頁347b、354a、359a。

㊲　根據恕中無慍之說法，趙孟頫曾對其師寂照說：「老母誕某之日，夢一異僧入室。平生於禪宗向上提持，雖未能盡解，然若經教所載，讀之即通大意。」見前引《山菴雜錄》，頁347b。無慍之說果真屬實，則趙孟頫早年已閱佛經。前註所列之「因禪師」，為趙父之友，雖趙孟頫於11歲時喪父，因禪師似仍與他交往，故孟頫之〈因禪師挽詩〉有「佛澄今已逝，無復聽鈴音」之句。見《松雪齋文集》，卷4，頁199。下文所說趙在12歲時即寫《金剛經》，或係家庭之影響。

㊳　關於趙孟頫奉中峰明本為師之事，不僅是佛教史家所樂道，佛教居士也常在其著作中述及。佛教史家方面，明代沙門心泰，在其《佛法金湯編》就說：「〔孟〕頫十一、二歲便好寫《金剛經》。後但與僧語，便若眷屬。……孟頫重天目中峰之道，每受師書，必焚香望拜。與師書，必稱弟子。公提舉江淛儒學，叩師心要，師為說防情復性之旨。後入翰林，復遣問金剛般若大意，師答以《略義》一卷。公每見師所為文，輒手書，又畫師像以遺同參。

中峰明本的得力贊助者，所書寫的《心經》及其他不少佛經，都直接或間接地與中峰有關。對中峰的聲望之提高，及對江南士人文化及居士佛教之流行，都有推波助瀾之功。同時因為與中峰往復來往20餘年，他的思想與信仰也就多多少少受了中峰的影響。所以要了解趙孟頫的生平與思想，就必須對中峰明本有一番認識。❸❾

中峰明本為高峰原妙（1238-1295）弟子，從原妙居杭州天目山獅子巖，於巖西石洞之「死關」，❹⓿給侍左右，草衣蔽形，淨修苦行。「晝日作務，夜而禪寂，刻勵嚴苦，脅不沾席者十年」。雖然

中峰有勸修淨土偈一百八首，孟頫作贊……。」見《佛法金湯編》（臺北：新文豐出版社，影印《卍續藏經》），卷16，頁983b-984b。清紀蔭在其《宗統編年》也有同樣敘述，大致是刪節心泰之語而成，其言曰：「〔子昂〕好寫《金剛經》，與僧語，親若眷屬。每受祖書，必焚香拜。提舉江浙儒學時，叩祖心要，祖為說防情復性之旨。後入翰林，遣問般若大意。祖有〈淨土偈〉一百八首，〔孟〕頫作一百八贊，手書之。」見《宗統編年》（臺北：新文豐出版社，影印《卍續藏經》），卷27，頁403ab。這裡所說的「祖」，自然是中峰明本。居士方面，清·武原居士徐昌治在其《祖庭嫡傳指南》論及中峰明本時，略謂：「一時王公駙馬，莫不致禮。翰林承旨趙公孟頫事以師禮，時問法要。」見《祖庭嫡傳指南》（臺北：新文豐出版社，影印明《嘉興大藏經》本），卷下，頁208a。

❸❾ 前述德國學者 Uta Lauder（勞悟達）女士之〈趙孟頫與中峰明本〉一文，談及趙孟頫與中峰之關係，唯內容甚為簡略。見《趙孟頫國際書學研討會論文集》，頁26-32。

❹⓿ 按原妙於獅子巖西石洞闢室曰「死關」，「盡屏給侍，日用一食」。弟子罕見其面，凡有來學者，皆垂語以驗之，「不企即拒關」。見《南宋元明禪林僧寶傳》（臺北：新文豐出版社，《卍續藏經》第137冊），頁699b。

「既親承記莂，學者輻輳而歸之，」**❹**其實自離天目之後，「唯恐
人知而挽其出世，深自韜晦，往游三吳間。」**❷**大德庚子年
（1300），明本在姑蘇（今江蘇吳興西南）城西山麓之雁蕩村，獲吳人
陸德潤（生卒年不詳）之施地，而縛草庵三間以居，時趙孟頫正任江
浙儒學提舉，來往於浙江、吳興之間，與中峰相識，來往甚密，而
為其居室書「棲雲」之匾，也就為順理成章之事。**❸**據說中峰跌坐

---

❹ 以上見《天目中峰和尚廣錄》（以下簡稱《廣錄》）（臺北：新文豐出版社
《卍正藏經》，第 60 冊），揭傒斯撰〈天目中峰和尚廣錄序〉，頁 92-93。

❷ 見宋濂，《宋文憲公護法錄》（臺北：華宇出版社，《大藏經補編》影印日
本寬文六年〔1666〕刊本），卷 5，〈吳門重建幻住禪庵記〉，頁 126ab。

❸ 據筆者推算，趙孟頫在至元二十九年（1292）任濟南府總管府事，兩年後
（1294）歸吳興之時與中峰相識而訂交。其時他 41 歲，而中峰 32 歲，已在
天目山嶄露頭角。後來孟頫任江浙儒學提舉，與中峰往來更為密切。明・陳
繼儒在其〈本一禪院志序〉說，趙孟頫族兄趙孟僩不仕元，「髡髮為浮屠
氏，更法名曰順昌，號月麓，又自號三教遺逸。改〔所居〕北道堂為本一禪
院。其族弟趙松雪孟頫數來訪之，因請天目中峰禪師至院，登堂說法，月公
實開山第一祖。」根據明・顧清等纂，《松江府志》，趙孟僩於「景定辛酉
（1261）年十七。及冑，舉。父訓，遷赴南宮，遂得游謝南齋、歐陽巽齋、
劉須溪、朱約山之門。文天祥見之曰：『是子瑚璉器也』。咸淳乙亥
（1275）開江東浙西間，天祥以玉垣從事辟之偕行，抵吳僅五十日而大事已
去。天祥赴召，環衛王邦傑開門降元。授邦傑安撫使，孟僩吳江尹，固以疾
辭，遂去吳依親友以居。越十年為道士，名道淵，居松江北道堂。又五年為
僧，名順昌，因自號三教遺逸，改道堂為本一菴。」見《松江府志》，卷
30，頁 1396。依此推算，趙孟僩生於淳祐五年乙巳（1245），年長於孟頫 9
歲，年長於中峰 18 歲。從文天祥時年約 31 歲（1275），托黃冠為道士時約
41 歲（1285），削髮為僧時約 49 歲（1294）。所謂「其族弟趙松雪孟頫數
來訪之，因請天目山中峰禪師至院，登堂說法」一句，可能在其削髮為僧之
後，大概約 50 至 52 歲（1295-1297）。其時孟頫 41 至 43 歲時，歸吳興數

樓雲庵內,「問道者連翩而來,至於五百指之多」,於是創精舍一區,名曰「幻住庵」。❹他後來繼其師於天目山師子正宗禪寺陞座

次,又稱病江南,常遊吳興。而中峰約 32 至 34 歲,也已出天目山開講席,住於吳門。趙孟頫延中峰為座上賓當在此時。又,據查中峰在 38 歲時結廬平江雁蕩,眾既野,遂成法席。當年趙孟頫 47 歲,正好在杭州任江浙儒學提舉,而趙孟頫 56 歲,在本一禪院也已住持十餘年,在江浙叢林,身分與輩份俱高,孟頫既與中峰相交,趙孟頫延中峰至本一禪院說法,自為順理成章之事。陳繼儒之〈本一禪院志序〉說:「松雪以兩公(月麓公與中峰)聞道」,似有意凸顯趙孟頫對孟頫學佛之影響。筆者以為,趙孟頫既多次謁見月麓公,自能從其處聞道,至於所受影響,恐不如自中峰之處多。陳繼儒之說,見氏著《陳眉公全集》(上海:中央書店,《國學基本文庫》本,1936),頁 155-156。明·張照曾說:「吾鄉本一禪院,中峰本和上道場也。中峰,臨濟正支,詩文亦東南之美。趙承旨師事之,其子孫多以書畫作佛事。」此說可與陳繼儒之語相印證。見《故宮書畫錄》,第 3 冊,〈明雲間十一家山水〉,頁 300。又明·方岳貢修、陳繼儒纂《松江府志》謂:「宋宗室趙孟頫出家北道堂,是為月麓昌公。禮請座下,嘗請說法。昌公從兄孟頫同來至止。因改道堂日本一院,所憩之室曰幻住,山房曰得坐軒。」可見孟頫與中峰常同至孟偁處,而本一院亦成為中峰幻住庵之一。見明·方岳貢修、陳繼儒纂《松江府志》(北京:書目文獻出版社,影印明崇禎三年本,1991),卷 45,頁 1181a。唯「從兄孟頫」實為「從弟孟頫」之誤。同書又說「〔趙孟頫〕兄孟偁,文文山客,避兵皈依中峰本禪師於松江本一禪院。」見卷 44,頁 1160b。此說與陳繼儒自己之說法相抵觸,就時間上來看,趙孟偁「避兵皈依中峰本禪師於松江本一禪院」似不可能,因他「避兵」時,中峰年紀尚輕也。勞悟達女士認為趙孟頫與中峰相識最早可能於 1296 年,當時孟頫 43 歲,稱病於吳興,而中峰 34 歲,已離天目山住吳門。見前引勞悟達文,頁 30。筆者以為「最早」實應改為「最遲」。

❹ 同前引宋濂〈吳門重建幻住禪庵記〉。又見《廣錄》,卷 22,〈平江幻住庵記〉,頁 309b-310a。又《宋文憲公護法錄》卷 5,〈樓雲室記〉,頁 134,亦謂:「中峰本禪師結廬姑蘇城西以為禪定之室,趙文敏公書其扁曰樓雲。」據明·王鏊,《姑蘇志》,卷 29,〈幻住庵〉條,「相傳結草菴時,

說法，闡揚原妙「萬法歸一，一歸何處」之教語，❹提倡「一心貫
萬法，萬法歸一心」之說，吸引了不少王臣貴冑，趙孟頫不過其中
之一而已。上文所說的《心經》跋語，中峰以「一心貫萬法，乃其
同也；萬法歸一心，是謂真然」來解釋「同真庵」命名之由，正是
闡揚師說的一貫表現。

趙孟頫及馬海粟為治後云。」此說似為後人所採用。見《姑蘇志》（臺北：
臺灣商務印書館，影印文淵閣《四庫全書》本，1983-1988），頁 42ab。清·
顧嗣立，《元詩選》略謂：「其居東林也，趙學士子昂、馮學士海粟為之躬
運土木以執役。」見《元詩選》（臺北：臺灣商務印書館，影印文淵閣《四
庫全書》本，1983-1988），卷 26，〈智覺禪師明本〉，頁 1a-2b。按：大德
庚子年（1300），趙已 47 歲，寫過《金剛》、《法華》、《心經》等數種佛
經。大德元年（1297）四月，他 44 歲，曾寫《法華經》7 冊。裴景福，《壯
陶閣書畫錄》，〈元趙子昂楷書妙法蓮華經全部七冊〉說：「唐人以書經為
功德，松雪皈依中峰，深於禪悅，故能發此宏願，成此功德。」見《壯陶閣
書畫錄》（上海：中華書局，1937），第 1 冊，卷 5，頁 63b。作者似認為兩
人此時已有師弟子之關係，雖不無可能，但顧嗣立的「躬運土木以執役」之
說，可能是訛傳。《姑蘇志》所說之「馬海粟」疑為下文所說「馮海粟（馮
子振）」之誤。又趙孟頫〈游幻住庵〉詩有謂：「雨後溪水溢，黃流行地
中，輕舟何迅邁，沿波兼順風。碧蘆輈始長，柔桑葉已空。瞬息抵山曲，窈
窕微逕通。青林夾道周，流泉響幽蓁。多慚眾衲子，前路相迎達。禪居新結
構，斧斤未輟工……」這應是幻住庵興建時，趙孟頫訪中峰的情形。詩中又
說：「緬懷老尊宿，燕坐毗盧峯。塵緣苦未斷，無由往相從。一宿返歸棹，
迴望但青蔥。」其時中峰不過 38 歲上下，稱之為「老尊宿」，實深尊敬之。
而「塵緣苦未斷，無由往相從」一句，當非矯情之語。見《松雪齋文集》，
卷 3，頁 127。按：此詩雖原標題為〈遊幻住庵贈月公長老〉，實是訪中峰不
遇而作。所謂「月公長老」，即是千江月禪師。因中峰屢出天目山，雲遊各
處「幻住」、弘法，遂以千江月為天目山幻住庵之住持。

❹　見《廣錄》，卷 1，頁 97b-98a。

　　趙孟頫因仰慕中峰明本，故他嘗延請中峰於其官舍見面數次，以後更時相過從，來往問道。中峰曾說：

> 某記大德甲辰歲（1304），首蒙公賢夫婦相延於武林官舍。丁未（1307）秋，訪公於罟城之第。至大戊申（1308），復會於西湖。明年己酉（1309）再會於松雪齋。凡一會聚，與夫尺書往復，未嘗不以本來具足之道未悟未明為急務。每論到至真切處，悲泣垂涕，不能自已⋯⋯」 ❹⑥

考大德甲辰（1304）之歲，趙孟頫年 51，正在江浙儒學提舉任上。這時他已早拜比他年輕 9 歲的中峰為師，故延請中峰在其官舍晤面，也時而拜訪中峰於天目山，❹⑦與中峰來往拜會。❹⑧兩人傾論佛法，而孟頫每談到「至真切處」，都會「悲泣垂涕，不能自已。」可見他對自己一生遭際感慨之深。孟頫與中峰藉此師弟子機緣研味佛理，談詩論道，可謂互有所獲：孟頫得以向中峰學佛，而中峰亦可藉孟頫書法之助，加速佛經及他所寫文字的流佈。譬如，至大戊申（1308）兩人會於西湖，孟頫獲贈中峰授與之〈勉學賦〉一篇，

---

❹⑥　《廣錄》，卷 2，頁 121a。

❹⑦　譬如，大德十年（1306）十月初，他曾「謁中峰老師，適他出，與我月林上人話及東坡〈次韻潛師〉之語，出紙一通，以為禪房清供。」見《石渠寶笈》，卷 30，〈元趙孟頫書蘇軾古詩一卷〉，頁 14b。此處的月林上人，當是前註所說的月公長老或千江月禪師。

❹⑧　下文所述趙孟頫致中峰 21 帖書信之〈吳門帖〉，亦可見中峰去吳門訪孟頫不遇之例。

而他也「疾書一過」，並在序中說此賦「言言皆實，乃學人吃緊用力下功夫之法門也。豈止於老婆心切而已，學者於此玩誦而有得焉，」可以當「暗室之薪燭，迷途之嚮導矣。」❹又如延祐三年（1316），他為中峰書〈懷淨土詩〉，詩後繫有讚詞，而其序云：「〈淨土偈〉者，中峰和上之所作也。偈凡一百八首，按數珠之一週也。憫群生之迷途，道佛境之極樂，或驅而納之，或誘而進之，及其至焉，一也。」❺讚詞中還鼓勵世人依中峰之教念佛求生安養：「我師中峰大和上，慈悲憐憫諸眾生。勤勤為作百八偈，普告恒沙諸有情。如身受病等痛切，若人依師所教誨，一念念彼阿彌陀，一念念已復無念，自然往生安養國。」❺他還畫了阿彌陀佛於卷前，大力為中峰宣揚淨土往生之觀念，不但有助於中峰文字之流傳，❺也加深了時人對淨土安養之了解。❺也因為與中峰有這種師

---

❹ 見明·汪珂玉，《珊瑚網·書錄》，卷 8，〈趙書中峰「勉學賦」并序〉，頁 17b-23b。又清卞永譽的《式古堂書畫彙考》有〈書中峰大和上「勉學賦」並序卷〉，後有跋云至治元年（1321）寫，疑誤。因至治元年趙已致仕並居吳興，不會在西湖寫此篇。見《式古堂書畫彙考》，卷 16，頁 19a-25a。任道斌將此事繫於至大元年（1308），又繫於至治元年，頗為失當。任道斌，《趙孟頫繫年》（河南：新華書店，1984），頁 123，207-209。

❺ 《式古堂書畫彙考》，卷 16，〈趙松雪書中峰懷淨土詩後系讚〉，頁 31b-32a。末云：「延祐三年歲在丙辰，六月廿四日大都咸宜坊寓舍書」。又《石渠寶笈》，卷 5，〈元趙孟頫書中峰上人懷淨土詩一卷〉，其款識亦云：「〔於〕大都咸宜坊寓舍書」。

❺ 同前註。

❺ 此處只舉一例以概其餘。清宣宗道光皇帝（r.1821-1850）嘗為趙孟頫所書的《中峰和尚淨土詩冊》寫跋，跋中略云：「余每觀公墨迹，莫不心神開悅。展玩愈久而妙趣愈生，令人至於忘餐而不釋手。此冊書中峰和尚淨土詩二十

弟子關係，趙孟頫對中峰皈依頂戴，至為誠敬。他嘗繪中峰像，
「攜以自隨，到處供養。」並於至大二年（1309）為其像題贊詞
曰：「身如天目山，寂然不動尊。燕雲灑法雨，徧滿十方界。化身
千百億，非幻亦非真，覓贊不可得，為師作贊竟。」❺他曾在浙江
臨安附近的玲瓏山巔，構築一精舍於漏月峰旁，以供養中峰，每造
訪中峰後，就在山上的玄玄堂小憩。❺他對中峰的請求，自然也都
義不容辭，盡心而為。❺這種服勞之勤，在他為中峰書寫的〈懷淨
土詩〉等作品和他與中峰頻頻往復的「尺書」中，都充分地表現出
來。❺

六首，雄秀多姿；公又自為小偈一篇，係於卷尾，所以重申淨土之奧義也。
覽是冊者，須參無相真心，宗乘實法，凡八萬四千塵勞門，莫不昭然指示，
而開智海、度迷津之功，真與《楞嚴》接踵矣。」這句話表現的是因愛趙孟
頫之書法，而推崇中峰詩中的淨土闡釋。見清·張師誠，《徑中徑又徑》
（臺北：新文豐出版社《卍續藏經》，第 109 冊，1995），頁 821a。任道
斌，《趙孟頫繫年》。

❺ 同上。中峰提倡淨土信仰不遺餘力，並主張禪淨雙修，為元代最受敬仰之禪
師。有關其禪淨論，參看 Chun-fang Yu, "Chung-feng Ming-pen and Ch'an
Buddhism in the Yuan," in Hok-lam Chan et. al., *Yüan Thought* (Columbia:
Columbia University Press, 1982), pp. 419-478.

❺ 見清·陸心源，《穰梨館過眼續錄》（在徐娟編，《中國歷代書畫藝術論著
叢編》第 39 冊），原書頁 19a。此贊詞又見任道斌，《趙孟頫集》，卷 10，
〈中峰和尚真贊〉，頁 218。

❺ 見《式古堂書畫彙考》，卷 46，高輝，〈玄真圖序〉，頁 4ab。

❺ 中峰自己也寫經作畫。《秘殿珠林·石渠寶笈合編》第 1 冊錄有〈釋明本書
《妙法蓮華經》一冊〉及〈釋明本畫羅漢一卷〉。前者寫於延祐二年
（1315），其時趙孟頫已經寫了不少經。後者時間不詳。見該書頁 123ab。

❺ 這應該是很明顯的。前引清·道光皇帝的跋也說：「嘗觀三希堂石刻中，公

趙孟頫給中峰的「尺書」應該不少，約有 14 帖為《式古堂書畫彙考》、《秘殿珠林》及《秘殿珠林‧石渠寶笈續編》所收，較為常見。❺❽王連起先生所編的《趙孟頫墨迹大觀》另外收了原藏於日本的〈致中峰和尚六札卷〉的 6 帖及北京故宮博物院所藏的〈趙孟頫致中峰和尚札卷〉1 帖。合上述 14 帖計，則趙孟頫給中峰書信，包括趙妻管道昇代筆者，至今仍留存者至少有 21 帖。❺❾閱讀

與中峰和尚往來簡札甚夥。其平日皈依頂戴之誠，已可概見。想公之書此冊〔按：即中峰淨土詩冊〕，必竭精盡力而為之無疑也。今獲覽此真蹟，其殆操如意珠而游極樂國也！」見《徑中徑又徑》，頁 821a。

❺❽ 按：《松雪齋文集》中未收這些尺書。《式古堂書畫彙考》，卷 16，有〈趙文敏與中峰十一帖〉及管道昇信 1 帖。《秘殿珠林‧石渠寶笈續編》及《故宮書畫錄》則並收此帖及其子趙雍之〈淨土詩〉，合為《趙氏一門法書》。而《秘殿珠林》卷 6，亦收有 1 帖，附於趙孟頫呈送中峰《圓覺經》之後，當視為所有「尺書」中之一，均收入《全元文》（南京：江蘇古籍出版社，2000）第 19 冊。〈趙文敏與中峰十一帖〉的原件，現尚存於臺北故宮博物院中，見《故宮書畫錄》，卷 3，頁 217-224。《趙孟頫墨迹大觀》收錄這些信札的圖版，見於該書頁 429-449。《秘殿珠林‧石渠寶笈續編》中所含 3 帖的原本，不見於故宮，亦未為《全元文》所收。本文將現存趙孟頫致中峰之 21 帖書信，依時間順序製成附表加以討論。又《式古堂書畫彙考》卷 16，〈趙子昂書勉學賦并序卷〉一條，頁 19a-25a，於趙書〈勉學賦〉後，附有文嘉跋語謂：「余家所刻〈停雲帖〉中，松雪手札一十三紙與中峰者，言言皆有道味。」則文嘉所藏有 13 紙，其中或有不在此 21 帖中者。果真如此，則趙孟頫與中峰手札必不只此 21 帖。按：停雲館為「吳中四才子」中文徵明的書齋之一，文嘉為文徵明次子已如上述，其跋寫於明穆宗隆慶元年（1567）。文嘉頗能繼其父志，於詩、書、畫、鑑賞各方面都能成家，在明中葉之蘇州相當活躍，為西方藝術史學者研究之對象，例如 Alice R. M. Hyland, "Wen Chia and Suchou Literati: 1550-1580," in *Artists and Patrons*, pp. 127-138.

❺❾ 〈致中峰和尚六札〉，見《趙孟頫墨迹大觀》，頁 487-501，及下文引單國強

這些書信，我們可以了解他對佛法的執著，及他與中峰關係之深刻。這 21 帖書信的寫作時間，大概都在趙孟頫 50 歲之後所寫（見附表 1）。這時他與中峰時相往來，至去世之年，前後約與中峰交往二十餘年。這二十餘年的時間，趙孟頫沾溉於中峰禪化之中，對他的人生意境及看法之改變，有了很大的啟發，值得我們詳細查究。以下先就這些書信，依表 1 所暫定之名稱及先後順序，詳細分析趙孟頫與中峰關係之密切。

這 21 帖書信，大致可分為三類：⑴學佛類，以 1、2 帖為代表，亦即〈佛法帖〉及〈承教帖〉，分別寫於 50 歲及 56 歲。其時夫人管道昇仍健在，夫妻兩人熱衷於佛法，故書信中多談教旨及學佛心得。⑵寒暄類，以 4、8、9、10 帖為代表，亦即〈吳門帖〉、〈頭帽帖〉、〈叩位帖〉、〈俗塵帖〉等，多為噓寒問暖，生活起居相關之言談。⑶喪痛類，以 3、6、7、12 等帖為代表，亦即〈長兒帖〉、〈幼女夭亡帖〉、〈亡女帖〉、〈醉夢帖〉等帖，都表現對兒女及妻子死亡之傷痛，嗟歎個人無可彌補之損失，同時表示雖悟佛法，遺憾仍未參透生死。

趙孟頫既與中峰論交，拜於其門下，遂留心於禪佛之書，孜孜

〈趙孟頫信札繫年初編〉一文。此 21 帖書信，單國強之文，錄有其中 19 帖。管道昇代筆之函，下文暫稱〈頭帽帖〉，見《秘殿珠林・石渠寶笈合編》，第 5 冊，載重華宮所藏之〈趙氏尺牘三帖一卷〉，頁 1676-1677。其書略云：「今因俊兄回，謹拜此書，就有青羅頭帽一枚，白布手巾一幅，俏書拜納……聊表千里之誠。」署款為：「戊午十月十一日，女弟子道升和南拜復。」阮元在他的《石渠隨筆》（臺北：新文豐出版社，《叢書集成新編》本），稱此帖有「歸心切切，度日如年」之意。見卷 4，頁 684。

・356・

於了解佛門心要，故與中峰書信，總是會隨機問道，以藉中峰之教而增益其智慧。現存致中峰書信之〈佛法帖〉中，孟頫表示「讀書不敢謂博，然亦粗解大意。其於佛法，十二時間，時時向前，時時退後；見人說東道西，亦復隨喜。然自今者一瞻顧頂相，蒙訓誨之後，方知前者直是口頭、眼前無益之語，深自悔恨，干過五十年，無有是處。」❻即是自承他在認識中峰、親聆教誨之後，對佛法認識更深，所以才知道過去所見所聞，皆是誤信人語，拾人糟粕。而對中峰的「三要之說」，則表示「謹當銘心，以為精進之階。」❻所謂「三要」，因趙孟頫未明說，無法確知其究竟何所指。不過，臨濟宗自義玄（d.867）以下，其接引學人之法，有所謂「三玄三要」之說，主張「一句語須具三玄門，一玄門須具三要，有權有用」。❻中峰出臨濟之門，當也以此法接引學人。「三玄三要」之法，意在提醒學者分辨言句中權實照用之功能，勿拘泥於言詞、勿為語句所桎梏，而能悟其言外之意。亦即汾陽善昭（d.ca.1023）所舉

---

❻　此引文係根據《趙孟頫墨迹大觀》，〈佛法帖〉圖版及釋文，頁 487-488。疑釋文所作「上復隨喜」、「方知前者生是口頭，眼前無答之語」、「悔恨干過，五十年無有是處」等皆誤。又「十二時間」指一晝夜間，應與「其於佛法」分讀。參看單國強在〈趙孟頫信札繫年初編〉所附釋文之解讀，見《趙孟頫研究論文集》，頁 584。

❻　同前註。《趙孟頫墨迹大觀》，頁 488。唯釋文之「精進之供」，似應如單國強釋文讀作「精進之階」。前述 Zhixin Sun 之文，依日人著作《書道藝術》將此部份之〈佛法帖〉譯成英文，然於「三要之說」則一筆帶過，而「精進之階」亦未詳譯。

❻　見《鎮州臨濟慧照禪師語錄》（臺北：新文豐出版社，《大正藏》本，第 47 冊），頁 497a。按：「有權有用」似應為「有權有實，有照有用」。見《人天眼目》（臺北：新文豐出版社，《大正藏》本，第 48 冊），頁 302a。

「言中無作造」、「千聖入玄奧」、「四句百非外,盡踏寒山道」三要之代表語句。所謂:「三玄三要事難分,得意忘言道易親。一句明明該萬象,重陽九日菊花新。」其意實在強調莊子所教的「得意忘言」、不落荃蹄之概念。⑥〈承教帖〉中,他感謝中峰惠書中對所問「若人識得心,大地無寸土」一語的詮釋,了解「心外無法」之為義,進入「無是無非,無管無不管」之內心境界與修為,視世間尋常之知,不外葛藤、公案,與「繫驢橛的樣子」無異,於一己之悟道都無助。凡此皆是孟頫藉書信向中峰問道的典型例子。⑥

當然,孟頫與中峰之書信也偶有客套、寒暄、餽贈、酬謝之語,屬寒暄類書信,亦多見他對中峰敬愛之深及兩人關係之厚。譬如在〈吳門帖〉中,他說剛從吳門歸來〔杭州?〕,得中峰賜信,囑咐他寫〈陳公墓志〉,他立刻「如來命,寫付月師」,而且還獲有中峰致送之潤筆。⑥此外,他還與夫人同看中峰所賜「法語」,深感敬佩,而對中峰最近駕臨其「弊舍」而失之交臂感到悵然。〈暫還帖〉述說他得旨暫還吳興,為先祖考立碑,而因路途遙遠,且天氣酷熱,至童僕多有途中病死者。後月師來訪,遂知中峰住六安山中。他對中峰雲遊各處而「幻住」六安山之舉,雖感受其「俗境相逼迫,故不得不爾」之心情,但也表示「佛菩薩用心,恐未必

---

⑥ 見《人天眼目》,頁302a。

⑥ 見《趙孟頫墨迹大觀》,〈承教帖〉圖版及釋文,頁491-492。

⑥ 《全元文》,第19冊,頁40。按:單國強認為此「陳公」可能是文集中〈故嘉議大夫浙東海右道肅政廉訪使陳公碑〉的碑主陳元凱,筆者稍有保留,見下文討論。「月師」則是趙孟頫常提到的幻住庵住持千江月禪師。

如此逃避也。世事如雲，可撥遣即撥遣，不可撥遣亦隨緣而已，何必爾耶！」這是奉勸中峰勿勉強離群所索居，拒跟隨者於千里之外。故信末表示「此亦吾師所了，殆是代吾師自說法耳。故愚見以為不如且還浙間，亦省事清心之一端。」❻❻以中峰之所教，提醒中峰隨緣入世，以廣其禪化。〈頭帽帖〉中，他述及贈送中峰「青羅頭帽一枚，白布手巾一幅」，以「聊表千里之誠」，狀至輕鬆。〈山上帖〉中，除了例行問安之外，還為杭州報國寺之住持笑隱大訢（1284-1344）求中峰之疏，以為該寺遇火之後的「興復之計」鋪路。信中還解釋因與笑隱「有文字之交」，故代為求疏，明知對中峰會造成不便，但仍「恃〔其〕慈悲」，冀「恕之而曲從之」。❻❼其後，笑隱能「任緣鼓舞，大廈俱成，僧徒相從者垂千輩」，很可能是獲助於趙孟頫為他廣為張羅之功。❻❽故不久之後，孟頫致段輔

---

❻❻　《趙孟頫墨迹大觀》，頁 497-498。按：「撥遣」一語，此書釋文作「撥迷」，此處從單國強〈趙孟頫信札繫年初編〉之釋文。「此亦吾師所了……」一句，此書釋文不稱原意，亦從單國強之解讀。見《趙孟頫研究論文集》，頁 584。

❻❼　《全元文》，第 19 冊，頁 41。

❻❽　同前註。按：笑隱大訢為佛智元熙（即晦機）之嗣法弟子，與趙孟頫、鄧善之為方外交，常抵掌論人物，見其所著《蒲室集》（臺北：臺灣商務印書館，影印文淵閣《四庫全書》本，1983-1988），卷 8，〈曹文貞公續集序〉，頁 7ab。他曾訪中峰於天目山，為中峰所賞識及敬重。據說他「至大四年（1311）出住湖之烏回，次住杭城報國，又住中竺。報國、中竺俱經火之餘，訢至，任緣鼓舞，大廈俱成，僧徒相從者垂千輩。」見《南宋元明僧寶傳》，頁 704b，及明·黃溍，《金華黃先生文集》（臺北：臺灣商務印書館，《四部叢刊初編》本，1936），卷 42，〈龍祥集慶寺笑隱禪師塔銘〉，頁 1a-4a。觀趙孟頫此信，可知大訢曾透過趙孟頫求中峰之助，以重建報國寺。

（德輔）之書中就說：「昨往報國一游，見笑隱訢老住持，盼得興復山門，少一領袖，唯吾兄有餘，可以一助。幸為慨然樂從，彼便有人至也，果然。區區便與中峰和尚求一疏，寫入吾兄事實，定不虛費福田，□益可勝計耶？」⑩

　　延祐五年（1318），趙孟頫年 65 歲，朝廷賜中峰「佛慈圓照廣慧禪師」之號，又改「師子院」為「師子正宗禪寺」，元仁宗皇帝命趙孟頫撰碑文賜中峰，趙孟頫寫訖，書一函致中峰，即是附表所列之〈叨位帖〉。⑩此帖中，趙孟頫表示他在大都任官，「竊祿叨位，日逐塵緣」，雖意欲歸鄉而不能，只能翹首南望而已。此外又說他從天目山首座以中禪師手中收到中峰之惠書及所贈之「沈速

黃溍在笑隱塔銘中曾謂：「初魏國公孟頫未識公，得其文，歎賞不已，即命駕訪之。」又說笑隱也代孟頫寫寺院記之類文辭，含〈杭州金剛顯教院記〉一文。按：龍祥集慶寺在金陵，為文宗潛邸，於元文宗天曆二年（1329）建完改名，笑隱大訢為其首任「開山第一代」住持。文宗曾召入奎章閣賜見，並賜三品文官及「廣智全悟大師號」。有名的《百丈清規》即是他奉敕校訂的。在元代名僧中，他與圓至天隱（1256-1298）、本誠覺隱（生卒年不詳）並稱為「詩禪三隱」。見上引《南宋元明僧寶傳》，頁 704b，及虞集，《道園學古錄》（臺北：臺灣商務印書館，影印文淵閣《四庫全書》本，1983-1988），卷 25，〈大龍祥集慶寺碑〉，頁 1a-4a；《金華黃先生文集》，卷 19，〈覺隱文集序〉，頁 3ab；及《元詩選三集》，卷 16，頁 36b。

⑩　見《趙孟頫墨迹大觀》，〈山上帖〉圖版及釋文，頁 499。釋文誤「訢」為「訴」。「□」字難以辨識，疑作「為」，釋文作「幻蓋可勝計耶」，意思不明。

⑩　按：〈師子正宗禪寺碑〉碑文及〈叨位帖〉之時間，見單國強，〈趙孟頫信札繫年初編〉，在《趙孟頫研究論文集》，頁 565。碑文現已不存，書帖現藏於北京故宮博物院，其圖版見於《中國古代書畫圖目》，第 19 冊，〈行書中峰和尚記〉，頁 235。名稱雖不同，實即〈叨位帖〉。

香」，並知中峰患「渴疾」。並謂他已依聖旨寫好碑文，併人參一斤及五味一斤一起獻給中峰。❼這種互贈藥材之舉，屢屢出現於孟頫之書帖中，正可見他與中峰兩人關係，已非尋常師弟子可比。譬如延祐六年（1319）所撰之〈俗塵帖〉，孟頫表示感謝中峰之「過愛」，疑是前世有緣之故。此時他因一病兩月，幾至不起，故中峰時時賜問，並以「委順」之意勸其面對生死，而孟頫自云「固已知之矣」。信中還謝中峰酒、豉之贈，而謂後者「粒粒皆是禪味」。❼

　　趙孟頫與中峰交遊日久，其佛學當日益精進，但仕宦生涯所遭遇的塵累，及家庭所發生的變故，使他心情一直相當沈重，無法盡情追求真正曠放自適的生活。尤其長子、幼女、及夫人先後云亡，對他的打擊甚大，傾訴無人，只有向中峰告哀，並求請他為兒女及妻子轉經念佛。這些書信，都屬傷痛類。首先，在至大四年（1311），他的長子趙由亮突然病故，他致書中峰表達傷痛之情，

---

❼　同前註。按：「沈速香」係來自東南亞占城、真臘（約今越南、柬埔寨）等地之土產香料。見《諸蕃志》（臺北：臺灣商務印書館，影印文淵閣《四庫全書》本，1983-1988），卷上，頁 2a-3b；《島夷志略》（臺北：臺灣商務印書館，影印文淵閣《四庫全書》本，1983-1988），頁 7a-8b。「五味」疑即「五味子」，為中藥材。自漢・張機（仲景，約 151-219）以來，即用以製湯藥治療虛疾與咳嗽。見金・成無已，《傷寒論註》（臺北：臺灣商務印書館，影印文淵閣《四庫全書》本，1983-1988），卷 3，頁 5b-6a；卷 6，頁 12a。宋・唐慎微，《證類本草》（臺北：臺灣商務印書館，影印文淵閣《四庫全書》本，1983-1988），卷 1，頁 31ab、35b、65a；卷 7，頁 62b；清・徐彬，《金匱要略論註》（臺北：臺灣商務印書館，影印文淵閣《四庫全書》本，1983-1988），卷 12，頁 29ab。

❼　《全元文》，第 19 冊，頁 40。

略謂：「六十之年，數千里外，罹此荼毒，哀痛難勝。雖明知幻起幻滅，不足深悲。然見道未澈，念起便哀，哭泣之餘，目為之昏。吾師聞之，正堪一笑耳。今專為寫得《金剛經》一卷，附便寄上，伏望慈悲，與之說法轉經，使得證菩提，不勝至願。此子臨終，其心不亂，念阿彌陀佛而逝。若以佛法證之，或可得往生也。」⑬此書顯示他雖深習佛法，知人世、生死，一切皆為虛幻，但面對長兒之死，實無法抑制其內心之傷痛，故哭至目昏。但仍於哀毀之中，為其子寫《金剛經》1 卷，請中峰為之轉經。同時也希望其子確能依所深信的淨土之說，因臨終念佛而得往生西方。這種心情，也表現於他兩年後所寫的〈幼女夭亡帖〉及〈亡女帖〉上。趙孟頫之幼女在皇慶二年（1213）正月夭亡，他為此移書中峰，深致感傷。在〈幼女夭亡帖〉中，他泣訴「幼女夭亡，哀懷傷切，情無有已。雖生死分定，去來常事，然每一念之，悲不能勝。兼老婦鍾愛此女，一旦哭之，哀號度日，所不忍聞。」充分表明雖諳佛法生滅分定之理，實難抑制愛女夭亡之悲。他又寫了《金剛經》1 卷，希望中峰於「冥冥中提誨此女，使之不昧明靈，早生人天。」並謂他身為中峰弟子，對中峰為女轉經之事，「不勝悲泣、願望之至」，一再表示與其妻都「甚望師父一來，為亡女說法，使之超脫。」⑭後中峰因事不克應請而來，孟頫深感遺憾，但他相信「師非忘吾者，當必

---

⑬　見《趙孟頫墨迹大觀》，〈長兒帖〉圖版及釋文，頁 489-490。釋文作「目過為昏」、「縱堪一笑」、「惠可得往生」，皆誤。原文「政堪一笑」之「政」，意同「正」。按：孟頫書此帖之時間在至大四年應無誤，雖其年 58 歲，亦可號稱 60 歲，故有「六十之年」之語。

⑭　《趙孟頫墨迹大觀》，〈幼女夭亡帖〉圖版及釋文，頁 495-496。

緣事不可來耳。亡女蒙吾師資荐，決定往生，亦是此女與吾師緣熟故耶！」❼❺對女兒往生淨土寄予厚望。

　　延祐六年五月，與趙孟頫相守三十年的趙妻管道昇辭世，趙孟頫給中峰寫了一連串書信，從〈南還帖〉到〈瘡痍帖〉共計 11 紙，深表其內心之無限哀痛，至有痛不欲生之念。而對中峰之仰賴，也日益加深。譬如，延祐六年（1319）六月十二日所寫的〈南還帖〉，他關頭就說：「孟頫得旨南遷，何圖病妻道卒，哀痛之極，不如無生。」接著又說：「蒙遣以中致名香之奠，不勝感激！但老妻無恙時，曾有普度之願，吾師亦已允許，孟頫欲因此緣事以資超度，不審尊意以為如何？又聞道體頗苦渴疾，不知能為孟頫一下山否？」❼❻考趙孟頫得旨南遷後，於四月二十五日從大都出發，至臨清（今山東清平）途中，管道昇於五月十日去世，享年僅 58 歲。❼❼孟頫與其妻都以中峰為師，問道之餘，不免談及死後祭儀，而中峰亦慨允為之超度，故孟頫抵吳興之後，立即致書中峰，籲請他如約為管道昇超度。因為中峰一直患有喉疾，先前無法為趙之兒女超度，此時亦未必能應邀而來，故孟頫有「不知能為孟頫一下山否」之語。

　　這個請中峰為妻超度的願望，仍因中峰的體弱多病一直未能實現。雖然趙孟頫在〈醉夢帖〉、〈還山帖〉、〈丹藥帖〉、〈兩書

---

❼❺　《趙孟頫墨迹大觀》，頁 493-494。

❼❻　《全元文》，第 19 冊，頁 41。

❼❼　按：此年趙 66 歲，從大都返吳興距離甚遠，而其妻不幸中途病故，酷暑中護柩而行，益增困難，故信中說：「酷暑長途三千里，護柩歸來，與死為鄰。年過耳順，罹此荼毒。」

帖〉、〈塵事帖〉、〈入城帖〉和〈瘡痍帖〉一再的表示對老妻之
喪的傷痛，懇請中峰為妻之安厝起靈，並為她主持普度，但中峰一
直都因故辭謝。在延祐六年七月二十三日的〈還山帖〉中，孟頫還
特別強調普度之事為管道昇在世時之心願，「所謂普度功德，此乃
先妻願心，必須為之。但日期未敢定，臨時又當上稟耳。」❼❽對此
請求，中峰仍無法答允，未能親自下山，只有遣其弟子「賜以法
語」、「重以悼章」、「加以祭文」、饗以「祭饌之精」，為管道
昇送終，而在管道昇週年祭辰，再次遣其弟子千江菴主來主持普度
追悼儀式。❼❾這期間趙孟頫為妻懇請中峰下山，可謂費盡心思，雖
然事與願違，但從他信中措辭之懇切與直截，可以看出他與中峰已
無話不談，而企望之切，更溢於言表。同年八月二十二日，他在
〈丹藥帖〉中邀請中峰為妻起靈之信說道：

> 擇九月初四日安厝，勢在朔旦日起靈，區區欲躬謁丈室，拜
> 屈尊者為先妻起靈掩土，亦想師父尋常愛念之篤，懃懃授
> 記。先妻於師父所言、所惠字、所付話頭，未嘗頃刻忘，今
> 日至此，實是可憐！師父無奈何，只得特為力疾出山，庶見
> 三生結集，非一時偶然會合之薄緣耳。……唯師父慈悲，必
> 肯為弟子一來，若蒙以他故見拒，則是師父於亡妻不復有慈
> 悲之念，而有生死之異也，孟頫何復言哉！❽⓪

---

❼❽　見《全元文》，第 19 冊，頁 42-44。
❼❾　《全元文》，第 19 冊，頁 43。
❽⓪　《全元文》，第 19 冊，頁 43。

雖然趙孟頫此信似有「吾師不出，奈蒼生何」之味道，最後還是因中峰「諭以病惱之故」，而「不敢復有所求」。值得注意的是，在這段期間，他雖然常感「卅年陳迹，宛若夢幻」，「先妻云亡，凡事罔知所措」、「悽悽然無所依」，❸❶但是仍在中峰的吩咐之下，繕寫《圓覺經》，寫完之後，立即「奉本師中峯大和上尊者披閱」，❸❷而且在次日寄給中峰尺牘中，向中峰致意，並感謝他賜藥，還說：「蒙寄惠靈砂養正，有以見吾師不惟發藥以聞其愚癡，

---

❸❶ 《全元文》，第 19 冊，頁 43。

❸❷ 按：〈還山帖〉和〈兩書帖〉，都提到他寫《圓覺經》。前者謂「還有三章未畢」，後者謂「《圓覺》俟再寫納」。《秘殿珠林》，卷 6，〈元趙孟頫書圓覺經一卷〉，頁 11b-13a，款識云：「延祐柒年三月十六日，弟子翰林學士承旨，榮祿大夫知制誥兼修國史趙孟頫誌。」按：明・張自烈，《正字通》，「七或作柒、柒」，故「柒年」即「七年」。則此經大概於管道昇逝後之第二年（1320）三月 16 日寫完，寫完之後一日，即向中峰致意，並於信中說：「弟子趙孟頫和南拜覆中峰和尚老師侍者，昨作書以《圓覺經》拜納，當已得達」，而日期署為十七日。又同書卷 3，頁 3ab，及卷 6，頁 13a-15a，錄有〈元趙孟頫書《圓覺經》二冊〉及〈元趙孟頫書《圓覺經》一卷〉各 1 件，都有趙孟頫跋一篇，完全類似，其文曰：「《大方廣圓覺修多羅了義經》一部，奉本師中峯大和上尊者披閱。所願聞此經者、見此經者、誦此經者、持此經者，悉圓三觀，頓除二障，不墮邪見，得清淨覺，出生殊勝功德。奉為妻魏國夫人管氏道昇，懺除業障，早證菩提，與法界有情，同成圓覺。」可見是為管道昇之死而寫。唯所署日期分別為正月二十七日與正月二十四日。若此 3 個日期代表 3 次寫經，則如附表所列，孟頫寫《圓覺經》至少 5 次。其中二次在延祐元年正月，一次在三月，自都是為紀念管道昇而寫。按：《圓覺經》1 卷計 12 章，約一萬四千字上下。以趙孟頫筆法之速，若以行書專心抄寫，兩、三日內或可寫完。此或可解釋正月二十四日寫完 1卷之後，又於二十七日寫完兩冊，蓋後者以行書寫成之故。

又發藥以救其幻體，此恩此德何可忘耶？」❽顯示他對中峰感念之
深與頂戴之誠。對這種敬僧愛僧迹近五體投地之表現，許多仰慕他
的人都不以為然。譬如明末主盟文壇的學者王世貞（1526-1590），
收藏趙孟頫作品甚多，但認為他「篤於佞佛，其夫人管氏致書中峰
和尚稱女弟子，而公所度墳庵僧即拜公為義父。」❽清·乾隆時期
參加編纂《秘殿珠林·石渠寶笈續編》的學者阮元（1764-1849）曾
批評趙氏夫婦及兒子趙雍，認為他們都在致中峰尺牘上稱中峰為
師，且「辭意皆極肫懇，不知何以一家皆佞此僧若是？」❽他用

---

❽　《秘殿珠林》，卷6，頁11b-13a。

❽　《弇州山人四部稿、續稿》，卷162，〈趙松雪墨迹〉，頁5b-6a。

❽　阮元，《石渠隨筆》，頁684。阮元還批評趙書中峰〈淨土詩〉曰：「以其
　　詩觀之，皆遊腳口頭禪，無大智慧也！」可見他對中峰觀感之差。淨土之
　　詩，無非是談淨土往生信仰，觀念至為簡單，本不需什麼「大智慧」。但中
　　峰有詩才，卻是不能否認的。根據《古今圖書集成》（臺北：中華書局），
　　冊497，頁35，引《筆記》說：「天目中峰禪師，趙文敏公與之為方外交，
　　同院學士馮海粟（子振）甚輕之。一日，松雪強拉中峰同訪海粟，海粟出
　　〈梅花百韻詩〉示之，中峰一覽，走筆而成，如馮之數，海粟神氣頓懾。」
　　按：馮子振，字海粟，攸州人。明史臣說他「於天下之書，無所不記。當其
　　為文也，酒酣耳熱，命侍史二、三人，潤筆以俟，子振據案疾書，隨紙數多
　　寡，頃刻輒盡。雖事料醞郁，美如簇錦，律之法度，未免乖剌，人亦以此少
　　之。」見《元史》，卷190〈馮子振傳〉，頁4340。四庫館臣於所刊定之
　　《梅花百詠》收有中峰和馮子振之〈梅花百詠詩〉。見該書〈附錄〉，頁1a-
　　19b。其〈提要〉中亦載有馮子振輕視中峰之故事，略謂：「子振字海粟，攸
　　州人，官承事郎集賢待制，以博學英詞有名于時。明本號中峰，錢塘人住鴈
　　蕩村，姓孫氏，出家吳山聖水寺，得法于高峰原妙禪師，屢辭名山主席，屏
　　跡自放。時趙孟頫與明本友善，子振意輕之。一日，孟頫偕明本往訪子振，
　　子振出示〈梅花百詠詩〉，明本一覽，走筆和成，復出所作〈九字梅花歌〉
　　以示子振，遂與定交。」〈提要〉並說：「宋史〈藝文志〉載李頎〈梅花百

「佞佛」來形容趙孟頫等對中峰之敬愛，固然是不知趙孟頫者，亦可見趙孟頫與中峰密不可分的關係，已引起若干衛道者的反感了。現代學者有逕指趙氏夫婦「佞佛」者，未嘗也不是受到阮元以來衛道者的影響吧。❽

由於趙孟頫與中峰明本的關係如此之深，無怪趙孟頫死後，其子趙雍（仲穆）乞中峰為舉似，而說：「先君問道二十年，不料嬰此大變，擬卒哭日內安厝東衡，臨壙一語，乞為舉似。」❽所謂

詠一卷〉，久佚弗傳，子振復創為之，才思奔放，往往能出奇制勝，而明本所和，亦頗琱鏤盡致，足稱合璧聯珪。」見《梅花百詠》（臺北：臺灣商務印書館，影印文淵閣《四庫全書》本，1983-1988），頁 1a-2a。可見清人對中峰詩評價之一斑。《梅花百詠》之原編者夏洪基也在其書末尾說：「元翰林馮海粟作〈梅花百詠〉以索中峯禪師和章，師談笑間不踰日而盡答之，二公真梅花知己也。今其詩裁冰鏤雪，慕繪入神，而逸韻藻思，實堪伯仲。于肅愍詩『所稱海粟後才應絕世，中峯道韻不騫塵』者，豈虛語哉！」可見中峰明本之詩及詩才都頗受後來學者所肯定。按：夏洪基，字元開，崇禎末高郵人，著有《孔子年譜綱目》、《孔子弟子傳》等書，並不以詩名。但他所說的「于肅愍」，卻是鼎鼎大名，詩文俱著的明代名臣于謙（1398-1457）。《古今圖書集成》，第 652 冊，頁 15，引明‧鄭曉（1499-1566）《吾學編》曰：「于謙，字廷益，錢塘人。永樂十九年進士。文如雲行水湧，有奇氣，詩清麗頃刻千言。」又說于謙曾和馮子振〈梅花百詠〉，也是「頃刻而就，膾炙人口」。他對中峰詩的評價，當為公論。按：于謙的〈和梅花百詠〉見《于肅愍公集》（上海：上海書店，《叢書集成續編》，第 112 冊，1994），頁 41-48。

❽　譬如，冼玉清先生在其〈元趙松雪的書畫〉一文就說：「孟頫夫婦佞佛，一生篤信中峰和尚，至建玄真觀於玲瓏山以居之。」他還引阮元「無大智慧」之評語，似有贊同之意。又說：「孟頫于仁宗延祐元年受戒，宜其佞事中峰和尚也。」見《趙孟頫研究論文集》，頁 10、26。

❽　《廣錄》，卷 2，頁 122b-123a。按：「舉似」為禪林用語，同「舉示」，意

「聞道二十年」一語，證明趙孟頫與中峰學佛時間之長，受中峰明本教益之弘深。而其潛心佛教，研讀佛經，在佛法的修養上，實為許多元代士人所不及。延祐元年（1314）十一月，趙孟頫 61 歲時，還「奉旨於灌頂帝師比毗奈耶室利板的答座下敬受法戒」，而且表示他「多生因緣，獲值妙法，既受戒已，心地明朗，了悟佛法廣大弘遠，微妙精深。」於是「生大歡喜，爰發願心，手書《大佛頂密因修證了義諸菩薩萬行楞嚴經》一部。」❽他的寫經，固出於篤信之誠，未嘗也不是回應中峰之教，誠心發願，助弘佛法，誘導群生。尤其對中峰在宣揚淨土上所表現的苦心，他的仰慕之意，化諸筆端，所謂「憫群生之迷途，道佛境之極樂」，絕不是對中峰老師阿腴奉承的恭維之詞。

四、千古不磨唯佛法，百年多病只儒冠

趙孟頫是個趙宋王孫，依照慣例，自然是以入朝為官為一生之目標。但是他生長於南宋末年內政不休，外患頻仍之時，雖因父蔭而任過真州（今江蘇鎮江）司戶參軍，但為時不久，南宋便亡，而他也跟著去職返鄉。❽其後元世祖忽必略遣程鉅夫江南訪賢，孟頫雖

謂以言語提示古則，或以物示人。蘇軾有詩曰：「溪聲便是廣長舌，山色豈非清淨身？夜來八萬四千偈，他日如何舉似人？」

❽ 見《全元文》第 19 冊，頁 135，引《三希堂法帖釋文》，卷 10。按：《大佛頂密因修證了義諸菩薩萬行楞嚴經》，通稱《首楞嚴經》或《楞嚴經》。

❽ 見《元史》，卷 172，〈趙孟頫傳〉，頁 4018。關於趙孟頫未隱而仕元，近代作者都採較為「同情之諒解」的態度來解釋，如劉龍庭，〈趙孟頫及其藝

然膺選而入仕，**⑩**但以亡國之臣而事異姓，備受猜忌與排擠，儘管入朝時有「半生落魄江湖上，今日鈞天一夢同」的快慰之感，**⑪**但不久即有「誰令墮塵網，宛轉受纏繞。昔為水上鷗，今如籠中鳥」、**⑫**和「誤落塵網中，四度京華春；澤雉嘆畜樊，白鷗誰能馴」，**⑬**甚至「同學故人今已稀，重嗟出處寸心違」之歎。**⑭**

術〉、李鑄晉，〈趙孟頫的《鵲華秋色圖》〉。但以單純被迫出仕而立論，與傳統的趨附新朝之看法都嫌不妥。見《趙孟頫研究論文集》，頁 157-220、261-377。又參看同書陳高華，〈趙孟頫的仕途生涯〉，與余輝，〈趙孟頫的仕元心態及個性心理〉，見頁 425-445、446-464。

⑩ 見《元史》，卷 172，〈程鉅夫傳〉，頁 4016；〈趙孟頫傳〉，頁 4018。趙孟頫入朝時年 34 歲。楊載，〈趙〔文敏〕公行狀〉謂：「至元丙戌十一月，行臺侍御史程公鉅夫奉詔搜訪江南遺佚，得二十餘人，公居首選。」見《松雪齋文集》附，頁 487-512。又程鉅夫，《雪樓集》附〈程文海年譜〉謂程鉅夫「率所荐二十餘人赴闕復命」。《雪樓集》（臺北：臺灣商務印書館，影印文淵閣《四庫全書》本，1983-1988），頁 7ab。

⑪ 《松雪齋文集》，卷 5，〈初至都下即事〉，頁 208。

⑫ 《松雪齋文集》，卷 2，〈罪出〉，頁 89-90。按：孟頫寫此詩時，年 35 歲，方出仕兩年。參看《趙孟頫繫年》，頁 50。

⑬ 《松雪齋文集》，卷 2，〈寄鮮于伯機〉，頁 87-88。按：孟頫寫此詩時，年已 37 歲，在京出仕已四年，參看《趙孟頫繫年》，頁 54-55。此四年中，孟頫屢自歎身如澤雉在籠中，〈題龔聖予山水圖〉一詩也有「澤雉樊中神不王，白鷗波上夢相親」之句，表達寧為波上白鷗而不為樊中澤雉之心聲。見《松雪齋文集》，卷 5，頁 214。按：鮮于伯機即鮮于樞（1246-1302），風流文雅，善詩歌，工書法，與趙孟頫為好友，趙孟頫於此詩中說他：「賦詩凌鮑謝，往往絕塵埃。我生少寡諧，一見風昔親」，充分顯示他對鮮于樞之賞識。又有〈哀鮮于伯機〉一首，追敘兩人之交遊，末有「緋袍儼畫像，對之淚沾臆。宇宙一何悠，悲酸豈終極」之句，頗見其情誼之深。前引黃惇文特別強調趙孟頫、鮮于樞、鄧文原 3 人為當時的書法重鎮，見該文頁 201-203。

　　由於仕宦不盡如人意，趙孟頫寄情於山水園林，與友人賦詩酬唱，甚至出入佛道，作畫寫經，都是可以理解的。⑮他的學道，非本文所關切，暫且不論。奉佛方面，實不僅僅是「逃佛」或「逃禪」所能一言蔽之的。上文述及趙孟頫寫《心經》及《圓覺經》，或以為未必能見出他信佛之篤，但此兩部經書不過是他所寫的眾多佛經中之兩種而已，其他所寫過之佛經，還包括《四十二章經》、⑯《佛境經》、⑰《法華經》、⑱《金剛經》、⑲《無量壽佛

---

⑭　《松雪齋文集》，卷4，〈和姚子敬韻〉，頁178。按：姚式，字子敬，號浮玉山人，為「吳興八俊」之一。趙孟頫與他有「結交三十年」之交情，稱他「天資高爽，相見令人怒，不見令人思。」又有詩謂：「吾友子姚子，風流如晉人；白眼視四海，清言無一塵」，可見其為人之一斑。見《松雪齋文集》，卷3，〈送姚子敬教授紹興〉，頁113。按：〈和姚子敬韻〉大概寫於趙孟頫致仕前，故《四庫提要》說：「其和姚子敬韻詩有『同學故人今已稀，重嗟出處寸心違』句，是晚年亦不免於自悔。」《四庫提要》，卷166，〈集部·松雪齋集〉，頁2210。

⑮　這也是元代文人受政治壓迫及歧視，不得不在精神上另尋出路的結果。關於此問題，參看 Wai-kam Ho, "Chinese under the Mongols," in Sherman Lee et. al., *Chinese Art under the Mongols: The Yüan Dynasty* (1279-1368) (Cleveland: Cleveland Museum of Art, 1968), pp. 73-112, 及何惠鑒，〈元代文人畫序說〉，見《趙孟頫研究論文集》，頁79-114。

⑯　《秘殿珠林》，卷1，頁80b-81a；卷2，頁5ab；卷6，頁18ab。按：趙孟頫寫此經至少兩次，其中之一為素絹本楷書，寫於元貞二年（1296），時趙孟頫43歲，在江南養病。其餘皆為行楷書寫，乾隆曾臨摹之。見附表2。

⑰　《秘殿珠林》，卷3，頁2a-3a。此為泥金行書，款識云：「大德三年（1299）四月八日，吳興弟子趙孟頫沐手敬書。」按：大德三年，趙孟頫46歲。同年五月他也寫《心經》1冊，見《趙孟頫繫年》，頁89，引《秘殿珠林·石渠寶笈續編》，〈玉池趙孟頫書《般若波羅密多心經》〉。

經》、⑩《阿彌陀經》、⑩《觀音經》、⑩《首楞嚴經》及《楞嚴神咒》、⑩《藥師經》、⑩《八大人覺經》⑩和《金光明經》⑩等等，不一而足。所以明代詩人顧起元（1565-1628）說：「松雪居士平生善以筆硯作佛事，所書經當不下數十百本。」⑩其中數種如

---

⑱　《秘殿珠林・石渠寶笈合編》第 3 冊，〈趙孟頫書法華經一冊〉，頁 105，款云：「奉佛弟子趙孟頫書，奉施無照大師永充持誦。」

⑲　《秘殿珠林》卷 3，頁 5a-6a；卷 6，頁 11ab。按：趙孟頫寫《金剛經》多次，首次在至元二十八年（1291），時年 38 歲，方入仕大都。其後在大德九年（1305）、十二年（1308）、至大四年（1311）、皇慶元年（1312），都曾以行楷或泥金書寫過。見附表 2。

⑩　《秘殿珠林》，卷 3，頁 3b-4a；4a-4b；5a。按：趙孟頫書《無量壽經》多次，最早一次，在大德元年（1297）三月，其後在大德三年（1299）二月、九年（1305）佛誕日皆有寫此經。《秘殿珠林》又錄有皇慶三年（1314）所寫者，但皇慶無三年，疑為二年（1313）之誤。見附表 2。

⑩　《秘殿珠林》，卷 3，〈元趙孟頫書《金剛》、《彌陀》、《觀音》三經一冊〉，頁 6a。又卷 6，〈元趙孟頫書阿彌陀經一卷〉，頁 27ab。

⑩　同上。又趙另寫《觀音經》數次，其中有至大二年（1309）所寫之 4 冊本，及至大三年（1310）之行書寫本〈普門品〉1 卷。見附表 2。按：《法華經》中之〈普門品〉，即一般所謂之《觀音經》。

⑩　《秘殿珠林》，卷 3，〈元趙孟頫書楞嚴神咒一冊〉，頁 6b。

⑩　《秘殿珠林》，卷 6，〈元趙孟頫書藥師經一卷〉，頁 15a-16b。

⑩　《秘殿珠林》，卷 6，〈元趙孟頫書八大人覺經一卷〉，頁 17b。

⑩　《秘殿珠林》，卷 14，〈元趙孟頫書金光明經〉，頁 1a。

⑩　明・顧起元，〈趙松雪真書法華經跋〉，《嬾真草堂集》（臺北：文海出版社，影印明萬曆四十二年刊本，1970），頁 2956-57。按：顧起元，字太初，江寧人，自號嬾真居士。萬曆二十六年（1598）賜進士第三，除翰林編修，累遷南國子祭酒，歷吏部右侍郎兼翰林學士。著作甚多，有《嬾真草堂集》、《遯園漫稿》、《客座贅語》等等。此篇《法華經》跋，寫於萬曆三十年（1602），亦見於《壯陶閣書畫錄》，卷 5，頁 66a。他還在跋中說這部

《心經》、《圓覺經》、《金剛經》、《無量壽經》等，他都寫了好幾次。我們如將他的寫經，按時間先後及寫經時之年歲列成一表（見附表 2），⑩⑧可以看出這些佛經所寫的時間，前後大概跨越了三十年。雖然其中若干日期不詳，有可能係後人的偽託之作，而且寫經的同時，趙孟頫也寫儒家經子，詩文，及道家經書，和碑銘、塔銘，並且還吟詩作畫，完成了許多膾炙人口的作品，但仍可以據以看出他在寫經上所費的許多工夫與精神。此外，趙孟頫寫經之勤，及寫經時間之長，固無庸置疑，而且他隨興而寫，意到筆隨，並無意求潤筆或任何贈與，也不為固定原因而寫。大致上，或寫贈僧侶作轉經讀誦之用、或為超度死者、或為個人讀經日課，都可能是他寫經之因。尤其大德二年（1298），他 45 歲時，奉召入京寫《藏

楷書《法華經》，不過是趙孟頫所寫經之一部耳。另有草書《法華經》，在王世懋處，但已佚其半。此外這部經「字勢遒緊勁媚，冥居士它書，而首尾七萬餘言，無一筆失度，真龍藏中之寶墨也。」顧起元曾拜雪浪洪恩（1545-1608）禪師為師，也是一個在家居士，他是在雪浪洪恩之處見到此本趙寫《法華經》的。按：雪浪洪恩，金陵黃氏子。裴景福在《壯陶閣書畫錄》說他「年十一出家長干寺。博通經史，攻習翰墨，善詩，書法遒媚，通及理，有江左支郎風韻。」見該書卷 5，頁 65b。雪浪洪恩在萬曆時頗富盛名，同時名流如董其昌、陳繼儒、及佛教居士馮夢禎、屠隆、錢謙益等都與交遊。其生平與事迹，參看廖肇亨，〈雪浪洪恩初探──兼題東京內閣文庫所藏《谷響錄》〉，在《漢學研究》，14 卷，2 期（1996），頁 35-57。裴景福在《壯陶閣書畫錄》中也指出顧起元所謂「有草本在王敬美處，已缺其半」，實乃誤傳。他認為趙孟頫所書《法華經》傳世者有二，其一即是王世懋所藏楷書本，在明時已缺 1 卷，尚存 3 卷半，而他自己得其第 6 卷。另一傳世者即是下文所說的 7 冊本。

⑩⑧ 此表主要根據《祕殿珠林》所錄趙孟頫所寫佛經製成，《祕殿珠林》未錄者，根據他書補足。

經》和與中峰明本敘師弟子之誼後，一直到晚年，更投心於佛法，不斷地在寫經、問道中窮究佛理，增進他對佛法的認識及領悟。⑩譬如，皇慶元年（1312）年，他 59 歲時，「被命入集賢閣，時職校讎，而三藏之書□西崑者甚備，暇則投誠披誦，理□迷重，無所證明。」⑩此時適逢門生及友人顧信（1279-1353）因事至大都，遂得與他參研疑義而有所悟。這是因為顧信曾與他跟隨中峰明本遊，而「冥心至道，屢叩祖庭」，故趙「得相與策發，深慶未聞。」⑪

---

⑩　按：元帝集善書儒士寫經，不僅一次。前引《山庵雜錄》有云：元英宗曾「出內帑，黃金為泥，詔江南善書僧儒集燕京書大藏」，蓋悔誤殺瀛國公而欲「庸助冥福」之故。瀛國公即南宋少主恭帝趙㬎，至元十三年（1276）與太后等宗室降元，後入西藏出家為僧，史稱合尊大師，藏人目為合尊法寶。據洪再新先生之考證，趙孟頫所繪《紅衣西域僧卷》是「藉悼念一年前去世的薩迦派帝師膽巴之名，隱喻正在薩迦大寺做總持的故〔前？〕宋恭帝（瀛國公），以寄託畫家內心的哀婉情思。」見洪再新，〈趙孟頫《紅衣西域僧卷》研究〉，《趙孟頫研究論文集》，頁 519-533。按：《山庵雜錄》並謂瀛國公因適興吟詩，有「寄語林和靖，梅開幾度花？黃金臺上客，無復得還家！」之句，謀者以其詩意在諷動江南人心，報於英宗，遂收斬之。時趙孟頫已死三年，否則定再受命入京寫經。不過，此次寫經因英宗駕幸上都，中途遇弒，只寫「半藏」而廢。

⑩　《全元文》，第 19 冊，〈崑山州重建海寧禪寺碑〉，頁 302。引文中之□，代表碑文脫落之字。

⑪　同上。按：顧信，字善夫，崑山人。元大德初為浙江軍器提舉，以能書稱。從趙文敏公遊幾 20 年，得其書必鑴於石，作亭扁曰：「墨妙」，晚年號樂善處士。見明‧李日華（1565-1635）《六研齋筆記》（臺北：臺灣商務印書館，影印文淵閣《四庫全書》本，1983-1988），卷 2，頁 32ab。他的出生時間，依趙志成〈《趙孟頫繫年》辯證〉一文，應在至元十六年（1279），小孟頫 25 歲。見《趙孟頫研究論文集》，頁 479。趙孟頫的友人陵陽牟巘說，顧信原為淮海崇明之巨族，至元辛卯（1291）徙居吳之太倉。大德丁未

這種對佛經的認真態度，使他對佛經之理解更為深刻，所以凡是有寺記、碑銘之作，不管是應僧侶之請而作，或奉敕命而為，他不僅能得心應手，遊刃有餘，而且往往能藉機發揮他對佛教教法及歷史之認識及看法。元成宗（r.1295-1307）、武宗（r.1308-1311）及仁宗（1312-1320）都尚佛，往往藉尊禮僧團領袖來表示對佛教之擁護，而趙孟頫就成了御選的文膽來協助皇帝完成此政教一統之任務。譬如成宗即位不久，欲對海雲印簡（1204-1257）表示榮寵，即命趙孟頫撰〈臨濟正宗之碑〉，彰揚臨濟禪宗之道。趙於碑文之始即謂：

（1307）與牟巘議創師祖亭以興佛教，稱淮雲院。見牟巘撰〈平江路崑山淮雲院記〉，在《趙孟頫墨迹大觀》，頁145-150。按：此時趙孟頫與顧信都已拜在中峰門下，宜其有意興佛。又蔡星儀在其〈趙孟頫「竹石幽蘭圖」卷及其相關問題〉一文，認為顧信可能在出任浙江軍器提舉時，逢趙孟頫任浙江等處儒學提舉，遂從趙學書法。見《趙孟頫研究論文集》，頁496-518。此說不難推知，其實此時兩人都從中峰學佛，關係甚深。又據《崑山縣志》云：「嘉靖中，湯墩陶氏掘土得石函，內藏趙子昂所書佛經、《千字文》等石刻甚多，完好如故。其題〈墨妙亭書法〉云：『大抵古人用筆之法，略備於此，然著緊處，政未道著。蓋學書有二：一曰筆法，二曰字形。筆法弗精，雖善猶惡。字形弗妙，雖熟猶生。學書能解此，始可與言書也已。』泰定改元，仲春十有九日，門生崑山顧信摹勒立石。」此可視為顧信將趙孟頫書刻石之證。按：顧信之刻石當與元代私人雕版刻書風氣盛行相關。元代雕版刻書，以江浙為第一。至元五年（1333），吳興花溪沈璜所刻之《松雪齋文集》，亦即本文所用之版本，據說是沈璜以趙孟頫筆法抄寫其稿而刻成的。沈璜喜孟頫字而常臨其書，故寫出之趙孟頫全集，筆工與趙逼似。參看 K. T. Wu., "Chinese Printing under Four Alien Dynasties," in *Harvard Journal of Asiatic Studies*, vol. 13, no. 3 & 4 (Dec. 1950), pp. 447-523, especially pp. 471-502。

佛以大智慧破一切有，以大圓覺攝一切空，以大慈悲度一切
眾，始於不言而至於無所不言，無所不言而至於無言。夫道
非言不傳，傳而不以言，則道在言語之外矣。是為佛法最上
上乘，如以薪傳火，薪盡而火不窮也，故世尊拈花，迦葉微
笑，一笑之頃，超然獨得，尚何可以言語求哉。⑫

此語把禪宗之精髓點出，道出了禪宗「不立文字，以心傳心」的精
神。而整篇碑文，不但將臨濟禪之法系標明清楚，且對海雲印簡
（1204-1257），讚揚備至，稱他「性與道合，心與法冥，細無不
入，大無不包。」且「能系祖傳以正道統，佛法蓋至此而中興
焉！」⑬將海雲在臨濟宗的歷史傳承上定位，肯定他對臨濟正宗獨
盛一世所立之功。

又如武宗於政務之暇，留心內典，於至大四年（1311），取諸
經之要，編成《御集百本經》百卷，趙孟頫奉命撰序，他於序中讚
歎佛法之「廣博淵深，莫知涯涘，圓融權實，未易揆量」，並分析
所以佛經有三藏，而佛法分三乘之理。然後指出根器之不同所面臨
問題：

頓悟者以言語為末，泥象者起文字之塵，徒使幽玄悉歸汗
漫，況於愚昧益墮渺茫，非資上聖之照臨，孰憫迷途而開

---

⑫　《松雪齋文集》，卷10，〈臨濟正宗之碑〉，頁393-396。
⑬　《全元文》，〈臨濟正宗之碑〉，第19冊，頁285-286。

導，弘通無礙，利益有情。⑭

此說法似又有意指出學者執於一端之謬誤，認為凡對語言文字之過度忽略或執著，皆非學佛習禪之正道。

又仁宗皇慶二年（1313），始建大興龍寺於大都，於延祐二年（1315）告成，趙孟頫奉皇太后懿旨寫〈勅建大興龍寺碑銘〉，文中略謂：

> 竊嘗觀之，自象教旁霑，時君世臣固亦尊信、隆事、傾悅、企嚮，而徒揣迹於言語文字之間，謂足以殫盡其道，而不知吾佛世尊大圓悲智、方便聞修、六度俱證、萬有咸宗者，以能一本於仁，求諸吾心而已。⑮

這話似直指出當時政治領袖誤以語言文字能盡佛道，而不察佛心之本於仁而表現於其大悲智慧及六度萬行，雖有暗諫執政者施仁政之意，未嘗也無說明佛之「能仁」，亦眾生求諸其心而能致。眾生皆存佛心，那麼就人人都有佛性了。

趙孟頫對佛法的深刻理解使他在奉旨撰寫碑記時，能運用所知，發抒胸臆。不管他悟道之深淺如何，他學佛的努力是相當堅持的。延祐三年（1316），他 63 歲時，已寫了《金剛經》數次（見附表2），而且在各種佛寺碑銘中也表達了他對佛法之領悟，但他對般

---

⑭ 《全元文》，〈御集百本經序奉勅撰〉，第 19 冊，頁 82-83。
⑮ 《全元文》，〈勅建大興龍寺碑銘〉，第 19 冊，頁 281-283。

若空宗還有疑義，故從大都修書給中峰明本，向他請教「金剛般若大意」。中峰為答其問，遂述《金剛般若略義》一篇，⑯並在其後說：

> 此教以般若離相、離見、無為、無得為宗，究竟別無他說。於句中或句讀重疊，或義解不通，此或翻譯之失，傳寫之訛，當以理遣政，不必滯於微瑕而乖大義也。當思祇園問答之本懷，但欲破其妄執，使其了解，以故破相蕩執之辭，層見疊出，蓋悲願之深，痛心之切也。茲辱翰林承旨相公松雪大居士問及精義，不覺援筆至此，更以四句斷截葛藤：「謂其有說皆名謗，今日分疏謗更多。外護不忘親付囑，三千里外定聾訛。」⑰

中峰之語，證明趙孟頫是因《金剛經》之文字常有詰屈聱牙或文義不順之處，而感疑惑。中峰認為多半是翻譯、傳寫之訛所造成。此外，他在《略義》中也屢屢強調此經之特點是文約而義深，「不必於此文字中致疑」，且若真欲了解此經，「自非遍覽〔般若經〕六百卷之長文，卒莫知其所歸也。」並且認為《金剛經》「以約文納深義，其名相廣博難以義解，古今三教中之聰利者，首未探淵奧之文，必欲以一時聞見釋之，因而註解互相是非，皆多臆說而自開戶

---

⑯　此即是比丘祖順在〈元故天目山佛慈圓照廣慧禪師中峰和尚行錄〉所說的「〔趙〕公後入翰林，復遣問金剛大意，師答以《略義》一卷。」見《廣錄》，卷30，頁354b。

⑰　見《廣錄》，卷15，頁254b、262a。按：「遣政」即「遣正」。

牖，去般若之大義遠矣！」⑱基本上，這是勸趙孟頫勿執著於文字名相而忘了「諸法無我」、「諸行無常」、「涅槃寂靜」之義諦，迷於憎愛之惡習，而使菩提般若之薰發受阻。這種寓意，趙孟頫當然是能夠心領神會的。

趙孟頫天分甚高，本有心在仕途上開創出一片天地，但才剛入仕，就先因議鈔法而遇沮，又因南行江浙問各省慢令之罪，而回朝受笞辱。以宋室王孫屈事異姓而為人所忌，心不自安，故寧求外放。因而得以優遊山水，寄情書畫。雖然後被恩遇，官登一品，亦不過假其書畫辭章之美，奉事帝王執政左右而已，其內心那種長才難展，悵然失望的鬱悶，當不是短期內可以宣洩的。所以他在〈和姚子敬秋懷五首〉中這麼說：

> 搔首風塵雙短鬢，側身天地一儒冠；
> 中原人物思王猛，江左功名愧謝安。
> 首蓿秋高戎馬健，江湖日短白鷗寒；
> 金尊綠酒無錢共，安得愁中却暫歡。⑲

既然與功名偉業無緣，不免愁緒萬端。然而蹉跎歲月，歎孤寒一

---

⑱　以上引文皆見《廣錄》，卷15，頁254b-255b。

⑲　《松雪齋文集》，卷4，頁165-166。按：「共」，影印文淵閣《四庫全書》本作「供」。按：歐陽玄謂趙孟頫於武宗時屢求補外，武宗聞其家貧而賜鈔二千五百緡。仁宗時欲「賜鈔五百錠，恐中書留難，以普度別貯賜之。慮其畏寒，勅內府賜銀鼠翻披。」可見此「金尊綠酒無錢共」之語，不失為真情之流露。見《圭齋文集》，卷9，〈魏國趙文敏公神道碑〉，頁12a-26b。

身，畢竟無補於事。豈料欲藉酒消愁，暫作一時之歡，卻無餘錢可用。那麼松雪齋中，南軒窗下，一方面吟詩作畫，發揮他的文藝之才，高唱「功名亦何有，富貴安足計。唯有百年後，文字可傳世。雪谿春水生，歸志行可遂。閑吟淵明詩，靜學右軍字。」⑳另一方面則烹茶寫經，當足以讓他「寄傲樂無窮」了。㉑彈琴作畫固趙孟頫之所樂，而烹茶寫經，則使他悟出了佛法之廣大無邊，他在〈遊烏鎮次韻千瀨長老〉一詩中說：

> 澤國人烟一聚間，時看華屋出林端。
> 已尋竹院心源靜，更上松樓眼界寬。
> 千古不磨唯佛法，百年多病只儒冠。
> 相逢已定詩盟了，他日重尋想未寒。㉒

這詩說他自從「心源靜」之後，就變得「眼界寬」，而「千古不磨唯佛法，百年多病只儒冠。相逢已定詩盟了，他日重尋想未寒」幾句，用意至深，不但反映他「齒豁頭童六十三，一生事事總堪慚。唯餘筆硯情猶在，留與人間作笑談」，㉓的心情，而且更道出他寫

---

⑳　《松雪齋文集》，卷2，〈酬滕野雲〉，頁94-95。

㉑　《壯陶閣書畫錄》，卷6，〈元趙松雪此靜軒圖卷〉，有詩句寫郭天錫「此靜軒」云：「聞君南窗下，寄傲樂無窮」，雖在表示欣羨他人，實亦自身之所欲也。按：郭畀（1280-1335），京口人，字天錫，工書畫，書學趙孟頫，畫全仿米芾，著有《郭天錫日記》。《圖繪寶鑑》說他「畫竹石窠木」。見該書卷5，頁11b。

㉒　《松雪齋文集》，卷5，頁190。

㉓　《松雪齋文集》，卷5，〈自警〉，頁225。

經、讀經、悟道所生的感慨吧!

　　毫無疑問地,趙孟頫的寫佛經並不是什麼前所未有的創舉,唐宋以來,文人寫經者甚多,❶而書法家寫經也不乏其例。譬如褚遂良寫過《仁王經》,柳公權寫過《金剛經》,蘇軾寫過《四十二章經》、《金剛經》、與《心經》,黃庭堅寫過《心經》,米芾也寫過《金剛經》。❷不過,這些人所寫之經與趙孟頫比較起來,是不可同日而語的。孟頫之寫經,不論就種類、數量、時間、用心等言,都是無出其右的。尤其他既以寫經「作佛事」,態度自然認真而誠懇,往往在焚香敬書寫完各經之後,加以題款、畫像,表達他對佛經之認識與對佛像虔敬。例如《四十二章經》寫成之後,他不但題款稱讚其經,而且還在經之前後畫像,「前有如來像,後有韋馱像,俱着色,畫計四十九幅。」❸《佛境經》成,他也書款盛讚

---

❶　見本書第四章。

❷　見本書第四章。褚遂良所寫經見《秘殿珠林》目錄。米芾在其《寶晉英光集》說他曾臨摹柳公權之《金剛經》;李之儀在其《姑溪居士前集》說蘇軾為其父寫《心經》;《秘殿珠林》,卷3,頁1ab,錄有此卷《心經》,其款云在黃州時為亡父寫此經;同書卷6,頁23a-24b,錄有蘇軾所寫《四十二章經》,書款云係在儋耳時所寫;又《秘殿珠林》,卷9,頁11b-12b,錄有李公麟所繪〈維摩不二圖〉併商挺題跋,跋云原畫前有黃山谷草字《心經》,但已不存。

❸　《秘殿珠林》,卷2,〈元趙孟頫書四十二章經一冊〉,頁5ab。所題款云:「佛法自東漢始入中國,此經為第一。要其極,始于戒、終于空而已。一大藏教五千餘卷,未嘗出于此也。集賢侍讀學士正奉大夫吳興趙孟頫書。」按:雖然單葉佛經扉畫早已出現,但扉畫附於整部佛經似從元初管主八續雕《磧砂藏》時才開始。一般以為《趙城金藏》的扉畫是金皇統時刻經時即有,事實上是代元趙城縣廣城寺補刊《趙城金藏》時補入。參看宿白,《唐

文殊師利菩薩，並畫像以莊嚴之，「每卷前後俱有貝葉文，經前有佛像，後有韋馱像，俱泥金畫通計五十六頁。」⓫《無量壽佛經》4冊寫成，他在「每冊前俱有黃箋金畫佛尊者像」。⓬又另一《無量壽佛經》4冊寫成，也是「首冊前有佛像，末冊後有韋馱像，俱着色畫，每冊經文中圖像互見。」⓭其他各經，也多半有佛像、觀音、韋馱、羅漢等像附麗其間或其前後（見附表2）。這種寫經配以畫佛像的做法，即令非趙孟頫首創，⓮但他兼擅書畫，又篤信佛

宋時期的雕版印刷》，北京：文物出版社，1999，頁79-83。至於文人畫家於其所寫經之前後圖繪佛像，趙孟頫即使非創始者，亦為開風氣之大家。

⓫　《秘殿珠林》，卷3，〈元趙孟頫書佛境經一冊〉，頁2a-3a。所題款有謂：「文殊師利菩薩有大威神力，深憫五濁惡世、一切有情迷失真性，特發弘願，會諸佛聖菩薩大眾演說此不思議佛境界經，慈旨懇切，開化愚氓，欲與三千大千世界眾生同修精進，證諸佛果，則文殊師利菩薩功德不可思議者也。余在朝見天竺僧云：『彼國藏中有言菩薩憂深末刼，存心救拔，諸苦既備，福報將殷，後五百世，當為東土主持世教，于斯時也，天人胥慶，風雨調順，萬國賓服，兵甲不興，法教尊嚴，眾生樂化，此文殊師利菩薩道願之所發施，現帝室身而為說法者焉。』余因梵僧之言，故特綴數語於後，非敢妄為稱述也。大德三年四月八日，吳興弟子趙孟頫沐手敬書。」

⓬　《秘殿珠林》，卷3，〈元趙孟頫書無量壽經四冊〉，頁3b-4a。

⓭　《秘殿珠林》，卷3，〈元趙孟頫書無量壽經四冊〉，頁4a-4b。

⓮　鄭昶認為釋道人物畫至元代因崇尚喇嘛教而衰，而趙孟頫「畫無所不能，馬及人物，陶宗儀謂為有過龍眠」，這當不是過譽。龍眠是李公麟之號，李善佛畫，趙孟頫頗得其法，即令非超勝之，當也在伯仲之間。而其「夫人之畫佛像，亦非凡手。」見鄭昶，《中國書畫全史》（上海：上海古籍出版社，2001），頁331-332。據說趙孟頫曾自題畫馬云：「我自幼好畫馬，自謂頗盡物之性，友人郭佑之嘗贈余詩云：『世人但解比龍眠，那知已出曹韓上。』曹韓固是過許，使龍眠無恙，當與之並驅耳。」見陶宗儀，《輟耕錄》（北京：中華書局斷句本，1959），頁81。元代釋道人物或佛畫或不如唐宋流

法，在發揚「經佛並寫」的風氣上是相當有貢獻的。也正因為如此，他所寫之佛經，都成了後人收藏與觀賞的對象。最有名之收藏家，即是明世宗嘉靖時的奸相嚴嵩（1480-1569）。他在其宅第鈐山堂藏有名人書畫甚多，包括趙孟頫楷書《法華經》全部 7 冊。其子嚴世蕃沒籍伏誅之後，嚴嵩遂被黜為民，而所藏孟頫書《法華經》亦因此被竊，輾轉售至吉州某毛宮保家。後又流落於承恩僧舍，為名僧雪浪洪恩（1545-1608）所見，「盡其衣鉢易之，以為奘公塔院常住。」雪浪洪恩於禪誦之暇，不廢筆研，既得孟頫所寫之經冊，遂視之為「帝青寶」，但未曾「閟作笥篋中物，而將欲留置奘公塔院，為百千億劫供養。」❸也由於他未把所得據為己有，私密於笥篋中，故他的幾位法友兼在家弟子都得以先睹為快。寶林居士顧起元於萬曆壬寅（1602）孟秋見之，認為「字勢遒緊勁媚，異〔松雪〕居士它書。而首尾七萬餘言，遂無一筆失度。」❸六度居士鄒迪光（1550-1626）於萬曆癸卯（1603）夏五月見之，深覺不凡，遂謂「文敏雅擅臨池，好寫竺乾氏書，而此筆更藏鋒歛鍔，深入三昧，亦不

行，但趙孟頫、趙雍、趙奕父子，其弟趙孟籲，及其師友多人，如錢選（約1235-1300）、柯九思（1290-1340）都擅長佛畫，參看《秘殿珠林·石渠寶笈合編》第 3 冊，頁 84-86、108-117。

❸ 見《壯陶閣書畫錄》，卷 5，雪浪洪恩及鄒迪光題〈元趙子昂楷書《妙法蓮華經》全部七冊〉之第 2 卷及第 3 卷，頁 64b-65b。「帝青寶」（Indranīla muktā）為帝釋寶，呈青色，以其最勝，故稱帝釋青。

❸ 見《壯陶閣書畫錄》，卷 5，頁 66a。顧起元之生平事迹，詳見上文。按：《壯陶閣書畫錄》所錄之跋文有年月，為《嬾真草堂集》之跋所無。又「遂無一筆失度」之「遂」亦不見於該跋。

可思議。」⓭東園居士王衡（萬曆進士），曾先在王世懋處得見趙孟頫所寫行書本《法華經》，以為「古人不惜手腕，以翰墨作佛事如此」，為之讚歎不已。萬曆癸卯（1603）孟秋，於其望亭見此楷書本，更加感慨，認為此作「精嚴緊密，平日雄姿俊氣，斂而若無，蓋莊嚴法寶，故應有此。」⓮西念居士王肯堂（1549-1613）於萬曆乙巳（1605）二月見之，認為其字「藏鋒斂鍔，猶可想見其盥頮焚香、肅恭執筆時意度，真可寶也。」⓯王肯堂相信趙孟頫之信佛對其寫經頗有影響，因謂：「趙文敏公既以書法妙天下，又於三寶有大信心，嘗師事幻住老人獲聞法要，故其書經，下筆輒自不

⓭ 同前書，卷 5，頁 64b。按：鄒迪光（1550-1626），無錫人，字彥吉，自稱六度居士，又自號愚公。萬曆二年（1574）進士，曾任湖廣提學副使。工詩文，善繪山水。築愚公谷園林，為晚明極富盛名之私家庭園之一。他師事雪浪洪恩，但自謂「佛法、書法，兩僅染指，都未醉心。」

⓮ 《壯陶閣書畫》，卷 5，頁 66b。按：王衡，字辰玉，號緱山。太倉人，萬曆進士，官編修。與王世貞、世懋兄弟為同鄉。王衡之題跋，寫於見此作之後。

⓯ 同前書，卷 5，頁 67a。王肯堂，字宇泰，江蘇金壇人，萬曆己丑（1589）進士。選庶吉士，授檢討，降補行人司副，轉福建參政。學識淵博，通天文、曆算、書畫、禪學、醫學等。「書法深入晉人堂室，輯鬱岡齋帖數十卷。」見《六藝之一錄》，卷 370，頁 13b-14a。尤精於醫，為明代名醫。著有《證治準繩》44 卷、《醫論》4 卷、《醫辨》4 卷、《鬱岡齋筆麈》、《尚書要旨》、《論語義府》、《律例箋解》等書，並輯有《古今醫統正脈全書》。晚年學佛，為紫柏大師弟子，而「以老病一措大，博得會禪之名滿天下。」其題趙孟頫所書《法華經》還稱「雪浪恩師，今之幻住，雅善八法，此經可謂得其所歸矣。」王肯堂長於唯識之學，為明末唯識名家，著有《成唯識論證義》及《因明入正理論集解》等書。參看釋聖嚴，〈明末的唯識學者及其思想〉，《中華佛學學報》，第 1 期，1987，頁 1-41。

同。」⑬慎娛居士李流芳（萬曆舉人）於萬曆三十六年（1608）三月，
「過雪浪師望亭齋僧處，與錫山顧嘉順、秦重胤仝盥手敬觀。」⑬
其他明代名書畫家，在觀賞孟頫作品之餘，多有臨摹或補畫孟頫所
寫經書之意。不少名家也躡足於孟頫之後，寫經、畫佛成了風氣，
而文徵明、仇英、董其昌等人實為其佼佼者。⑬尤其文徵明常與仇
英合作，一人寫經，一人畫佛。觀兩人所寫之經和所作畫之佛像，
多與趙孟頫同；或臨趙孟頫之作，或仿其所寫，其受趙孟頫寫經、
畫佛之影響，昭然可見。⑬晚近學者在強調趙孟頫書法對元末及明
初書籍寫印之影響外，當知他對主要佛經藝術化所引起的作用，更
是吾人所不容忽視的。⑭澹園居士焦竑（1540-1620）曾說孟頫所書
《法華經》「精謹遒勁，有初唐虞薛風，與餘書絕異，足令學者捧

---

⑬　同註⑬。

⑬　同註⑬。按：李流芳，嘉定人，字茂宰，號香海，又號泡菴、慎娛居士、檀
　　園、六浮道人，工詩畫。其語見趙孟頫所寫《法華經》7 冊題詞，所謂「過
　　雪浪師望亭齋僧處」，似暗示李曾遊於雪浪洪恩之門。

⑬　《秘殿珠林》，卷 13，〈明李祖麟等大士、《心經》書畫合卷〉，頁 14a-
　　19a，列有 18 位書畫家所畫大士及所寫《心經》。代表人物如王世懋、瞿汝
　　稷、楊當時、林芝、王穉登等等，可以說是風雲際會，集一時之選。

⑬　關於此一問題，容另寫專文說明，此處暫舉一例如下：《秘殿珠林》，卷
　　7，〈明文徵明書普門品一軸〉，頁 2a-3a，有文徵明款識云：「余拜請崑山
　　葉文莊公家奉趙文敏公金汁繪大士書寶經，敬授實父摹寫。」又有仇英款識
　　云：「弟子吳門仇英拜臨趙松雪先生筆。」兩人之款識，證明文徵明寫《法
　　華經》之〈普門品〉（亦即通常所謂的《觀音經》），而仇英畫大士像。與
　　趙孟頫個人的寫經畫觀音之習慣類似。

⑭　關於趙孟頫對元末及明初書籍寫印之影響，參看前引 Pao-chen Ch'en and
　　Hung-lam Chu., "The Impact of Chao Meng-fu (1254-1322) in Late Yüan and
　　Ming."

誦之餘，因敬生悟，當為至寶。」[141]焦弱侯之語，似反映萬曆諸君子之所見。回顧王世懋所述〈趙孟頫寫經換茶圖卷〉的一段故事，趙孟頫寫經所衍生之文化撼動力，實不難想見！

五、結語

以上析論趙孟頫的寫經與其佛學因緣，先從仇英的〈趙孟頫寫經換茶圖卷〉說起，指出仇英之畫有其歷史根據，亦即趙孟頫寫經或寫《心經》，並非孤立事件，而是他常為之事。他雖然寫《心經》換茶，其意實不在茶，而在經。更具體的說，就是在為他所信嚮的佛法作些擴展乾坤、延續慧命的工作。無怪世傳他臨終之日，仍在為幻住庵僧寫《金剛經》，「未及半而薨」。[142]他這種對寫經的執著，隨著他從中峰明本問道，和與中峰之間 20 餘年師弟子關係，而更加深刻，可以說對他的謙和、虛淡、慈悲的人生境界，發生了不少的影響。這種人生境界，形諸畫藝，就是〈鵲華秋色圖〉、〈水村圖〉、及〈江山蕭寺圖〉等足以體現佛家和平、大慈

---

[141] 《壯陶閣書畫錄》，卷5，頁67b。焦竑與王肯堂為同年進士，他擅長書法，「真行結法眉山，散朗多姿，而古貌古骨，有長劍倚天、孤峰刺日之象。」見《六藝之一錄》，卷370，頁13a。焦竑亦醉心佛法，著有《楞伽》、《法華》、《圓覺》諸經之「精解評林」。他於萬曆壬寅（1602）夏日見孟頫所寫《法華經》而題此跋語。

[142] 見前引陶宗儀《書史會要》，卷7，頁6b-7a。若此說無誤，則楊載〈行狀〉謂其逝世之日，「仍觀書作字」，當是寫此《金剛經》。

大悲之旨，及「禪宗的淡遠清曠之思」的傑作了。⑭

　　趙孟頫與中峰建立的佛學因緣，老而彌篤，有他晚年與中峰之間頻繁的書信為證，也有他與日俱增的寫經願力為證。他不但寫《心經》，而且《圓覺》、《金剛》、《法華》、《彌陀》、《無量壽》等等大小般若、淨土之經都寫之再寫。他顯然在寫經中亦讀經，而在讀經中，亦求心領神會，故有《金剛經》大義之問，而促成中峰明本《金剛般若略義》之述。這種對佛法的研味與求解，當是他漸漸領悟領悟到「千古不磨唯佛法」的由來吧。

　　無疑的，趙孟頫是一個很特殊的佛教居士，他為佛教付出了不少光陰與心血於寫經，而寫完經之後，多在經冊的前後繪觀音大士及韋駄護法像。有時也在古人佛畫上寫經，或古人寫經上作佛畫，這當然不僅僅是信筆揮灑，裝點經卷而已，實是虔敬佛法，以畫傳經，使經畫合一，以鼓勵學人深信之舉。他的夫人管道昇，也夫唱婦隨，跟著他拜中峰為師，信仰中峰之道。她心信佛法，也善寫經，嘗「手書《金剛經》至數十卷，以施名山名僧。」⑭此外，她也深信淨土，尤敬觀音，常為觀音寫傳畫像。譬如，她曾在李公麟的〈十六羅漢渡海圖〉後寫《法華經》之〈普門品〉，⑭又在不同

---

⑭　此為任道斌〈趙孟頫的繪畫藝術與三教〉一文用語，見《趙孟頫研究論文集》，頁 644。當然，趙孟頫這種人生境界，絕不僅僅是佛家思想的薰陶而成，他對儒、道之兼攝也是重要因素。

⑭　見《全元文》，〈魏國夫人管氏墓志銘〉，第 19 冊，頁 293。

⑭　見張泰階，《寶繪錄》，卷 10，〈李公麟十六羅漢渡海圖四幅〉，頁 417。圖上有細楷書〈普門品〉1 卷，是管道昇於大德五年（1301）八月所寫。按：前引趙志成〈《趙孟頫繫年》辯證〉一文述及歷來學者對《寶繪錄》所著錄之作品及題跋，多懷疑其為兜售偽書畫而編造出來，並列此卷為所錄贋

場合書〈觀音大士傳〉與〈地藏庵觀世音菩薩傳略〉等。⑭⑥與趙孟頫一樣，除了寫經，她也善繪觀音大士像。⑭⑦夫妻還「作同修庵畫圖傳後，留翰墨場作千秋話欄。」⑭⑧她的寫經，雖然意在「報薦先父母深恩，及救薦亡兒女輪迴之苦」，懇請中峰大發慈悲，點化亡者，使其「公姑、父母、兒女得生淨土」，⑭⑨但這都是與趙孟頫長期與中峰習禪修淨土、寫經奉佛後的自然結果。

趙孟頫自元世祖至元二十四年（1287）出仕之後，因官場傾軋排擠，未能盡其經世之志，不僅功名之念銷如灰燼，反而常有身如羈鳥之歎。所以他無時無刻不想退隱，過著徜徉山水，與鷺鷗為盟之日子。然而雖「自知世事都無補」，卻因「其奈君恩未許歸」而無法遂其所願。⑮⑩他心中的苦悶自然也就流露在詩文與神色之間。這種心情，自然也感染到與他鶼鰈情深的夫人管道昇。元仁宗皇慶二年十二月（1313），趙孟頫已屆花甲之齡，卻仍伴食於中朝，蹉跎歲月。管夫人作了〈漁父圖〉1 卷，並題〈漁父詞〉4 首，向趙

品之一。因為沒有說明其為贗造之由，暫時存疑。

⑭⑥　《吳興備志》，卷 25，〈書畫徵〉第 12，載〈吳興弟子管道昇書觀音大士傳〉。孫星衍，《寰宇訪碑錄》，卷 11，〈地藏庵觀世音菩薩傳略〉，款云：「吳興管道昇正書」。二者皆在大德十年（1036）

⑭⑦　《趙孟頫繫年》頁 154，引繆荃孫，《江西金石目》。鄭昶在其《中國畫學全史》中說「管夫人之畫佛像，亦非凡手」，當非過譽。

⑭⑧　明·李日華，《味水軒日記》（在盧輔聖主編，《中國書畫全書》，第 3冊），頁 1209。按：李日華此語見於他為趙孟頫〈朱書觀自在冥感偈〉之跋後語。此「冥感偈」計十二首，共四十八句，還附有管道昇畫之觀音菩薩像。

⑭⑨　見《式古堂書畫彙考》，卷 16，〈趙文敏與中峰十一帖附管夫人一帖〉。

⑮⑩　見前引〈和姚子敬韻〉。

孟頫表達了她支持丈夫那種「閑身卻羨沙頭鷺，飛來飛去百自由」
⑮的翹首望歸之志，詞曰：⑯

> 遙想山堂數樹梅，凌寒玉蕊發南枝；山月照、曉風吹、只為
> 清香苦欲歸。
> 南望吳興路四千，幾時回去苕溪邊？名與利、付之天，笑把
> 漁竿上畫船。
> 身在燕山近帝居，歸心日夜憶東吳；斟美酒、膾新魚，除卻
> 清閑總不如。
> 人生貴極是王侯，浮利浮名不自由；爭得似、一扁舟，弄月
> 吟風歸去休。

這位趙孟頫心目中「不學詩而能詩，不學畫而能畫，得於天然者
也」⑯的趙夫人，很有技巧的用其畫和詞來表現她對夫婿辭官歸
里、退隱湖山的期待，可以說是趙孟頫的最佳知音與諍友。所以趙
也頗引以為慰，寫了以下兩首與她唱和：⑯

> 渺渺烟波一葉舟，西風落木五湖秋；盟鷗鷺、傲王侯，管甚

---

⑮ 見《松雪齋文集》，卷 5，〈至元庚辰由集賢出知濟南暫還吳興賦詩書
懷〉，頁 179。
⑯ 此 4 首皆見《清河書畫舫》，卷 10 下，頁 24b。
⑱ 《清河書畫舫》，卷 10 下，頁 25a。
⑲ 此兩首皆見《松雪齋文集》，卷 3，頁 134-135。「落木」一語，影印文淵閣
《四庫全書》本作「木落」。《清河書畫舫》只錄第 2 首。

鱸魚不上鉤。

儂住東吳震澤州，烟波日日釣魚舟；山似翠、酒如油，醉眼看山百自由。

一葉扁舟，五湖遨遊，忘卻名利，友鷺盟鷗，垂竿釣魚，醉眼看山，在大自然中，自由自在，意境多麼悠遠。遺憾的是，趙孟頫並無法依其理想享受這種曠放至樂的生活情趣。事實上，他於中年與中峰成了師弟子，把部份精神用在寫經、作畫，學佛、問道之上。對於佛道，參研日久，信仰益堅。中峰說他與管夫人「雖身抱冠世奇才而不為其所惑，雖身嬰畢世之塵累而不為其所障」，而且，

> 每於真參正念，孜孜然、兀兀然，猶林下老衲寂爾忘緣，未嘗少棄。當知如此個正念，不由教導、不依勸請、不因造作、不屬方便，乃是無量劫中，為諸佛所深重菩提種子，雖千百塵勞，百千生死同時現前，終莫能昧也。此念既堅，則其成佛作祖、超生越死，如壯士屈臂，豈假他人？❺❺

這是對趙孟頫參念佛法、篤信佛道的極大肯定，雖然是人師贊弟子之語，未嘗也不是其肺腑之言。我們回顧趙孟頫寫經之用力與用心，似可感覺得到他堅信佛教，追求淨智的那種懷抱吧。❺❻

---

❺❺　以上中峰之語，見《廣錄》，卷2，頁122a。

❺❻　同上。中峰還說：「人徒見公音聲茂實，振耀古今，而不知公六十九年，凡施為舉措莫不以積劫之事，繫於真情。自餘則借路經過，遊戲設施爾。」這種形容，出自佛家萬法皆空之觀點，恐未必能客觀地表露趙孟頫的想法與態

附表 1　趙孟頫致中峰明本書札繫年㊟

編號	暫定名稱	署款時間及可能年代	年歲/公元	收藏地
1	佛法帖㊟	大德七年四月	50 (1303)	日本靜嘉堂文庫
2	承教帖	至大二年二月九日	56 (1309)	日本靜嘉堂文庫
3	長兒帖	至大四年二月二十七日	58 (1311)	日本靜嘉堂文庫
4	吳門帖	皇慶元年十月	59 (1312)	臺北故宮博物院
5	暫還帖	皇慶二年正月十一日	60 (1213)	日本靜嘉堂文庫
6	幼女夭亡帖	皇慶二年二、三月間	60 (1213)	日本靜嘉堂文庫
7	亡女帖	皇慶二年六月二十五日	60 (1213)	日本靜嘉堂文庫
8	頭帽帖㊟	延祐五年十月十一日	65 (1318)	臺北故宮博物院
9	叨位帖	延祐五年冬	65 (1318)	北京故宮博物院
10	俗塵帖	延祐六年四月前暮春	66 (1319)	臺北故宮博物院
11	南還帖	延祐六年六月十二日	66 (1319)	臺北故宮博物院
12	醉夢帖	延祐六年六月二十八日	66 (1319)	臺北故宮博物院
13	還山帖	延祐六年七月二十三日	66 (1319)	臺北故宮博物院
14	丹藥帖	延祐六年八月二十二日	66 (1319)	臺北故宮博物院

度吧。

㊟　按：趙孟頫致中峰之書札，因為落款皆無年代，委實不易繫年。此表以任道
　　斌之《趙孟頫繫年》及單國強〈趙孟頫信札繫年初編〉為基礎，並綜合其他
　　相關文獻、資料編成，雖未必完全正確，但力求符合史實。

㊟　單國強將此帖之年代定於皇慶二年（1313），但並未說明理由。以內容來
　　看，應為大德七年（1303）孟頫 50 歲時所寫。勞悟達女士說此信「被定為
　　1304 年所寫」，並說孟頫在信中「謂其年剛過五十歲」。其實孟頫雖說剛過
　　50 歲，但並未說何年。以其生年推算，其 50 歲之年應在大德七年。勞女士
　　所說的 1304 年，是孟頫夫婦延請中峰於杭州官舍會面之年。在此前，兩人實
　　已會面多次。

㊟　此帖見於《祕殿珠林·石渠寶笈合編》，第 5 冊，重華宮所藏〈趙氏尺書三
　　帖一卷〉，頁 1676-1677，未見於他書。

15	兩書帖	延祐六年十一月初冬	66 (1319)	臺北故宮博物院
16	圓覺經帖⓰	延祐七年正月十七日	67 (1320)	臺北故宮博物院
17	入城帖	延祐七年四月十二日	67 (1320)	臺北故宮博物院
18	塵事帖	延祐七年四月二十六日	67 (1320)	臺北故宮博物院
19	山上帖	延祐七年六月二十一日	67 (1320)	臺北故宮博物院
20	先妻帖	至治元年五月十一日	68 (1321)	北京故宮博物院
21	瘄痍帖	至治二年閏五月二十日	69 (1322)	臺北故宮博物院

附表 2　趙孟頫所寫佛經一覽⓯

經名/冊數	字體	寫經時間	年歲/公元	備考
金剛經 1 冊	粉箋本行楷書	至元二年九月	38 (1291)	
四十二章經 1 卷	素絹本楷書	元貞二年春三月	43 (1296)	
無量壽經 1 冊	磁青箋本泥金書	大德元年春三月	44 (1297)	
法華經 7 冊⓲	宋箋本楷書	大德元年四月	44 (1297)	
法華經 1 冊⓳	麻紙本楷書	大德元年潤十二月	44 (1297)	冊首有佛像後有韋馱像
八大人覺經	墨箋本泥金行楷	大德二年秋八月	45 (1298)	連幅羅漢像

⓰　此帖見於《秘殿珠林》，卷 6，〈元趙孟頫書圓覺經一卷〉拖尾，頁 11b-13a。《趙孟頫墨迹大觀》收有此帖圖版，見該書頁 463。

⓯　此表資料來源以《秘殿珠林》為主，凡未註明之經，皆出該書，來源有別者，另外註明。

⓲　此 7 冊為趙書《法華經》之最完整者，但未見《秘殿珠林》著錄，而見於裴景福，《壯陶閣書畫錄》，卷 5，頁 63b-64a。裴景福之題識並曰：「其七卷俱全而題跋精妙、屢見前人著錄者，唯此一部爾。戊子冬，先君官上海，購之泰州光孝寺僧。」其第 1 卷第 3 開並謂：「大德元年四月八日，吳興趙孟頫書《法華經》一部，函置金陵獎公塔。」

⓳　此經之寫，係為「奉施無照大師永充持誦」。見《秘殿珠林·石渠寶笈合編》第 3 冊，頁 105。

無量壽經 4 冊	磁青箋本泥金書	大德三年春二月	46 (1299)	每冊前俱有畫佛、尊者像
心經 1 卷	墨箋本泥金行楷	大德三年仲春日	46 (1299)	
佛境經 1 冊	磁青箋本泥金行書	大德三年四月	46 (1299)	後有連幅羅漢像
金剛經冊❿	泥金楷書	大德五年十月	48 (1301)	
心經 1 卷	墨箋本泥金行楷	大德六年秋	49 (1302)	後有連幅羅漢像
心經八大人覺經 1 卷	墨箋本泥金楷書	大德七年春三月	50 (1303)	後有連幅羅漢像
妙法蓮華經第 5 ❿	楷書	大德年冬	51(1304)	
華嚴經冊❿	楷書	大德年冬	51(1304)	
無量壽經 1 冊	磁青箋本泥金楷書	大德九年佛誕日	52 (1305)	冊前畫佛像後有韋馱像❿
金剛經 1 冊	粉箋本行楷書	大德九年八月	52 (1305)	
阿彌陀經 1 卷	素箋本楷書	大德 10 年八月	53 (1306)	
金剛經 2 冊	墨箋本泥金書	至大元年二月❿	55 (1308)	
心經 1 冊	宋箋本行楷書	至大元年十月	55 (1308)	
觀音經 4 冊	磁青箋本泥金書	至大二年三月	56 (1309)	冊中圖像互見
普門品	磁青箋本泥金行書	至大三年四月	57 (1310)	經前著色畫大士像

⓲ 此冊不見於《秘殿珠林》，但見於清·吳榮光（1773-1843），《辛丑消夏記》（臺北：漢華文化事業公司，1971），頁 313。

⓳ 此《妙法蓮華經第 5 卷》著錄於《辛丑銷夏記》。又見劉九庵編著，《宋元明清書畫家傳世作品年表》（上海：上海書畫出版社，1997），現存於北京故宮博物院。

⓴ 同註⓲。

㉑ 此皆趙孟頫夫人管道昇畫。

㉒ 原作大德十二年，疑誤。大德無十二年，當為至大元年。

金剛經 1 冊❶		至大四年二月	58 (1311)	前畫佛像
金剛經 1 冊❶	宋箋本楷書	至大四年七月	58 (1311)	
金剛經 1 卷	宋箋本楷書	皇慶元年十月	59 (1312)	經前有佛像後有韋馱變像俱着色
金剛經 1 卷❶		皇慶二年二、三月間	60 (1313)	
無量壽經 4 冊	磁青箋本泥金書	皇慶二年五月❶	60 (1313)	前有佛像，末冊後有韋馱像，每冊經文中圖像互見
藥師經 1 卷	宋箋本楷書	延祐元年一月	61 (1314)	佛像白描
金剛經冊❶	行楷書	延祐五年四月	65 (1318)	
首楞嚴經 1 部❶		延祐五年五月	65 (1318)	
圓覺經 2 冊	素箋本行書	延祐七年正月	67 (1320)	經前有白描佛像
圓覺經 1 卷		延祐七年正月	67 (1320)	

---

❶ 此冊之寫，係為「奉施本師中峰和尚轉讀，薦亡男趙由亮離一切相，早證菩提。」見《趙孟頫墨迹大觀》，〈長兒帖〉圖版及釋文；《全元文》，第 19 冊，頁 135，引《大名縣志》，卷 12，及《趙孟頫繫年》，頁 144，引《竹崦庵金石目錄》，卷 5。

❶ 此冊不錄於《秘殿珠林》，但見於《秘殿珠林‧石渠寶笈合編》，第 3 冊，頁 104b。

❶ 此為其七女所寫，以供中峰轉經之用。見《趙孟頫墨迹大觀》，〈幼女夭亡帖〉，頁 495-496。

❶ 原作三年疑誤。

❶ 此冊題款曰：「延祐五年四月朔旦，集賢學士趙孟頫奉為恭上人轉誦此經〔寫〕。」見前引洗玉清，〈元代趙孟頫之書畫〉一文。

❶ 此經是趙孟頫在灌頂帝師座下受戒法後，「了悟佛法廣大弘遠、微妙精深，生大歡喜，爰發願心」而寫，以「奉施三藏法師供養讀誦，流轉萬世，常住不壞。」見《全元文》第 19 冊，頁 135，引《三希堂法帖釋文》，卷 10。

圓覺經 1 卷	宋箋本楷書	延祐七年正月	67 (1320)	
圓覺經 1 卷	宋箋本楷書	延祐七年三月	67 (1320)	
金剛經❻		至治二年	69 (1322)	
四十二章經 1 冊	宋箋本行楷書	不詳		
金剛彌陀觀音三經 1 冊	青箋本泥金書	不詳		金剛經首畫佛像 觀音經首畫佛像 後畫韋馱像
觀音經 1 冊	墨箋本泥金書	不詳		經前有觀音像後有韋馱像
書楞嚴神咒 1 冊	磁青箋本泥金書	不詳		經前有佛像後有韋馱像
首楞嚴經❼	行書	不詳		廣東省博物館
心經 1 冊❼	行書	不詳		遼寧省博物館
妙法蓮華經第 6 ❼	小楷	不詳		
心經 1 冊	素箋本行書	不詳		
心經 1 冊	墨箋本泥金書	不詳		後有羅漢像
心經 1 卷	宋箋本行楷書	不詳		
八大人覺經 1 卷	素絹本行楷書	不詳		
八大人覺經	墨箋本泥金行楷	不詳		連幅羅漢像

---

❻ 此即陶宗儀所說，孟頫未寫及其半而薨，而由其子趙雍續完之本。趙雍頗得其父之傳，故陶又說：「其聯續處，人莫能辯說，於此有以見其得家傳之秘也。」

❼ 見《中國古代書畫圖目》，第 13 冊，〈行書楞嚴經〉，頁 13。題款云：「松雪道人為空巖長老書」。

❼ 《中國古代書畫圖目》，第 15 冊，〈行書波羅密多心經〉，頁 55。題款云：「弟子趙孟頫奉為本師中峰和尚書」。

❼ 《壯陶閣書畫錄》，卷 7，頁 5a-6a。據說為趙孟頫晚年所寫，為多人所收藏，曾經王世懋、王鴻緒等人之手。

心經 1 卷	素絹本行楷	不詳		
心經 1 卷	素箋本行楷	不詳		
心經 1 卷	墨箋本泥金行楷	不詳		畫佛像
金光明經 2 套 10 冊		不詳		
圓覺經 1 套 1 冊		不詳		

附圖 1 《趙孟頫寫經換茶圖卷》全圖

Qiu Ying, Chinese, Ming dynasty, 1494/5-1552. *Chao Meng-fu Writing the Buddhist "Heart" (Hridaya) Sutra in Exchange for Tea.* Handscroll, ink and color on paper, 21.6x77.8 cm. © The Cleveland Museum of Art, 2004. John L. Severance Fund, 1963.102

附圖 2　《趙孟頫寫經換茶圖卷》局部圖
克立夫蘭藝術博物館授權，2004.　John L. Severance Fund, 1963.102

第六章
參訪名師：南宋求法日僧
與江浙佛教叢林*

一、前言

　　日本僧侶之來華求法是中、日佛教史上的一個重要課題。自隋唐以來，日本僧侶就跟著遣隋使及遣唐使來中國求法。日本史上著名的傳法大師最澄（767-862）、弘法大師空海（774-835）、及慈覺大師圓仁（794-864）即是在奈良及平安時期（794-1192）以此種方式入唐的。圓仁之入唐，是日本遣唐使入唐的最後一次（838），自此之後，遣唐使告停，而日僧入唐求法，則多出於自願，雖有官方所派，但為數甚少。他們或獨自杖錫東渡，或數人結伴成行，都是搭商船渡海。譬如智證大師圓珍（814-891），在圓仁之後十五年

＊　　本章為筆者英文稿"Searching for Inspiring Masters: Japanese Pilgrims and Buddhist Institution in the Jiang-Zhe Region during the Southern Song Dynasty"改寫而成。本章及該文并後續有關元代江浙求法日僧之論文，承北美蔣經國基金會學術研究獎金之補助，方能完成及進行，容在此向基金會致謝。

（853）入唐，即是私自乘商船而來的。翌年（854），慧萼（平安時期人）奉嵯峨天皇檀林太后橘氏之詔，二度入唐「聘有道尊宿」。❶懿宗咸通三年（862），真如（生卒年不詳）和宗叡（809-884）等十五位日僧入唐，參訪各處之後，即入印度求法。❷同年入唐者求法者還有能光（?-933?），先參洞山良价，後於天復初年入蜀常住傳法，死於斯地。❸真如等人與能光之入唐，代表入唐求法日僧之最後一波。此後唐代社會亂亟，兵禍、寇亂頻仍，不但遣唐使正式停派，❹一般有意東來的日僧也裹足不前。大致上，自唐代最後四十年，至五代、宋初，近一世紀，都無日僧入華。❺宋太宗時，中國大一統之局勢再度出現，國勢漸趨穩定，日僧東來求法之舉，方如死灰復燃。此時日本官方已無派遣類似遣唐使之「遣宋使」，所以來華日僧，仍持續搭乘商船入宋。

北宋時期，來華日僧為數甚少，僅有奝然（938-1016）、寂照（生卒年不詳）和成尋（1011-1081）等數位較為知名，他們分別於宋太

---

❶ 萼於嵯峨天皇承和年間（834-847）首度入唐，至五台山等處遊歷，又訪鹽官齊安於杭州靈池寺。文德天皇齊衡元年（854），再度入唐。參看《大日本佛教全書》冊72，〈慧萼和尚年譜〉。檀林太后橘嘉智子為嵯峨天皇之皇后。

❷ 據說只有宗叡尚留在唐，未幾返日。

❸ 見師蠻，《本朝高僧傳》（《大日本佛教全書》冊102），頁272。能光於晚唐天復時期入蜀，永泰節度使陸虔辰捨宅為禪院迎之。能光遂在該處定居傳法，從之者甚眾。據說他於梁長興年間示寂，世壽163，唯此事甚為可疑。宋初有勾令玄居士曾拜其塔並寫偈頌讚之，謂深受其啟發。勾為蜀人，曾師博學多才並深於禪學之張平雲。

❹ 「遣唐使」在宇多天皇寬平六年（894）正式停派。

❺ 值得注意的是仍有新羅及高麗僧偶而東來。

宗、真宗及仁宗時入宋，既未專意尋訪名師，也無特定參學的對象。其入宋目的與旨趣，大異於神宗時期入宋求華嚴奧旨於晉水淨源（1011-1088）之高麗沙門義天（1055-1101）。❻這種渡海遠來巡禮，而並無訪求名師之意的求法方式，到南宋時期，有了改變。

南宋遷都杭州，迅速發展海上貿易與交通，與日本、高麗及南洋各國通商，使得日本、高麗僧侶隨商船渡海而來之人數與次數日增。江浙地區之商業活動日益浸盛，皇室對佛教之鼎力支持，亦給予佛教各種機會發展與擴張。加上俗世社會團體的擁護，禪宗幹濟之才接二連三出現，使禪宗傳播日廣，名剎逐漸形成，為各方所認知。在地方大臣之監督及支持之下，許多善於經營管理的名僧，獲各方舉薦而入主知名的禪寺。他們一經徵聘出任名寺住持，便能迅速勸募修建，除舊佈新，使殿宇樓閣，煥然一新，終於造就了後來所謂的「五山」。❼徑山之興聖萬壽寺、北山之靈隱景德寺、南山之淨慈報恩光孝寺、太白山之天童景德寺和育王山之廣利寺等禪

---

❻　奝然於太宗雍熙元年（984）入宋，雍熙三年（986）返日。其弟子嘉因於端拱元年（988）隨宋僧祈乾等來宋，淳化元年（990）歸日。寂照於真宗咸平六年（1003）入宋，即留宋未歸，至仁宗景祐元年（1034）死於宋。有關義天之入宋求法，參看筆者"Ŭich'on's Pilgrimage and the Rising Prominence of the Korean Monastery in Hang-chou during the Song and Yuan Periods," in *Currents and Countercurrents: Korea's Influences on the East Asian Buddhist Traditions* (Honolulu: University of Hawai'i Press, 2005), chapter 7, pp.242-276。及〈十一世紀高麗沙門義天入宋求法考論〉，收於筆者《北宋佛教史論稿》（臺北：臺灣商務印書館，1997），頁 201-222。

❼　如下文之討論，南宋的「五山十剎」之名，實為後人所加，雖然禪僧亦有認同五山或指稱其名者，但非南宋朝廷之定制。

寺，不但成了學徒雲集習禪之所，也成了不少禪師樹立聲威之地。
這些禪寺通常簡稱徑山、靈隱、淨慈、天童和育王，為眾所矚目，
有道名禪出任其住持，領袖諸方禪寺，道價超群，往往聲名遠播異
邦，為日、韓僧侶所尊仰，而不顧黥波之險，渡海來訪。此時入宋
求法日僧，往往在名禪耆宿之門，盤桓數年，然後行腳各處遊方參
學。其留華時間較長，其數目也與日俱增，形成了一個求法日僧的
族群與網絡，變成南宋叢林的重要構成份子，是吾人探討南宋佛教
發展不可忽視的一面。

　　筆者認為這群入宋求法的日僧，既在江浙地區參訪名師，他們
的學習經驗與他們跟江浙叢林間的互動關係如何，是很值得思考的
問題。在探討這些問題之時，筆者發現這些求法日僧，在參學、適
應、涵化的過程中，與南宋禪師及法門昆仲之間，形成了一種法友
聯誼關係的網絡（monastic fellowship network），有助於江浙地區獨
特、地域性的佛教文化之產生。他們不僅身受此文化之惠，而且適
逢其會，有參與塑造之功。他們在融入宋代叢林所作的努力，造成
了以後日僧大量入華求法的長期影響，❽對宋、元以後江浙地區佛

---

❽　關於求法日僧之大量增加，當然不只是因為發現了南宋叢林之吸引力，而且
　也與日本佛教環境之混亂及幕府將軍如足利氏及北條氏之支持有關。此問題
　相當複雜，無法在本章中細論。筆者最近有討論中、日武僧與戰爭之論文一
　篇，談比叡山天台僧兵的內部鬥爭，并其與不同社會階級組成的真宗「一向
　一揆」（農民為主）、日蓮宗僧兵（商人與城市市民及武士為主），及幕府
　武士（貴族）之爭戰，顯示日本天台山門及各山寺之間因經濟、政治利益及
　「階級矛盾」所產生的「黷武」傾向，及幕府將軍對禪宗之青睞，可以為此
　問題作一註腳。詳見筆者待刊稿〈以僧侶正義為名的集體暴力：近古中、日
　武僧與戰爭〉。

教文化之發展，及日本鎌倉時期所形成之「五山」叢林文化，其影響是不容忽視的。❾以下各節所論，即在證明此一觀點，並以之做為論述元代江浙叢林文化的基礎。

二、南宋初期來華之求法日僧與江浙叢林

　　南宋時來華日僧漸增，若以光宗紹熙五年（1194）為分界，將南宋分為初期、後期，可見後期來華者遠較初期為多。❿下圖所示，可見一斑：

---

❾　關於日本五山文化之討論，日本學者論述甚多，筆者之印象似多以文學上之訓詁、考證、註釋方式為之，甚少從思想史或文化史之角度立論。此似是因為五山禪師之作品，多為偈頌或詩偈，富禪宗隱喻與典故，必需先加以註疏，再求了解，欲著手思想史之創作，尚需時日。五山文化之原始資料，見於上村觀光（Kamimura Kenko）所編之《五山文學全集》及玉村竹二（Tamamura Takeji）之《五山文學新集》等書。二人在五山文學之研究，成果最豐。英文相關著作，見 Martin Collcutt 之 *Five Mountains: The Rinzai Zen Monastic Institution in Medieval Japan* (Cambridge: Harvard University Press, 1981)。該書基本上是根據日文二手資料寫成，雖現在看來，有不少問題，但為日文以外最先出現之外語著作，亦不無參考價值。

❿　此特殊時間之選擇，完全為考量其方便。因為此年之後，繼任之寧宗與理宗在位時間非三十即四十年，較先前皇帝在位時間為長，而其在位其間，來華求法日僧人數亦較先前為多。

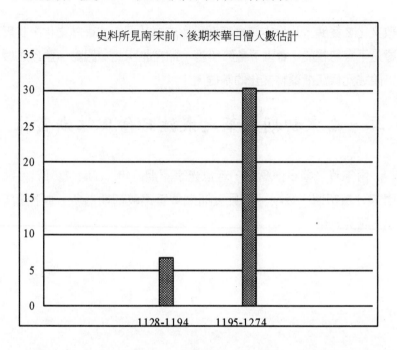

史料所見南宋前、後期來華日僧人數估計

南宋初期來宋之日僧，大概都在孝宗乾道、淳熙年間入宋。他們多半參學於江浙主要道場。這些道場，如徑山萬壽寺、杭州靈隱寺、南屏山淨慈寺、四明天童景德寺及阿育王廣利寺等，深受孝宗及朝廷之重視，多任命名禪大德出任住持。雖尚未有「五山十剎」之名，但地位之特出已頗為明顯，日僧聯袂造訪其地，實非偶然。譬如，宋孝宗乾道三年（1167），日僧重源（生卒年不詳）入宋，在明州盤桓。四年（1168），日僧明庵榮西（1141-1215）乘商船來宋，在明州遇重源。二人結伴至天台、育王等地參拜巡禮，未及半載，同返日本。乾道七年（1171），日僧覺阿（1143-1182）、全慶（生卒年不

詳）亦乘商船入宋，至臨安靈隱寺尋佛海慧遠（1103-1176）求法。孝宗淳熙十四年（1187），榮西再度入宋，先到天台萬年寺，學於虛庵懷敞（生卒年不詳）。兩年後（1189），懷敞住持天童寺，榮西隨侍左右，至光宗紹熙二年（1191）學成而歸日，計在宋停留四年半。❶宋孝宗淳熙十六年（1189），值日本鎌倉時期，日僧大日房能忍（生卒年不詳）因未受到宋禪師嗣法的承認，自創達摩宗，遭受批評，遂遣弟子練中（生卒年不詳）、勝辨（生卒年不詳）入宋，謁見正在四明阿育王廣利寺養老之禪宗耆宿佛照德光（1121-1203），❷呈上其偈頌，獲德光之印可。❸

　　重源、覺阿、榮西、及能忍之兩位弟子，都是南宋早期較為吾人所知的來華日僧。雖然他們在宋的時間都不到五年，但他們來宋似有特定之目的地或參學的對象，即是赴著名禪剎巡禮，並求教於該禪寺的禪門耆宿大德。他們所遇到的三位名師佛海慧遠、虛庵懷敞和佛照德光等人，原都是較小寺院之住持，因聲名日噪而分別受命掌靈隱、育王、天童和徑山等主要禪剎。這些禪師自然都非叢林等閒之輩，在某種意義上，他們實為其所主持寺院之導航舵手，為創新其禪剎的靈魂人物。日僧聞風而來求法，固非偶然。

---

❶　Martin Collcutt（1981），頁36，亦略談其事。不過，他所謂在萬年山參學於懷敞三年以上，顯然有誤。

❷　佛照德光為徑山第28代住持，見《徑山志》（臺北：明文書局，影印1624年刊本），卷2，頁173。

❸　能忍之偈頌，究竟為何，史無詳書。Martin Collcutt（1981），頁39，刻劃覺阿與能忍之禪為「積極性純正禪（aggressive purism）」恐怕有誤導之嫌。如下文所述，能忍之「達摩禪」實不能視為純粹臨濟禪。

　　此三位名師的住山經歷，或與過去名禪大德大同小異，但因為他們都住持五山中之要剎，能夠吸引日僧渡海來參學，在南宋前期叢林的發展過程中，具有特殊之意義。觀察他們的作為，可以對日僧入南宋叢林之態勢有一較清楚的認識。此三位禪師，分屬臨濟楊岐系的圓悟克勤（1063-1135）法嗣與黃龍系的雪庵從瑾（1117-1200）法嗣。他們由小寺逐步攀升而入主重要禪剎，除了因本身之修養、條件足夠之外，也是獲益親王大臣甚至皇帝支持之故。譬如，佛海慧遠習法於金山龍遊寺之圓悟克勤，為克勤晚年之弟子，受到其師兄大慧宗杲（1089-1163）之延譽，頗為時所重。他出世後不久，即由淮南之龍蟠寺遷瑯琊寺，再由婺州之普濟遷衢州定業及光孝二寺。紹興期間（1131-1162），他在衢州光孝寺時，安定郡王超然居士趙令衿（表之，?-1158）與之為方外交，時時參問。禮部侍郎內翰曾開（字天遊，1103 年進士）也從其參扣，亦深有所得。後來移居南嶽南臺及天台之護國、國清、鴻福三寺。乾道三年（1167），兵部尚書沈介（字德和，紹興八年進士）守平江（即今蘇州），力邀慧遠出任虎丘道場住持。❹常州通判葛郊（字謙問，?-1181）時至劍池從游其門，對其加禮不已。❺慧遠顯然號召力甚強，在虎丘「適丁荒欠」

---

❹　按：此為沈介第二次出守平江府，見李之亮，《宋兩浙路郡守年表》（成都：巴蜀書社，2001），頁 116-117。沈介似善天台之說，曾修天台僧淨覺仁岳之塔，對山家、山內之爭採調和之態度。參看居簡，《北磵集》（臺北：臺灣商務印書館，影印文淵閣《四庫全書》本，1983-1988），卷 7，〈跋沈大卿德和修淨覺塔記〉，頁 5b。

❺　《嘉泰普燈錄》（臺北：新文豐出版社，《卍續藏經》冊 137），卷 15，頁 232b；卷 23，頁 327a；《南宋元明僧寶傳》（臺北：新文豐出版社，《卍續藏經》冊 137），卷 4，662a-664a；《續傳燈錄》（臺北：新文豐出版社，

而「齋粥不繼」的情況下，仍能吸引信眾，至「戶外之履常滿」，曹溪之道日彰，故不久即奉詔入主靈隱。宋孝宗留心空宗，常詔慧遠入對選德殿。乾道七年（1171）二月，覺阿入宋之前，慧遠奉詔入對，孝宗與之酬酢，其道益尊。⑯次年（1172）正月，孝宗車駕幸靈隱，賜賚有加。八月，又詔慧遠、天竺若訥（1110-1191）、徑山寶印（1109-1190）及三教之士集於內觀堂賜齋。⑰又請慧遠獨對東閣，賜坐進茶，因喜其妙對，賜號佛海禪師。⑱慧遠嘗以偈頌自述陛見皇帝之事，略云：「鉢盂走馬向天庭，慣踏天街馬不驚；回首飛來峰上望，白雲包盡帝都春。」⑲言下頗為自豪。

　　覺阿入宋之日，慧遠正住持靈隱寺，是受聖眷最隆之時。據《續傳燈錄》的編者玄極說，覺阿通天台教，頗工書法，又通諸國語言，故初來謁慧遠之時，銳氣十足。但慧遠「徐以禪宗曉之。居

《卍續藏經》冊 142），卷 28，頁 624a-625a；卷 31，頁 667a-668b。按：葛郊為紹興時吏部侍郎葛立方之子。曾任常州通判，可能就近與慧遠往來。依燈錄之說，葛郊於淳熙六年（1179）守臨川，而於淳熙八年（1181）卒於任上。但說他曾守蘇州則有誤。

⑯　《嘉泰普燈錄》，卷 15，頁 232b-233a。按：覺阿於是年七月來宋。

⑰　《佛祖統紀》（臺北：新文豐出版社，《大正藏》冊 49），卷 47，頁 428ab。

⑱　按：《補續高僧傳》（臺北：新文豐出版社，《卍續藏經》冊 134），慧遠傳，頁 175b，略謂孝宗召慧遠「入對選德殿，或入內觀堂見，必延坐進茶，稱師而不名，禮數視諸師有加。」考若訥及寶印之傳，知二僧皆頗受孝宗禮遇，所謂「延坐進茶，稱師而不名」，當是孝宗待僧之一般禮數，不能因此而說對慧遠有殊遇也。見《釋門正統》（臺北：新文豐出版社，《卍續藏經》冊 130），卷 7，頁 885a-886b；《嘉泰普燈錄》，卷 19，頁 281b。

⑲　《續傳燈錄》，卷 28，頁 625b；《補續高僧傳》，卷 10，頁 175b。

三年，頓有所得，作投機五頌而去。」❷但玄極又說，覺阿見慧遠時，慧遠問其所從來，覺阿並未直接回話，而是「輒書而對」。也就是說，他是用筆談的方式與慧遠溝通，而且所書之詞有云：「某等仰服聖朝遠公禪師之名，特詣丈室禮拜，願傳心印，以度迷津。」❷玄極對覺阿之描述當是根據雷庵正受（1146-1208）在《嘉泰普燈錄》對覺阿的描述而來。❷不過，正受並未說覺阿能通諸國語言，只說他：「少親文墨，善諸國書。至此未數載，逕躋祖域，其於華語能自通。」❷這是指他入宋之後不過幾年，便能自學華語而通，並非入宋之時即以能說華語。不過他入宋時年方 29 歲，對於已經 69 歲的慧遠，從來只聞其名，未見其人，又恃其通天台學之能，對慧遠或許有些傲氣之表現，亦不無可能，故兩人在筆談時，覺阿書問：「無明因何而有？」慧遠便打，而覺阿「即命〔佛〕海陞座決疑」，這或許是玄極所指的氣銳之處。不過覺阿畢竟年輕，歷練不足，無法領會慧遠棒喝之用心。故於次年辭慧遠而遊金陵，在長蘆江岸聞鼓聲，忽然大悟，「始知佛海垂手旨趣，旋〔歸〕靈隱」，作五首偈頌敘其證悟之經驗，獲慧遠之印可而辭師東歸。❷

---

❷ 《續傳燈錄》，卷 28，頁 625b-26b。

❷ 《續傳燈錄》，卷 28，頁 667a。玄極傳述覺阿所書之詞，與正受在《嘉泰普燈錄》所述完全一樣。

❷ 見《嘉泰普燈錄》，卷 21，頁 287ab。

❷ 見《嘉泰普燈錄》，卷 21，頁 287b。

❷ 此記載亦見於高泉性激之《扶桑禪林僧寶傳》（《大日本佛教全書》冊 109），卷 1，頁 205b-206a。不過，其書未述及覺阿見慧遠之態度，只說他入慧遠之室祈開示，慧遠先問「眾生虛妄見，見佛？見世界？」覺阿未答，反問：「無明因何而有？」慧遠便打。關於覺阿所寫之五首偈頌，見下文討論。

　　虛庵懷敞是天童雪庵從瑾（1117-1200）的法嗣，**屬臨濟黃龍**系。他的生平事迹因文獻甚缺，我們所知有限。㉕不過，我們知道他原住持天台萬年寺，後遷住天童，繼密庵咸傑（1118-1186）出掌天童景德寺。㉖此寺自從建炎三年（1129）宏智正覺（1091-1157）出任住持之後，經過約三十年的經營，變成了浙江地區的重要禪剎之一，也成為曹洞宗大本營。㉗密庵咸傑出身臨濟宗，卻曾受邀至此寺分座說法。他又歷主衢州之烏巨、祥符，金陵之蔣山、無錫之華藏，杭州之徑山、靈隱等寺，聲名上達天聽。孝宗曾於淳熙四年（1177）召對選德殿，又嘗遺書請教《圓覺經》義，恩遇甚隆。咸傑於淳熙十一年（1184）祈請歸老天童，兩年後示寂。㉘朝廷未找

㉕　因為僧傳、燈錄等皆乏記載，所以日僧無等以倫（生卒年不詳）在序其師龍山德見（1284-1358）所輯的《黃龍十世錄》時便說：「自黃龍南禪師至萬年賁禪師六世，則燈錄之所載也。其次天童雪庵瑾、虛庵敞，則所不記也。」按：龍山德見於元代入華求法，編有《黃龍十世錄》，為日本禪林所重視。元僧大用以禮（生卒年不詳）也說：「虛庵敞禪師，黃龍直下尊宿，方授受雪庵一縷千鈞重寄，慨法道衰微，無人荷負，化行海國，得千光禪師傳持其道。終歸太白，韜名晦德。其後黃龍法道，源流演迤，宏肆於異方遐域。而此土獨擅大參〈天童五鳳樓記〉，僅載其一二，餘皆諸方所不聞。」見玉村竹二，《五山文學新集》第三卷，《黃龍十世錄》，頁195、207。按：《黃龍十世錄》有數種版本，《五山文學新集》所收之《黃龍十世錄》底本為大東急紀念文庫五山本，似較他本為佳。筆者對此書原無所知，蒙京都大學人文科學研究所金文京教授告以京都建仁寺兩足院有藏本，方知其書，特在此向金教授致謝。

㉖　密庵咸傑為徑山第25代住持。

㉗　參看筆者《北宋佛教史論稿》，頁282-283。

㉘　見《密庵和尚語錄》，葛邲撰塔銘（臺北：新文豐出版社，《大正藏》冊47），頁982c-983a。

曹洞禪師接任住持，而於淳熙十六年（1189），派臨濟宗的懷敞主
持這個重要的禪剎。雖然他並未如佛海慧遠出入孝宗皇帝內殿，亦
可見朝廷對他的重視。榮西來宋時，懷敞正在浙江天台的萬年寺傳
法，兩人晤面之後，懷敞問及其所聽聞的日本密教宗趣，認為「與
吾宗無異」，自是機語相投，傾心傳授。後來懷敞受命主天童時，
榮西亦隨行，兩年之間，盡得懷敞所傳之學而歸國。㉙

　　佛照德光是江西臨江人，大慧宗杲之法嗣，從大慧於明州阿育
王山。出世後，為臺州守李浩（1116-1176）延請入臺州主鴻福、光
孝等寺。㉚淳熙三年（1176），奉旨住靈隱。孝宗詔入選德殿中問
佛法大意，答對稱旨，自是獲詔入覲無虛歲，「至留內觀堂，五宿
而出，恩遇異常。」其間，孝宗常乘小輦過堂，與「促席而坐，或
曳袂而行，歡如平生。」所賜「金玉器用繒綵，計緡三萬餘，及王
臣、長者所施，悉以治育王贍眾之田。」㉛紹熙改元（1190），孝

──────────

㉙　《續群書類從》（東京：續群書類從完成會，1928-1934），卷 225，〈洛城
　　東山建仁禪寺開山始祖明庵希公禪師塔銘〉，頁 275a-278a。按：此塔銘為明
　　錢塘上天竺沙門加蘭所撰。Collcutt（1981）亦稍談及榮西在京都傳法事，但
　　他似乎將京都的「達摩宗」和榮西所代表之禪混為一談，而說榮西在京都傳
　　宋禪，「引起延曆寺支持者之反對，其人遂於 1194 年籲請朝廷禁止眾所周知
　　的『達摩宗』。」見其書頁 37。

㉚　《補續高僧傳》，卷 10，頁 191a。按：李之亮，《宋兩浙路郡守年表》，頁
　　419，李浩在乾道二年（1166）至四年（1168）守臺州，故德光應於此時來臺
　　州。

㉛　《補續高僧傳》，卷 10，頁 191b。按此買田事亦見於陸游，《陸放翁全集》
　　（北京：中國書店，1986），《渭南文集》，卷 19，〈明州育王山買田
　　記〉，頁 108-109。按：陸游之文謂：「乃盡以所賜，及大臣、長者、居士脩
　　供之物買田，歲入穀五千石。」

宗退位至重華宮稱壽皇，命德光主徑山，欲頻見其面，德光力辭而未能。寧宗慶元初（1195），德光請歸育王養老。日本僧史既謂練中、勝辨來育王見德光，當是德光歸老育王之時，但其時已是二人入宋六年之後，毋寧有誤？經詳細查證，二人謁見德光，當在靈隱或徑山而非育王。❷即令如此，南宋朝廷對靈隱、徑山、育王等寺之重視，必選擇叢林最負盛名者出任住持，已很明顯。這些禪寺，後來成為為「五山」，可謂其來有自。而能忍遣徒遠來求德光之印可，亦可見日僧已認識「五山」禪師地位之不凡了。

　　初期來宋之日僧，覺阿歸日後因退隱而居，未能開宗立派，傳授佛海慧遠的禪法。練中、勝辨則代其師能忍獲宋禪師之認同，促使其所倡的達摩宗在日本取得一席地位，使達摩宗變成日本臨濟宗中的一個主要流派，而威脅到後來道元的曹洞宗聲勢。❸榮西於在宋期間及歸日之後，表現更為特出。他在天台萬年寺與天童數年，除了跟懷敞習禪之外，也做了不少事情。在萬年寺時，曾應州郡之請禱雨，據說天雨大澍而榮西身發千光，故後以千光為號，稱千光禪師。他又捐芝券三百萬，為萬年寺建三門、兩廡，又修觀音院智者塔院。❹在天童時又獻金整修宏智正覺在天童所建的千佛閣，對

---

❷　《本朝高僧傳》（冊 102），誤為育王。楊曾文教授之《日本佛教史》亦襲其誤，見其書頁 291。

❸　見道元，《正法眼藏》（臺北：新文豐出版社，《大正藏》冊 82），頁 69c。

❹　見《黃龍十世錄》，頁 210-211；《續群書類從》，卷 225，〈洛城東山建仁禪寺開山始祖明庵希公禪師塔銘〉，頁 275a-278a。「芝券」究係何所指，尚未查出。按：密教僧侶多以善於禱雨知名。榮西原在比叡山延曆寺習天台及密教，故被視為有禱雨之能。

維修他曾居留的禪寺，頗為盡心。❸懷敞因而視之為足以肩負法門之傳於域外，故在他束裝返國之前，贈語送行。其語略謂：「釋迦老子將示滅時，以涅槃妙心、正法眼藏付囑大迦葉，二十八傳而至達摩，六傳而至曹溪，又六傳至臨濟，八傳至黃龍，又八傳而至予。今以付汝，汝當護持，佩此祖印，歸國布化，開示眾生，繼正法命，故傳衣以為法信，汝當為東國之祖。」❸榮西歸國後又「致百圍之木以來」，「大木果至而閣成」。❸表現他對天童祖山真誠不渝的護持之心。榮西在日傳臨濟禪法，成為日本臨濟宗千光一派之祖，不負懷敞之厚望。❸而他的門下，出了許多名僧，其中不乏

---

❸ 參看樓鑰，《攻媿集》，卷 57，〈天童山千佛閣記〉，頁 5b。《天童寺志》（臺北：明文書局，影印 1811 年刊本），頁 89。

❸ 見《續群書類從》，卷 225，〈洛城東山建仁禪寺開山始祖明庵希公禪師塔銘〉，頁 275a-278a；《黃龍十世錄》，頁 211。按：《黃龍十世錄》之文與加蘭塔銘之文類似，唯「繼正法命」一語之後，有謂「達摩始傳衣而來，以為法信，至六祖止不傳。汝為外國人，故我授此衣為法信，則乃祖耳。」

❸ 見《延祐四明志》（臺北：國泰文化事業有限公司，影印 1854 年刊本），卷 17，頁 5760；《續群書類從》，卷 225，南宋寶慶元年臨安虞樗撰〈日本國千光法師祠堂記〉，頁 274a。按：虞樗生平事迹不詳。

❸ 晚近史家對過去日本學者所謂的舊佛教（天台及密宗）之腐敗、墮落造成新佛教（禪宗）的應運而生，認為是一種「溯及既往的謬誤」（retrospective fallacy），是不能從平安、鎌倉時期的社會環境理解所謂「舊佛教」的本質，而使「新」、「舊」之分，充滿價值判斷，對「舊佛教」是不公平的。參看 Neil McMullin, "Historical and Historiographical Issues in the Study of Premodern Japanese Religion," *Japanese Journal of Religious Studies*, vol. 16, no. 1 (March, 1989), pp.3-40; Richard Payne ed., *Re-Visioning "Kamakura" Buddhism* (Honolulu: Universwity of Hawai'i Press, 1998), "Introduction," pp.1-23; James Dubbins, "Envisioning Kamakura Buddhism," pp.24-42; Jacqueline Stone,

渡海來宋者，尤以下文討論的道元（1200-1253）為最著名。

　　覺阿與榮西等人是南宋初期率先東渡來華求法之日僧。他們入宋尋求名師，參學於其門下，獲其印可，成其法嗣，受有返國傳法之寄，雖成就有殊，但都成為日本佛教界舉足輕重之人物。能忍因為未能入宋尋師，雖在日本開山立派，但頗遭物議，不得不派其門徒來華，獻偈頌於德光，求其印可，而其達摩宗也因此傳佈更廣，據說還對後來道元在京都的傳法構成威脅，造成道元搬離京都而至越前另開永平寺之因。❸凡此直接嗣法與間接傳承，都足以證明日本國內部份僧侶對宋、日禪宗法嗣繼承關係之建立，已視為有其必要。這種意識，啟發了南宋後期日僧聯袂來宋求法之現象。

三、南宋後期來華之求法日僧與江浙叢林

　　南宋後期來華求法之日僧遠較初期為多，大概都在寧宗及理宗朝入宋。而除了湛海之外，都在江浙地區求法。此時「五山」大致已受宋朝廷與叢林之默認，故來華日僧自然歸向其處。根據史料所得，此期至少有下列日僧入宋：

Original Enlightenment and the Transformation of Mediaeval Japanese Buddhism (University of Hawai'i Press, 1999), pp. 55-94.

❸　見 Bernard Faure, "The Daruma-Shū, Dōgen, and Sōtō Zen," in *Monumenta Nipponica*, 42 (1987), 頁 25-55，尤其是頁 30-31。

表一

入宋時間	入宋僧名	主要求法地區	主要參學對象
1199-1211	俊芿❹	杭州徑山 明州景福	蒙菴元聰(禪) 如菴了宏(律)
1214-1228	淨業❹		學律
1223-1227	道元	明州天童	無際了派 長翁如淨
1223	淨業		
ca.1232-1245	天祐思順	臺州、蘇州…	敬叟居簡
1235-1238	神子榮尊	杭州徑山	無準師範
	湛慧	杭州徑山	無準師範
1235-1241	辨圓圓爾	杭州徑山	無準師範
1235	道祐	杭州徑山	無準師範
1243-1244	一翁院豪	杭州徑山	無準師範
Ca.1243-1246	悟空敬念	杭州徑山	無準師範
1243-1254	寒巖義尹	四明天童	天童如淨

❹ 俊芿曾入明州雪竇問禪要，又曾到北峰宗印門下學天台教觀八年。他還參究淨土、悉曇等，並曾到杭州的下天竺寺，與諸禪師討論禪法，與史彌遠、樓鑰等名公鉅卿都有來往，是少數禪、教、律兼修的求法日僧。樓鑰曾為他所畫的律師頂相作贊，並附一段跋語稱讚他謂：「芿公恪守律嚴，究觀諸書，記得其說，欲歸以淑諸人。……歸矣！使律之一宗盛行于東海之東，于以補教化之所不及，其為利益豈有窮哉！」見樓鑰，《攻媿集》（臺北：臺灣商務印書館，影印文淵閣《四庫全書》本，1983-1988），卷 81，頁 7b。俊芿攜帶中國儒釋典籍多種歸國，又兼習內典外學，為宋學傳入日本之先驅之一。他在京都泉涌寺傳法，受朝野上下重視，從其習法、受戒者多皇室貴冑及攝政大臣，頗值得注意。參看楊曾文（1995），頁 460-61。

❹ 淨業（1187-1259）號曇照，雖兩度入宋，但在宋之活動不詳。只知宋理宗曾賜以「忍律法師」之號，或曾陛見理宗。

(1253?-56?)	(道元法嗣)		
1244	湛海❷	泰山	白蓮寺
1249-1254	心地覺心	普陀、徑山、育王、天目	癡絕道沖　荊叟如珏
1251-1262	無關普門	杭州靈隱	斷橋妙倫
1252-1265	無象靜照	杭州徑山 天台山	虛堂智愚
1255	湛海		
1255?	寂庵上昭		
1255	樵谷惟僊	杭州徑山	虛堂智愚 偃溪廣聞 介石智朋 別山祖智
1258-1268	山叟慧雲	杭州靈隱	斷橋妙倫
1259-1262	徹通義介	明州天童	
1259-1267	南浦紹明	杭州徑山	虛堂智愚
1259	真照		學律
1262	藏山順空	杭州徑山	虛堂智愚
1264-74	約翁德儉	杭州淨慈、徑山	偃溪廣聞、簡翁居敬、介石智朋
1264	禪忍	杭州徑山	虛堂智愚
1266	白雲慧曉	兩浙	希叟紹曇
1264	寒巖義尹		虛堂智愚 退耕德寧

　　這些日僧入宋之情況可注意者有如下數點：

　　其一，求法日僧淨業、湛海、義尹等都兩度入宋，雖然在宋活

---

❷　湛海是俊芿之徒弟，在宋活動情況不詳，只知入泰山蓮寺，當是繼俊芿之後學習律教。

動之情況不詳，但其敢於渡海再來，證明對巡禮南宋叢林之執著。
⑭其二，除了俊芿（1166-1227）、真照等少數日僧學律或他宗之外，
多數入宋日僧都來學禪，而且多得以參訪數位禪師，雖原因與態度
未必皆同，而收穫也異，但對他們的啟發是難以衡量的。道元即是
個很典型的例子。他於嘉定十六年（1223），與其師明全（1184-
1225）及同參廓然、亮照、木下道正和嘉藤景正等乘商船入宋。⑭
先入天童景德寺參無際了派（1149-1224），後入臺州見西堂惟一、
宗月長老、月堂無象、傳藏主、萬年寺元靠（？）和尚，小翠巖卓
老，再入徑山禮浙翁如琰（1151-1225），最後再返天童參長翁如淨
（1163-1228），追隨了許多禪師。其三，不少日僧逗留在宋的時間
都相當長，有六、七年者，也有十餘年者。如天祐思順於寧宗紹定
五年（1232）入宋，留宋約十三年至十五年，在江浙地區隨北磵居
簡（1164-1246）習法。⑮其四，少數求法日僧或因過於自負，或因難

_____

⑭ 關於寒巖義尹兩度入宋之時間，說法不一，見下文註。

⑭ 《續群書類從》，卷 225，〈初祖道元禪師和尚行錄〉，頁 278b-282a；〈永
平寺三祖行業記〉，頁 282a-286a。按：此兩者對道元初聞三井僧正公胤所謂
「宋國有傳佛心印正宗」一事記載略異。前者謂在入建仁寺後，後者謂在入
建仁寺前。

⑮ 關於思順之入宋，師蠻之《延寶傳燈錄》及《本朝高僧傳》所述甚略，但云
入宋隨敬叟居簡求法，歸國後在京都東山勝林寺開山。日本學者高橋秀榮
（Shūei Takahashi）曾有短文論及其入宋之事，見氏著〈入宋僧天祐思順に
ついて〉，《印度學佛教學研究》，49:1（Dec. 2000），頁 226-230。惜其文
未參考中國史料，於思順在何處跟隨居簡未能詳考。按：居簡於嘉熙中
（1237）住臺州報恩、廣孝、杭州淨慈等寺，又歷住常州顯慶、蘇州慧日、
湖州道場等寺。晚年徙南屏淨慈，於淳祐六年（1246）化寂。思順於寬元三
年（1245）歸日，在宋至少有 13 年之久，有可能隨居簡赴臺州、蘇州、常

以適應，二、三年之內即失望而歸。如理宗端平二年（1235），神子榮尊（?-1272）及辯圓圓爾（1202-1280）聯袂來宋。榮尊赴杭州徑山參訪無準師範（1177-1249），**㊻**以言語不相契，三年而返日。其五，從理宗淳祐三年（1243），至景定五年（1264）理宗朝結束之二十年間，日僧幾乎年年或隔年入宋。除湛海兩度入宋而未到江浙地區，而真照不知至何處學律外，餘皆在江浙禪寺求法，**㊼**先後有一翁院豪、心地覺心、寒巖義尹、無關普門、無象靜照、樵谷惟僊、山叟慧雲、徹通義介、南浦紹明、藏山順空、禪忍和白雲慧曉等。他們所參學的禪師多半都是「五山」禪僧。譬如，一翁院豪入徑山參無準師範。**㊽**道元門下寒巖義尹入天童參長翁如淨。**㊾**心地覺心先入

州、湖州及杭州各地寺院。不過，他除了隨居簡外，必然也四處參學。

㊻　師範為徑山萬壽寺第 34 代住持，見《徑山志》，卷 2，頁 181。

㊼　湛海首次來宋至泰山白蓮寺求法，二次來宋則不知去何處。

㊽　《本朝高僧傳》（冊 102），說他「寬元初（1243-1244）入宋」，見頁 304-305。

㊾　《本朝高僧傳》（冊 102），頁 292-293。按：義尹入宋之時間，說在寶祐元年（1254）年，也是其師道元死後之一年。跟隨如淨閱四寒暑。見《續群書類從》，卷 229，〈寒巖禪師略傳〉，頁 365a。師蠻認為他在理宗淳祐三年（1243）時首度來宋，居 11 年後返日（1254）。又於景定五年（1264）二度來宋，兩次入宋時間相距 23 年。二次入宋時年 37 歲，則初入宋時不過 14 歲。師蠻認為義尹於道元死後入宋參如淨之說法有誤，因如淨死於道元之前（1228），實於道元歸國（1227）後一年，義尹不可能見到如淨。道元死後（1053），義尹二度來宋（1264），呈道元語錄《永平廣錄》於無外義遠，求義遠為作序。義尹又參虛堂智愚及退耕德寧，皆蒙贊賞。由於〈寒巖禪師略傳〉顯然弄錯義尹入宋的時間，有些勇於懷疑的西方學者，遂將他入宋之事完全抹殺，並認為師蠻之說也屬捏造。筆者覺得這是因噎廢食，矯枉過正。

徑山參癡絕道沖，以不相契而入道場參荊叟如珏（生卒年不詳），❺⓪
又入天台參覺庵夢真。❺⓵無關普門入杭州參斷橋妙倫於靈隱寺，居
宋十二年後返日，為京都南禪寺之開山。❺⓶無象靜照入杭州徑山參
石溪心月（?-1254），在其處參學五年，後參虛堂智愚於育王、淨慈
與徑山，遊歷於江浙間，與四十餘位禪師交遊。❺⓷樵谷惟僊入徑山
參虛堂智愚，❺⓸又聞道於偃溪廣聞、❺⓹介石智朋、別山祖智等人。
❺⓺山叟慧雲入杭州靈隱寺參斷橋妙倫。徹通義介為道元法嗣，他奉
道元之命入天童山繪製天童寺之建築圖，以為建日本慧日永平寺之
藍圖。❺⓻南浦紹明在無象靜照、樵谷惟僊之後入徑山參虛堂智愚，
成為智愚之高弟。❺⓼藏山順空亦入徑山參虛堂智愚。❺⓽禪忍為赴日
傳法宋僧蘭溪道隆（1213-1278）之弟子，他奉道隆之命，攜其語錄

---

❺⓪　荊叟如珏為淨慈 41 代、徑山第 38 代住持。在其處參禪之日本求法僧有空山
　　有、藏山順空、心地覺心、無關普門，見玉村竹二，《日本禪宗史論集》，
　　二之下，頁 154。

❺⓵　他原想隨無門慧開，但參拜不遇，遂與天目虛竹返日。虛竹日後日本普化派
　　禪宗之創始人。山，他將中國樂器「蕭」及其音樂介紹至日本。

❺⓶　《續群書類從》，卷 227，〈無關和尚塔銘〉，頁 330ab。

❺⓷　師蠻，《本朝高僧傳》（《大日本佛教全書》冊 102），頁 305-306。心月為
　　徑山第 36 代住持。

❺⓸　虛堂智愚是淨慈第 46 代、徑山第 40 代住持。《徑山志》卷 2，頁 206。

❺⓹　淨慈第 40 代、徑山第 37 代住持。《淨慈寺志》，卷 8，頁 573。

❺⓺　《本朝高僧傳》（冊 102），頁 296-297。

❺⓻　後為日本大乘寺之開山，見下文討論。

❺⓼　《本朝高僧傳》（第 102 冊），頁 296-297；高泉性激，《扶桑禪林僧寶
　　傳》，頁 22ab。

❺⓽　《本朝高僧傳》（第 102 冊），頁 316-317。

至宋開版，並請虛堂智愚題辭。⑩其六、不少江浙禪師，因主持重要禪剎，可名之曰「五山禪師」，都是日僧參訪學習的對象。其中以癡覺道沖、無準師範、石溪心月、虛堂智愚、偃溪廣聞、西巖了慧、荊叟如玉、斷橋妙倫、簡翁居淨等人及其法嗣多人最為著名。尤其無準師範與虛堂智愚似對日僧最富吸引力。最這些禪師，主要是臨濟宗圓悟克勤（1063-1135）之弟子大慧宗杲（1089-1163）及虎丘紹隆（1077-1136）法嗣。以下分別依其生年順序排列，並以 D、H 加上數碼代表其宗派世代及輩份高低，并求法日僧之名表列如下：

表二

禪師名號	生卒年	宗派	求法日僧
癡絕道沖	1169-1250	臨濟 H2	圓爾辨圓、心地覺心
石田法薰	1171-1254	臨濟 H2	圓爾辨圓
無準師範	1178-1249	臨濟 H2	圓爾辨圓、悟空敬念 神子榮尊、一翁院豪 道祐
大川普濟⑪	1179-1253	臨濟 D7	直翁智侃

---

⑩　《虛堂和尚語錄》（臺北：新文豐出版社，《大正藏》冊 47），〈日本建長寺隆禪師語錄跋〉，頁 1061c。智愚跋語有云：「宋有名衲，自號蘭溪。一筇高出於岷峨，萬里南詢於吳越。陽山領旨，到頭不識無明；抬腳千鈞，肯踐松源家法。乘桴于海，大行日本國中；淵默雷聲，三董半千雄席。積之歲月，遂成簡編。忍禪久侍雪庭，遠訪四明鐙梓。言不及處，務要正脈流通，用無盡時，切忌望林止渴。」此處「忍禪」即是禪忍。

⑪　大川普濟輯《五燈會元》20 卷，開「五燈」全書之先例。繼其後有明僧遠門淨注之《五燈會元續略》4 卷、南石文琇之《五燈會元補遺》1 卷，清費隱通容之《五燈嚴統》3 卷，霽崙超永有《五燈全書》120 卷。

無門慧開	1183-1260		心地覺心
石溪心月	?-1254	臨濟 H3	無象靜照
虛堂智愚	1186-1270	臨濟 H3	寒巖義尹、樵谷惟僲 南浦紹明、無象靜照 約翁德儉、寂庵上昭 藏山順空
偃溪廣聞	1189-1263	臨濟 D7	樵谷惟僲、無象靜照 南浦紹明、約翁德儉 寂庵上昭、藏山順空 鐵牛景印
藏叟善珍㉒	1194-1277	臨濟 D7	約翁德儉
介石智朋	(不詳)	曹洞宗	約翁德儉、樵谷惟僲
西巖了慧	1198-1262	臨濟 H3	藏山順空
虛舟普度	1199-1280	臨濟 H3	約翁德儉、桂堂瓊林㉓
荊叟如珏	(不詳)	臨濟 18	心地覺心、無關普門 藏山順空
斷橋妙倫	1201-1261	臨濟 H3	無關普門、山叟慧雲㉔
方菴圻	(不詳)		山叟慧雲
清虛心	(不詳)		山叟慧雲
退耕德寧	(不詳)	臨濟 H3	藏山順空、寒巖義尹
簡翁居敬	fl.1263	臨濟 H3	樵谷惟僲、南浦紹明 無象靜照、約翁德儉

㉒ 藏叟善珍住徑山前在育王（明州）、雪峰（福州）。有《藏叟摘稿》2 卷傳世。

㉓ 《本朝高僧傳》，頁 323 謂「文永年中入宋，參徑山虛舟度和尚。舟付傳法偈并衣，歸居草河……。」

㉔ 《本朝高僧傳》，頁 311-312 謂慧雲（1232-1302）「時和宋新到者三百人，〔妙倫〕獨許雲參堂。」理宗寶祐六年（1258），他再度入宋參斷橋妙倫，並請益於方山圻、清虛心，理宗咸淳四年（1268）歸國。

				寂庵上昭
淮海元肇❻❺	1189-1265	臨濟 D7		藏山順空
寂窗有照	(不詳)	臨濟 H2		約翁德儉
石帆惟衍	(不詳)	臨濟 H3		約翁德儉
東叟仲穎	(不詳)	臨濟 D7		約翁德儉
覺庵夢真	(不詳)	臨濟 H3		約翁德儉
無外義遠	(不詳)	曹洞宗		寒巖義尹
別山祖智	1200-1260	臨濟 H3		圓爾辨圓、樵谷惟僊
物初大觀❻❻	1201-1268	臨濟 D7		樵谷惟僊
兀菴普寧	1199-1276	臨濟 H3		
環溪惟一	1202-1281	臨濟 H3		
絕岸可湘	1206-1290	臨濟 H3		
雪巖祖欽	1215-1287	臨濟 H3		中巖圓月
劍關子益	?-1267	臨濟 H3		
希叟紹曇❻❼	fl.1249-1269	臨濟 H3		白雲慧曉❻❽

　　大致上，從葆荿、道元等人之入宋，至道元門徒義尹攜《永平廣錄》來求序之間的三十餘年，日僧大多入江浙的禪剎求法，較前

❻❺　懷海元（原）肇爲淨慈第 45 代住持，徑山第 39 代住持。參徑山浙翁時，翁問泗州大聖爲什麼在揚州出現，他說：「今日又在杭州撞著」。見《徑山志》卷 2，頁 201。又見《淨慈寺志》卷 8，頁 580-582。著有《淮海肇和尚語錄》、《淮海外集》、《淮海挐音》。歷主平江雙塔、壽寧萬歲禪寺、建康清涼廣慧禪寺、臺州萬年報恩光孝禪寺、平江萬壽報恩光孝禪寺、溫州江心龍翔興慶禪寺、慶元府阿育王山廣利禪寺、和淨慈、靈隱、徑山等寺。其生卒年係根據物初大觀所作的〈淮海禪師行狀〉所得。
❻❻　他曾重修《人天眼目》，著有《物初賸語》。
❻❼　有《希叟和尚語錄》1 卷、《希叟和尚廣錄》7 卷，《五家正宗贊》4 卷。
❻❽　《本朝高僧傳》（冊 102），頁 310-311。

期入宋日僧，似更積極。自寧宗朝（1195-1224）後期至理宗朝（1225-1264），五山禪剎，似已漸漸出現了排階次第，而五山禪僧，顯然也已成為叢林的領袖。聲名較著的禪師，往往受敕命出任五山住持。而一旦躋身五山，則更加聲重叢林，名聞四海，遠方異域之學子亦會聞風來歸。

以道元為例，他在入宋之前，對南宋禪林當已有所聞。❻雖然曾於建保二年（1214）15 歲時入京都建仁寺投榮西門下，但因榮西次年即死，亦未必真正親炙榮西之教。後雖隨榮西高弟明全入宋，入天童無際了派之門，亦僅有隨機問答之語，並無一見相契之緣。❼

道元與無際了派之不能相契，多半是因為道元未能接受無際的禪風與接引方式。道元來宋是因他對天台的「本覺思想」產生疑惑，冀望求解，但入千光之室，並無所獲。據說道元自幼即誦詩書，不由師訓，而有慧解，被視為神童。稍長閱讀經論，如同宿習，每與人問答經論文義，總表現出辯才無礙，如「懸河瓶瀉」之風度。年方 13，即登比叡山延曆寺登壇受戒，習天台宗風及南天

---

❻ 道元的《寶慶記》開頭便說：「後入千光之室，初聞臨濟之宗風。」見 Takashi James Kodera, *Dōgen's Formative Years in China: A Historical Study and Annotated Translation of the Hōkyō-ki* (Boulder: Prajñā Press, 1980), 頁 225 附《寶慶記》。

❼ 《續群書類從》，卷 225，〈初祖道元禪師和尚行錄〉，頁 278b-282a；〈永平寺三祖行業記〉，頁 282a-286a。關於道元是否確曾見過榮西，日本佛教史家迄有爭議，見 Takashi James Kodera (1980)，頁 27。「道元研究」的專家，Taigen Dan Leighton 認為仍是個謎。見其 *Dōgen's Extensive Record* (Boston: Wisdom Publications, 2004)，頁 3。

密教。15 歲時即博通大小乘義理，深造顯密奧旨。❼在宋參學將近一年，「平昔以氣自負，諸方無嬰鋒者」，既自覺未逢足以啟發他的善知識，乃謂：「日本、大宋兩國，無如我善知識。」因而「生大驕慢，欲皈日本。」卻因遇某老雄者，勸他尋「天下第一等宗匠」的如淨和尚，因而有繼續留宋之意願。❼

這如淨和尚即是長翁如淨，是曹洞宗雪竇足庵智鑑（1105-1192）法嗣。歷主建康府清涼寺、臺州瑞巖寺及臨安淨慈寺。道元離天童至各處遊學時，他正在淨慈寺傳法，而道元將理歸概離宋歸日時，其師天童景德寺無際了派化寂。他在化寂之前，曾遺書推薦如淨住持天童。寶慶元年（1225），宋寧宗以如淨道價甚高，敕命住天童，道元既聞其名，遂振錫而依。❼

道元以後，求法日僧似對江浙的禪師多先有認知之後才毅然相投。而他們在登堂入室之後，不但在本寺與同門法侶建立起很好的關係，又多與鄰近叢林之禪眾交遊來往，變成了江浙叢林僧眾法侶聯誼網絡的組成分子，獲得本土禪師及僧眾的支持與協助。譬如理宗端平二年（1235）入宋的辯圓圓爾即是其中顯例。圓爾（1202-1280）是後期入宋求法僧中數一數二的人物，他入宋參學遊方六

---

❼ 《續群書類從》，卷 225，〈初祖道元禪師和尚行錄〉，頁 278b-282a；〈永平寺三祖行業記〉，頁頁 282a-286b。

❼ 以上皆見《續群書類從》，卷 225，〈初祖道元禪師和尚行錄〉，頁 278b-282a；〈永平寺三祖行業記〉，頁 282a-286b。

❼ 同前註。依《寶慶記》之說，他「隨〔明〕全法師，而入炎宋，航海萬里，任幻身於波濤，遂達大宋，得投和尚之法席，蓋是宿福之慶幸也。」此「和尚」即是如淨，而所以說「得投」，正是因聞如淨之名後，方再入天童之故。

年，至淳祐元年（1241）年學成歸日。在這六年之間，他先後投於
癡絕道沖、西巖了慧、無準師範門下。他由明州入宋後，先至明州
景福律院聞月宗主說法，後至天童參癡覺道沖。❼④未幾至天竺跟隨
天台耆宿柏庭善月（1149-1241）。善月是宗曉的同門，授以天台宗
派圖及其所著《首楞嚴經疏》、《楞伽經疏》、《圓覺經疏》及
《金剛經義疏》。然後赴南屏山淨慈寺參訪笑翁妙堪（1177-
1248）、靈隱寺參訪石田法薰。在靈隱期間，正逢無準師範法嗣退
耕德寧在典賓客，與法友關係相善。❼⑤他見圓爾志向不凡而對他
說：「輦下諸名宿，子已參遍，然天下第一宗師唯無準師範也。子
何不承顧眄乎？」❼⑥因為寧退耕之建議，圓爾立即赴徑山尋無準師
範，且立即獲其器許，侍其左右。辯圓參學相當用心，很快就變成
無準最鍾愛之徒。在徑山時，他與無準師範門下的其他高徒相來
往，且與靈叟源、絕岸可湘和雪巖祖欽結為金蘭，關係非一般骨肉
兄弟之可比。❼⑦他還參拜禪林尊宿如西巖了慧等，❼⑧並與數位禪師

---

❼④　癡絕道沖為徑山第 35 代住持。有關道沖生平，見下文詳論。

❼⑤　見師蠻，《延寶傳燈錄》（《大日本佛教全書》冊 108），頁 54。原文說
　　「寧退耕典北山之賓，與法友善」，此「寧退耕」即是退耕德寧。《禪學大
　　辭典》誤為元人，見頁 952b。其實寧退耕是無準師範法嗣，歷主靈隱、嘉興
　　崇聖、蘇州報恩、慧日、永天、萬壽，最後復歸靈隱。因為靈隱與淨慈南北
　　相對，故一稱北山，一稱南山。

❼⑥　《延寶傳燈錄》，頁 54。

❼⑦　《扶桑禪林僧寶傳》，頁 14。

❼⑧　他有《西巖和尚語錄》2 卷，物初大觀撰行狀，淮海元肇撰序。歷主平江定
　　慧禪寺、溫州雁山能仁禪寺、江西東林、天童景德、最後瑞巖開善禪寺。寶
　　祐三年（1255）寫有〈日本國丞相藤原公捨經記〉一篇。

交友往來，其中有斷橋妙倫、別山祖智、環溪唯一、簡翁居敬、**⑲**
靈叟源和兀菴普寧等，都是無準師範的法嗣，也多半在五山任住
持。**⑳**圓爾學成歸國後，隨即出任京都東福寺及建仁寺的開山住
持，為第一位受天皇賜國師之號的日本禪師。據說，他在東福寺開
山之後，在京都興福寺的道元可能感受到競爭之威脅而遷至越前另
築永平寺。**㉑**不管是否有此影響，顯然，圓爾之功成名就，部份是
因為他南宋求法期間，廣為叢林僧眾所認可與接受之故。他們或視
他為入室弟子或法門昆仲，給予許多支持與方便，使其無往不利。
他在宋之參學歷程，說明南宋江浙叢林五山領袖之聲望。而徑山的
無準師範，法嗣遍布，在江浙區形成了一大叢林法友聯誼的網絡，
具有決定性的影響。

　　圓爾僅僅是受惠於這種法友聯誼網絡的求法日僧之一，他回日
本後數年，弟子心地覺心（1207-1298）於淳祐九年（1249）入宋，也
有類似的經歷。心地覺心從道元受戒，淳祐九年（1249）入京都謁
見圓爾，圓爾勸他入宋參徑山無準師範。他隨即入宋，直趨徑山。
但師範才於不久前遷化，由癡絕道沖補其席，覺心遂於道沖門下參
學。但因機不相契，遂入湖州道場山尋荊叟如珏、天台山找應真。
他於寶祐元年（1253）登明州大梅山，在山上遇日僧源心，向他打
聽「明眼知識」，源心告以「杭州無門和尚一代名師，應往見
焉。」兩人遂相率入杭州靈洞護國寺參無門慧開，與之「機機相

---

⑲　淨慈第 44 代。於景定四年（1263）整修天童景德寺之千佛閣。

⑳　見附表三。

㉑　見 Taigen Dan Leighton and Shohaku Okumura, *Dōgen's Extensive Record*
　　(Boston: Wisdom Publications, 2004)，頁 7。

投」，歸日後創普化宗。㉒

覺心在宋五年，於寶祐二年（1254）歸日，但在他歸日前，無關普門（1212-1291）及無象靜照先後來宋。普門是圓爾的法嗣，他於淳祐十一年（1251）入宋，顯然是受圓爾的影響。㊳入宋之後，他先到會稽謁荆叟如珏，然後到杭州淨慈謁斷橋妙倫。㊴在妙倫門下逾十年，至妙倫入寂（1261）前，「以袈裟、自贊頂相付門，表信印。」㊵普門在兩浙禪林周旋約十二載後乘鄉船而歸。返日後為京都東福寺第三代住持。龜山天皇建寺於東山，拜請開山，次年即遷化。此寺在後宇多天皇時改該名為南禪寺，而普門遂為其開山第一祖。㊶

無象靜照（1234-1306）則於無關來宋的次年，亦即淳祐十二年

㊷　《本朝高僧傳》（冊 102），頁 286-289。按：有說他原想參無門慧開但未能相遇。後與天目虛舟禪師同回日本，成為日本普化宗之開山。他將中國樂器「蕭」傳至日本。

㊳　《本朝高僧傳》（《大日本佛教全書》冊 102），日僧椿庭海壽，〈佛心禪師大明國師無關大和尚塔銘〉（詳名〈大日本國皇城東山之瑞龍山太平興國南禪禪寺開山第一世祖無關和尚塔銘〉），頁 308-310。椿庭海壽為該寺 46世，塔銘撰於應永七年（1400）。

㊴　斷橋妙倫為淨慈第 42 代，理宗時宰相賈似道（1213-1275）為其支持者，據云「將終，與大眾入室罷，索筆作書辭諸山及魏國公，公餽藥不受。」《淨慈寺志》，卷 8，頁 578-579。按：賈似道號秋壑，於度宗時拜魏國公，與叢林關係甚深，叢林尊之為秋壑魏公而不名。斷橋妙倫有《斷橋和尚語錄》2卷，日本參學者正見攜回日本刊印。入淨慈前歷住天台國清、瑞巖淨土禪寺、臺州瑞峰祇園寺。

㊵　《本朝高僧傳》（冊 102），頁 308-310。

㊶　見〈佛心禪師大明國師無關大和尚塔銘〉。

（1252），乘商船來宋。他也是先到徑山參訪當時的新任住持石溪心月。心月要他看公案，他看了之後，自覺有所得，便呈其所見給心月，但為心月賞一巴掌。不過，靜照並未如覺阿受慧遠一擊而不自在，反而有所發悟，遂留在心月處學禪五年。之後他到育王典賓客，接著到天台供茶水，又至天童隨虛堂智愚，並跟隨他從天童調至淨慈，再由淨慈轉至徑山。❽靜照是少數能唸誦漢語而不輕犯錯的求法日僧，同門南宋衲子頗刮目相看，多視之為法門兄弟，待他至厚。他留宋 13 年之後才歸國，顯然早已融入江浙叢林法友僧眾的團隊中。

　　同時學於虛堂智愚的求法日僧還有南浦紹明（1235-1308）。他在靜照之後七年（1259）入宋。立即到淨慈跟隨以嚴峻知名的虛堂智愚。據說虛堂極為嚴厲，故禪徒多不敢造其門。但其嚴厲之名，既不妨靜照於先一年至天童參訪，又隨其入淨慈，似也不足令紹明退避三舍。事實上紹明與智愚一語相契，遂為智愚接納為入室弟子，負責典賓客。雖然任務繁重，但還是參扣不懈。後智愚奉旨遷徑山，紹明與靜照隨之同行。他在徑山跟隨智愚三年，深受其愛護。一日，智愚閱其所作偈語，大為興奮，立即向寺眾宣佈道：「明知客參禪大徹了也！」寺眾為之讚嘆不已。他於景定四年（1267）載譽歸國，年紀不過 33 歲，已是名重一時的禪師。歸日後以嗣法書及提倡語寄呈智愚，智愚得之，大喜曰：「吾道東

---

❽　《本朝高僧傳》（冊 102），頁 305-306。又參看玉村竹二，《五山禪僧傳記集成》（京都：思文閣，2003），頁 640-641。

矣！」**88**

　　值得注意的是，此時求法日僧似已成江浙叢林禪門法友聯誼網絡的組成份子。數位求法日僧先後或同時聚集在虛堂智愚門下，隨他的步步躍陞，歷住五山所屬寺院。虛堂智愚除了紹明與靜照兩位高弟外，先後在其門下參學之日僧還有寂庵上昭（1229-1316）、約翁德儉（1244-1320）與樵谷惟僊（生卒年不詳）等。**89**雖然日本僧史稱這五位日僧曾在偃溪廣聞、簡翁居敬、介石智朋和虛堂智愚諸老下同參，但其說有問題。**90**不過，他們或在淨慈或在徑山，聲氣相應，與先後來宋之其他日僧形成了一個求法日僧互通聲息的網絡，為江浙叢林僧眾法友聯誼網絡之成員。譬如，約翁德儉在景定五年（1264）至咸淳十年（1274）之間入宋之後，所參禪師甚多，日本僧史說這些禪師「咸推器重」，「又一時大宗匠，晦機元熙、一山了萬、末宗本、寂庵相等，皆樂與之遊。」「咸推器重」或嫌誇張，

88　《本朝高僧傳》，頁 73；高泉性潡，《扶桑禪林僧寶傳》，頁 16b。高泉性潡說他們改變對他的觀感。這似乎是說，對他悟力忽變快捷，感到佩服。

89　《本朝高僧傳》，〈寂庵上昭〉傳謂：「〔上昭〕師藏叟譽公，發明心地。後南遊入宋，與南浦、約翁、無象、樵谷同參虛堂愚、偃溪聞、介石朋、簡翁敬諸老，皆蒙優賞。」見頁 296-297、333-334。

90　由於廣聞、居敬、智朋分別為淨慈 40、41、44 代住持，而智愚為 46 代住持，則紹明與靜照隨智愚入淨慈時，廣聞等人已去位或圓寂。比較可能的清況是，上昭、德儉、惟僊已先在淨慈，參廣聞、居敬、與智朋，故智愚來主淨慈時，他們自然入智愚門下。不過，德儉入宋的時間在景定五年（1264）至咸淳十年（1274）之間，而廣聞於景定四年（1263）化寂，所以五人不可能在淨慈同參。在徑山更不可能，因廣聞與居敬各為徑山 37、38 代住持，智朋未曾主徑山，而智愚為第 40 代住持，五人全然不可能同在徑山參廣聞、居敬、智朋與智愚。

但他結交不少禪師，應屬可信。約翁德儉在此情況下「往來吳越者八年」。❾他在吳越的前段時間，靜照與紹明尚未歸日，當有數年時間可相往來。

　　在智愚門下參學的日僧可能還有藏山順空（1233-1308）和寒岩義尹（1217-1300）等人。順空原在鎌倉幕府執政北條時賴（1227-1263）座下，據說頗受其偏愛，一直鼓勸他入宋遊歷。據說他入宋不久，即擬上徑山參偃溪廣聞，時在靜照入宋後三年，即宋寧宗景定三年（1262）。❾此時徑山住持偃溪廣聞、荊叟如珏先後謝世，由淮海元肇與虛堂智愚接任，所以順空可能都在此數禪師之下參學，也與紹明、靜照等人在智愚門下為同參。❾義尹曾於寶祐元年（1253）年入宋，次年歸國。景定五年（1264）再次入宋，參天童的無外義遠，靈隱的退耕德寧，與徑山的虛堂智愚。❾他於三年後歸

---

❾　《本朝高僧傳》，頁 335-36。德儉頗為受邀至日本發揚禪宗的蘭溪道隆所重。有《佛燈國師語錄》3 卷傳世。元至正二年（1342），其門人某曾入上天竺請求住持我庵本無（臺州黃巖人，生卒年不詳）撰塔銘一篇，題為〈佛燈國師約翁和尚無相之塔銘〉。

❾　《本朝高僧傳》（冊 102），頁 316-17，說「平時賴愛其伶俐」。此「平時賴」應為「北條時賴」之誤。按：北條時賴為鎌倉幕府第五代攝政，為極熱心之禪門外護。曾拜道元，執弟子之禮。立建長寺，請蘭溪道隆開山。三請辯圓圓爾入承福寺任住持，待以師禮。又參兀庵普寧。他這時已出家至西明寺，而順空在建長寺參蘭溪道隆，為其所知。順空著有《藏山和尚語錄》1卷，東福寺大機院藏，又稱《藏山錄》、《圓鑑禪師語錄》，見《大正藏》冊 80。參看楊曾文，《日本佛教史》，頁 307-326。

❾　參看玉村竹二，《五山禪僧傳記集成》，頁 391。不過玉村未說他曾在智愚之下參學。

❾　《本朝高僧傳》（冊 102），頁 292-293。

國，按南宋叢林的建築式樣建大慈寺於肥後國（今九州熊本），成為曹洞寒巖派的創始者。

日僧入宋尋師求法，當然不只是為了攀附名禪繼其法嗣，他們也盡力融入叢林社會中，熱心學習，汲取南宋文化的精髓，並將所學帶回日本。譬如榮西於再度來宋、歸國後，帶去中國茶種，植於筑前背振山及博多聖福寺，還寫了《喫茶養生記》一書 2 卷，大讚茶為「養生之仙藥」、「延齡之妙術」。❾❺南浦紹明在徑山智愚門下時，還學習飲茶方法。歸國時，把茶臺子、茶道具一式帶回日本，又帶回茶典七部，含《茶道清規》一書 3 卷，推行茶道，開了日本茶道之先聲。❾❻道元之弟子徹通義介（1219-1309）於宋理宗開慶元年（1259）來華，景定三年（1262）歸日。前後四年之間，應其師兄孤雲懷奘（1198-1280）之命參「諸方叢林」、學「宋朝風俗」、並傳「天童山規矩及大剎叢林現規記錄」以興永平寺而報先師道元。❾❼雖然他參學的對象不明，但在江浙地區盤桓，見過「一時名衲」。他先到徑山，後入天童。在天童時繪製了天童景德寺之建築圖。他歸日之後，果然重建山門法堂，樹立禮儀法式，繼懷奘而主永平法席，創造就了所謂「永平中興」。所繪景德寺建築圖就成了創新道元所建慧日永平寺之藍圖，為日本禪剎仿宋規制興建的基礎。❾❽值

---

❾❺ 見榮西，《喫茶養生記》，收於《群書類從》，頁 899-901。

❾❻ 《本朝高僧傳》（冊 102），頁 74。

❾❼ 《續群書類從》，卷 225，〈永平三祖行業記·介禪師傳〉，頁 290。

❾❽ 《本朝高僧傳》未說明他參訪誰，只說：「正元元年遂入諸夏，一時名衲見聞，圖寫叢林禮樂而歸永平。丕募化緣，竭力經營，凡禪剎所有始備焉。」見《本朝高僧傳》第 102 冊，〈徹通義介〉傳，頁 306-07。

得注意的是，義介原是達摩宗的門徒，雖然隨其師懷鑒（?-1251?）投道元之曹洞陣容，仍接受達摩宗之密教及地方信仰，被永平寺僧認為違背師說，竟被迫離永平寺而另於加賀的大乘寺傳法。他的法嗣瑩山紹瑾（1268-1325）繼他為第二任住持，繼續擴大禪密結合之曹洞宗，使大乘寺曹洞宗步向達摩宗的路徑，成為日本曹洞宗的大本營，取代了永平寺的地位。❾❾

四、江浙五山、五山禪僧與江浙佛教文化

　　一般雖認為中國五山十剎制度肇始於南宋寧宗時期，由史彌遠發其端，但這說法或是根據明人郎瑛所謂「餘杭徑山、錢塘靈隱、淨慈，寧波天童、育王等為禪院五山。……」和宋濂（1310-1318）所說「古者住持各據席說法，以利益有情，未嘗有重卑之位焉。逮乎宋季，史衛王奏立五山十剎，如世之所謂官署。」❿並無宋代或

---

❾❾ 參看 Bernard Faure, *Visions of Power* (Princeton: Princeton University Press, 1996), pp. 47-48; pp. 55-57; Kazuaki Tanahashi., *The Essential Teachings of Zen Master Dōgen* (Boston & London: Shambhala Publications, Inc., 1999), pp. xxiii-xxiv。按：懷鑒繼承能忍於越前的波著寺傳達摩宗，他於 1241 年，攜其弟子義介等入道元之永平寺，但死後未能成為道元法嗣，只能傳達摩宗之法嗣予義介。故義介之成為道元法嗣，實由懷奘之故。又參看楊曾文，《日本佛教史》，頁 406-07。按：楊氏指出日本學術界對義介之被迫離永平寺係因「永平三代爭論」。而其爭論之原因雖有三，但仍以義介禪法之不純正為較合理。其他嗣法或內部派閥之鬥爭二問題，似非主因。

❿ 見郎瑛，《七修類稿》（臺北：世界書局，1963），〈五山十剎〉條；宋濂，《宋文憲公護法錄》（京都：中文出版社，影印 1666 年刊本），〈住持淨慈禪寺孤峰德公塔銘〉，頁 3107。關於南宋「五山十剎」之著作，近來有

元代的史料可資印證。換句話說，宋或元的史書及佛教典籍都沒有相關記載，可具體證明五山十剎之形成一種叢林制度。所以熟諳南宋叢林掌故的日僧虎關師鍊就說：「唐土五山起於大慧已後，當時靈隱寺兄弟會于指堂議定五山，非朝廷制矣。」⑩不過從以上所述日僧求法的路徑與對象看來，五山甚至十剎之形成應是無問題的。如果再觀察名禪大德在江浙叢林住持禪剎的經歷，更可確認五山禪剎已為南宋叢林所公認。不僅如此，這些禪剎的位階次第也相當明顯。以下就以前文所舉的幾位著名禪師之經歷，來觀察江浙五山及五山禪僧的形成。⑩

張十慶的《五山十剎與南宋江南禪寺》（南京：東南大學出版，2000），是從建築史的角度研究日本五山與中國之傳承關係。其所引用有關中國五山之中、日文資料，也都是明、清以後所編寫。

⑩ 見無著道忠，《禪林象器箋》（京都：中文出版社，1990），頁39。

⑩ 為討論方便且避免過於瑣碎，本章只論五山，不談十剎。不過，鄙意以為，有關南宋的「五山十剎」，日本禪史家言之鑿鑿，咸認為是一種官寺制度，固有可能，但是既為官寺制度，宋元之史書及佛教史籍何以諱而不言？此外，日本學者最常引證的資料是江戶中期所編的《扶桑五山記》5 卷中，卷一的〈大宋國諸寺位次〉。該書因作者不知何人，難以驗其可靠性。在真正可靠的宋元料出現以前，暫不斷言其為宋朝廷之定制。

附表三

禪師名號	本貫	入江浙後住持禪剎經歷
癡絕道沖	蜀武信	報恩(1219)→蔣山→雪峰→天童、育王(1239)→靈隱(1244)法華→徑山(1249)⑩
石田法薰	蜀眉山	高峰(1214)→楓橋(1215)→鍾山(1223)→淨慈(1225)→靈隱(1235)⑩
無準師範	蜀梓橦	清涼(1220)→焦山(1223)→雪竇(1225)→育王(1229)→徑山(1232)⑩
大川普濟	明州奉化	妙勝(1220)→寶陀→岳林→報恩→大慈→天章→淨慈→靈隱⑩
石溪心月	蜀眉州	報恩→能仁→蔣山→虎丘→靈隱(1246)→徑山⑩

---

⑩ 見趙若琚，〈徑山癡絕禪師行狀〉，在《癡絕道沖禪師語錄》（臺北：新文豐出版社，《卍續藏經》冊 121），頁 563b-566a；《續傳燈錄》（臺北：新文豐出版社，《卍續藏經》冊 142），卷 36，頁 716ab。《增集續傳燈錄》（臺北：新文豐出版社，《卍續藏經》冊 142），卷 3，頁 788b-89a。按：報恩在嘉興府，蔣山在建康，雪峰在福州，法華在平江府覺城山。

⑩ 見比丘大觀撰石田法師〈行狀〉，在《石田法薰禪師語錄》（臺北：新文豐出版社，《卍續藏經》，冊 121），頁 76b-78b。又見《續傳燈錄》，卷 35，頁 715b；《增集續傳燈錄》，卷 3，頁 787b。按：高峰、楓橋都在蘇州。

⑩ 《增集續傳燈錄》，卷 3，頁 786a-787b。按：清涼禪寺、雪竇山資聖禪寺、阿育王山廣利寺在慶元府（明州），焦山普濟寺在鎮江（江蘇），徑山興聖萬壽寺在臨安府（杭州）。

⑩ 見〈靈隱大川禪師行狀〉於《大川普濟禪師語錄》（臺北：新文豐出版社，《卍續藏經》冊 121），頁 345b-347a。按：妙勝、寶陀、岳林、大慈名山都在慶元府（明州），報恩在嘉興府，天章在紹興府（越州）。

⑩ 《石溪心月禪師語錄》（臺北：新文豐出版社，《卍續藏經》冊 123），頁 44a-87b。按：報恩、能仁在建康府，虎丘在平江府，靈隱、徑山在臨安府。

虛堂智愚	四明	興聖(1229)→光孝→顯孝→延福→寶林→育王(1258)→柏巖→天童→淨慈(1264)→徑山(1267)⓼
偃溪廣聞	閩侯官	小淨慈(1228)→香山→萬壽→雪竇(1245)→育王(1248)→靈隱→徑山⓽
藏叟善珍	泉州	思溪→圓覺→雪峰→育王→徑山⑩
西巖了慧	蜀蓬州	定慧→能仁→東林→天童⑪
虛舟普度	維揚江都	半山→金山→鹿苑→疏山→承天→中天竺(1260s)→靈隱(1265)→徑山(1277)⑫
荊叟如珏	婺州	育王→徑山(1234-36)
斷橋妙倫	臺州	祇園(1240)→瑞巖(1243)→國清(1252)→淨慈(1256)⑬
方菴 圻	不詳	不詳
清虛 心	不詳	不詳

⓼　《增集續傳燈錄》，卷4，頁805ab。按：興聖、光孝都在嘉禾。顯孝、延福、瑞巖和柏巖都在慶元府，寶林在婺州。

⓽　《增集續傳燈錄》，卷2，頁774b。按：小淨慈至育王各寺都在明州。

⑩　《增集續傳燈錄》，卷2，頁772b。按：思溪、圓覺都在湖州，雪峰在福州。

⑪　《增集續傳燈錄》，卷4，頁811b。《西巖了慧禪師語錄》（臺北：新文豐出版社，《卍續藏經》冊122），頁331a-354a。按：定慧在平江府，能仁在溫州雁山，東林在江洲。

⑫　《增集續傳燈錄》卷4，頁806b。又虛舟普度禪師〈行狀〉在《虛舟普度禪師語錄》（臺北：新文豐出版社，《卍續藏經》冊123），頁187b-189a。〈行狀〉作者元叟行端並謂：「……潤之金山、潭之鹿苑、撫之疏山、蘇之承天，縣此階級而升。」但誤靈隱之升為景定六年，因景定無六年，應作咸淳元年（1265）。

⑬　《增集續傳燈錄》，卷4，頁810b。〈斷橋妙倫禪師行狀〉，在《斷橋妙倫禪師語錄》（臺北：新文豐出版社，《卍續藏經》冊122），頁443b-446a。祇園不詳何處。瑞巖、國清都在臺州。

無門慧開	錢塘	報因(1218)→天寧→黃龍→靈巖→翠巖→黃龍→焦山→開元→保寧→護國(1247)⑭
退耕德寧	杭州(?)	崇聖→報恩→承天→慧日→萬壽→靈隱⑮
簡翁居敬	成都	東巖→護聖→徑山
淮海元肇	通州靜海	報恩(1233)→雙塔→清涼→萬年→萬壽→江心→育王→淨慈→靈隱→徑山⑯
寂窗有照	閩福州	黃檗→江心→玉几⑰
石帆惟衍	不詳	不詳
東叟仲穎	不詳	淨慈
覺庵夢真	宣州	永慶→連雲→何山→承天⑱
無外義遠	不詳	瑞巖
別山祖智	蜀順慶	天王(1238)→西余→蔣山→天童(1256)⑲

---

⑭　《無門慧開禪師語錄》（臺北：新文豐出版社，《卍續藏經》冊 120），頁 354a-515a。按：報因寺在湖州，天寧、黃龍、翠巖在隆興府，靈巖、開元在平江府，焦山在鎮江府，保寧在建康府，護國能仁不詳。《西天目山志》（杭州：浙江人民出版社，1991），說他「初住持天目蓮華峰，後棲保寧寺。」見頁 196。

⑮　《增集續傳燈錄》，卷 4，頁 812a。按：崇聖在嘉興，報恩、承天、慧日、萬壽都在蘇州。

⑯　《增集續傳燈錄》，卷 2，頁 775a。《淮海肇和尚語錄》（臺北：新文豐出版社，《卍續藏經》冊 121），頁 348a-368b。按：報恩光孝在通州，雙塔在平江，清涼在金陵，萬年在天台，萬壽在平江，江心在溫州。

⑰　《增集續傳燈錄》，卷 3，頁 790a。黃檗在福州、江心在溫州、玉几在明州。

⑱　《增集續傳燈錄》，卷 4，頁 807b。永慶、連雲、何山不詳在何處，承天在蘇州。

⑲　《南宋元明禪林僧寶傳》（臺北：新文豐出版社，《卍續藏經》冊 142），卷 7，683b。按：天王在洞庭，西余在湖州。

物初大觀	鄞縣	法相(1241)→顯慈→興教→智門→大慈名山→育王(1263)→淨慈⑳
兀菴普寧	蜀人	靈巖→徑山→靈隱→南禪→日本聖福、東福(1260)→雙林→江心㉑
環溪惟一	成都	瑞巖→蓮峰→惠力→寶峰→黃龍→疎山→資聖→黃檗→感山→仰山→雪峰→天童㉒
絕岸可湘	臺州	雪峰→雪竇
雪巖祖欽	婺州	龍興→道林→佛日→護聖→光孝→仰山㉓
劍關子益	蜀劍州	興化(1239)→雲巖→壽寧→西禪(1265)㉔
希叟紹曇	蜀人	佛隴(1249)→法華(1260)→雪竇(1264)→瑞巖(1268)㉕

此表大致顯示南宋較負盛名的禪師，都是由小寺逐步高陞至名剎，最後奉旨入育王、天童、淨慈、靈隱和徑山等五山之一、二，或歷主五山。無怪元代大禪師元叟行端（1255-1341）在述虛舟普度

⑳ 《物初大觀禪師語錄》（臺北：新文豐出版社，《卍續藏經》冊 121），頁 169a-199b。按：法相在臨安，顯慈在安吉州（即湖州），興教在紹興，智門、大慈名山都在明州。

㉑ 《兀菴寧和尚語錄》（臺北：新文豐出版社，《卍續藏經》冊 121）。靈巖在慶元府，南禪在天童山。雙林在明州，江心龍祥寺在溫州。

㉒ 見〈環溪惟一禪師行狀〉，在《環溪惟一禪師語錄》（臺北：新文豐出版社，《卍續藏經》冊 122），頁 155b-158a。

㉓ 《增集續傳燈錄》，卷 4，頁 810a。按：龍興在潭州，道林在湘西，佛日在處州，護聖在臺州，光孝在湖州，仰山在袁州（今安徽省）。

㉔ 《劍關子益禪師語錄》（臺北：新文豐出版社，《卍續藏經》冊 122），頁 80b-85a。按：興化、雲巖、壽寧都在隆興府（洪洲）。西禪長慶寺在福州。

㉕ 佛隴、雪竇山資聖寺及瑞巖山開善崇慶寺都在慶元府（浙江明州），法華在平江（蘇州）。日僧白雲慧曉來參時，他正在瑞巖。見《扶桑禪林僧寶傳》，卷 3，頁 25b。

行狀時說：「……潤之金山、潭之鹿苑、撫之疎山、蘇之承天，繇此階級而升。」證明其由小寺至大剎，步步高陞，而終至出掌靈隱、徑山。⑫⑥宋濂也在述史衛王（彌遠）奏立五山之後說：「其服勞於其間者，必出小院，候其聲華彰著，然後使之拾級而升。其得至於五名山，殆猶仕宦而至將相，為人情之至榮，無復有所增加。」⑫⑦不過，細考他們所以能夠如此，除因有相當程度的機智及魅力之外，也多半因為有不凡的領袖、經營能力，善於結納富家居士及高級官僚，募緣興復。能夠把荊棘叢中的簡陋寺院有效地興建為樓閣寶坊，因此而吸引信士，名動公卿，獲賞識推薦，而入主五山，名揚海外。求法日僧風聞其名，自然競奔於其門下，故稱之為五山禪師，以表其傑出。因資料所限，本章無意詳述所有五山禪師之經歷，僅舉表中幾位為例說明，以見一斑。

根據現存史料，癡絕道沖自寶慶乙酉（1225）在嘉禾光孝寺請嗣於曹源道生（生卒年不詳）後，受到同輩法友推薦於朝，為「忠獻衛王」以堂帖派任蔣山住持。此後，由蔣山入閩之雪峰，又先後遷主天童，兼領育王，然後入主靈隱。當他初入蔣山之時，遭遇與經歷如下：

> 蔣山田多，依山瀕水，旱潦不常，歲租不足以供眾。師攻苦食淡，相安於寂寞，十四年，始終如一日。時參樞抑齋陳

---

⑫⑥　《虛舟普度禪師語錄》〈行狀〉，頁 187b-189a。
⑫⑦　宋濂，《宋文憲公護法錄》，〈住持淨慈禪寺孤峰德公塔銘〉，頁 3107-3108。

公，開闢金陵，素敬師操行孤高，舉似於閩帥東畎曹公。會
鼓山虛席，即命師主之。未行，遷雪峰。嘉熙戊戌（1238）
入院。甫半載，有旨住太白名山。適育王住持未得人，因
師之至，又強之兼領。師往來兩山間，四方學者從之如歸
市，聲聞京師。淳祐甲辰（1244），詔移靈隱，說法飛來峰
下。⑱

　　道沖先由「忠獻衛王」之任命入主蔣山，然後由「參樞抑齋陳
公」的推薦給閩帥「東畎曹公」，再步步升遷至五山中的天童、育
王與靈隱，計經過「忠獻衛王」、「抑齋陳公」、「閩帥東畎曹
公」之推薦與提拔。此數位支持者是宰相史彌遠（1164-1233）、參
知政事陳韡（1180-1261）及福州知府曹豳（1170-1249）。史彌遠因對
叢林甚為關心，任命了不少聲華卓著的禪僧住持主要禪剎。陳韡是
侯官人，字子華，號抑齋，是主張功利主義經世致用之學的永嘉學
派學者葉適（1150-1223）的學生，以定盜亂而起於閩中，曾以寶謨
閣學士出為沿江制置使兼之建康府，故〈行狀〉說「參樞抑齋陳
公，開闢金陵」。曹豳號東畎，故稱「東畎曹公」。他於嘉熙四年
（1240）任福州知府。⑲由於他的安排，道沖得以入雪峰，領事半
年，即獲天童、育王之任，扶搖直上，再入靈隱。他在靈隱時，因
為鄰峰僧侶所嫉，伐鼓告眾，退隱金陵。丞相游似（1221 進士）、

---

⑱　《癡絕道沖禪師語錄》，趙若琚，〈徑山癡絕禪師行狀〉，頁 564ab。史彌
　　遠卒後追封衛王，叢林以史衛王稱之。

⑲　以上見《續傳燈錄》，卷 35，頁 716b。曹豳任福州知府兩年。見李之亮，
　　《宋福建路郡守年表》（成都：巴蜀書社，2001），頁 33。

侍郎程公許（1211 進士）、京尹趙崇度（1175-1230）再三力請出山，終不為所動，最後因朝廷下敕牒命住徑山，才勉強應命。他住山前後三十年，歷任五山中四山之住持，聲著叢林，為士大夫所樂交。⓭
據說他：

> 所至以激揚宗風為己任，以道法未得其傳為己憂。平居簡淡沉默，若不能言。及坐籌室，勘驗衲子，機鋒一觸，猶雷奔電掣，海立江翻，皆茫然莫知湊泊。誓不輕以詞色假人，重誤來學。晚年無他好，多留意字法。於小楷最得三昧，往往端嚴凝重類其人，僧俗歸敬，求法語、偈、贊無虛日。雖祁寒盛暑，揮染不倦。士大夫多樂從之游，而尤為名公鉅卿所推重，以至聲名喧傳海外，有具書禮、犯鯨波而來問法者。其道德有以服人，一至於此。⓭

此說根據趙若琚（生卒年不詳）所寫〈行狀〉而來，趙是與道沖相交往的士大夫之一，端平三年（1236）與道沖識於獨龍岡下，「一見傾蓋如故」，對道沖之描寫或不無誇張之處，但所謂「聲名喧傳海外，有具書禮、犯鯨波而來問法者」，則無疑義。⓭

⓭　《癡絕道沖禪師語錄》，〈行狀〉，頁 565b。三位支持他的卿相即〈行狀〉所說之丞相弘毅游公、侍郎滄洲程公、京兆節齋趙公。按《宋史》，卷415，頁 12458，程公許曾任禮部侍郎，並以寶章閣待制知建寧府，可能因此得識退隱金陵的道沖。

⓭　同前註。

⓭　按：趙於淳祐十二年（1252）六月為道沖寫〈行狀〉，略謂「丙申之春，識

與道沖同輩禪師的石田法薰和無準師範，也是五山禪師。如同道沖，他們拾階而上，由小剎入主五山，表現也很傑出。兩人都是破庵祖先（1136-1211）的法嗣，但際遇不甚相似。法薰較無士大夫為奧援，而師範則厚交一時公卿，聲名尤著。法薰出世後，先住蘇州之高峰。據說「高峰蕞爾剎，勞苦戢縮，〔師〕以身率之，未三年為改觀。」[133]他在高峰的「治績」使他遷往楓橋，再由楓橋遷鍾山，但似都未因特殊關係。入鍾山，係由「廟堂精選擇，乃以師補處。」而由鍾山遷主淨慈，再由淨慈入主靈隱，似乎也都是朝廷選任，未經特殊官員舉薦，至少亦無史料可徵。上文所說的滄州程公許，為理宗朝之直臣，由進士積官至權刑部尚書，可能是少數與他來往的公卿士大夫。[134]他曾為法薰的五會語錄寫序，序中說「五處法會，雲集展鉢。隨其福力，各使饜厭。至若談笑起瘕支傾，莫非遊戲如幻三昧。世緣欲辨，退藏於密，……」[135]略可概括法薰說法與處世的風格。《續傳燈錄》說他「五遷望剎，閱三十有二年，撙節而足用，審量而計功，雖有大興建，一毫不以干人，……而土木金碧在處成就云」，[136]「一毫不以干人」當是只請託權貴而言，可

師於獨龍岡下」，「今回首，十七年矣。」可見在端平三年（1236）相識。見《癡絕道沖禪師語錄》，頁566a。

[133] 《石田法薰禪師語錄》（臺北：新文豐出版社，《卍續藏經》冊 122），大觀，〈行狀〉，頁 77b；《續傳燈錄》，卷 35，頁 715b。按：雖說「未三年為改觀」，但《語錄》顯示法薰入高峰未及一年即遷楓橋。是否他遷至楓橋時仍在興建？

[134] 程公許之生平與事迹見《宋史》本傳，卷 415，頁 12454-12459。

[135] 《石田法薰禪師語錄》，程公許撰序，頁 1a。

[136] 《續傳燈錄》，卷 35，頁 716b。

見行事與其他禪師不甚相同。他領淨慈、靈隱各十年，日僧時有來參者，圓爾即是其一。

法薰之同門無準師範，經歷與法薰大不相同。據說其師祖先化寂之後，他即四處遊歷，與石溪心月同游至臺州瑞巖。住持雲巢領寺事，留他分座。某夜他忽夢見有衣冠甚偉之人，持茅見授。而次日，明州清涼寺專使至，迎他住持清涼。〈行狀〉說他以倦游為由，力拒其請。適逢數僧來訪，都言清涼寺幽邃深靖，古稱小天童。寺之護法者姓茅，又頗靈異。師範回想夢中持茅見授之人，知事非尋常，遂易書受請。入清涼寺後，見寺內伽藍神，衣冠人物與夢中所見無異，於是開堂說法。⓭此事若屬實，則師範起先不願入清涼寺，雖表面理由是「倦游」，也有可能是因清涼寺太小之故。他住持清涼寺三年，就調遷至雪竇，然後連連奉旨入育王、徑山。

⓭　《無準師範禪師語錄》（臺北：新文豐出版社，《卍續藏經》冊 121），粲無文（無文道璨）撰〈行狀〉，頁 968a。按：自唐以來，禪宗叢林即設有伽藍神，為禪寺守護神。《景德傳燈錄》載有「拾得呵神」之故事，說僧廚供神之物，都為鳥所食，拾得遂以杖擊伽藍神像曰：「汝食不能護，安能護伽藍乎？」見《景德傳燈錄》（臺北：新文豐出版社，影印《大正藏》冊 51），頁 343a。「拾得呵神」一詞，見《禪苑蒙求》（臺北：新文豐出版社，《卍續藏經》冊 148），頁 208b。又禪院因有各種護法及伽藍神之設，奉祀神祇，被視為禪宗內在的「多神論價值」（polytheism of values）的表現，違背其理論上應是不可知論（agnosticism）或無神論（atheism）的反傳統、反偶像主義。參看 Bernard Faure, *The Rhetoric of Immediacy: A Cultural Critique of Chan/Zen Buddhism* (Princeton: Princeton University Press, 1991)，頁 254-266。Bernard Faure 也引用「拾得呵神」之例來說明，但他把寺僧夢見伽藍神後「一寺紛然，牒申州縣」，誤譯成「函報甲州之屬縣」。當係誤「申」為「甲」之故。

徑山之命，實是丞相史彌遠促成。所以他入徑山萬壽寺之前，先抵京師見史彌遠，史彌遠對他說：「徑山住持，他日皆老宿，無力葺理。眾屋弊甚，今挽吾師，不獨主法，更張蓋第一義也。」言下欲師範重葺徑山禪寺，因為他年方 55 歲，算是較年輕的住持。❽師範當然也不負所託，「居徑山二十年，儲峙豐積，有眾如海。雖丙丁火厄，而旋復舊觀，號法席全盛。」❾這二十年之間的有效經營，正顯示師範才具之特出。他的受重視，據說是在入徑山次年，禪寺遭回祿之災，而他在事發之時，能「不動容變色，安眾行道。如無事時。」也就是能處變不驚，安撫僧眾，維持寺院之安定與正常運作。❿所以宋理宗（r.1225-1264）聽聞其事，召他入宮說法，賜贈金銀、縑帛、珠寶等甚厚，還賜他佛鑒禪師之號。此外，又賜予寺內僧眾銀絹財寶，所賜之豐，為前代所未有。因有這些賜予，無準師範得以在三年之內將徑山萬壽寺重建完成。故南宋名儒兼詞人吳泳（嘉定二年進士）說他：「以精進心轉不退輪，以勇健力撾無畏鼓，披榛塞、鑿高深、度材於山，視昔所封植可以為榱、為梁、為宬、為桷者，適飽厥用，則鳩工聚糧，命幹方之僧相其役，一念纔起，諸天響合。」⓫結果在皇帝「頒賚甚渥」、公卿大夫士「樂施

---

❽　《無準師範禪師語錄》，〈行狀〉，頁 968b。

❾　《增集續傳燈錄》，卷 3，頁 786b。

❿　《無準師範禪師語錄》，〈行狀〉，頁 968b。

⓫　見吳泳，《鶴林集》（臺北：臺灣商務印書館，影印文淵閣《四庫全書》本，1983-1988），卷 36，〈徑山寺記〉，頁 18b-20b。有趣的是，吳泳也提及師範夢神人之事，有所謂「二十一龍珠」，暗示火之來，與鑅無文在行狀所說的「夢有烈丈夫授以明珠二十一顆」，而逆知火之欲來類似。見上引〈行狀〉。

舍」、及「南國之好善者不祈而獻力」之下三年告成。❷

此時師範之名，如日中天，聲聞海內外，有「天下第一宗師」之號，故日僧渡海來宋，或慕名至其處參學，或被推薦謁見，如圓爾、榮尊者，不乏其人。在他住持下，徑山迅速隆盛，雖然淳祐二年（1242），寺又遇火而焚，但公卿士大夫、善信男女，供獻不斷，遂立即復原。大力支持重建者有大居士南宋名將孟珙（1195-1246），❸當時任荊湖經置制使，獻重金幫助整修。其他居士外護，包括海外日本之信士貴族，都慷慨解囊，熱心協助葺修。連已歸國之日僧圓爾及在日華裔施主謝國明，都供獻木板千片協助補修。❹所以幾年之內，徑山又恢復舊觀，而「寺宇崇成，飛樓湧殿，如畫圖中物矣。」❺粲無文在其〈行狀〉表示，他雖聲名鼎盛，但平易近人，有教無類，待下甚寬，「不錄過、不沒善、不受諂慝、不執法厲眾，是以天下之士歸之如市。融火煽虐，萬瓦灰飛，雖露坐簷宿，不忍舍去，故其得人，視同時諸老為最盛。」此雖為一人之評價，或亦為其門弟子及同時人之觀感。❻

---

❷　同前註。吳泳還說其殿堂樓閣之壯觀美麗，配上「宸奎麗畫，寶鎮此山」，實振古所未有。

❸　孟珙號無菴居士，曾為《無門關》撰跋。

❹　見福嶋俊翁，《佛鑑禪師小傳》（京都：大本山東福寺，1950），頁20-32。

❺　見〈行狀〉。劉克莊在其〈徑山佛鑑禪師塔銘〉也說第一次遭火後，師範「以朝廷錫賚，公卿士庶檀信之資，悉力拮据，不三年寺還舊觀。」而第二次遭火後，「尚方密賚大松喜捨，海外日本遣使資助，不數年而寺再成。」又說「宸翰書庵扁曰圓照」，可見皇室、公卿、檀越對他的熱心支持。見《後村先生大全集》，卷162，頁6a-9a。

❻　《無準師範禪師語錄》，〈行狀〉，頁968b。按：粲無文即是無文道燦

不過禪師未必須法師範之風格方能得人，至少為日僧所仰慕之
虛堂智愚即與師範之風格迥異。智愚是湖州運庵普巖法嗣，他出世
之後，即四處參遊，受一時名禪所重。遊至浙江時，笑翁妙堪禪師
住靈隱，以他為虎丘舊識，請他掌藏事，並推舉他住杭之廣覺寺。
智愚雖力辭不赴，但自此之後，他的禪林生涯便不斷有公卿大夫之
相助，其〈行狀〉作者四明清涼寺禪師法雲（生卒年不詳）說：

> 忠獻史衛王秉鈞軸，嘉禾天寧別浦以師名聞之，出主興聖，
> 實紹定二年也。復遷報恩，開府存耕趙公，以明之顯孝，力
> 請開山。復遷瑞巖，二年丐退。掩關啟霞，萃成頌古代別。
> 延福虛席，侍郎黃公堅請主之。繼遷婺之寶林。五年嬰強寇
> 之難，歸松源塔下。東谷和尚主冷泉，欲舉立僧，恐不俯
> 就。衲子再三禮請，師從之。開室普說，垂三轉語，罔有湊
> 泊。寶祐戊午。育王虛席，禪衲毅然陳乞。有司節齋尚書陳
> 公，嘉其公議〔義？〕，特與敷奏。是年四月領寺事。三年
> 吳制相信讒懷隙，辱師欲損其德。師怡然自若，始終拒抗，
> 略無變色。聖旨宣諭釋放，作偈奉謝云：「去時曉露消祥
> 暑，歸日秋聲滿夕陽。恩渥重重何以報？望無雲處祝天
> 長。」古愚余尚書典鄉郡，特以金文延之，迫於晚景，退閑
> 明覺塔下，作終焉計。景定甲子，有旨詔住淨慈。衲子奔
> 集，堂單無以容，半居堂外。上徹宸聽，賜絹百疋、造帳米

（1213-1271），笑翁妙堪法嗣。善作詩偈，有詩文集《無文印》20卷及《無
文和尚語錄》1卷傳世，筆者將有專文論其生平與事迹。

伍佰碩、楮券十萬貫。是年秋，又賜田參阡餘畝，即今天錫
莊是也。十月帝崩，召師入內，對靈普說，兩宮宣賚優渥。
丁卯秋，還徑山。**⑭**

　　此段描素，顯示智愚之步步晉陞，實為獲下列諸公卿支持之
故：史衛王、開府存耕趙公、侍郎黃公及節齋尚書陳公。此數人之
中，史衛王為史彌遠已如上述，他首先推舉智愚入主嘉禾興聖寺。
「開府」位至三公，地位甚高，可能是號稱「趙佛子」趙與懽
（1214 年進士），是皇親國戚。侍郎黃公不詳為誰。節齋尚書陳公應
是陳昉，景定六年任吏部尚書。**⑭**不管如何，智愚聲望甚隆，上達
天聽，故地方官得奏請派為育王住持，復奉旨入淨慈。據說他還應
高麗王之請，「於彼國說法，八載還山，問法弟子常隨千指。」**⑭**
不過其說頗有問題，應予存疑。智愚顯然口才出眾，善於講說，所
謂「垂三轉語，罔有湊泊」，即是此意。**⑮**故學者都湧入淨慈聽

---

⑭　《虛堂和尚語錄》，頁 1064ab。
⑭　趙與懽字悅道，曾於寶祐元年（1253）以皇兄安德軍節度使開府儀同三司萬
　　壽觀使，故稱「開府」。他三為府尹，盡心民事，人稱「趙佛子」。見《寶
　　慶四明志》（臺北：國泰文化事業有限公司影印本），頁 5090b；《宋
　　史》，卷 413，趙與懽本傳，頁 12405-6。陳昉，字叔方，受知於真德秀，與
　　劉克莊等號「端平八士」。見《宋元學案》（北京：中華書局，1986），卷
　　46，頁 1466。
⑭　見《徑山志》，卷 2，頁 206。按：智愚入高麗之說只見於《徑山志》，而其
　　《語錄》、〈行狀〉及僧史皆無記載。韓國佛教史上似亦未聞此事，甚為可疑。
⑮　按：「湊泊」一詞，為禪林用語，有多重意義。有「聚集停滯」之意，如圓
　　悟克勤偈云：「大道本來無向背，擬心湊泊已差池。吒呀卓朔能哮吼，即是
　　金毛師子兒。」虛堂智愚說：「我者裏任爾三頭六臂，盡其來機，也無爾湊
　　泊處。」又有「會心自得」之意，如圓悟克勤說：「若是通方作者，舉著知

法，至於堂室無法容納，而半數都需住於其外。理宗皇帝聞說此
事，賜予絲絹、米、金銀使其寺僧衣飯具足。理宗駕崩，他也奉詔
入殿「普說」，兩宮厚加賞賜。度宗咸淳三年（1267），他獲陞徑
山住持。智愚以嚴厲著名當時，〈行狀〉作者說他：「平生性不通
方，與時寡合，臨事無所寬假，言才脫口，則釋然無間。以是學者
畏而仰之。」⓯此種性格之刻劃，中、日佛教史一致，可以說與無
準師範大異其趣，學者畏而仰之，不難想見。雖然如此，並不影響
到他在當時的聲望及對禪徒之吸引力，仍有不少日僧往來跟隨。南
浦紹明和無象靜照即是其例。

　　智愚是淨慈第四十六代住持，徑山第四十代住持。在他之前，
荊叟如珏任淨慈四十一代、徑山三十八代住持，偃溪廣聞任淨慈
四十代、徑山三十七代住持，兩人躋身五山禪剎都在智愚之先。荊
叟如珏之生平事迹現存資料有限，無法細論。偃溪廣聞是日僧參學
的主要對象之一，值得我們注意。他是浙翁如琰高弟，方一出世，
即由四明制閫胡榘（生卒年不詳），請至小淨慈任住持。他雖然欲辭
而不赴，因宰相鄭清之（1176-1251）強留而止。⓲此後即不斷受卿相

　　歸。後進初機，如何湊泊？」大慧宗杲說：「懵懂之流如何商量？如何湊
　　泊？」見《圓悟佛果禪師語錄》（《大正藏》冊 47），頁 750c、752b；《大
　　慧普覺禪師語錄》，頁 914b-915a、《虛堂和尚語錄》，頁 994b。此處所謂
　　「周無湊泊」，應指其口若懸河，無凝滯之處。參看無著道忠，《葛藤語
　　箋》（京都：中文出版社，1990 再版），頁 953。
⓯　《虛堂和尚語錄》，頁 1064 中。
⓲　《偃溪廣聞禪師語錄》（臺北：新文豐出版社，《卍續藏經》冊 121），林
　　希逸，〈塔銘〉，頁 310a。按：塔銘中所謂「四明制閫胡公」應是胡榘，他
　　在寶慶二年（1226）以「兵部尚書除煥章閣學士通議大夫知兼沿海制置使。

大夫推舉，短期之內即先後住持四明的萬壽、雪竇、育王，而最後入杭州的淨慈、靈隱與徑山。這中間，除了制置使胡榘、宰相鄭清之支持他外，許多貴卿名士，都相與從遊。鄭清之還經常參問，每至忘歸。另一四明制置使顏頤仲（1188-1262）奏聞其名，皇帝遂以敕命主持雪竇，再以敕命遷至淨慈、靈隱與徑山。❸他在徑山之時，銳意修繕，南宋叢林名人林希逸（1235年進士）說：

> 昔寺更兩燼而復，始務速成，傾漏相仍，日費苴補。師始
> 至，歲仍儉轍衣盂以贍來者。廚堂忽敗，撤而新，獨雄於一
> 寺。其有為之功，不苟類此。……師雖於世泊然，而所居利
> 興弊革，不可盡書。❹

　　所謂「昔寺更兩燼而復」，即發生於上述第三十四代徑山住持無準師範之時。師範之後，徑山更換癡絕道沖、石溪心月兩任住持，出現「傾漏相仍，日費苴補」之現象。廣聞雖於世泊然，但對

紹定元年（1228）十二月轉授通奉大夫紹定二年正月十一日除顯謨閣學士充沿海制置使兼知慶元府」。見《寶慶四明志》，卷1，頁37b。「時安晚當國」之「安晚」為宰相鄭清之之號。

❸　按：〈塔銘〉所說「制聞顏公」，當是顏頤仲。他於淳祐五年「以朝請大夫右文殿修撰知慶元府兼沿海制置副使」，七年，又以「職事修舉除寶章閣待制再任陞制置使」，見《寶慶四明志》，卷1，頁39b。

❹　《偃溪廣聞禪師語錄》，林希逸，〈塔銘〉，頁310ab。按鄭清之曾作〈偃溪序〉，謂「壬戌（1262）還朝，始見於京，疏眉秀目，哆口豐頤，道貌粹然，出語有味，益敬之。」按：壬戌（1262）之次年，廣聞化寂，可見鄭清之認識他時，已74歲，而鄭年方51歲，自然敬仰之。

徑山寺之維修，不曾稍忽。他顯然善於勸募，故能多方興利，致力
修葺，對徑山之貢獻甚大。林希逸說他「連住八山，幾四十年。誘
納其徒，證悟者眾，海東夷相叩請書沓至」，可謂實錄。⑮他在遷
化之前，上呈理宗的遺表有謂：

> 臣僧（廣聞）一介草野，出自遠方，幸際明時，復遭聖世。
> 然五山敕命，臣領其四。逝者伏蒙陛下，念臣衰老，錫以徽
> 號。憐臣食眾，蠲免和糴。臣之榮遇，可謂無涯矣。雖歷百
> 千萬億劫，不足以酬陛下之洪恩；演八萬四千偈，不足以盡
> 微臣之懇切。⑯

　　因為深受理宗所重，廣聞獲贈佛智禪師之號，而徑山也獲蠲免
賦稅。據說廣聞「襟量素宏，與人和易，至緇徒雲集敬慕之。沒齒
無疾聲遽色，遇事雖劇，處之如如，不逼而成，隨願必應，他人不
可學也。」⑰他所謂「五山敕命，臣領其四」，也是道沖以下其他
不少禪師的際遇。這些禪師，稱為「五山禪師」，誰曰不宜？
　　求法日僧聞風來附五山禪師，固然是人情之常，不過他們雖進
入同門，卻遭遇各殊。其中蒙中國禪師「優賞」而遍參老宿名剎
者，雖不在少數，然與所參拜的中國禪師未能機語相契，至罷參而
歸者，亦不乏其人。譬如，神子榮尊於理宗端平二年（1235）入

---

⑮　《偃溪廣聞禪師語錄》，林希逸，〈塔銘〉，頁309a。
⑯　同前註。
⑰　同前書，頁310b。

宋，欲「訪求靈蹤，遍參知識。」後至徑山參無準師範。據說因言語不通而「機語不相契」，遂求助於同時在師範座下侍茶奉湯之辯圓圓爾。不過他在宋三載，未如所願，不免失望而歸。❶❺❽其後圓爾在京都東福寺開山時所授的門徒悟空敬念（生卒年不詳）於理宗淳祐三年至六年間（1243-1246）入宋，同樣至徑山參無準師範，也久而不契。正巧當時另一日僧道祐也在師範座下參學，敬念遂兄事道祐以求助。一日問道祐曰：「某參方雖久，實未有入頭處，望公慈悲方便。」豈料道祐厲聲對曰：「即今在傍！」日本僧史家乃說敬念「言下契悟」，遂「罷參東歸」。他的「契悟」，據自己之說是「疑滯頓釋」，故有「罷參東歸」之舉，可見他在參學過程中遭遇困難，因獲得鄉人協助而有省悟。雖然如此，畢竟有不夠圓滿具足之感覺。❶❺❾所以他東歸之後，聞鎌倉西明寺遣使請來宋僧蘭溪道隆，請住持新建之建長寺以大傳禪法，即前往見之，當是欲彌補在宋參學的未竟之業吧。❶❻⓪又如，直翁智侃（1245-1322），原投建長寺的蘭溪道隆，頗受器重，遂「侍〔蘭溪〕左右，著精彩。久之，有

---

❶❺❽ 《本朝高僧傳》，頁 295-96；《續群書類從》，卷 226，〈神子禪師行實〉，頁 294ab。按：〈神子禪師行實〉說他「在宋一年，居無何，艤巨舶歸本國」，與師蠻之說略有出入。根據其〈年譜〉，他是端平二年（1235）41 歲時與圓爾辯圓由明州入宋，隨即與圓爾分手，歷參諸名藍。圓爾先參徑山，而他先扣江南禪關，後參徑山，於理宗嘉熙二年（1238）44 歲時辭徑山返日，前後在宋三年，並不見有與師範言語不契之事。見《續群書類從》，卷 226，〈神子禪師榮尊大和尚年譜〉，頁 299b-300a。

❶❺❾ 《本朝高僧傳》，頁 294-95；《續群書類從》，卷 226，〈東巖菴禪師行實〉，頁 306ab。

❶❻⓪ 《續群書類從》，卷 226，〈東巖菴禪師行實〉，頁 307b-308ab 按：此西名寺即是前文所說之北條時賴所主持。

南詢之志，附舶入宋，面謁諸老，知法無別致，歸省蘭溪。」所謂「法無別致」，或許是僧傳的一種說法，但此種覺悟似乎也意味著他渡海求法卻未獲知遇賞識，而不無敗興而歸之憾。⑯

　　南宋後期，日僧入宋求法已形成風氣，許多日僧甘冒鯨波之險，渡海來宋尋師，而且有一再乘風而來者。不過，因為海上安全堪虞，不少日僧或因父母反對或其師阻止而未能如願而來。其能平安入宋又學成返國者，雖不少能開山立派，成為一代宗師，但也有許多平庸之輩，無功而返。著名的日本僧史家虎關師鍊（1278-1346）就曾說：「今時此方庸流，奔波入宋，是遍遺國恥也。我其南遊，令彼知國有人。」⑯師鍊自己遍參名師，曾「依規菴圓公於南禪，參桃溪悟公於圓覺，踰年歸洛，謁名緇碩儒，差別奧義，竭其條貫，又參無隱、一山、約翁，是皆命世宗師，不輕許人，咸以傑出憚之」，⑯故相當有抱負。因為他所參謁名師有不少南宋大宗匠之高足，故對那些泛泛之輩，視為「庸流」、「國恥」，有力挽狂瀾之志。可惜他於「正安元年將浮海，母氏強止之」，遂不能成行。⑯

---

⑯　《本朝高僧傳》，頁 339；《續群書類從》，卷 229，〈直翁和尚塔銘〉，頁394ab。

⑯　《本朝高僧傳》，頁 374。按：規庵圓公、桃溪悟公分別為規庵祖圓與桃溪德悟。又參看今泉淑夫及早苗憲生編著，《本覺國師虎關師鍊禪師》（京都：禪文化研究所，1995），頁 44-54。

⑯　《本朝高僧傳》，頁 374。按：無隱、一山、德儉分別是無隱圓範、一山一寧及約翁德儉。無隱圓範及約翁德儉為入宋歸來日僧。一山一寧為元僧，於元成宗大德三年（1299）出使日本，同時兼主鎌倉建長寺及圓覺寺。見《本覺國師虎關師鍊禪師》，頁 66。

⑯　《本朝高僧傳》，頁 374。

　　求法日僧欲在南宋參學有成，除了需熟習宋人語言、禪門機鋒
及臨濟看話禪或公案禪的家數之外，還要能夠以禪門詩偈或偈頌來
表達其慧識及證悟之功。大致來說，日僧既赴江浙求法，對江浙區
所說的吳語，因蘇、杭、明州商船之傳播，當有些認識。不過，如
表三所示，江浙名禪，除出身江浙諸州者外，亦不乏遠從西蜀、閩
南束裝而來者。他們所操的濃厚鄉音，即使江浙本地人都未必能聽
得真切，何況初來乍到之日僧?也部份是因為語言不通，而有前述
機語未能相契之例，固不難理解。但若對禪門機鋒與臨濟看話禪的
家數全然不熟，初次遇上臨濟禪師，自難機語相投。前述神子榮尊
等人與出身西蜀的無準師範語不投機，恐怕不僅僅是語言上的溝通
問題，也是因他們難以適應臨濟禪師的接引垂示方法之故。即令卓
然有成的永平道元，初見出身福建建安而屬於臨濟系的天童無際了
派，也似乎與他機語難契而離天童而去。⑯後來他雖回天童而遇上
他眼中的曹洞宗「真師」，亦即四明鄞縣人長翁如淨，但他很可能
也把如淨用寧波方言所說「心塵脫落」一語誤聽為「身心脫落」。
⑯雖然道元或能夠因此失誤而創發了曹洞新說，而建立日本曹洞宗

---

⑯　無際了派的本貫，不見於燈錄，而見於《枯崖和尚漫錄》（臺北：新文豐出
　　版社，《卍續藏經》冊148），卷上，頁153a。
⑯　最先提出道元誤聽如淨之語一看法者，可能是日本學者高崎直道（Takasaki
　　Jikidō）和梅源猛（Umehara Takeshi）。見他們所著之《佛教の思想 II：古佛
　　のまねび〈道元〉》（東京：角川書店，1969），頁 43-52。又參看石井修
　　道，《宋代禪宗史の研究》（東京：大東出版社，1987），〈宏智錄と道
　　元禪〉一節；大久保道舟，《道元禪師傳の研究》（東京：筑摩書房，
　　1966），頁 151-155; Steven Heine, *Dōgen and the Kōan Tradition* (New York:
　　State University of New York press, 1994), pp. 130-131; Steven Heine, "Dogen

的「只管打坐」的傳統，但此種類似天授之慧悟並非人人都能，多半的求法日僧還是需要不斷在語言、禪機方面下工夫。⑯

此外，用詩偈或偈頌來傳達禪人的內心思維與證悟工夫早就是禪宗傳統之一部份。主張會通禪教的唐代名僧宗密（780-841）在辨別「教」與「禪」的時候就說：「教也者，諸佛菩薩所留經論也。禪也者，諸善知識所述句偈也。」他所謂「句偈」應含「偈頌」之意。宗密又進一步說：「佛經開張，羅大千八部之眾；禪偈撮略，就此方一類之機。羅眾，則渀蕩難依；就機，即指的易用。」⑱可見宗密認為「禪偈」文簡而義周，可以直指心源，對機證悟，發揮禪宗教學的作用與精神，故一直為禪師所使用。經過南宋江浙禪人

Casts off 'What': An Analysis of Shinjin Datsuraku," *Journal of the International Association of Buddhist Studies*, 9:1 (1986), pp. 53-70.

⑯ 不少「道元研究」的學者認為道元有意或故意誤傳如淨之教。甚至認為他藉語言之聯想技巧達到創造性的「身心脫落」的慧悟。參看 Hee-jin Kim, " 'The Reason of Words and Letters': Dōgen and Kōan Language," 在 William LaFleur ed., *Dogen Studies* (Honolulu: University of Hawai'i Press, 1985)，頁 55-82。筆者認為這些看法都忽略了一個最基本的問題：道元的漢語聽力問題。或許道元確有超凡天分與原創力，可藉「有意的犯錯」（intentional fallacy）來舉一反三，悟出新的禪法，使他成為無可比擬的偉大宗教哲學家（incomparable philosopher），但這種看法很有可能是 Bernard Faure 所說的「過度解讀」（excess of meaning）的結果。參看 Bernard Faure, *Chan Insights and Oversights : An Epistemological Critique of the Chan Tradition* (Princeton: Princeton University Press, 1993), pp. 138-139.

⑱ 見宗密，〈禪源諸詮集都序〉（臺北：新文豐出版社，影印《大正藏》冊 48），頁 399c。按：《大正藏》將「佛經開張，羅大千八部之眾」誤讀為「佛經開張羅，大千八部之眾」。此種讀法，與下句「羅眾，則渀蕩難依」相呼應。

的推廣，詩偈的使用更加尋常也更為普及。禪師一方面常以偈頌接引禪徒，一方面也以之對禪徒之悟道給予印可，使偈頌兼具有取代法衣、嗣書的功能。就禪徒而言，能夠以偈頌來表達其內心思維與證悟的工夫，引起禪師的認同，是他們通向被印可而承法嗣的一條有效途徑。尤其是來華求法的日僧，因為口語溝通的能力不足而生挫折感，可以獲益於書寫偈頌之能力，稍稍彌補無法從禪師口授心傳的「直指」效用中悟道的嚴重缺憾。⓱

　　偈頌之值得重視，一方面是因為它與傳法衣被視為初期禪宗祖師傳法立嗣的基本要件。而禪史家尋其根源，咸認為「二十八祖有傳法偈」。⓰另一方面，它成了開悟、「心傳」的一種要領，是禪師用簡單的詩句成就「心傳」的方法之一。與宋以來需以口語操作之「公案」與「對機」有異曲同工之妙。其所異之處，在於「偈頌」可先以書寫表達，不需專賴口語為之。而「公案」與「對機」之進行，都需依賴口語。如果禪宗師徒間無法以口語來進行對話，就難以達到開悟與印心的效用。⓱故日僧夢窗疎石（1275-1351）入鎌倉之建長及圓覺二寺參學於元代入日僧一山一寧（1247-1317）時，因與臺州臨海縣出身之一寧「語言不通，不能仔細講問」，自覺參學困難，不能「得決所疑」，遂離一寧而他去。⓱而虎關師鍊雖亦

⓱　關於此點，筆者在未來討論元代求法日僧之文會有進一步的說明。

⓰　無著道忠，《禪林象器箋》，頁 607。

⓱　禪宗之教學非語言無法操作，Bernard Faure 頗力辯之，見 Faure (1993), pp. 195-204。道元主張同時行「默照禪」與「看話禪」正是說明他非常在乎語言之使用。參看 Kim (1985), pp. 56-57。

⓱　《續群書類從》，卷 233，春屋妙葩，〈夢窗國師年譜〉，頁 500a-501a。

學於一寧，且遇上同樣困難，但他「隻字片句，朝諮暮詢」，終於
克服障礙。❸明末入日本傳法並成為日本黃檗禪的創始人隱元隆琦
（1592-1673）禪師，對其不諳日語，無法以口語傳授心法之妙，屢
發無奈之感歎。⓮不過一寧、隱元畢竟是在日傳法，不以日語傳授
禪門心法，難以奏效。南宋的禪師，在國內傳法，自不覺得有藉日
語來傳授求法日僧之需要。不過，他們既知日僧雖口語較差，但多
熟習漢文，若以口語對話困難，以詩偈表意，並檢驗他們證悟之
功，亦不失為可行之「方便」。譬如來參斷橋妙倫的求法日僧不
少，「一日忽有三衲子到，口不能語，手卻會書，乃知來自日本
國。因有頌語，求予決死生話。」⓯「口不能語」固為缺憾，會造
成禪師與求法日僧之間溝通啟悟之困難。但「手卻會書」，則未嘗
不是一種替代之方。禪師們不能以口語教之，當然只有用手書言簡
意賅的句偈以示其意。也就是以文人詩的形式與精神寫成詩偈，作

---

❸ 《續群書類從》，卷 229，虎關師錬，〈一山國師妙慈弘濟大師行記〉，頁
391a。關於夢窗疎石與虎關師錬參學於一山一寧而結果不同之事，David
Pollack 在其著作 *The Fracture of Meaning* (Princeton: Princeton University Press,
1986)，頁 121-124，曾加以說明。不過，Pollack 對師錬在一山一寧「行記」
中描寫其師「孤坐一榻，不須通謁。新到遠來，出入無間……」一段之譯釋
有誤。尤其譯「不須通謁」為「不準讓人參謁」，「語言不通」為「禪師日
文口語太差」等，實是望文生義，完全誤解師錬之意。《本覺國師虎關師
錬》之解釋較為正確，見頁 96-98。

⓮ 見平久保章（Hirakubo Akira），《新纂校訂隱元全集》（東京：開明書院，
1979），第 5 冊所錄隱元書信，多表示此不諳日語的遺憾。又參看 Helen
Baroni, *Obaku Zen: The Emergence of the Third Sect of Zen in Tokugawa Japan*
(Honolulu: University of Hawaii Press, 2000), pp. 99,155-156。

⓯ 《斷橋妙倫語錄》，頁 437a。

為接引、開悟、迎送、互通聲息的媒介。他們也同時鼓舞其法友、門徒以同樣的詩偈唱和，數量愈多、作用愈廣，終成了江浙佛教文化的特色之一。如《江湖風月集》一類的偈頌合集的產生，正是此一特色的明證，因為多數的偈頌作者都是江浙出生或在江浙傳法的禪僧，他們之間的唱和，凝聚了江浙叢林法友聯繫的網絡，不容我們忽視。⑯元代江浙禪僧竺仙梵僊（1292-1348）曾感歎景定、咸淳之間（1260-1274），偈頌中之「頌古」一類，步入了「變風變雅、雕蟲篆刻」之境，失去其原來淳樸之精神。其說語雖針對偈頌之流於矯飾而發，也反映了偈頌之廣泛流行。⑰故無著道忠說偈頌「降倡於趙宋，而熾於胡元」，可謂所言不虛。⑱

　　竺仙梵僊之所見，專指各種「頌古」。但「偈頌」之作，不拘

---

⑯　此書為南宋末年松坡藏主所編，是偈頌之選集，內容詳見下文。柳田聖山及東陽英朝自筆本《新編江湖風月集略註》都認為「江湖」指的是「江西」（馬祖道一）與「湖南」（石頭希遷）。我認為沒必要如此咬文嚼字。江湖者，江上湖邊，乃禪僧所遊之地。東坡云「江上清風」、「山間明月」，即此之謂。

⑰　見《禪林象器箋》，頁 610。其實對偈頌之捨渾淳而走向雕琢，卍庵道顏（1094-1164）在南宋前期就表示不滿。他曾說：「其頌始自汾陽，暨雪竇宏其音、顯其旨，汪洋乎不可涯。後之作者，馳騁雪竇而為之，不顧道德之美若，務以文彩煥爛相鮮為美。使後生晚進不克見古人渾淳大全之旨。烏乎！予遊叢林，及見前輩，非古人語錄不看，非百丈號令不行，豈特好古？蓋今之人不足法也。望通人達士，知我於言外可矣。」見《禪林寶訓》（臺北：新文豐出版社，影印《大正藏》，冊 48），頁 1033b。道顏所說的「汾陽」，即是汾陽善昭（生卒年不詳），為宋初名僧。一般都認為他開了宋代偈頌之先河。

⑱　《禪林象器箋》，頁 607。

一格，未必盡是徒見形式，而乏骨髓之作。尤其求法日僧與南宋禪師之間，透過偈頌傳達心印，表明證悟之經驗與工夫，意到筆隨，自然渾成，仍是有其積極意義的。本章先列舉數例，以見一斑。詳盡析論，有待他日。

上文曾說日僧覺阿獻所寫詩偈五首於其師慧遠，慧遠欣悅而予認可。可見覺阿自認為其偈頌足以適切表達其證悟之力。此五首偈頌如下：

（其一）

航海來探教外傳，要離知見脫蹄荃，

諸方參遍草鞋破，水在澄潭月在天。

（其二）

掃盡葛藤與知見，信手拈來全體現，

腦後圓光徹太虛，千機萬機一時轉。

（其三）

妙處如何說向人，倒地便起自分明，

驀然踏著故田地，倒裏幞頭孤路行。

（其四）

求真滅妄元非妙，即妄明真都是錯，

堪笑靈山老古錐，當陽拋下破木杓。

（其五）

豎拳下喝少賣弄，說是說非入泥水，

截斷千差休指注，一聲歸笛囉囉哩。⑲

　　此五首偈頌，專意於掃盡「葛藤」與「知見」，從語言之意外去求見道之真。同時還表達作者求真滅妄之意圖與看法，取徑於「拋下破木杓」一類似「身心脫落」式的體悟，而否定「豎拳下喝」一類徒具形式，賣弄知見，說理辨事的工夫。充分表現禪宗精神，甚合其師慧遠之意，故慧遠「稱善，書偈贈行」，表示印可。慧遠也為詩偈唱和如下：

　　　　參透西來鼻祖禪，乘時東去廣流傳。
　　　　鑊湯鑪炭隨緣入，劍樹刀山自在攀。
　　　　教海義天休更問，龍宮寶藏豈能詮。
　　　　翻身師子通塗妙，活捉魔王鼻孔穿。⑱

　　這首偈頌鼓勵覺阿歸日之後，不計艱難險迫，戮力傳授其所學獲的祖師禪。提醒他記得禪宗之離教與離文字之精神，勿為經教、義學所規繩，而求獅子翻身攫獲魔王式的頓悟之功。
　　道祐入徑山參無準師範後，以「大唐國裡也無〔禪〕」一語答

---

⑲　《續傳燈錄》，卷 31，頁 667b。按：「老古錐」為禪語可敬之老宿之意，「破大杓」象徵「身心脫落」之禪定工夫。「囉囉哩」為笛聲，為俗曲聲調，禪宗有還鄉典故。《虛堂和尚語錄》卷 1，頁 985a，有舉楊岐方會示眾語曰：「年來力氣衰，寒風凋敗葉，尤喜故人歸，囉囉哩……」

⑱　《瞎堂慧遠禪師廣錄》（臺北：新文豐出版社，《卍續藏經》冊 120），頁 964b。

師範所問之「日本國裡有禪也無」，為師範首肯，遂為入室弟子，
混處眾中，為同參所佩服。返國時，曾寫畫師範頂相求讚，師範乃
題詩偈曰：⑱

　　　從來震旦本無禪，少室單傳亦妄傳。
　　　卻被道祐等閒覷破，便知老僧鼻孔不在口邊。
　　　漫把虛空強描邈，好兒終不使爺錢。⑱

　　此詩偈即是對「大唐國裡也無〔禪〕」一語而發，似隱指道祐
能於禪史一類典籍看出知見之偽妄，而不受當時禪宗傳統中之理論
與實踐方法所束縛，不為文字塑成之形式與表相所左右，而達到不
專守師說的超越性領悟。⑱

---

⑱　南宋求法日僧常有畫其師頂相求讚而回國供養者，藝術史家多因此認為頂相
　　具有與嗣書和法衣一樣的「傳法」意義。筆者所見之中日佛教史料並無法證
　　明此說。十幾年前，美國學者 T. Griffith Foulk 與 Robert Sharf 曾合寫了一篇
　　長文，也力斥其說，見 T. Griffith Foulk and Robert Sharf, "On the Ritual Use of
　　Ch'an Portraiture in Medieval China," in *Cahiers d'Extréme-Asie*, vol. 7 (1993-94),
　　pp. 149-219。

⑱　《本朝高僧傳》，頁 278-279。《續群書類從》，卷 226，頁 306a。

⑱　按：師範所謂「少室單傳亦妄傳」或許只是一種禪宗說辭（rhetoric），但卻
　　可以用來歸納近二十年來日本及西方對初期禪宗史研究所獲之心得。此類研
　　究強調宋代禪僧的「創構傳統」（invented tradition）及虛造「一串珠」似的
　　達摩單傳法系及宗譜，從而推翻鈴木大拙以來對公案之非邏輯性及非日本人
　　不能懂的主觀甚至文化沙文主義的觀點。主要代表作含本章所引用的 Bernad
　　Faure 的著作，及 John McRae 的 *The Northern School and the Formation of
　　Early Ch'an Buddhism* (Honolulu: University of Hawaii Press, 1986)及他最近的

　　無象靜照在宋十四年之間，頗受南宋禪師青睞，寫有許多詩偈
與其法友唱和。據說他「與大休念、子元元等聚首酬唱。……景定
壬戌（1262）秋，躋天台石橋，供茶湯於五百羅漢，感靈洞聞梵
鐘，作偈……。一時名衲如珙橫川，度虛舟等四十二人，賡韻和
之。……」⑱此處所稱的禪師即是大休正念（1215-1289）、無學祖元
（1226-1286）、橫川如珙（1222-1289）和虛舟普度（1199-1280），都是
南宋禪林法友團網絡的活躍份子，為日僧來往參學的對象。正念與
祖元甚至為日僧所請，東渡日本傳法，對鎌倉地區之禪法傳播大有
功勞。⑱靜照在虛堂智愚處參學多年，雖受智愚所重，但自覺所獲
不大，於咸淳元年（1265）辭去，有詩偈送其師曰：

　　　十載從師幾詰舉，到頭一法不曾傳。
　　　有無勾當家私盡，萬里空歸東海船。⑱

Seeing through Zen : Encounter, Transformation, and Genealogy in Chinese Chan
Buddhism (Berkeley: University of California Press, 2004)，還有 Steven Heine 的
Dōgen and the Kōan Tradition: A Tale of Two Shōbōgenzo Texts (New York: State
University of New York Press, 1994)及他最近的 Opening a Mountain: Kōan of
the Zen Masters (Oxford: Oxford University Press, 2002)。

⑱　《本朝高僧傳》，頁 305-306。靜照於咸淳元年乙丑（1265）與鄉僧圓海同船
　　而歸。歸後寫《興禪記》，師蠻贊曰：「文永末，臺徒奏朝將破吾宗，照公
　　作《興禪記》入都上進，於是橫議自寢。」

⑱　正念，溫州人，為石溪心月法嗣，咸淳五年（1269）入日，為鎌倉淨智寺開
　　山。有《大休和尚語錄》六卷。祖元，鄞縣人，為無準師範法嗣，元世祖至
　　正十七年（1280）應鎌倉建長寺之請入日，為鎌倉圓覺寺開山。有《佛光國
　　師語錄》10 卷。

⑱　《續群書類從》，卷 228，〈法海禪師行狀記〉，頁 368b。

　　這似乎是對常被「當頭棒喝」的抗議及迷失於「心傳直指」所表示的遺憾。雖然如此，他畢竟不是空手而返，而是自信滿滿，學成而歸。所以當與他交情不薄的無學祖元於他歸國後五年（1265）送他法衣和偈頌時，他毫不猶疑的以此偈頌答之：

　　　　學翁托寄個牛皮，面熱汗流且受之。
　　　　今古大湯消息在，浮山不負鶻來時。⑱

　　欲了解靜照此詩偈的涵義，需看祖元所贈之偈頌如下：

　　　　南岳峰頭話別時，惟憂此道日衰微。
　　　　不辭萬里風波惡，痛惜千年糞掃衣。
　　　　炯炯兩將憐我光，迢迢屢劫會君稀。
　　　　長老、長老，祖翁一髮千鈞寄，
　　　　為覓翻身上樹機。⑱

　　祖元偈頌用意甚明，無非是託付靜照代尋嗣法傳人，以「寄一法於千鈞」，對靜照寄予厚望。靜照之偈則用大陽警延（943-1027）託浮山法遠（991-1067）代尋嗣法傳人之典故，而以無學祖元為大陽警延，而自比於浮山慧遠，表示必不辜負所託，故有「浮山不負鶻

---

⑱　《續群書類從》，卷 228，〈法海禪師行狀記〉，頁 369b。按：「大湯」當為「大陽」之誤。見下文註。

⑱　同前註。按：「糞掃衣」即「衲衣」，見無著道忠，《禪林象器箋》，頁 700-01。

來時」之語。⑱靜照能援禪宗掌故入其所寫詩偈，其在宋十餘年之參學，可謂不無成效。雖然不能證明他的證道之功，也可已看出他已經全然熟悉禪門詩偈的作法了。

　　禪門詩偈在五山禪僧的發揚之下蔚然成風，儼然形成了不可輕忽的偈頌文化。即令視詩偈為「閑長語言，無些子彈」的虛堂智愚都不能不寫，⑲而成了偈頌的高手。上文所說的《江湖風月集》，收錄了七十六位禪師所寫的二百七十餘首偈頌，其中不乏五山禪師之作品，而智愚所寫，佔了十一首，較多半的禪師為多。⑲其〈聽雪〉一首曰：

　　　寒夜無風竹有聲，疏疏密密透窗櫺。

---

⑱　同前註。按：「大湯」當為「大陽」之誤。浮山法遠替大陽警延付衣傳法之故事如下：大陽警延歎無人繼其法席，而以洞上宗旨及其所著直裰皮履交付浮山法遠，使為求法器。法遠後退居會聖岩，夢得俊鷹畜之，夢覺時適投子義青（1032-1083）來投，以為吉徵，加意延禮以授其法。傳授三年，知為法器，遂以直裰皮履付之，並囑以代傳洞上宗風。「鶻」又稱「隼」，是小型的鷹，指的是法遠夢中所獲之鷹，蓋自比浮山法遠也。此故事見《禪林僧寶傳》（臺北：新文豐出版社影印，《卍續藏經》冊 137），卷 13，頁 496a；卷 17，頁 510a、511b。在後期的禪宗傳統裡，此故事被稱為「青續大陽」。見《禪苑蒙求》，頁 261ab。據說大陽還書傳法偈一首，要法遠得人之時出示此偈為證。偈曰：「楊廣山前草，憑君待價燁。異苗翻茂處，深密固靈根。」

⑲　見《續群書類從》，卷 227，〈佛光禪師塔銘〉，頁 339b。

⑲　參看芳澤勝弘編注《江湖風月集譯注》（京都：禪文化研究所，2003），頁 VII-XV。此書為南宋末年松坡藏主所編。錄有五山禪師大川普濟八首、介石智朋六首、西巖了慧八首、偃溪廣聞五首、石溪心月二首等等，不一而足。

耳聞不似心聞好，歇卻燈前半卷經。⑲

聽雪不用耳而用心，正如不需用眼看經而宜用心觀想，實是禪門定慧矩矱，足為參學者所效法及體驗。《楞嚴經》所謂：「我用『心聞』分別眾生所有知見」一意思，⑲盡在智愚的短短詩偈中，豈是「閑長語言」所能比？可見智愚頗長於偈頌。故南浦紹明返日之時，他曾贈詩偈以壯行色，略曰：

敲磕門庭細揣磨，路頭盡處再經過。
明明說與虛堂叟，東海兒孫日轉多。⑲

此偈似謂證悟之境不易契及，需賴不斷努力磨練之功，而紹明已達其目標，歸國後當可傳佈其法。智愚希望紹明法子、法孫遍佈之時，定要知會於他。在此偈之後，智愚還寫有跋語謂：

明知客自發明後，欲告歸日本，尋照知客、通首座、源長老，聚頭說龍峰會裏家私，袖紙求法語。老僧今年八十三，

---

⑲　同前書，頁 76。

⑲　見《首楞嚴經》（臺北：新文豐出版社影印，《大正藏》冊 19），頁 126c。又依長水子璿，《首楞嚴經疏注》（臺北：新文豐出版社影印，《大正藏》冊 37），頁 898c，「心聞」即耳識發明也。子璿說：「從於耳識，得真圓通，入法界理。生滅、識滅、寂滅現前，境智相冥，一體無二。還於『心聞』起用，分別眾生知見，可發明者，即現其身……。」

⑲　《虛堂和尚語錄》，頁 1063a。〈圓通大應國師塔銘〉，頁 399a-400a。

無力思索，作一偈以贐行色。萬里水程，以道珍衛。咸淳丁
卯秋。住大唐徑山（智愚）書于不動軒。㊗

　　這裡所說的照知客與通首座，當是日僧靜照、徹通。源長老亦
當是日僧。他們「聚頭說龍峰會裏家私」正是前述求法日僧法友間
互通聲氣、互相聯誼的具體表現。南浦紹明是這個法友聯誼網絡相
當活躍並深受敬重的成員之一，他也是以寫偈頌的方式獲虛堂智愚
之印可。他的偈頌如下：

　　忽然心境共忘時，大地山河透脫機。
　　法王法身全體現，時人對面不相知。㊗

　　此偈頌表達了紹明個人的證悟經驗，顯示他相信透過超越時空
的禪定工夫是可能達到頓悟的。不過，他認為一般禪友受執於知見
與紛擾之俗事，未能看透法王與法身之共為一體，故雖能悟但卻都
不知如何去悟。

五、結語

　　本章討論日僧入南宋求法，旨在說明他們與南宋叢林之互動關

㊗　同前書。按：「贐」《虛堂和尚語錄》似作「賣」，難以辨識。此處依《續
　　群書類從》，卷229，〈圓通大應國師塔銘〉判讀而補之，見400a。
㊗　《續群書類從》，卷229，〈圓通大應國師塔銘〉，頁399a-400a。

係，並指出求法日僧多在南宋後期來華，多半入江浙五山禪師處參
學。本章並分析求法日僧於南宋末期為數漸多，就中國叢林之發展
情況來看，是因為江浙五山之逐漸形成。尤其在日僧千光榮西入宋
之後，南宋叢林之盛為日本佛教界所知，求法日僧便接二連三渡海
而來。

　　由本章所列的附表及相關討論來看，初期日僧來南宋求法，多
半無特殊求法目的地及所欲參學的對象。但因為五山的逐漸形成及
五山禪師的名望遠播，求法日僧遂逐漸走依這些名禪大德。除了少
數例外，他們都齊聚於臨濟宗的大慧宗杲及虎丘紹隆法嗣所領導的
禪寺。這些禪寺，如明州的育王、天童及杭州的靈隱、淨慈及徑
山，先後經無準師範及虛堂智愚等禪師的有效住持、管理與經營，
也就成了求法日僧問道參禪之中心。它們的成長與擴張成規模盛大
的禪剎，可歸功於這些傑出的禪師。由於這些禪師在人品及禪法實
踐與教學上表現出相當號召力，使他們贏得公卿及皇帝之支持，因
而步步高陞而登五山禪寺。在他們的領導之下，這些禪寺聲名遠
播，吸引日僧遠來求法並求繼承法嗣。經過數年之訓練與努力，求
法日僧達成其目標，獲傳法嗣而歸。返國之後，他們得以在日本京
都、鎌倉等地開山建剎，領導叢林，並建立與南宋五山之間之緊密
關聯。

　　當然日僧來南宋之實際數量必然較僧史之記載為多，而其中如
虎關師鍊所說的「庸流」也必不在少。這些日僧，與其他在南宋禪
師語錄中所見的身分不明之日僧，多來江浙名剎求法參學，無形中
與當地禪僧師徒形成了江浙地區的禪僧法友聯誼網路。他們藉行
腳、參遊及詩偈之作，融入江浙叢林社區，對江浙五山聲勢之推

廣，及江浙叢林特殊文化的形成起了很大的作用。

　　不少求法日僧因為語言文化之障礙與隔閡，遭遇相當挫折而無法達成其求法之目標。其他求法僧則能克服困難，超越語言文化之藩籬而學會適應及書寫詩偈之能力。他們以寫作詩偈表達他們證悟之工夫，並贏得其師之認可，同時也以此技巧與叢林法友聯誼網的本土成員建立起宗門兄弟之關係。如此不但彌補他們在口語能力不足所遇之迷失、挫折等缺憾，也可以促成他們與本土禪師法友間之理解、和諧與凝聚。偈頌之興，及求法僧與五山禪師間以偈頌相唱和風氣，雖被視為變風變雅，違背傳統偈頌之淳樸風貌，但對江浙地區宗教文化之活潑化有推波助瀾之效。

　　本章特別關注南宋江浙叢林間所流行之偈頌，並指出五山及附近江浙禪師多為偈頌能手。他們的前輩雖已有偈頌之作，但他們更樂此不疲，使偈頌具有文人以詩會友之功，不但可增進師友關係，而且成為表達個人悟道之媒介。偈頌還被用於替代法衣與嗣書，將「繞路說禪」似的法語，藉簡要的詩句來表達。江浙地區禪師之普遍使用詩偈，形成了此地域的獨特佛教文化。求法日僧遊走參學於其間，也學會了以書寫偈頌來表現他們的洞見、機智及悟道之心。他們的使用偈頌，種下了日本鎌倉後期五山文化、文學的根苗，是任何研究中日文化互動與交流一課題所不容忽視的。在某種意義上，本章也點出此運動複雜發展過程之端倪，已出現於南宋後期之叢林。

參考文獻

一、辭書、目錄、書錄、圖錄、總集

山口明穗等，《岩波漢語辭典》（東京：岩波書店，1987）

中國古代書畫鑒定組《中國古代書畫圖目》23 冊（北京：文物出版社，1986-2001）

朱熹，《宋名臣言行錄》（臺北：臺灣商務印書館，影印文淵閣《四庫全書》本，1983-1988）

阮元，《秘殿珠林石渠寶笈初編》（臺北：故宮博物院，1971）

呂祖謙編，《宋文鑑》（臺北：臺灣商務印書館，《國學基本叢書》）冊 15

李修生主編，《全元文》（南京：江蘇古籍出版社，2000）第 19 冊

周復俊，《全蜀藝文志》（臺北：臺灣商務印書館，影印《四庫全書》本，1983-1988）

徐娟編，《中國書畫藝術論著叢編》（北京：中國大百科全書出版社，1997）

國立故宮博物院，《國立故宮博物院善本舊籍總目》（臺北：國立故宮博物院，1983）

國立故宮博物院，《故宮書畫圖錄》20 冊（臺北：故宮博物院，2001）

國立故宮博物院，《故宮書畫錄》（臺北：故宮博物院，1965）

陳夢雷，《古今圖書集成》（上海：中華書局，1934）

陳騤，《南宋館閣書錄、續錄》（北京：中華書局，1998）

陳思，《兩宋名賢小集》（臺北：臺灣商務印書館，影印文淵閣《四庫全書》本，1983-1988）

許明編，《中國佛教經論序跋記集》（上海：上海辭書出版社，2002）

扈仲榮等編，《成都文類》（臺北：臺灣商務印書館，影印文淵閣《四庫全

書》本，1983-1988）

張照，《石渠寶笈》（臺北：臺灣商務印書館，影印文淵閣《四庫全書》
　　本，1983-1988）

曾棗莊、劉琳主編，《全宋文》（成都：巴蜀書社，1989）第 41 冊

鈴木敬主編，《中國繪畫總合圖錄》（東京：東京大學出版會，1982-83）

莊仲方，《南宋文範》（臺北：鼎文書局，1975）

黃宗羲、全祖望，《宋元學案》（北京：中華書局，1986）

駒澤大學禪學大辭典編纂所，《禪學大辭典》（東京：大修館書店，1977）

諸橋轍次，《大漢和辭典》（東京：大修館書店刊，1984，修訂版）

鄭昶，《中國畫學全史》（上海：上海古籍出版社，2001）

雒啟坤主編，《中國書法全集》（北京：九洲圖書出版社，1999）

盧輔聖主編，《中國書畫全書》（上海：上海書畫出版社，1993）冊 1

董誥，《欽定全唐文》（北京：中華書局影印本，1983）

魏齊賢，《五百家播芳大全文粹》（臺北：臺灣商務印書館，影印文淵閣
　　《四庫全書》本，1983-1988）

顧嗣立，《元詩選》（臺北：臺灣商務印書館，影印文淵閣《四庫全書》本，
　　1983-1988）

二、正史、編年、實錄、書錄等

王稱，《東都事略》（臺北：臺灣商務印書館，影印文淵閣《四庫全書》本，
　　1983-1988）

宋濂，《元史》（北京：中華書局點校本，1976）

宋祁等，《新唐書》（北京：中華書局，1975）

李燾，《續資治通鑑長編》（北京：中華書局點校本，1992）

李心傳，《建炎以來朝野雜記》（北京：中華書局，2000）

房玄齡等，《晉書》（北京：中華書局點校本，1974）

徐松輯，《宋會要輯稿》（北京：中華書局，1957）

脫脫等編，《宋史》（北京：中華書局點校本，1977）

畢沅，《續資治通鑑》（上海：上海古籍出版社，《續修四庫全書》，1995）

陳邦瞻等，《宋史記事本末》（臺北：鼎文書局，影印北京中華書局點校本，
　　1978）

翟均廉，《海塘錄》（臺北：臺灣商務印書館，影印文淵閣《四庫全書》本，
　　1983-1988）

趙翼，《陔餘叢考》（京都：中文出版社，1979）

鄭樵，《通志》（臺北：臺灣商務印書館，影印文淵閣《四庫全書》本，
　　1983-1988）

錢若水，《宋太宗實錄》（臺北：鼎文書局，影印北京中華書局點校本《宋
　　史》附，1978）；（蘭州：甘肅人民出版社點校本，2005）

薛居正，《舊五代史》（北京：中華書局，1976）

劉昫等，《舊唐書》（北京：中華書局點校本，1975）

三、方志、寺志、地理書

方岳貢修、陳繼儒纂，《松江府志》（北京：書目文獻出版社，1991《日本
　　藏中國罕見地方志叢刊》本）

王鏊，《姑蘇志》（臺北：臺灣商務印書館，影印文淵閣《四庫全書》本，
　　1983-1988）

宋奎光，《徑山志》（臺北：明文書局影印本，1980）

吳之鯨，《武林梵志》（臺北：臺灣商務印書館，影印文淵閣《四庫全書》
　　本，1983-1988）

吳自牧，《夢粱錄》（臺北：大立出版社，《東京夢華錄外四種》，1980）

周應合，《都城紀勝》（臺北：大立出版社，《東京夢華錄外四種》，1980）

汪大淵，《島夷志略》（臺北：臺灣商務印書館，影印文淵閣《四庫全書》
　　本，1983-1988）

金鉷等，《廣西通志》（臺北：臺灣商務印書館，影印文淵閣《四庫全書》
　　本，1983-1988）

袁桷，《延祐四明志》（臺北：國泰文化事業有限公司，影印 1854 年刊本）

徐碩，《至元嘉禾志》（臺北：臺灣商務印書館，影印文淵閣《四庫全書》
　　本，1983-1988）

桂邦傑等撰，《民國江都縣續志》（南京：江蘇古籍出版社，1991）

孫星衍，《寰宇訪碑錄》（上海：商務印書館，國學基本叢書，1937）

范淶修、章潢纂，《萬曆新修南昌府志》，《日本藏中國罕見地方志叢刊》
　　第 12 冊（北京：書目文獻出版社，1992）

程炳卿編，《西天目山志》（杭州：浙江人民出版社，1991）

嵇曾筠，《浙江通志》（臺北：臺灣商務印書館，影印《四庫全書》本，
　　1983-1988）

葛蔭南，《壽州志》（光緒 15 年活字本）

楊逢春修，《崑山縣志》（臺北：新文豐出版社，1985）

黃仲昭，《八閩通志》（《北京圖書館古籍珍本叢刊》影印明弘治四年刊本）

聞道性，《天童寺志》（臺北：明文書局，影印 1811 年刊本）

趙汝适，《諸蕃志》（臺北：臺灣商務印書館，影印文淵閣《四庫全書》本，
　　1983-1988）

葉蘭等纂修，《泗州志》（臺北：成文出版有限公司，影印乾隆五十三年
　　（1788））

際祥，《淨慈寺志》（臺北：明文書局，影印 1888 年刊本）

謝旻，《江西通志》（臺北：臺灣商務印書館，影印《四庫全書》本，1983-
　　1988）（北京：中華書局標點本，2001）

羅濬，《寶慶四明志》（臺北：國泰文化事業有限公司，影印 1854 年刊
　　本）；（臺北：臺灣商務印書館，影印《四庫全書》本，1983-1988）

潛說友，《咸淳臨安志》（臺北：臺灣商務印書館，影印文淵閣《四庫全
　　書》本，1983-1988）

董斯張，《吳興備志》（臺北：臺灣商務印書館，影印文淵閣《四庫全書》
　　本，1983-1988）

顧祖禹，《讀史方輿紀要》（臺北：樂天出版社，1973）冊 4

顧清等纂，《松江府志》（臺北：成文書局，1983 影印正德七（1512）年刊
　　本）；（《日本藏中國罕見地方志叢刊》本）

龔明之，《中吳記聞》（臺北：臺灣商務印書館，影印文淵閣《四庫全書》

本，1983-1988）

不著撰人，《無錫志》（臺北：臺灣商務印書館，影印文淵閣《四庫全書》
　　　本，1983-1988）

四、金石、石刻

丁敬，《武林金石志》（上海：上海書店，《續修四庫全書》冊910，1995）

大足石刻藝術博物館及重慶市社會科學院大足石刻藝術研究所，《大足石刻
　　　銘文錄》（重慶：重慶出版社，1999）

王昶《金石萃編》（北京：中國書店，1985）

王象之，《輿地碑記目》（臺北：臺灣商務印書館，影印文淵閣《四庫全
　　　書》本，1983-1988）

阮元，《兩浙金石志》（臺北：新文豐出版社，《影印石刻史料叢刊》，
　　　1979）

阮元，《兩浙金石志》（臺北：臺灣商務印書館，《續修四庫全書》本，
　　　1995）

杜春生，《越中金石記》（北京：北京圖書館，2005）

陸增祥，《八瓊室金石補正》（北京：文物出版社，1985）

黃本驥，《古誌石華》（清道光二十七年[1847]，三長物齋叢書本）

趙明誠，《金石錄》（上海：商務印書館，《四部叢刊續編》本，1936）

趙明誠，《金石錄》（臺北：臺灣商務印書館，影印文淵閣《四庫全書》本，
　　　1983-1988）

趙紹祖，《安徽金石略》（《續修四庫全書》冊911，據南京圖書館藏清道光
　　　十四年刻本影印）

劉喜海，《金石苑》（上海：上海古籍出版社，《續修四庫全書》本，1995）

顧燮光，《兩浙金石別錄》（上海：天華印書館，年代不詳）

五、書法、藝術、醫藥

卞永譽，《式古堂書畫彙考》（臺北：臺灣商務印書館，影印文淵閣《四庫
　　　全書》本，1983-1988）

王澍，《虛舟題跋》（《中國書畫全集》冊 8）

王文治，《快雨堂題跋》（《中國書畫全書》冊 10）

王世貞，《古今法書苑》（《中國書畫全書》冊 5）

孔廣陶，《嶽雪樓書畫錄》（《中國書畫藝術論著叢編》冊 23）

米芾，《寶晉英光集》（臺北：臺灣商務印書館，影印文淵閣《四庫全書》
　　　本，1983-1988）

朱謀垔，《書史會要》（臺北：臺灣商務印書館，影印文淵閣《四庫全書》
　　　本，1983-1988）

朱珪，《名蹟錄》（臺北：臺灣商務印書館，影印《四庫全書》本，1983-
　　　1988）

吳榮光，《辛丑消夏記》收於《中國書畫藝術論著叢編》34

吳升，《大觀錄》，收於《中國書畫藝術論著叢編》冊 29

吳寬，《家藏集》（臺北：臺灣商務印書館，影印文淵閣《四庫全書》本，
　　　1983-1988）

李佐賢，《書畫鑑影》（《中國書畫藝術論著叢編》冊 35）

李濬之，《清畫家詩史》（北京：中國書店，1990）

李日華《六研齋筆記》（臺北：臺灣商務印書館，影印文淵閣《四庫全書》
　　　本，1983-1988）

汪砢玉，《珊瑚網》（《中國書畫全書》冊 5）

阮元，《石渠隨筆》（臺北：新文豐出版社，《叢書集成新編》本，1985）

阮元，《秘殿珠林・石渠寶笈合編》（上海：上海書店新華書店上海發行
　　　所，1988 本），第 5 冊

郁逢慶，《郁氏書畫題跋記》（《中國書畫全書》冊 4）

郁逢慶，《書畫題跋記》（臺北：臺灣商務印書館，影印文淵閣《四庫全書》
　　　本，1983-1988）

夏文彥，《圖繪寶鑑》（臺北：新文豐出版社，《叢書集成新編》第 53 冊，
　　　1985）

孫鑛，《書畫跋跋》，（《中國書畫全書》冊 3）

孫岳等，《御定佩文齋書畫譜》（臺北：臺灣商務印書館，影印文淵閣《四庫全書》本，1983-1988）

孫承澤，《庚子消夏記》（臺北：臺灣商務印書館，影印文淵閣《四庫全書》本，1983-1988）；《中國書畫全書》冊 7

倪濤，《六藝之一錄》（臺北：臺灣商務印書館，影印文淵閣《四庫全書》本，1983-1988）

張丑，《清河書畫舫》（臺北：臺灣商務印書館，影印文淵閣《四庫全書》本，1983-1988）

陳繼儒，《妮古錄》（上海：上海書畫，1992，《中國書畫全書》冊 3）

裴景福，《壯陶閣書畫錄》（上海：中華書局，1937）

詹景鳳，《詹東圖玄覽編》（《中國書畫全書》冊 4）

陶宗儀，《書史會要》（臺北：臺灣商務印書館，影印文淵閣《四庫全書》本，1983-1988）

陸心源，《穰梨館過眼錄》（臺北：學海出版社，1975，冊 1）；（《中國歷代書畫藝術論著叢編》冊 39）

陸時化，《吳越所見書畫錄》（《中國書畫全書》冊 8）

張泰偕，《寶繪錄》（臺北：漢華文化公司，影印清《知不足齋校刊本》，1972）

曾惠蘭編，《歷代名畫觀音寶相》（南京：金陵書畫出版社，1981），冊 2

黃庭堅，《北宋黃庭堅華嚴疏》（上海：上海博物館，上海文物出版社，1964）

竇鎮，《國朝書畫家筆錄》（臺北：明文書局，1985）

繆日藻，《寓意錄》（《中國書畫全書》冊 8）

不著撰者，《宣和書譜》（臺北：臺灣商務印書館，影印文淵閣《四庫全書》本，1983-1988）

成無己，《傷寒論註》，卷 3（臺北：臺灣商務印書館，影印文淵閣《四庫全書》本，1983-1988）

徐彬，《金匱要略論註》，卷 12（臺北：臺灣商務印書館，影印文淵閣《四

庫全書》本，1983-1988）

唐慎微，《證類本草》（臺北：臺灣商務印書館，影印文淵閣《四庫全書》本，1983-1988）

六、佛典（含僧史、燈錄、語錄）

一志等編，《了庵清欲語錄》（臺北：新文豐出版社，《卍續藏經》冊 123）

了覺等編，《石田法薰語錄》（臺北：新文豐出版社，《卍續藏經》冊 122）

子璿，《首楞嚴經疏注》（臺北：新文豐出版社，《大正藏》冊 37）

不空譯，《千手千眼觀世音菩薩圓滿無礙大悲心陀羅尼經》（《大正藏》冊 20）

心泰，《佛法金湯編》（臺北：新文豐出版社，《卍續藏經》冊 148）

文瑩，《湘山野錄》（北京：中華書局點校本，1984）

文沖編集，《南宋元明禪林僧寶傳》（臺北：新文豐出版社，《卍續藏經》冊 137）

文寶等編，《斷橋妙倫語錄》（臺北：新文豐出版社，《卍續藏經》冊 122）

元清等編，《偃溪廣聞語錄》（臺北：新文豐出版社，《卍續藏經》冊 121）

王日休，《龍舒淨土文》（臺北：新文豐出版社，《大正藏》冊 47）

正受，《嘉泰普燈錄》（臺北：新文豐出版社，《卍續藏經》冊 137）

玄極，《續傳燈錄》（臺北：新文豐出版社，《卍續藏經》，冊 142）

仲介重編，《黃龍晦堂心和尚語錄》（臺北：新文豐出版社，《卍續藏經》冊 120）

自融，《南宋元明僧寶傳》（臺北：新文豐出版社，《卍續藏經》冊 137）

宋濂，《宋文憲公護法錄》（京都：中文出版社，影印 1666 年刊本）

李元嗣，《泗州大聖明覺普照國師傳》明萬曆 19 年（1591）

妙源編，《虛堂和尚語錄》（臺北：新文豐出版社，《大正藏》冊 47）

妙恩等編，《絕岸可湘語錄》（臺北：新文豐出版社，《卍續藏經》冊 121）

佳顯、宗煥等編《石溪心月禪師雜錄》（臺北：新文豐出版社，《卍續藏經》冊 123）

宗法等編，《宏智禪師廣錄》（臺北：新文豐出版社，影印《大正藏》冊 48）

宗密，〈禪源諸詮集都序〉（臺北：新文豐出版社，影印《大正藏》冊 48）

宗鑑，《釋門正統》（臺北：新文豐出版社，《卍續藏經》冊 130）

宗杲，《大慧普覺禪師書》（東京：「東洋文庫」所藏宋抄本）；（寶祐元年刻本）

宗曉，《樂邦文類》（臺北：新文豐出版社，《大正藏》冊 47）

宗會等編，《無準師範禪師語錄》（臺北：新文豐出版社，《卍續藏經》冊 121）

志磐，《佛祖統紀》（臺北：新文豐出版社，《大正藏》冊 49）

志明，《禪苑蒙求》（臺北：新文豐出版社，《卍續藏經》冊 148）

念常，《佛祖歷代通載》（臺北：新文豐出版社，《大正藏》冊 49）

法藏，《般若波羅蜜多心經略疏》（臺北：新文豐出版社，《大正藏》冊 33）

法琳編，《慧文正辯佛日普照元叟端禪師語錄》（臺北：新文豐出版社，《卍續藏經》冊 124）

法澄編，《希叟紹曇禪師廣錄》（臺北：新文豐出版社，《卍續藏經》冊 122）

居頂，《續傳燈錄》（臺北：新文豐出版社，《大正藏》冊 51）

明本，《天目中峰和尚廣錄》（臺北：新文豐出版社，《正藏經》冊 60）

明河，《補續高僧傳》（臺北：新文豐出版社，《卍續藏經》冊 134）

佛陀多羅譯，《大方廣圓覺多羅了義經》（臺北：新文豐出版社，《大正藏》冊 17）

契嵩，《夾註輔教編要義》，在《冠註輔教編》（京都：洛陽書堂，1696）

紀蔭，《宗統編年》（臺北：新文豐出版社，《卍續藏經》冊 147）

悟新，《死心悟新禪師語錄》（臺北：新文豐出版社，《卍續藏經》冊 120）

修義等編，《西巖了慧語錄》（臺北：新文豐出版社，《卍續藏經》冊 122）

淨善，《禪林寶訓》（臺北：新文豐出版社，影印《大正藏》冊 48）

祖詠編，《大慧普覺禪師年譜》（北京：北京圖書館出版社，《北京圖書館珍本年譜叢刊》第 22 冊）

宋祖琇，《僧寶正續傳》（臺北：新文豐出版社，《卍續藏經》冊 137）

晦巖、釋智昭編《人天眼目》（臺北：新文豐出版社，《大正藏》本冊 48）

般刺密帝譯，《大佛頂首楞嚴經》（臺北：新文豐出版社，《大正藏》冊 19）

崇岳等編，《密庵和尚語錄》（臺北：新文豐出版社，《大正藏》冊 47）

郭凝之彙編，《先覺宗乘》（臺北：新文豐出版社，《卍續藏經》本冊 148）

紹隆等編，《圓悟佛果禪師語錄》（臺北：新文豐出版社《大正藏》冊 47）

惟蓋竺編，《明覺禪師語錄》（臺北：新文豐出版社，《大正藏》冊 47）

惟清，《靈源和尚筆語》（京都：小川原兵衛刊，據宋淳祐甲辰〔1244 年〕
　　刻本刊印）

惠洪，《禪林僧寶傳》（臺北：新文豐出版社，《卍續藏經》冊 137）

惠能，《六祖壇經》（香港：佛經流通處，1982）

惠洪，《石門文字禪》（臺北：新文豐出版社，影印常州天寧寺刊本，1973）

惠洪，《林間錄》（臺北：新文豐出版社，《卍續藏經》冊 148）

善珙、德修等編《劍關子益語錄》（臺北：新文豐出版社，《卍續藏經》冊
　　122）

普濟，《大川普濟禪師語錄》（臺北：新文豐出版社，《卍續藏經》冊 121）

普寧，《兀菴寧和尚語錄》（臺北：新文豐出版社，《卍續藏經》冊 123）

普度，《虛舟普度語錄》（臺北：新文豐出版社，《卍續藏經》冊 123）

無慍，《山菴雜錄》（臺北：新文豐出版社，影印《卍續藏經》第 148 冊）

道沖，《癡絕道沖語錄》（臺北：新文豐出版社，《卍續藏經》冊 121）

道原，《景德傳燈錄》（臺北：新文豐出版社，《大正藏》冊 51）

道原，《景德傳燈錄》（臺北：新文豐出版社，《大正藏》冊 51）

張師誠，《徑中徑又徑》（臺北：新文豐出版社，《卍續藏經》冊 109）

圓照，《芝苑遺編》（臺北：新文豐出版社，《卍續藏經》冊 105）

圓悟，《枯崖和尚漫錄》（臺北：新文豐出版社，《卍續藏經》冊 148）

慧然集，《鎮州臨濟慧照禪師語錄》（臺北：新文豐出版社，《大正藏》本
　　冊 47）

慧遠，《瞎堂慧遠語錄》（臺北：新文豐出版社，《卍續藏經》冊 120）

慧開，《無門慧開禪師語錄》（臺北：新文豐出版社，《卍續藏經》冊 120）

贊寧，《宋高僧傳》（北京：中華書局點校本，1987）

覺岸，《釋氏稽古略》（臺北：新文豐出版社，《大正藏》冊 49）

曉瑩，《羅湖野錄》（臺北：新文豐出版社，《卍續藏經》冊 142）

曉瑩，《雲臥紀談》（臺北：新文豐出版社，《卍續藏經》冊 148）

德溥等編，《物初大觀禪師語錄》（臺北：新文豐出版社，《卍續藏經》冊 121）

實仁等編，《淮海肇和尚語錄》（臺北：新文豐出版社，《卍續藏經》冊 121）

曇秀輯，《人天寶鑑》（臺北：新文豐出版社，《卍續藏經》冊 148）

蘊聞等編，《大慧普覺禪師語錄》（臺北：新文豐出版社，《大正藏》冊 47）

覺此編，《環溪惟一禪師語錄》（臺北：新文豐出版社，《卍續藏經》冊 122）

七、文集、筆記

大訢，《蒲室集》（京都：中文出版社，日本承應二年〔1653〕本）

王鞏，《聞見近錄》（臺北：臺灣商務印書館，影印文淵閣《四庫全書》本，1983-1988）

王珪，《華陽集》（臺北：臺灣商務印書館，影印文淵閣《四庫全書》本，1983-1988）

王楙，《野客叢書》（上海：上海古籍出版社，1991）

王銍，《墨記》（北京：中華書局點校本，1981）

王文誥，《東坡詩集合註》（上海：上海古籍出版社，2001）

王世禎，《古夫于亭雜錄》（北京：中華書局點校本，1979）

王世貞，《弇州山人四部稿》（臺北：商務印書館，影印文淵閣《四庫全書》本，1983-1988）

王安石，《臨川文集》（臺北：臺灣商務印書館，影印文淵閣《四庫全書》本，1983-1988）

王安石，《臨川先生文集》（上海：商務印書館，《四部叢刊初編》本，1936）

王安禮，《王魏公集》（臺北：臺灣商務印書館，影印文淵閣《四庫全書》本，1983-1988）

王君玉，《國老談苑》（臺北：新興書局，《筆記小說大觀》本，1960）

王明清，《玉照新志》（上海：上海古籍出版社點校本，1991）

王應麟，《困學記聞》（上海：商務印書館，《四部叢刊初編》本，1936）

王闢之，《澠水燕談錄》（北京：中華書局，1981）

文同，《丹淵集》（臺北：臺灣商務印書館，影印文淵閣《四庫全書》本，1983-1988）

方回，《桐江續集》（臺北：臺灣商務印書館，影印文淵閣《四庫全書》本，1983-1988）

方大琮，《鐵庵集》（臺北：臺灣商務印書館，影印文淵閣《四庫全書》本，1983-1988）

孔武仲，《孔武仲文集》，收於《清江三孔集》（濟南：齊魯書社，2002）

尹洙，《河南集》（臺北：臺灣商務印書館，影印文淵閣《四庫全書》本，1983-1988）

尹廷高，《玉井樵唱》（臺北：臺灣商務印書館，影印文淵閣《四庫全書》本，1983-1988）

田汝成，《西湖遊覽志》（臺北：臺灣商務印書館，影印文淵閣《四庫全書》本，1983-1988）

白居易，《白氏長慶集》（臺北：臺灣商務印書館，影印文淵閣《四庫全書》本，1983-1988）

司馬光，《傳家集》（臺北：臺灣商務印書館，影印文淵閣《四庫全書》本，1983-1988）

司馬光，《溫國文正司馬溫公文集》（上海：商務印書館，《四部叢刊初編》本，1936）

朱弁，《曲洧舊聞》（北京：中華書局校點本，2002）

朱熹，《二程遺書》（臺北：臺灣商務印書館，影印文淵閣《四庫全書》本，1983-1988）

朱熹，《晦菴集》（臺北：臺灣商務印書館，影印文淵閣《四庫全書》本，
　　1983-1988）

朱熹，《晦庵先生朱文公文集》（上海：商務印書館，《四部叢刊初編》本，
　　1936）

任淵等集，黃寶華點校本，《山谷詩集注》（上海：上海古籍出版社，2003）

吳泳，〈鶴林集〉（臺北：臺灣商務印書館，影印文淵閣《四庫全書》本，
　　1983-1988）

李白，《李太白全集》（臺北：河洛圖書出版社，1975 影印本）

李石，《方舟集》（臺北：臺灣商務印書館，影印文淵閣《四庫全書》本，
　　1983-1988）

李光，《莊簡集》（臺北：臺灣商務印書館，影印文淵閣《四庫全書》本，
　　1983-1988）

李昉，《太平廣記五百卷》（臺北：新興書局，1958）冊 2

李邕，《李北海集》（臺北：臺灣商務印書館，影印文淵閣《四庫全書》本，
　　1983-1988）

李新，《跨鼇集》（臺北：臺灣商務印書館，影印文淵閣《四庫全書》本，
　　1983-1988）

李綱，《梁溪先生集》（臺北：臺灣商務印書館，影印文淵閣《四庫全書》
　　本，1983-1988）

李綱，《梁溪先生全集》（臺北：漢華文化事業有限公司影印本，1970）

李之儀，《姑溪居士前集》（臺北：臺灣商務印書館，影印文淵閣《四庫全
　　書》本，1983-1988）

李昭玘，《樂靜集》（臺北：臺灣商務印書館，影印文淵閣《四庫全書》本，
　　1983-1988）

李曾伯，《可齋續稿》（臺北：臺灣商務印書館，影印文淵閣《四庫全書》
　　本，1983-1988）

沈括，《長興集》（臺北：臺灣商務印書館，影印文淵閣《四庫全書》本，
　　1983-1988）

沈遼，《雲巢編》（上海：商務印書館，《四部叢刊初編》之《沈氏三先生文集》本，1936）

沈遘，《西溪集》（臺北：臺灣商務印書館，影印文淵閣《四庫全書》本，1983-1988）

沈與求，《龜溪集》（臺北：臺灣商務印書館，影印文淵閣《四庫全書》本，1983-1988）

汪藻，《浮溪集》（臺北：臺灣商務印書館，影印文淵閣《四庫全書》本，1983-1988）

余靖，《武溪集》（臺北：臺灣商務印書館，影印文淵閣《四庫全書》本，1983-1988）

岳珂，《桯史》（北京：中華書局點校本，1981）

岳珂，《寶真齋法書贊》（臺北：臺灣商務印書館，影印文淵閣《四庫全書》本，1983-1988）

呂陶，《淨德集》（臺北：新文豐出版社，《叢書集成新編》本，1985）

宋濂，《文憲集》（臺北：臺灣商務印書館，影印文淵閣《四庫全書》本，1983-1988）

宋祁，《景文集》（臺北：新文豐出版社，《叢書集成新編》本，1985）

居簡，《北磵集》（臺北：臺灣商務印書館，影印文淵閣《四庫全書》本，1983-1988）

周必大，《文忠集》（臺北：臺灣商務印書館，影印文淵閣《四庫全書》本，1983-1988）

胡宏，《胡宏集》（北京：中華書局點校本，1987）

胡宿，《文恭集》（臺北：臺灣商務印書館，影印文淵閣《四庫全書》本，1983-1988）

胡寅，《斐然集》（北京：中華書局點校本，1993）

胡穉，《增廣箋註簡齋詩集》（上海：商務印書館，《四部叢刊初編》本，1936）

度正，《性善堂稿》（臺北：臺灣商務印書館，影印文淵閣《四庫全書》本，

1983-1988）

洪邁，《夷堅志》（北京：中華書局點校本，1981）

洪邁，《容齋隨筆》（上海：上海古籍出版社點校本，1978）

洪咨夔，《平齋文集》（上海：商務印書館，《四部叢刊初編》本，1936）

契嵩，《鐔津集》（臺北：臺灣商務印書館，影印文淵閣《四庫全書》本，
　　1983-1988）

姜宸英，《湛園集》（臺北：臺灣商務印書館，影印文淵閣《四庫全書》本，
　　1983-1988）

柳貫，《柳待制文集》（臺北：新文豐出版社，《叢書集成續編》冊136）

夏洪基編，《梅花百詠》（臺北：臺灣商務印書館，影印文淵閣《四庫全書》
　　本，1983-1988）

夏竦，《文莊集》（臺北：臺灣商務印書館，影印文淵閣《四庫全書》本，
　　1983-1988）

真德秀，《西山先生真文公文集》（上海：商務印書館，《四部叢刊初編》
　　本，1936）

徐元杰，《楳埜集》（臺北：臺灣商務印書館，影印文淵閣《四庫全書》本，
　　1983-1988）

姚寬，《西溪叢語》（北京：中華書局點校本，1993）

員興宗，《九華集》（臺北：臺灣商務印書館，影印文淵閣《四庫全書》本，
　　1983-1988）

晁迥，《法藏碎金錄》（臺北：臺灣商務印書館，影印文淵閣《四庫全書》
　　本，1983-1988）

晁補之，《雞肋集》（臺北：臺灣商務印書館，影印文淵閣《四庫全書》本，
　　1983-1988）

袁燮，《絜齋集》（臺北：臺灣商務印書館，影印文淵閣《四庫全書》本，
　　1983-1988）

袁甫，《蒙齋集》（臺北：新文豐出版社，《叢書集成新編》本，1985）

袁采，《袁氏世範》（臺北：臺灣商務印書館，影印文淵閣《四庫全書》本，

1983-1988）

袁桷，《清容居士集》（臺北：臺灣商務印書館，影印文淵閣《四庫全書》
本，1983-1988）

袁說友，《東塘集》（臺北：臺灣商務印書館，影印文淵閣《四庫全書》本，
1983-1988）

孫覿，《鴻慶居士集》（臺北：臺灣商務印書館，影印文淵閣《四庫全書》
本，1983-1988）

秦觀，《淮海集》（臺北：臺灣商務印書館，影印文淵閣《四庫全書》本，
1983-1988）；（上海：商務印書館，《四部叢刊初編》本，1936）

范浚，《香溪集》（臺北：臺灣商務印書館，影印文淵閣《四庫全書》本，
1983-1988）

范仲淹，《范文正公集》（臺北：行政院文建會編《范仲淹研究資料彙編》，
1988）

范祖禹，《范太史集》（臺北：臺灣商務印書館，影印文淵閣《四庫全書》
本，1983-1988）

范純仁，《范忠宣公集》（臺北：臺灣商務印書館，影印文淵閣《四庫全書》
本，1983-1988）

董逌，《廣川書跋》（臺北：臺灣商務印書館，影印文淵閣《四庫全書》本，
1983-1988）

皎然，《杼山集》（臺北：臺灣商務印書館，影印文淵閣《四庫全書》本，
1983-1988）

陳宓，《復齋先生龍圖陳公文集》（《宋集珍本叢刊》冊73）

陳淵，《默堂先生文集》（上海：商務印書館，《四部叢刊三編》本，1936）

陳造，《江湖長翁集》（臺北：臺灣商務印書館，影印文淵閣《四庫全書》
本，1983-1988）

陳襄，《古靈先生文集》（臺北：臺灣商務印書館，影印文淵閣《四庫全書》
本，1983-1988）

陳師道，《後山集》（臺北：臺灣商務印書館，影印文淵閣《四庫全書》本，

1983-1988）

陳師道，《後山詩註》（上海：商務印書館，《四部叢刊初編》本，1936）

陳傅良，《止齋先生文集》（上海：商務印書館，《四部叢刊初編》本，1936）

陳與義，《簡齋集》（臺北：臺灣商務印書館，影印文淵閣《四庫全書》本，1983-1988）

陳繼儒，《陳眉公全集》（上海：中央書店，《國學基本文庫》本，1936）

陳繼儒，《讀書鏡》（臺北：新文豐出版社，《叢書集成新編》本，1985）

曹勛，《松隱集》（臺北：臺灣商務印書館，影印文淵閣《四庫全書》本，1983-1988）

強至，《祠部集》（臺北：新文豐出版社，《叢書集成新編》本，1985）

陸游，《陸放翁全集》（北京：中國書店，1986）

陸游，《老學庵筆記》（北京：中華書局點校本，1979）

陸游，《家世舊聞》（北京：中華書局點校本，1993）

陸佃，《陶山集》（臺北：臺灣商務印書館，影印文淵閣《四庫全書》本，1983-1988）

陶宗儀，《說郛》（臺北：臺灣商務印書館，影印文淵閣《四庫全書》本，1983-1988）

陶宗儀，《輟耕錄》（北京：中華書局斷句本，1959）

曾敏行，《獨醒雜志》（臺北：新文豐出版社，《叢書集成新編》冊84）

張守，《毗陵集》（臺北：臺灣商務印書館，影印文淵閣《四庫全書》本，1983-1988）

張耒，《張耒集》（北京：中華書局校點本，1999）

張說，《張說之文集》（上海：商務印書館，《四部叢刊初編》本，1936）

張嵲，《紫微集》（臺北：臺灣商務印書館，影印文淵閣《四庫全書》本，1983-1988）

張九成，《橫浦集》（臺北：臺灣商務印書館，影印文淵閣《四庫全書》本，1983-1988）

張方平，《樂全集》（臺北：臺灣商務印書館，影印文淵閣《四庫全書》本，
　　1983-1988）

張孝祥，《張孝祥詩文集》（合肥：黃山書社，2001）

張孝祥，《于湖詞》（臺北：臺灣商務印書館，影印文淵閣《四庫全書》本，
　　1983-1988）

張舜民，《畫墁集》（臺北：臺灣商務印書館，影印文淵閣《四庫全書》本，
　　1983-1988）

程俱，《北山小集》（上海：商務印書館，《四部叢刊續編》本，1936）

程鉅夫，《雪樓集》（臺北：臺灣商務印書館，影印文淵閣《四庫全書》本，
　　1983-1988）

馮應榴輯注，《蘇軾詩集合注》（上海：上海古籍出版社點校本，2001）

鄒浩，《道鄉集》（臺北：臺灣商務印書館，影印文淵閣《四庫全書》本，
　　1983-1988）

楊億，《武夷新集》（臺北：臺灣商務印書館，影印文淵閣《四庫全書》本，
　　1983-1988）

楊傑，《無為集》（臺北：臺灣商務印書館，影印文淵閣《四庫全書》本，
　　1983-1988）

楊時，《龜山集》（臺北：臺灣商務印書館，影印文淵閣《四庫全書》本，
　　1983-1988）

楊萬里，《誠齋集》（上海：商務印書館，《四部叢刊初編》本，1936）

黃裳，《演山集》（臺北：臺灣商務印書館，影印文淵閣《四庫全書》本，
　　1983-1988）

黃幹，《勉齋集》（臺北：臺灣商務印書館，影印文淵閣《四庫全書》本，
　　1983-1988）

黃震，《黃氏日鈔》（臺北：臺灣商務印書館，影印文淵閣《四庫全書》
　　本，1983-1988）

黃溍，《金華黃先生文集》（上海：商務印書館，《四部叢刊初編》本，
　　1936）

黃庭堅，《山谷別集》（臺北：臺灣商務印書館，影印文淵閣《四庫全書》本，1983-1988）

歐陽修，《歐陽修全集》（臺北：河洛圖書出版社本，1975）

歐陽修，《歸田錄》（北京：中華書局點校本，1981）

歐陽玄，《圭齋文集》（臺北：臺灣商務印書館，影印文淵閣《四庫全書》本，1983-1988）

葛勝仲，《丹陽集》（臺北：臺灣商務印書館，影印文淵閣《四庫全書》本，1983-1988）

齊己，《白蓮集》（臺北：臺灣商務印書館，影印文淵閣《四庫全書》本，1983-1988）

翟汝文，《忠惠集》（臺北：臺灣商務印書館，影印文淵閣《四庫全書》本，1983-1988）

虞集，《道園學古錄》（臺北：臺灣商務印書館，影印文淵閣《四庫全書》本，1983-1988）

蘇軾，《蘇軾文集》（北京：中華書局點校本，1986）

蘇軾，《蘇軾詩集》（臺北：學海出版社，1983）

蘇軾，《經進東坡文集事略》（上海：商務印書館，《四部叢刊初編》本，1936）

蘇轍，《欒城集》（上海：上海古籍出版社點校本，1987）

蘇頌，《蘇魏公文集》（北京：中華書局校點本，1988）

蘇舜欽，《蘇學士集》（臺北：臺灣商務印書館，影印文淵閣《四庫全書》本，1983-1988）

葉適，《水心集》（臺北：臺灣商務印書館，影印文淵閣《四庫全書》本，1983-1988）

葉適，《水心集》（上海：商務印書館，《四部叢刊初編》本，1936）

葉適，《葉適集》（臺北：河洛出版社，1974）

葉紹翁，《四朝見聞錄》（北京：中華書局點校本，1989）

葉夢得，《石林避暑錄話》（京都：中文出版社，《宋元人說部叢書》本，

1980）

蔡襄，《蔡襄集》（上海：上海古籍出版社，1996）

蔡襄，《蔡忠惠集》（北京：線裝書局，《宋集珍本叢刊》，2004）

蔡絛，《鐵圍山叢談》（北京：中華書局點校本，1983）

趙與時，《賓退錄》（上海：上海古籍出版社點校本，1983）

趙孟頫，《松雪齋文集》（臺北：臺灣學生書局，影印元至元沈氏刊本）

鄭獬，《鄖溪集》（臺北：臺灣商務印書館，影印文淵閣《四庫全書》本，
　　　1983-1988）

鄭太和，《鄭氏規範》（臺北：新文豐出版社，《叢書集成新編》本，1985
　　　冊 33）

劉攽，《彭城集》（臺北：新文豐出版社，《叢書集成新編》本，1985）

劉弇，《龍雲集》（南昌：江西教育出版社，《豫章叢書》點校本集部 3）

劉跂，《學易集》（臺北：臺灣商務印書館，影印文淵閣《四庫全書》本，
　　　1983-1988）

劉宰，《漫塘文集》（臺北：臺灣商務印書館，影印文淵閣《四庫全書》本，
　　　1983-1988）

劉摯，《忠肅集》（北京：中華書局點校本，2002）

劉一止，《苕溪集》（臺北：臺灣商務印書館，影印文淵閣《四庫全書》本，
　　　1983-1988）

劉克莊，《後村先生大全集》（上海：商務印書館，《四部叢刊初編》本，
　　　1936）

樓鑰，《攻媿集》（上海：商務印書館，《四部叢刊初編》本，1936）

韓琦，《安陽集》（臺北：臺灣商務印書館，影印文淵閣《四庫全書》本，
　　　1983-1988）

韓元吉，《南澗甲乙稿》（臺北：臺灣商務印書館，影印文淵閣《四庫全書》
　　　本，1983-1988）；（臺北：新文豐出版社，《叢書集成新編》本，1985）

衛涇，《後樂集》（臺北：臺灣商務印書館，影印文淵閣《四庫全書》本，
　　　1983-1988）

慕容彥逢，《摘文堂集》（臺北：臺灣商務印書館，影印文淵閣《四庫全書》本，1983-1988）

郎瑛，《七修類稿》（臺北：世界書局，1963）

陸游，《陸放翁全集》（北京：中國書店，1986）

惠洪，《冷齋夜話》（臺北：臺灣商務印書館，影印文淵閣《四庫全書》本，1983-1988）

劉克莊，《後村先生大全集》（上海：商務印書館，《四部叢刊初編》本，1936）

樓鑰，《攻媿集》（臺北：臺灣商務印書館，影印文淵閣《四庫全書》本，1983-1988）

樓鑰，《攻媿集》（上海：商務印書館，《四部叢刊初編》本，1936）

顧起元，《嬾真草堂集》（臺北：文海出版社，影印明萬曆四十二年刊本，1970）

寶曇，《橘州文集》（上海：上海古籍出版社，《續修四庫全書》本，1995）

魏了翁，《鶴山題跋》（臺北：新文豐出版社，《叢書集成新編》本，1985）

魏了翁，《鶴山先生大全文集》（上海：商務印書館，《四部叢刊初編》本，1936）

不著撰人，《湖海新聞夷堅續志》（北京：中華書局點校本，1986）

八、近、現代人中文專著、論文

王莉，〈對南宋福清林氏家族的幾點認識〉，《中國社會經濟史研究》，1996 年第 1 期，頁 15-23

王連起，〈趙孟頫書法藝術概述〉，《趙孟頫墨迹大觀》（上海：上海人民美術出版社，1995），頁 1-9

孔凡禮，《蘇軾年譜》（北京：中華書局，1998）

向世山，〈以「圓覺經變」石刻造像論宋代四川民間佛教的信仰特徵〉，《中華文化論壇》，1995 年第一期，頁 87-92

朱瑞熙，〈一個常盛不衰的官僚家族：宋代江陰葛氏家族初探〉，《中國近世家族與社會學術研討會論文集》（臺北：中研院史語所，1998），

頁 111-137

朱以撤，〈論寫經書法藝術〉，《文藝研究》（1998），第五期，頁 121-129

任道斌，〈趙孟頫的繪畫藝術與三教〉，收於《趙孟頫研究論文集》

任道斌，《趙孟頫繫年》（鄭州：河南人民出版社，1984）

李麗，〈敦煌翟氏家族研究〉，《甘肅社會科學》（1999），輯刊 1，頁 36-37

李之亮，《宋兩江郡守易替考》（成都：巴蜀書社，2001）

李之亮，《宋兩淮大郡守臣易替考》（成都：巴蜀書社，2001）

李之亮，《宋川陝大郡守臣易替考》（成都：巴蜀書社，2001）

李之亮，《宋兩浙路郡守年表》（成都：巴蜀書社，2001）

李之亮，《宋福建路郡守年表》（成都：巴蜀書社，2001）

李昌憲，《宋代安撫使考》（濟南：齊魯書社，1997）

李鑄晉，〈趙孟頫的《鵲華秋色圖》〉，《趙孟頫研究論文集》，頁 261-377

余輝，〈趙孟頫的仕元心態及個性心理〉，《趙孟頫研究論文集》，頁 446-464

利特爾，〈仇英與文徵明的關係〉，《吳門畫派研究》（北京：紫禁城出版
　　　社，1993），頁 104-13

何忠禮、徐吉軍，《南宋史稿》（杭州：杭州大學出版社，1999）

林義正，〈李綱《易》說研究──兼涉其「易」與「華嚴」合轍論〉，《臺大
　　　文史哲學報》，第 57 期（臺北：臺灣大學文學院，2002），頁 67-97

林斌，〈泗州大聖信仰對中國文化的影響兼對舟山博物館藏岑港出土石像的
　　　考證〉，《舟山社會科學》，2005 年第 3 期

周倜編，《中國墨迹經典大全》（北京：京華出版社，1998）

洗玉清，〈元趙松雪之書畫〉，《趙孟頫研究論文集》（上海：上海書畫出
　　　版社，1995），頁 1-78

洪再新，〈趙孟頫《紅衣西域僧卷》研究〉，《趙孟頫研究論文集》，頁
　　　519-533

凌竟歐，〈拔戟蘇黃米蔡外，寫經規矱接唐人──南宋書法家張即之〉，
　　　《東南文化》，第 2 期（1995 年），頁 109-111

徐萍芳，〈僧伽造像的發現和僧伽崇拜〉，《文物》，1996 年第 5 期（5 月號）

徐邦達，《古書畫偽訛考辨——上卷：文字部分》（南京：江蘇古籍出版社，1984）

馬其昶，《韓昌黎文集校注》（臺北：河洛圖書出版社，1975）

郭齊，《朱熹新考》（成都：電子科大出版社，1994）

郭齊，〈朱熹學禪的引路人——道謙生平補考〉，《宋代文化研究》（成都：巴蜀書社，1999）第 8 輯，頁 213-220

郭祐孟，〈大悲觀音信仰在中國〉，《覺風季刊》第 30 期（2000）

陳葆真，〈陳淳研究〉（臺北：國立臺灣大學藝術史碩士論文，1975）

陳高華，〈趙孟頫的仕途生涯〉，《趙孟頫研究論文集》，頁 425-445

陶晉生，《北宋士族家族、婚姻、生活》（臺北：中央研究院歷史語言研究所，2001）

宿白，《唐宋時期的雕版印刷》（北京：文物出版社，1999）

傅申，〈真偽白居易與張即之〉，收於氏著《書史與書蹟——傅申書法論文集（一）》（臺北：國立歷史博物館）

傅申，〈張即之和他的中楷——兩宋書家殿軍張即之〉，收於《書史與書蹟——傅申書法論文集（一）》

單國霖，〈仇英生平活動考〉，收入《吳門畫派研究》，頁 219-227

勞悟達，〈趙孟頫與中峰明本〉，收於《趙孟頫國際書學研討會論文集》（上海：上海書店，1994）

童瑋，《北宋開寶大藏經雕印考釋及目錄還原》（北京：書目文獻出版社，1991）

張十慶，《五山十剎與南宋江南禪寺》（南京：東南大學出版社，2000）

鄧小南，〈宋代士人家族中的婦女：以蘇州為例〉（《國學研究》第 5 輯（1998 年 5 月）

黃惇，〈從杭州到大都——趙孟頫書法評傳〉，在浙江省博物館編，《中國書法史學國際學術研討會論文集》（杭州：西泠印社，2000）

黃啟方，《東坡的心靈世界》（臺北：臺灣學生書局，2002）

黃啟方，《黃庭堅研究論集》（合肥：安徽人民出版社，2005）

黃啟江，《因果、淨土與往生——透視中國佛教史上的幾個面相》（臺北：臺灣學生書局，2004）

黃啟江，《北宋佛教史論稿》（臺北：臺灣商務印書館，1997）

黃啟江，〈論宋代士人的手寫佛經（上）（下），《九州學林》第 14 期（2006 冬季號），頁 60-102；第 15 期（2007 春季號），頁 36-83

黃啟江，〈十一世紀高麗沙門義天入宋求法考論〉，收於筆者《北宋佛教史論稿》（臺北：臺灣商務印書館，1997），頁 201-222。

黃啟江，〈以僧侶正義為名的集體暴力：近古中、日武僧與戰爭〉，待刊稿。

黃敏枝，《宋代佛教社會經濟史論叢》（臺北：臺灣學生書局，1989）

廖肇亨，〈雪浪洪恩初探——兼題東京內閣文庫所藏《谷響錄》〉，《漢學研究》，14 卷，2 期（1996）

劉金柱，〈蘇軾抄寫佛經動因初探〉，《佛學研究》（2003），頁 204-210

劉龍庭，〈趙孟頫及其藝術〉，《趙孟頫研究論文集》，頁 157-220

劉九庵編著，《宋元明清書畫家傳世作品年表》（上海：上海書畫出版社，1997）

葉言都，〈由故宮博物院現藏趙孟頫的私人信件看他晚年的生活〉，《大陸雜誌》，42 卷 1 期，頁 24-28

鮑志成，《高麗寺與高麗王子》（杭州：杭州大學出版社，1998）

趙效宣，《李綱年譜長編》（香港：新亞研究所，1968）

錢仲聯，《韓昌黎詩繫年集釋》（臺北：河洛圖書出版社影印本，1975）

衢州市文管會，〈浙江衢州市南宋墓出土器物〉，《考古》（1983），頁 1004-1011、1013

嚴耀中，《江南佛教史》（上海：人民出版社，2000）

龔延明，《宋史職官志補正》（杭州：浙江古籍出版社，1991）

釋聖嚴，〈明末的唯識學者及其思想〉，《中華佛學學報》，第 1 期，1987

九、日文、英文及其他外文著作

上村觀光，《五山文學全集》（京都：思文閣出版，1992.11）

大久保道舟，《道元禪師傳の研究》（東京：筑摩書房，1966）

日本京都國家博物館，《古寫經——聖なる文字の世界》（京都：京都國立
　　博物館，2004 年 10 月）

今泉淑夫、早苗憲生編著，《本覺國師虎關師鍊禪師》（京都：禪文化研究
　　所，1995）

平久保章，《新纂校訂隱元全集》（東京：開明書院，1979）

平林文雄，《參天台五台山記：校本并に研究》（東京：風間書房，1978）

石井修道，《宋代禪宗史の研究》（東京：大東出版社，1987）

玉村竹二，《五山禪僧傳記集成》（京都：思文閣，2003）

——，《五山文學新集》第三卷，《黃龍十世錄》

——，《日本禪宗史論集》，二之下

池田溫，《中國古代寫本識語集錄》（東京：大藏出版社，1990）

牧田諦亮，《中國佛教史》（東京：大東出版社，1981-1984）

伊藤松編著，《鄰交徵書》（東京：國書刊行會，1975）

芳澤勝弘編注，《江湖風月集譯注》（京都：禪文化研究所，2003）

師蠻，《本朝高僧傳》（《大日本佛教全書》冊 102）

師蠻，《延寶傳燈錄》（《大日本佛教全書》冊 108）

無著道忠，《禪林象器箋》（京都：中文出版社，1990）

無著道忠，《葛藤語箋》（京都：中文出版社，1990 再版）

高崎直道、梅源猛，《佛教の思想 II：古佛のまねび〈道元〉》（東京：角
　　川書店，1969）

高橋秀榮，〈入宋僧天祐思順について〉，《印度學佛教學研究》，49:1(Dec.
　　2000)，頁 226-230

高泉性潡，《扶桑禪林僧寶傳》（《大日本佛教全書》冊 109）

道元，《正法眼藏》（臺北：新文豐出版社，《大正藏》冊 82）

福嶋俊翁，《佛鑑禪師小傳》（京都：大本山東福寺，1950）

續群書類從完成會，《續群書類從》，卷 225，〈日本國千光法師祠堂記〉

——，《續群書類從》，卷 225，〈初祖道元禪師和尚行錄〉

——，《續群書類從》，卷 225，〈永平三祖行業記·介禪師傳〉

──，《續群書類從》，卷 226，〈神子禪師行實〉

──，《續群書類從》，卷 226，〈神子禪師榮尊大和尚年譜〉

──，《續群書類從》，卷 226，〈東嚴菴禪師行實〉

──，《續群書類從》，卷 227，〈佛光禪師塔銘〉

──，《續群書類從》，卷 227，〈無關和尚塔銘〉

──，《續群書類從》，卷 228，〈法海禪師行狀記〉

──，《續群書類從》，卷 229，〈圓通大應國師塔銘〉

──，《續群書類從》，卷 229，虎關師鍊，〈一山國師妙慈弘濟大師行記〉

──，《續群書類從》，卷 229，〈直翁和尚塔銘〉

──，《續群書類從》，卷 229，〈寒巖禪師略傳〉

──，《續群書類從》，卷 229，〈直翁和尚塔銘〉

──，《續群書類從》，卷 233，春屋妙葩，〈夢窗國師年譜〉

東國大學，《韓國佛教全書》（漢城：東國大學，1979-1989）

義天編，《圓宗文類》，《韓國佛教全書》（漢城：東國大學佛典刊行委員
　　會排印本，1979-89），第 4 冊

義天，《大覺國師文集、外集》（漢城：建國大學，1974）

義天，《新編諸宗教藏總錄》（臺北：新文豐出版社，影印《大正藏》冊 85）

Baroni, Helen., *Obaku Zen: The Emergence of the Third Sect of Zen in Tokugawa
　　Japan* (Honolulu: University of Hawaii Press, 2000)

Ch'en, Pao-chen and Chu, Hung-lam., "The Impact of Chao Meng-fu (1254-1322)
　　in Late Yüan and Ming," in Frederick W. Mote et al., eds., *Calligraphy and
　　the East Asian Book* (Boston: Shambhala; NY: Random House, 1988-89), pp.
　　111-132

Chung, Priscilla Ching, *Palace Women in the Northern Sung* (Leiden: E.J. Brill,
　　1981)

Clapp, Anne De Coursey., "The Sources of Wen Cheng-ming's Style" in Edward
　　Richard., *The Art of Wen Cheng-ming* (Michigan: The University of
　　Michigan Museum of Arts, 1976)

Cole Alan., *Mothers and Sons in Chinese Buddhism* (Stanford: Stanford University, Press, 1998)

Collcutt, Martin., *Five Mountains: The Rinzai Zen Monastic Institution in Medieval Japan* (Cambridge: Harvard University Press, 1981)

Davis, Edward., *Society and the Supernatural in Song China* (Honolulu: University of Hawaii Press, 2001)

Dubbins, James., "Envisioning Kamakura Buddhism," in Richard Payne ed., *Re-Visioning "Kamakura" Buddhism* (Honolulu: Universwity of Hawai'i Press, 1998), pp. 24-42

Duara, Prasenjit., "Superscribing Symbols: The Myth of Guandi, Chinese God of War" in *Journal of Asian Studies* 47 (4):778-95

Dubridge, Glen., "Miao-shan on Stone: Two Early Inscriptions," *Harvard Journal of Asiatic Studies*, 42:2, (Dec., 1982), pp. 589-614

Ebrey, Patricia, "The Response of the Sung State to Popular Funeral Practices," in Peter Gregory et al. ed., *Religion and society in T'ang and Sung China*, pp. 209-239

Ebrey, Patricia., *The Inner Quarters: Marriage and the Lives of Chinese Women in the Sung Period* (Berkeley and London: University of California)

Ebrey, Patricia., *Women and Family in Chinese History* (London and New York: Routledge, 2002)

Faure, Bernard., *The Rhetoric of Immediacy: A Cultural Critique of Chan/Zen Buddhism* (Princeton: Princeton University Press, 1991)

----., *Chan Insights and Oversights: An Epistemological Critique of the Chan Tradition* (Princeton: Princeton University Press, 1993)

----., *Visions of Power* (Princeton: Princeton University Press, 1996)

----., "The Daruma-Shū, Dōgen, and Sōtō Zen," in *Monumenta Nipponica*, 42 (1987)

Foulk, T. Griffith and Sharf, Robert., "On the Ritual Use of Ch'an Portraiture in Medieval China," in *Cahiers d'Extréme-Asie*, vol. 7 (1993-94), pp. 149-219

Fu, Shen C.Y. et al., *Traces of the Brush* (New Haven: Yale University Art Gallery, 1977)

Gregory, Peter et al. eds., *Religion and society in T'ang and Sung China* (Honolulu: University of Hawaii press, 1993)

Heine, Steven., *Dōgen and the Kōan Tradition: A Tale of Two Shōbōgenzo Texts* (New York: State University of New York Press, 1994)

----, *Opening a Mountain: Kōan of the Zen Masters* (Oxford: Oxford University Press, 2002)

----, "Dogen Casts off 'What': An Analysis of Shinjin Datsuraku," *Journal of the International Association of Buddhist Studies*, 9:1 (1986), pp. 53-70

Ho, Wai-kam., "Chinese under the Mongols," in Sherman Lee et. al., *Chinese Art under the Mongols: The Yüan Dynasty* (1279-1368) (Cleveland: Cleveland Museum of Art, 1968), pp. 73-112

Ho, Wai-kam et. al., *Eight Dynasties of Chinese Painting: The Collections of the Nelson Galley-Atkins Museum, Kansas City and the Cleveland Museum of Art* (Cleveland: Cleveland Museum of Art, 1980), p. 204

Hsieh, Ting-hwa., "Images of Women in Ch'an Buddhist Literature of the Sung Period" in Peter Gregory et. al., *Buddhism in the Sung* (Honolulu: University of Hawai'i Press, 1999)

Huang, Chi-chiang, "Üich'on's Pilgrimage and the Rising Prominence of the Korean Monastery in Hang-chou during the Song and Yuan Periods," in *Currents and Countercurrents: Korea's Influences on the East Asian Buddhist Traditions* (Honolulu: University of Hawai'i Press, 2005), chapter 7, pp. 242-276

Huang, Chi-chiang., "Consecrating the Buddha: Legend, Lore, and History of the Imperial Relic-Veneration Ritual in the T'ang Dynasty." *Journal of Chunghwa Institute of Buddhist Studies*. No. 11 (July 1998), pp. 483-533.

Hyland, Alice R. M., "Wen Chia and Suchou Literati: 1550-1580," in *Artists and*

Patrons, pp. 127-138

Hymes Robert., review of *The Inner Quarters: Marriage and the Lives of Chinese Women in the Sung Period*, in *Harvard Journal of Asiatic Studies*, Vol. 57, No, 1. (June 1997), pp. 229-261

Ko Dorothy., *Teachers of the Inner Chambers Women and Culture in Seventeenth-Century China* (Stanford: Stanford University Press, 1994)

Ko Dorothy., *Cinderella's Sisters: A Revisionist History of Footbinding* (University of California Press, 2005)

Kazuaki, Tanahashi., *The Essential Teachings of Zen Master Dōgen* (Boston & London: Shambhala Publications, Inc., 1999)

Kim, Hee-jin., " 'The Reason of Words and Letters': Dōgen and Kōan Language," in William LaFleur ed., *Dogen Studies* (Honolulu: University of Hawai'i Press, 1985), pp.55-82

Keischnick, John., "Blood Writing in Chinese Buddhism," *The Journal of International Association of Buddhist Studies*, Vol. 23, no. 2 (Nov. 2000), pp. 177-194

Kodera, Takashi James., *Dōgen's Formative Years in China: A Historical Study and Annotated Translation of the Hōkyō-ki* (Boulder: Prajñā Press, 1980)

Laing, Ellen Johnston., "Ch'iu Ying's Three Patrons," *Ming Studies* (1979), 8:49-56

Laing, Ellen Johnston., "Qiu Ying's Other Patrons," *Journal of American Oriental Society*, Vol. 117, No. 4 (1997), pp. 686-692

Laing, Ellen Johnston., "Problems in Reconstructing the Life of Qiu Ying," *Ars Orientalis: the Arts of Islam and the East*, Vol., 2 (1999), pp. 69-89

Laing, Ellen Johnston., "Sixteen-Century Patterns of Art Patronage: Qiu Ying and the Xiang Family," *Journal of American Oriental Society*, Vol. 111, No. 1 (1991), pp. 1-7

Lee, Sherma., "Chinese Painting from 1350 to 1650" in Chu-tsing Li et. al., *Artists and Patrons: Some Social and Economic Aspects of Chinese Painting*

(Kansas & Seattle: The Nelson-Atkins Museum of Art and University of Washington Press, 1989), pp. 89-158

Leighton, Taigen Dan and Okumura, Shohaku., *Dōgen's Extensive Record* (Boston: Wisdom Publications, 2004)

Leidy, Denis Patry, "The Portrait of the Monk Sengqie in The Metropolitan Museum of Art," in *Oriental Art*, no. 49

Levering., "Miao-tao and Her Teacher Ta-hui," in Peter Gregory et. al., *Buddhism in the Sung* (Honolulu: University of Hawai'i Press, 1999)

Mann, Susan and Cheng, Yu-yin eds., *Under Confucian Eyes: Writings on Gender in Chinese History* (Berkeley: University of California Press, 2001)

Mann, Susan., *Precious Records: Women in China's Long Eighteenth Century* (Stanford: Stanford University Press, 1997)

McCausland, Shane F. M., "Zhao Mengfu (1254-1322) and the Revolution of Elite Culture in Mongol China," (unpublished Ph.D. dissertation, Princeton University, 2000)

McCausland, Shane F.M., "The Collected Letters of the Chao Meng-fu Family," in Robert E Harrist Jr. and Wen Fong., *The Embodied Image:Chinese Calligraphy from the John B. Elliott Collection* (Princeton: The Art Museum, Princeton University), pp. 126-128

McCausland, Shane F.M., "Private Lives, Public Faces -- Relics of Calligraphy by Zhao Mengfu (1254-1322, Guan Daosheng (1262-1319) and Their Children," in *Oriental Art*, Vol. 46 (2000), pp. 36-47

McMullin, Neil., "Historical and Historiographical Issues in the Study of Premodern Japanese Religion," *Japanese Journal of Religious Studies*, vol. 16, no. 1 (March, 1989), pp. 3-40

McRae, John., *The Northern School and the Formation of Early Ch'an Buddhism* (Honolulu: University of Hawaii Press, 1986)

----, *Seeing through Zen: Encounter, Transformation, and Genealogy in Chinese*

Chan Buddhism (Berkeley: University of California Press, 2004)

Nattier, Jan., "The *Heart Sutra*: a Chinese apocryphal text?" *Journal of International Association for Buddhist Studies*, no. 15 (1992), pp. 153-223

Ning, Qiang, *Art, Religion and Politics in Medieval China: The Dunhuang Cave of the Zhai Family*. (Honolulu: University of Hawai'i Press, 2004)

Payne, Richard ed., *Re-Visioning "Kamakura" Buddhism* (Honolulu: Universwity of Hawaii Press, 1998)

Pollack, David., *The Fracture of Meaning: Japan's Synthesis of China from the Eighth Through the Eighteenth Centuries* (Princeton: Princeton University Press, 1986)

Stone, Jacqueline., *Original Enlightenment and the Transformation of Mediaeval Japanese Buddhism* (University of Hawaii Press, 1999)

Zhixin Sun, "A Quest for the Imperishable: Chao Meng-fu's Calligraphy for Stele Inscriptions," in Robert E Harrist Jr. and Wen Fong., *The Embodied Image: Chinese Calligraphy from the John B. Elliott Collection* (Princeton: The Art Museum, Princeton University), pp. 303-319

Tsien, Tsuen-hsiun, "Paper and Printing," in Joseph Needham, *Science and Civilization in China* (Cambridge: Cambridge University Press, 1985), vol. 5, "Chemistry and Chemical Technology," part 1, p. 86

Waltner, Ann., "Recent Scholarship on Chinese Women," in *Sign* (Winter 1996), pp. 410-428

Watson, James, "Standardizing the Gods: The Promotion of T'ien Hou ("Empress of Heaven"), in David Johnson et al. ed., *Popular Culture in Late Imperial China* (Berkeley: University of California Press, 1985), pp. 293-324

K. T. Wu., "Chinese Printing under Four Alien Dynasties," in *Harvard Journal of Asiatic Studies*, vol. 13, no. 3 & 4 (Dec. 1950), pp. 447-523

Yü, Chün-fang., *Kuan-yin: The Chinese Transformation of Avalokiteśvara* (New York: Columbia University Press, 2002)

Yü, Chün-fang, "Chung-feng Ming-pen and Ch'an Buddhism in the Yuan," in Hok-
lam Chan et. al., *Yüan Thought* (Columbia: Columbia University Press,
1982), pp. 419-478

國家圖書館出版品預行編目資料

泗州大聖與松雪道人
——宋元社會菁英的佛教信仰與佛教文化

黃啓江著. - 初版. - 臺北市：臺灣學生，2009.03
面；公分
參考書目：面

ISBN 978-957-15-1450-5(精裝)
ISBN 978-957-15-1449-9(平裝)

1. 佛教史 2. 佛教傳記 3. 宋代 4. 元代

228.2   98002816

泗州大聖與松雪道人
——宋元社會菁英的佛教信仰與佛教文化〔全一冊〕

著　作　者：黃　　　　　啟　　　　　江
出　版　者：臺 灣 學 生 書 局 有 限 公 司
發　行　人：盧　　　　　保　　　　　宏
發　行　所：臺 灣 學 生 書 局 有 限 公 司
　　　　　　臺 北 市 和 平 東 路 一 段 一 九 八 號
　　　　　　郵 政 劃 撥 帳 號 ： 0 0 0 2 4 6 6 8
　　　　　　電　話 ： (0 2) 2 3 6 3 4 1 5 6
　　　　　　傳　眞 ： (0 2) 2 3 6 3 6 3 3 4
　　　　　　E-mail：student.book@msa.hinet.net
　　　　　　http：//www.studentbooks.com.tw

本書局登
記證字號：行政院新聞局局版北市業字第玖捌壹號

印　刷　所：長 欣 印 刷 企 業 社
　　　　　　中 和 市 永 和 路 三 六 三 巷 四 二 號
　　　　　　電　話 ： (0 2) 2 2 2 6 8 8 5 3

定價：精裝新臺幣六六〇元
　　　平裝新臺幣五六〇元

西 元 二 〇 〇 九 年 三 月 初 版